Código Brasileiro de Aeronáutica

e Legislação Complementar

LEI Nº 7.565, DE 19 DE DEZEMBRO DE 1986

"O livro é a porta que se abre para a realização do homem."

Jair Lot Vieira

SUPERVISÃO EDITORIAL
JAIR LOT VIEIRA

CÓDIGO BRASILEIRO DE AERONÁUTICA

E LEGISLAÇÃO COMPLEMENTAR

LEI Nº 7.565, DE 19 DE DEZEMBRO DE 1986

- GUIA ANAC 2009
Informações ao passageiro do transporte aéreo
- Responsabilidade civil, indenizações, seguros e assistência às vítimas em acidentes aéreos
- Bagagem, atraso de voo, overbooking e direitos do usuário
- Aeronauta – Regulamentação profissional
- Normas nacionais e internacionais de transporte aéreo
- ANAC – Criação do órgão regulador brasileiro

edipro

CÓDIGO BRASILEIRO DE AERONÁUTICA

E LEGISLAÇÃO COMPLEMENTAR

LEI Nº 7.565, DE 19 DE DEZEMBRO DE 1986

1ª Edição 2009 – Atualizada até DOU de 1º.6.2009

Supervisão editorial: *Jair Lot Vieira* e *Maíra Nelli Lot Viera*
Produção gráfica e editorial: *Alexandre Rudyard Benevides ME*
Revisão: *Ricardo Virando* e *Luana da Costa Araújo Coelho*
Capa: *Camila Treb* e *Maíra Nelli Lot Vieira*

Nº de Catálogo: 0107

Dados Internacionais de Catalogação na Publicação (CIP)
(Câmara Brasileira do Livro, SP, Brasil)

Brasil
[Leis, etc.]
Código Brasileiro de Aeronáutica e legislação complementar / supervisão editorial Jair Lot Vieira. -- Bauru, SP : EDIPRO, 2009. -- (Série legislação EDIPRO)

ISBN 978-85-7283-657-9

1. Brasil. Aeronáutica – Regulamentos 2. Direito aéreo – Legislação – Brasil I. Vieira, Jair Lot. II. Título. III. Série.

09-05463 CDU-355.354(81)(094)

Índices para catálogo sistemático:
1. Brasil : Aeronáutica : Regulamentos : Direito aeronáutico : 355.354(81)(094)

edipro
edições profissionais ltda.

São Paulo: Fone (11) 3107-4788 – Fax (11) 3107-0061
Bauru: Fone (14) 3234-4121 – Fax (14) 3234-4122
www.edipro.com.br

SUMÁRIO

CÓDIGO BRASILEIRO DE AERONÁUTICA

(SUBSTITUI O CÓDIGO BRASILEIRO DO AR)

LEI Nº 7.565, DE 19 DE DEZEMBRO DE 1986

O Presidente da República,

Faço saber que o Congresso Nacional decreta e eu sanciono a seguinte Lei:

TÍTULO I – INTRODUÇÃO

Capítulo I – Disposições Gerais

Art. 1º. O Direito Aeronáutico é regulado pelos Tratados, Convenções e Atos Internacionais de que o Brasil seja parte, por este Código e pela legislação complementar.

§ 1º. Os Tratados, Convenções e Atos Internacionais, celebrados por delegação do Poder Executivo e aprovados pelo Congresso Nacional, vigoram a partir da data neles prevista para esse efeito, após o depósito ou troca das respectivas ratificações, podendo, mediante cláusula expressa, autorizar a aplicação provisória de suas disposições pelas autoridades aeronáuticas, nos limites de suas atribuições, a partir da assinatura (arts. 14, 204 a 214).

§ 2º. Este Código se aplica a nacionais e estrangeiros, em todo o Território Nacional, assim como, no exterior, até onde for admitida a sua extraterritorialidade.

§ 3º. A legislação complementar é formada pela regulamentação prevista neste Código, pelas leis especiais, decretos e normas sobre matéria aeronáutica (art. 12).

Art. 2º. Para os efeitos deste Código consideram-se autoridades aeronáuticas competentes as do Ministério da Aeronáutica, conforme as atribuições definidas nos respectivos regulamentos.

Capítulo II – Disposições de Direito Internacional Privado

Art. 3º. Consideram-se situadas no território do Estado de sua nacionalidade:

I – as aeronaves militares, bem como as civis de propriedade ou a serviço do Estado, por este diretamente utilizadas (art. 107, §§ 1º e 3º);

II – as aeronaves de outra espécie, quando em alto-mar ou região que não pertença a qualquer Estado.

Parágrafo único. Salvo na hipótese de estar a serviço do Estado, na forma indicada no item I deste artigo, não prevalece a extraterritorialidade em relação à aeronave privada, que se considera sujeita à lei do Estado onde se encontre.

Art. 4º. Os atos que, originados de aeronave, produzirem efeito no Brasil, regem-se por suas leis, ainda que iniciados no território estrangeiro.

Art. 5º. Os atos que, provenientes da aeronave, tiverem início no Território Nacional, regem-se pelas leis brasileiras, respeitadas as leis do Estado em que produzirem efeito.

Art. 6º. Os direitos reais e os privilégios de ordem privada sobre aeronaves regem-se pela lei de sua nacionalidade.

Art. 7º. As medidas assecuratórias de direito regulam-se pela lei do país onde se encontrar a aeronave.

Art. 8º. As avarias regulam-se pela lei brasileira quando a carga se destinar ao Brasil ou for transportada sob o regime de trânsito aduaneiro (art. 244, § 6º).

Art. 9º. A assistência, o salvamento e o abalroamento regem-se pela lei do lugar em que ocorrerem (arts. 23, § 2º, 49 a 65).

Parágrafo único. Quando pelo menos uma das aeronaves envolvidas for brasileira, aplica-se a lei do Brasil à assistência, salvamento e abalroamento ocorridos em região não submetida a qualquer Estado.

Art. 10. Não terão eficácia no Brasil, em matéria de transporte aéreo, quaisquer disposições de direito estrangeiro, cláusulas constantes de contrato, bilhete de passagem, conhecimento e outros documentos que:

I – excluam a competência de foro do lugar de destino;

II – visem à exoneração de responsabilidade do transportador, quando este Código não a admite;

III – estabeleçam limites de responsabilidade inferiores aos estabelecidos neste Código (arts. 246, 257, 260, 262, 269 e 277).

TÍTULO II
DO ESPAÇO AÉREO E SEU USO PARA FINS AERONÁUTICOS

Capítulo I – Do Espaço Aéreo Brasileiro

Art. 11. O Brasil exerce completa e exclusiva soberania sobre o espaço aéreo acima de seu território e mar territorial.

Art. 12. Ressalvadas as atribuições específicas, fixadas em lei, submetem-se às normas (art. 1º, § 3º), orientação, coordenação, controle e fiscalização do Ministério da Aeronáutica:

I – a navegação aérea;

II – o tráfego aéreo;

III – a infraestrutura aeronáutica;

IV – a aeronave;

V – a tripulação;

VI – os serviços, direta ou indiretamente relacionados ao voo.

Art. 13. Poderá a autoridade aeronáutica deter a aeronave em voo no espaço aéreo (art. 18) ou em pouso no território brasileiro (arts. 303 a 311), quando, em caso de flagrante desrespeito às normas de direito aeronáutico (arts. 1º e 12), de tráfego aéreo (arts. 14, 16, § 3º, 17), ou às condições estabelecidas nas respectivas autorizações (arts. 14, §§ 1º, 3º e 4º, 15, §§ 1º e 2º, 19, parágrafo único, 21, 22), coloque em risco a segurança da navegação aérea ou de tráfego aéreo, a ordem pública, a paz interna ou externa.

Capítulo II – Do Tráfego Aéreo

Art. 14. No tráfego de aeronaves no espaço aéreo brasileiro, observam-se as disposições estabelecidas nos Tratados, Convenções e Atos Internacionais de que o Brasil seja parte (art. 1º, § 1º), neste Código (art. 1º, § 2º) e na legislação complementar (art. 1º, § 3º).

§ 1º. Nenhuma aeronave militar ou civil a serviço de Estado estrangeiro e por este diretamente utilizada (art. 3º, I) poderá, sem autorização, voar no espaço aéreo brasileiro ou aterrissar no território subjacente.

§ 2º. É livre o tráfego de aeronave dedicada a serviços aéreos privados (arts. 177 a 179), mediante informações prévias sobre o voo planejado (art. 14, § 4º).

§ 3º. A entrada e o tráfego, no espaço aéreo brasileiro, da aeronave dedicada a serviços aéreos públicos (art. 175), dependem de autorização, ainda que previstos em acordo bilateral (arts. 203 a 213).

§ 4º. A utilização do espaço aéreo brasileiro, por qualquer aeronave, fica sujeita às normas e condições estabelecidas, assim como às tarifas de uso das comunicações e dos auxílios à navegação aérea em rota (art. 23).

§ 5º. Estão isentas das tarifas previstas no parágrafo anterior as aeronaves pertencentes aos aeroclubes.

§ 6º. A operação de aeronave militar ficará sujeita às disposições sobre a proteção ao voo e ao tráfego aéreo, salvo quando se encontrar em missão de guerra ou treinamento em área específica.

Art. 15. Por questão de segurança da navegação aérea ou por interesse público, é facultado fixar zonas em que se proíbe ou restringe o tráfego aéreo, estabelecer rotas de entrada ou saída, suspender total ou parcialmente o tráfego, assim como o uso de determinada aeronave, ou a realização de certos serviços aéreos.

§ 1º. A prática de esportes aéreos tais como balonismo, volovelismo, asas voadoras e similares, assim como os voos de treinamento, far-se-ão em áreas delimitadas pela autoridade aeronáutica.

§ 2º. A utilização de veículos aéreos desportivos para fins econômicos, tais como a publicidade, submete-se às normas dos serviços aéreos públicos especializados (art. 201).

Art. 16. Ninguém poderá opor-se, em razão de direito de propriedade na superfície, ao sobrevoo de aeronave, sempre que este se realize de acordo com as normas vigentes.

§ 1º. No caso de pouso de emergência ou forçado, o proprietário ou possuidor do solo não poderá opor-se à retirada ou partida da aeronave, desde que lhe seja dada garantia de reparação do dano.

§ 2º. A falta de garantia autoriza o sequestro da aeronave e a sua retenção até que aquela se efetive.

§ 3º. O lançamento de coisas, de bordo de aeronave, dependerá de permissão prévia de autoridade aeronáutica, salvo caso de emergência, devendo o Comandante proceder de acordo com o disposto no art. 171 deste Código.

§ 4º. O prejuízo decorrente do sobrevoo, do pouso de emergência, do lançamento de objetos ou alijamento poderá ensejar responsabilidade.

Art. 17. É proibido efetuar, com qualquer aeronave, voos de acrobacia ou evolução que possam constituir perigo para os ocupantes do aparelho, para o tráfego aéreo, para instalações ou pessoas na superfície.

Parágrafo único. Excetuam-se da proibição, os voos de prova, produção e demonstração quando realizados pelo fabricante ou por unidades especiais, com a observância das normas fixadas pela autoridade aeronáutica.

Art. 18. O Comandante de aeronave que receber de órgão controlador de voo ordem para pousar deverá dirigir-se, imediatamente, para o aeródromo que lhe for indicado e nele efetuar o pouso.

§ 1º. Se razões técnicas, a critério do Comandante, impedirem de fazê-lo no aeródromo indicado, deverá ser solicitada ao órgão controlador a determinação de aeródromo alternativo que ofereça melhores condições de segurança.

§ 2º. No caso de manifesta inobservância da ordem recebida, a autoridade aeronáutica poderá requisitar os meios necessários para interceptar ou deter a aeronave.

§ 3º. Na hipótese do parágrafo anterior, efetuado o pouso, será autuada a tripulação e apreendida a aeronave (arts. 13 e 303 a 311).

§ 4º. A autoridade aeronáutica que, excedendo suas atribuições e sem motivos relevantes, expedir a ordem de que trata o *caput* deste artigo, responderá pelo excesso cometido, sendo-lhe aplicada a pena de suspensão por prazo que variará de 30 (trinta) a 90 (noventa) dias, conversíveis em multa.

Art. 19. Salvo motivo de força maior, as aeronaves só poderão decolar ou pousar em aeródromo cujas características comportarem suas operações.

Parágrafo único. Os pousos e decolagens deverão ser executados, de acordo com procedimentos estabelecidos, visando à segurança do tráfego, das instalações aeroportuárias e vizinhas, bem como a segurança e bem-estar da população que, de alguma forma, possa ser atingida pelas operações.

Art. 20. Salvo permissão especial, nenhuma aeronave poderá voar no espaço aéreo brasileiro, aterrissar no território subjacente ou dele decolar, a não ser que tenha:

I – marcas de nacionalidade e matrícula, e esteja munida dos respectivos certificados de matrícula e aeronavegabilidade (arts. 109 a 114);

II – equipamentos de navegação, de comunicações e de salvamento, instrumentos, cartas e manuais necessários à segurança do voo, pouso e decolagem;

III – tripulação habilitada, licenciada e portadora dos respectivos certificados, do Diário de Bordo (art. 84, parágrafo único) da lista de passageiros, manifesto de carga ou relação de mala postal que, eventualmente, transportar.

Parágrafo único. Pode a autoridade aeronáutica, mediante regulamento, estabelecer as condições para voos experimentais, realizados pelo fabricante de aeronave, assim como para os voos de translado.

Art. 21. Salvo com autorização especial de órgão competente, nenhuma aeronave poderá transportar explosivos, munições, arma de fogo, material bélico, equipamento destinado a levantamento aerofotogramétrico ou de prospecção, ou ainda quaisquer outros objetos ou substâncias consideradas perigosas para a segurança pública, da própria aeronave ou de seus ocupantes.

Parágrafo único. O porte de aparelhos fotográficos, cinematográficos, eletrônicos ou nucleares, a bordo de aeronave, poderá ser impedido quando a segurança da navegação aérea ou o interesse público assim o exigir.

Capítulo III – Entrada e Saída do Espaço Aéreo Brasileiro

Art. 22. Toda aeronave proveniente do exterior fará, respectivamente, o primeiro pouso ou a última decolagem em aeroporto internacional.

Parágrafo único. A lista de aeroportos internacionais será publicada pela autoridade aeronáutica, e suas denominações somente poderão ser modificadas mediante lei federal, quando houver necessidade técnica dessa alteração.

Art. 23. A entrada no espaço aéreo brasileiro ou o pouso, no território subjacente, de aeronave militar ou civil a serviço de Estado estrangeiro sujeitar-se-á às condições estabelecidas (art. 14, § 1º).

§ 1º. A aeronave estrangeira, autorizada a transitar no espaço aéreo brasileiro, sem pousar no território subjacente, deverá seguir a rota determinada (art. 14, §§ 1º, 2º, 3º e 4º).

§ 2º. A autoridade aeronáutica poderá estabelecer exceções ao regime de entrada de aeronave estrangeira, quando se tratar de operação de busca, assistência e salvamento ou de voos por motivos sanitários ou humanitários.

Art. 24. Os aeroportos situados na linha fronteiriça do território brasileiro poderão ser autorizados a atender ao tráfego regional, entre os países limítrofes, com serviços de infraestrutura aeronáutica, comuns ou compartilhados por eles.

Parágrafo único. As aeronaves brasileiras poderão ser autorizadas a utilizar aeroportos situados em países vizinhos, na linha fronteiriça ao Território Nacional, com serviços de infraestrutura aeronáutica comuns ou compartilhados.

TÍTULO III – DA INFRAESTRUTURA AERONÁUTICA

Capítulo I – Disposições Gerais

Art. 25. Constitui infraestrutura aeronáutica o conjunto de órgãos, instalações ou estruturas terrestres de apoio à navegação aérea, para promover-lhe a segurança, regularidade e eficiência, compreendendo:

I – o sistema aeroportuário (arts. 26 a 46);

II – o sistema de proteção ao voo (arts. 47 a 65);

III – o sistema de segurança de voo (arts. 66 a 71);

IV – o sistema de Registro Aeronáutico Brasileiro (arts. 72 a 85);

V – o sistema de investigação e prevenção de acidentes aeronáuticos (arts. 86 a 93);

VI – o sistema de facilitação, segurança e coordenação do transporte aéreo (arts. 94 a 96);

VII – o sistema de formação e adestramento de pessoal destinado à navegação aérea e à infraestrutura aeronáutica (arts. 97 a 100);

VIII – o sistema de indústria aeronáutica (art. 101);

IX – o sistema de serviços auxiliares (arts. 102 a 104);

X – o sistema de coordenação da infraestrutura aeronáutica (art. 105).

§ 1º. A instalação e o funcionamento de quaisquer serviços de infraestrutura aeronáutica, dentro ou fora do aeródromo civil, dependerão sempre de autorização prévia de autoridade aeronáutica, que os fiscalizará, respeitadas as disposições legais que regulam as atividades de outros Ministérios ou órgãos estatais envolvidos na área.

§ 2º. Para os efeitos deste artigo, sistema é o conjunto de órgãos e elementos relacionados entre si por finalidade específica, ou por interesse de coordenação, orientação técnica e normativa, não implicando em subordinação hierárquica.

Capítulo II – Do Sistema Aeroportuário

Seção I – Dos Aeródromos

Art. 26. O sistema aeroportuário é constituído pelo conjunto de aeródromos brasileiros, com todas as pistas de pouso, pistas de táxi, pátio de estacionamento de aeronave, terminal de carga aérea, terminal de passageiros e as respectivas facilidades.

Parágrafo único. São facilidades: o balizamento diurno e noturno; a iluminação do pátio; serviço contraincêndio especializado e o serviço de remoção de emergência médica; área de pré-embarque, climatização, ônibus, ponte de embarque, sistema de esteiras para despacho de bagagem, carrinhos para passageiros, pontes de desembarque, sistema de ascenso-descenso de passageiros por escadas rolantes, orientação por circuito fechado de televisão, sistema semi-automático anunciador de mensagem, sistema de som, sistema informativo de voo, climatização geral, locais destinados a serviços públicos, locais destinados a apoio comercial, serviço médico, serviço de salvamento aquático especializado e outras, cuja implantação seja autorizada ou determinada pela autoridade aeronáutica.

Art. 27. Aeródromo é toda área destinada a pouso, decolagem e movimentação de aeronaves.

Art. 28. Os aeródromos são classificados em civis e militares.

§ 1º. Aeródromo civil é o destinado ao uso de aeronaves civis.

§ 2º. Aeródromo militar é o destinado ao uso de aeronaves militares.

§ 3º. Os aeródromos civis poderão ser utilizados por aeronaves militares, e os aeródromos militares, por aeronaves civis, obedecidas as prescrições estabelecidas pela autoridade aeronáutica.

Art. 29. Os aeródromos civis são classificados em públicos e privados.

Art. 30. Nenhum aeródromo civil poderá ser utilizado sem estar devidamente cadastrado.

§ 1º. Os aeródromos públicos e privados serão abertos ao tráfego através de processo, respectivamente, de homologação e registro.

§ 2º. Os aeródromos privados só poderão ser utilizados com permissão de seu proprietário, vedada a exploração comercial.

Art. 31. Consideram-se:

I – aeroportos os aeródromos públicos, dotados de instalações e facilidades para apoio de operações de aeronaves e de embarque e desembarque de pessoas e cargas;

II – helipontos os aeródromos destinados exclusivamente a helicópteros;

III – heliportos os helipontos públicos, dotados de instalações e facilidades para apoio de operações de helicópteros e de embarque e desembarque de pessoas e cargas.

Art. 32. Os aeroportos e heliportos serão classificados por ato administrativo que fixará as características de cada classe.

Parágrafo único. Os aeroportos destinados às aeronaves nacionais ou estrangeiras na realização de serviços internacionais, regulares ou não regulares, serão classificados como aeroportos internacionais (art. 22).

Art. 33. Nos aeródromos públicos que forem sede de Unidade Aérea Militar, as esferas de competência das autoridades civis e militares, quanto à respectiva administração, serão definidas em regulamentação especial.

Seção II – Da Construção e Utilização de Aeródromos

Art. 34. Nenhum aeródromo poderá ser construído sem prévia autorização da autoridade aeronáutica.

Art. 35. Os aeródromos privados serão construídos, mantidos e operados por seus proprietários, obedecidas as instruções, normas e planos da autoridade aeronáutica (art. 30).

Art. 36. Os aeródromos públicos serão construídos, mantidos e explorados:

I – diretamente, pela União;

II – por empresas especializadas da Administração Federal Indireta ou suas subsidiárias, vinculadas ao Ministério da Aeronáutica;

III – mediante convênio com os Estados ou Municípios;

IV – por concessão ou autorização.

§ 1º. A fim de assegurar uniformidade de tratamento em todo o Território Nacional, a construção, administração e exploração, sujeitam-se às normas, instruções, coordenação e controle da autoridade aeronáutica.

§ 2º. A operação e a exploração de aeroportos e heliportos, bem como dos seus serviços auxiliares, constituem atividade monopolizada da União, em todo o Território Nacional, ou das entidades da Administração Federal Indireta a que se refere este artigo, dentro das áreas delimitadas nos atos administrativos que lhes atribuírem bens, rendas, instalações e serviços.

§ 3º. Compete à União ou às entidades da Administração Indireta a que se refere este artigo, estabelecer a organização administrativa dos aeroportos ou heliportos, por elas explorados, indicando o responsável por sua administração e operação, fixando-lhe as atribuições e determinando as áreas e serviços que a ele se subordinam.

§ 4º. O responsável pela administração, a fim de alcançar e manter a boa qualidade operacional do aeroporto, coordenará as atividades dos órgãos públicos que, por disposição legal, nele devam funcionar.

§ 5º. Os aeródromos públicos, enquanto mantida a sua destinação específicas pela União, constituem universidades e patrimônios autônomos, independentes do titular do domínio dos imóveis onde estão situados (art. 38).

Art. 37. Os aeródromos públicos poderão ser usados por quaisquer aeronaves, sem distinção de propriedade ou nacionalidade, mediante o ônus da utilização, salvo se, por motivo operacional ou de segurança, houver restrição de uso por determinados tipos de aeronaves ou serviços aéreos.

Parágrafo único. Os preços de utilização serão fixados em tabelas aprovadas pela autoridade aeronáutica, tendo em vista as facilidades colocadas à disposição das aeronaves, dos passageiros ou da carga, e o custo operacional do aeroporto.

Seção III – Do Patrimônio Aeroportuário

Art. 38. Os aeroportos constituem universalidades, equiparadas a bens públicos federais, enquanto mantida a sua destinação específica, embora não tenha a União a propriedade de todos os imóveis em que se situam.

§ 1º. Os Estados, Municípios, entidades da Administração Indireta ou particulares poderão contribuir com imóveis ou bens para a construção de aeroportos, mediante a constituição de patrimônio autônomo que será considerado como universalidade.

§ 2º. Quando a União vier a desativar o aeroporto por se tornar desnecessário, o uso dos bens referidos no parágrafo anterior será restituído ao proprietário, com as respectivas acessões.

Seção IV – Da Utilização de Áreas Aeroportuárias

Art. 39. Os aeroportos compreendem áreas destinadas:

I – à sua própria administração;

II – ao pouso, decolagem, manobra e estacionamento de aeronaves;

III – ao atendimento e movimentação de passageiros, bagagens e cargas;

IV – aos concessionários ou permissionários dos serviços aéreos;

V – ao terminal de carga aérea;

VI – aos órgãos públicos que, por disposição legal, devam funcionar nos aeroportos internacionais;

VII – ao público usuário e estacionamento de seus veículos;

VIII – aos serviços auxiliares do aeroporto ou do público usuário;

IX – ao comércio apropriado para aeroporto.

Art. 40. Dispensa-se do regime de concorrência pública a utilização de áreas aeroportuárias pelos concessionários ou permissionários dos serviços aéreos públicos, para suas instalações de despacho, escritório, oficina e depósito, ou para abrigo, reparação e abastecimento de aeronaves.

§ 1º. O termo de utilização será lavrado e assinado pelas partes em livro próprio, que poderá ser escriturado, mecanicamente, em folhas soltas.

§ 2º. O termo de utilização para a construção de benfeitorias permanentes deverá ter prazo que permita a amortização do capital empregado.

§ 3º. Na hipótese do parágrafo anterior, se a administração do aeroporto necessitar da área antes de expirado o prazo, o usuário terá direito à indenização correspondente ao capital não amortizado.

§ 4º. Em qualquer hipótese, as benfeitorias ficarão incorporadas ao imóvel e, findo o prazo, serão restituídas, juntamente com as áreas, sem qualquer indenização, ressalvado o disposto no parágrafo anterior.

§ 5º. Aplica-se o disposto neste artigo e respectivos parágrafos aos permissionários de serviços auxiliares.

Art. 41. O funcionamento de estabelecimentos empresariais nas áreas aeroportuárias de que trata o art. 39, IX, depende de autorização da autoridade aeronáutica, com exclusão de qualquer outra, e deverá ser ininterrupto durante as 24 (vinte e quatro) horas de todos os dias, salvo determinação em contrário da administração do aeroporto.

Parágrafo único. A utilização das áreas aeroportuárias no caso deste artigo sujeita-se à licitação prévia, na forma de regulamentação baixada pelo Poder Executivo.

Art. 42. À utilização de áreas aeroportuárias não se aplica a legislação sobre locações urbanas.

Seção V – Das Zonas de Proteção

Art. 43. As propriedades vizinhas dos aeródromos e das instalações de auxílio à navegação aérea estão sujeitas a restrições especiais.

Parágrafo único. As restrições a que se refere este artigo são relativas ao uso das propriedades quanto a edificações, instalações, culturas agrícolas e objetos de natureza permanente ou temporária, e tudo mais que possa embaraçar as operações de aeronaves ou causar interferência nos sinais dos auxílios à radionavegação ou dificultar a visibilidade de auxílios visuais.

Art. 44. As restrições de que trata o artigo anterior são as especificadas pela autoridade aeronáutica, mediante aprovação dos seguintes planos, válidos, respectivamente, para cada tipo de auxílio à navegação aérea:

I – Plano Básico de Zona de Proteção de Aeródromos;

II – Plano de Zoneamento de Ruído;

III – Plano Básico de Zona de Proteção de Helipontos;

IV – Planos de Zona de Proteção e Auxílios à Navegação Aérea.

§ 1º. De conformidade com as conveniências e peculiaridades de proteção ao voo, a cada aeródromo poderão ser aplicados Planos Específicos, observadas as prescrições, que couberem, dos Planos Básicos.

§ 2º. O Plano Básico de Zona de Proteção de Aeródromos, o Plano Básico de Zoneamento de Ruído, o Plano de Zona de Proteção de Helipontos e os Planos de Zona de Proteção e Auxílios à Navegação Aérea serão aprovados por ato do Presidente da República.

§ 3º. Os Planos Específicos de Zonas de Proteção de Aeródromos e Planos Específicos de Zoneamento de Ruído serão aprovados por ato do Ministro da Aeronáutica e transmitidos às administrações que devam fazer observar as restrições.

§ 4º. As Administrações Públicas deverão compatibilizar o zoneamento do uso do solo, nas áreas vizinhas aos aeródromos, às restrições especiais, constantes dos Planos Básicos e Específicos.

§ 5º. As restrições especiais estabelecidas aplicam-se a quaisquer bens, quer sejam privados ou públicos.

Art. 45. A autoridade aeronáutica poderá embargar a obra ou construção de qualquer natureza que contrarie os Planos Básicos ou os Específicos de cada aeroporto, ou exigir a eliminação dos obstáculos levantados em desacordo com os referidos planos, posteriormente à sua publicação, por conta e risco do infrator, que não poderá reclamar qualquer indenização.

Art. 46. Quando as restrições estabelecidas impuserem demolições de obstáculos levantados antes da publicação dos Planos Básicos ou Específicos, terá o proprietário direito à indenização.

Capítulo III – Do Sistema de Proteção ao Voo

Seção I – Das Várias Atividades de Proteção ao Voo

Art. 47. O Sistema de Proteção ao Voo visa à regularidade, segurança e eficiência do fluxo de tráfego no espaço aéreo, abrangendo as seguintes atividades:

I – de controle de tráfego aéreo;

II – de telecomunicações aeronáuticas e dos auxílios à navegação aérea;

III – de meteorologia aeronáutica;

IV – de cartografia e informações aeronáuticas;

V – de busca e salvamento;

VI – de inspeção em voo;

VII – de coordenação e fiscalização do ensino técnico específico;

VIII – de supervisão de fabricação, reparo, manutenção e distribuição de equipamentos terrestres de auxílio à navegação aérea.

Art. 48. O serviço de telecomunicações aeronáuticas classifica-se em:

I – fixo aeronáutico;

II – móvel aeronáutico;

III – de radionavegação aeronáutica;

IV – de radiodifusão aeronáutica;

V – móvel aeronáutico por satélite;

VI – de radionavegação aeronáutica por satélite.

Parágrafo único. O serviço de telecomunicações aeronáuticas poderá ser operado:

a) diretamente pelo Ministério da Aeronáutica;

b) mediante autorização, por entidade especializada da Administração Federal Indireta, vinculada àquele Ministério, ou por pessoas jurídicas ou físicas dedicadas às atividades aéreas, em relação às estações privadas de telecomunicações aeronáuticas.

Seção II – Da Coordenação de Busca, Assistência e Salvamento

Art. 49. As Atividades de Proteção ao Voo abrangem a coordenação de busca, assistência e salvamento.

Art. 50. O Comandante da aeronave é obrigado a prestar assistência a quem se encontrar em perigo de vida no mar, no ar ou em terra, desde que o possa fazer sem perigo para a aeronave, sua tripulação, seus passageiros ou outras pessoas.

Art. 51. Todo Comandante de navio, no mar, e qualquer pessoa, em terra, são obrigados, desde que o possam fazer sem risco para si ou outras pessoas, a prestar assistência a quem estiver em perigo de vida, em consequência de queda ou avaria de aeronave.

Art. 52. A assistência poderá consistir em simples informação.

Art. 53. A obrigação de prestar socorro, sempre que possível, recai sobre aeronave em voo ou pronta para partir.

Art. 54. Na falta de outros recursos, o órgão do Ministério da Aeronáutica, encarregado de coordenar operações de busca e salvamento, poderá, a seu critério, atribuir a qualquer aeronave, em voo ou pronta para decolar, missão específica nessas operações.

Art. 55. Cessa a obrigação de assistência desde que o obrigado tenha conhecimento de que foi prestada por outrem ou quando dispensado pelo órgão competente do Ministério da Aeronáutica a que se refere o artigo anterior.

Art. 56. A não prestação de assistência por parte do Comandante exonera de responsabilidade o proprietário ou explorador da aeronave, salvo se tenham determinado a não prestação do socorro.

Art. 57. Toda assistência ou salvamento prestado com resultado útil dará direito à remuneração correspondente ao trabalho e à eficiência do ato, nas seguintes bases:

I – considerar-se-ão, em primeiro lugar:

a) o êxito obtido, os esforços, os riscos e o mérito daqueles que prestaram socorro;

b) o perigo passado pela aeronave socorrida, seus passageiros, sua tripulação e sua carga;

c) o tempo empregado, as despesas e prejuízos suportados tendo em conta a situação especial do assistente.

II – em segundo lugar, o valor das coisas recuperadas.

§ 1º. Não haverá remuneração:

a) se o socorro for recusado ou se carecer de resultado útil;

b) quando o socorro for prestado por aeronave pública.

§ 2º. O proprietário ou armador do navio conserva o direito de se prevalecer do abandono, ou da limitação de responsabilidade fixada nas leis e convenções em vigor.

Art. 58. Todo aquele que, por imprudência, negligência ou transgressão, provocar a movimentação desnecessária de recursos de busca e salvamento ficará obrigado a indenizar a União pelas despesas decorrentes dessa movimentação, mesmo que não tenha havido perigo de vida ou solicitação de socorro.

Art. 59. Prestada assistência voluntária, aquele que a prestou somente terá direito à remuneração se obtiver resultado útil, salvando pessoas ou concorrendo para salvá-las.

Art. 60. Cabe ao proprietário ou explorador indenizar a quem prestar assistência a passageiro ou tripulante de sua aeronave.

Art. 61. Se o socorro for prestado por diversas aeronaves, embarcações, veículos ou pessoas envolvendo vários interessados, a remuneração será fixada em conjunto pelo Juiz, e distribuída segundo os critérios estabelecidos neste artigo.

§ 1º. Os interessados devem fazer valer seus direitos à remuneração no prazo de 6 (seis) meses, contado do dia do socorro.

§ 2º. Decorrido o prazo, proceder-se-á ao rateio.

§ 3º. Os interessados que deixarem fluir o prazo estabelecido no § 1º sem fazer valer seus direitos ou notificar os obrigados, só poderão exercitá-los sobre as importâncias que não tiverem sido distribuídas.

Art. 62. A remuneração não excederá o valor que os bens recuperados tiverem no final das operações de salvamento.

Art. 63. O pagamento da remuneração será obrigatório para quem usar aeronave sem o consentimento do seu proprietário ou explorador.

Parágrafo único. Provada a negligência do proprietário ou explorador, estes responderão, solidariamente, pela remuneração.

Art. 64. A remuneração poderá ser reduzida ou suprimida se provado que:

I – os reclamantes concorreram voluntariamente ou por negligência para agravar a situação de pessoas ou bens a serem socorridos;

II – se, comprovadamente, furtaram ou tornaram-se cúmplices de furto, extravio ou atos fraudulentos.

Art. 65. O proprietário ou explorador da aeronave que prestou socorro pode reter a carga até ser paga a cota que lhe corresponde da remuneração da assistência ou salvamento, mediante entendimento com o proprietário da mesma ou com a seguradora.

Capítulo IV – Do Sistema de Segurança de Voo

Seção I – Dos Regulamentos e Requisitos de Segurança de Voo

Art. 66. Compete à autoridade aeronáutica promover a segurança de voo, devendo estabelecer os padrões mínimos de segurança:

I – relativos a projetos, materiais, mão-de-obra, construção e desempenho de aeronaves, motores, hélices e demais componentes aeronáuticos; e

II – relativos à inspeção, manutenção em todos os níveis, reparos e operação de aeronaves, motores, hélices e demais componentes aeronáuticos.

§ 1º. Os padrões mínimos serão estabelecidos em Regulamentos Brasileiros de Homologação Aeronáutica, a vigorar a partir de sua publicação.

§ 2º. Os padrões poderão variar em razão do tipo ou destinação do produto aeronáutico.

Art. 67. Somente poderão ser usadas aeronaves, motores, hélices e demais componentes aeronáuticos que observem os padrões e requisitos previstos nos Regulamentos de que trata o artigo anterior, ressalvada a operação de aeronave experimental.

§ 1º. Poderá a autoridade aeronáutica, em caráter excepcional, permitir o uso de componentes ainda não homologados, desde que não seja comprometida a segurança de voo.

§ 2º. Considera-se aeronave experimental a fabricada ou montada por construtor amador, permitindo-se na sua construção o emprego de materiais referidos no parágrafo anterior.

§ 3º. Compete à autoridade aeronáutica regulamentar a construção, operação e emissão de Certificado de Marca Experimental e Certificado de Autorização de Voo Experimental para as aeronaves construídas por amadores.

Seção II – Dos Certificados de Homologação

Art. 68. A autoridade aeronáutica emitirá certificado de homologação de tipo de aeronave, motores, hélices e outros produtos aeronáuticos que satisfizerem as exigências e requisitos dos Regulamentos.

§ 1º. Qualquer pessoa interessada pode requerer o certificado de que trata este artigo, observados os procedimentos regulamentares.

§ 2º. A emissão de certificado de homologação de tipo de aeronave é indispensável à obtenção do certificado de aeronavegabilidade.

§ 3º. O disposto neste artigo e seus §§ 1º e 2º aplica-se aos produtos aeronáuticos importados, os quais deverão receber o certificado correspondente no Brasil.

Art. 69. A autoridade aeronáutica emitirá os certificados de homologação de empresa destinada à fabricação de produtos aeronáuticos, desde que o respectivo sistema de fabricação e controle assegure que toda unidade fabricada atenderá ao projeto aprovado.

Parágrafo único. Qualquer interessado em fabricar produto aeronáutico, de tipo já certificado, deverá requerer o certificado de homologação de empresa, na forma do respectivo Regulamento.

Art. 70. A autoridade aeronáutica emitirá certificados de homologação de empresa destinada à execução de serviços de revisão, reparo e manutenção de aeronave, motores, hélices e outros produtos aeronáuticos.

§ 1º. Qualquer oficina de manutenção de produto aeronáutico deve possuir o certificado de que trata este artigo, obedecido o procedimento regulamentar.

§ 2º. Todo explorador ou operador de aeronave deve executar ou fazer executar a manutenção de aeronaves, motores, hélices e demais componentes, a fim de preservar as condições de segurança do projeto aprovado.

§ 3º. A autoridade aeronáutica cancelará o certificado de aeronavegabilidade se constatar a falta de manutenção.

§ 4º. A manutenção, no limite de até 100 (cem) horas, das aeronaves pertencentes aos aeroclubes que não disponham de oficina homologada, bem como das aeronaves mencionadas no § 4º, do art. 107, poderá ser executada por mecânico licenciado pelo Ministério da Aeronáutica.

Art. 71. Os certificados de homologação, previstos nesta Seção, poderão ser emendados, modificados, suspensos ou cassados sempre que a segurança de voo ou o interesse público o exigir.

Parágrafo único. Salvo caso de emergência, o interessado será notificado para, no prazo que lhe for assinado, sanar qualquer irregularidade verificada.

Capítulo V – Sistema de Registro Aeronáutico Brasileiro

Seção I – Do Registro Aeronáutico Brasileiro

Art. 72. O Registro Aeronáutico Brasileiro será público, único e centralizado, destinando-se a ter, em relação à aeronave, as funções de:

I – emitir certificados de matrícula, de aeronavegabilidade e de nacionalidade de aeronaves sujeitas à legislação brasileira;

II – reconhecer a aquisição do domínio na transferência por ato entre vivos e dos direitos reais de gozo e garantia, quando se tratar de matéria regulada por este Código;

III – assegurar a autenticidade, inalterabilidade e conservação de documentos inscritos e arquivados;

IV – promover o cadastramento geral.

§ 1º. É obrigatório o fornecimento de certidão do que constar do Registro.

§ 2º. O Registro Aeronáutico Brasileiro será regulamentado pelo Poder Executivo.

Art. 73. Somente são admitidos a registro:

I – escrituras públicas, inclusive as lavradas em consulados brasileiros;

II – documentos particulares, com fé pública, assinados pelas partes e testemunhas;

III – atos autênticos de países estrangeiros, feitos de acordo com as leis locais, legalizados e traduzidos, na forma da lei, assim como sentenças proferidas por tribunais estrangeiros após homologação pelo Supremo Tribunal Federal;

IV – cartas de sentença, formais de partilha, certidões e mandados extraídos de autos de processo judicial.

Art. 74. No Registro Aeronáutico Brasileiro serão feitas:

I – a matrícula de aeronave, em livro próprio, por ocasião de primeiro registro no País, mediante os elementos constantes do título apresentado e da matrícula anterior, se houver;

II – a inscrição:

a) de títulos, instrumentos ou documentos em que se institua, reconheça, transfira, modifique ou extinga o domínio ou os demais direitos reais sobre aeronave;

b) de documentos relativos a abandono, perda, extinção ou alteração essencial de aeronave;

c) de atos ou contratos de exploração ou utilização, assim como de arresto, sequestro, penhora e apreensão de aeronave.

III – a averbação na matrícula e respectivo certificado das alterações que vierem a ser inscritas, assim como dos contratos de exploração, utilização ou garantia;

IV – a autenticação do Diário de Bordo de aeronave brasileira;

V – a anotação de usos e práticas aeronáuticas que não contrariem a lei, a ordem pública e os bons costumes.

Art. 75. Poderá ser cancelado o registro, mediante pedido escrito do proprietário, sempre que não esteja a aeronave ou os motores gravados, e com o consentimento por escrito do respectivo credor fiduciário, hipotecário ou daquele em favor de quem constar ônus real.

Parágrafo único. Nenhuma aeronave brasileira poderá ser transferida para o exterior se for objeto de garantia, a não ser com a expressa concordância do credor.

Art. 76. Os emolumentos, relativos ao registro, serão pagos pelo interessado, de conformidade com normas aprovadas pelo Ministério da Aeronáutica.

Seção II – Do Procedimento de Registro de Aeronaves

Art. 77. Todos os títulos levados a registro receberão no Protocolo o número que lhes competir, observada a ordem de entrada.

Art. 78. O número de ordem determinará a prioridade do título, e esta a preferência dos direitos dependentes do registro.

Art. 79. O título de natureza particular apresentado em via única será arquivado no Registro Aeronáutico Brasileiro, que fornecerá certidão do mesmo, ao interessado.

Art. 80. Protocolizado o título, proceder-se-á aos registros, prevalecendo, para efeito de prioridade, os títulos prenotados no Protocolo sob número de ordem mais baixo.

Art. 81. No Protocolo será anotada, à margem da prenotação, a exigência feita pela autoridade aeronáutica.

Parágrafo único. Opondo-se o interessado, o processo será solucionado pelo órgão competente do Ministério da Aeronáutica, com recurso à autoridade aeronáutica superior.

Art. 82. Cessarão automaticamente os efeitos da prenotação se, decorridos 30 (trinta) dias do seu lançamento no Protocolo, não tiver o título sido registrado por omissão do interessado em atender às exigências legais.

Art. 83. Em caso de permuta, serão feitas as inscrições nas matrículas correspondentes, sob um único número de ordem no Protocolo.

Art. 84. O Diário de Bordo será apresentado ao Registro Aeronáutico Brasileiro para autenticação dos termos de abertura, encerramento e número de páginas.

Parágrafo único. O Diário de Bordo deverá ser encadernado e suas folhas numeradas, contendo na primeira e na última, respectivamente, o termo de abertura e encerramento com o número de suas páginas, devidamente autenticados pelo Registro Aeronáutico Brasileiro.

Art. 85. O Registro Aeronáutico Brasileiro assentará em livro próprio *ex officio* ou a pedido da associação de classe interessada os costumes e práticas aeronáuticas que não contrariem a lei ou os bons costumes, após a manifestação dos órgãos jurídicos do Ministério da Aeronáutica.

Capítulo VI
Sistema de Investigação e Prevenção de Acidentes Aeronáuticos

Art. 86. Compete ao Sistema de Investigação e Prevenção de Acidentes Aeronáuticos planejar, orientar, coordenar, controlar e executar as atividades de investigação e de prevenção de acidentes Aeronáuticos.

§ 1º. (Vetado).

§ 2º. A investigação de quaisquer outros acidentes relacionados com a infraestrutura aeronáutica, desde que não envolva aeronaves, não está abrangida nas atribuições próprias da Comissão de Investigação de Acidentes Aeronáuticos.

§ 3º. (Vetado).

§ 4º. (Vetado).

§ 5º. (Vetado).

§ 6º. (Vetado).

Art. 87. A prevenção de acidentes aeronáuticos é da responsabilidade de todas as pessoas, naturais ou jurídicas, envolvidas com a fabricação, manutenção, operação e circulação de aeronaves, bem assim com as atividades de apoio da infraestrutura aeronáutica no território brasileiro.

Art. 88. Toda pessoa que tiver conhecimento de qualquer acidente de aviação ou da existência de restos ou despojos de aeronave tem o dever de comunicá-lo à autoridade pública mais próxima e pelo meio mais rápido.

Parágrafo único. A autoridade pública que tiver conhecimento do fato ou nele intervier, comunicá-lo-á imediatamente, sob pena de responsabilidade por negligência, à autoridade aeronáutica mais próxima do acidente.

Art. 89. Exceto para efeito de salvar vidas, nenhuma aeronave acidentada, seus restos ou coisas que por ela eram transportadas, podem ser vasculhados ou removidos, a não ser em presença ou com autorização da autoridade aeronáutica.

Art. 90. Sempre que forem acionados os serviços de emergência de aeroporto para a prestação de socorro, o custo das despesas decorrentes será indenizado pelo explorador da aeronave socorrida.

Art. 91. As despesas de remoção e desinterdição do local do acidente aeronáutico, inclusive em aeródromo, correrão por conta do explorador da aeronave acidentada, desde que comprovada a sua culpa ou responsabilidade.

Parágrafo único. Caso o explorador não disponha de recursos técnicos ou não providencie tempestivamente a remoção da aeronave ou de seus restos, a administração do aeroporto encarregar-se-á dessa providência.

Art. 92. Em caso de acidentes aéreos ocorridos por atos delituosos, far-se-á a comunicação à autoridade policial para o respectivo processo.

Parágrafo único. Para o disposto no *caput* deste artigo, a autoridade policial, juntamente com as autoridades aeronáuticas, deverão considerar as infrações às Regulamentações Profissionais dos aeroviários e dos aeronautas, que possam ter concorrido para o evento.

Art. 93. A correspondência transportada por aeronave acidentada deverá ser entregue, o mais rápido possível, à entidade responsável pelo serviço postal, que fará a devida comunicação à autoridade aduaneira mais próxima, no caso de remessas postais internacionais.

Capítulo VII – Sistema de Facilitação, Segurança da Aviação Civil e Coordenação do Transporte Aéreo

Seção I – Da Facilitação do Transporte Aéreo

Art. 94. O sistema de facilitação do transporte aéreo, vinculado ao Ministério da Aeronáutica, tem por objetivo estudar as normas e recomendações pertinentes da Organização de Aviação Civil Internacional – OACI e propor aos órgãos interessados as medidas adequadas a implementá-las no País, avaliando os resultados e sugerindo as alterações necessárias ao aperfeiçoamento dos serviços aéreos.

Seção II – Da Segurança da Aviação Civil

Art. 95. O Poder Executivo deverá instituir e regular a Comissão Nacional de Segurança da Aviação Civil.

§ 1º. A Comissão mencionada no *caput* deste artigo tem como objetivos:

I – assessorar os órgãos governamentais, relativamente à política e critérios de segurança;

II – promover a coordenação entre:

a) os serviços de controle de passageiros;

b) a administração aeroportuária;

c) o policiamento;

d) as empresas de transporte aéreo;

e) as empresas de serviços auxiliares.

§ 2º. Compete, ainda, à referida Comissão determinar as normas e medidas destinadas a prevenir e a enfrentar ameaças e atos contra a aviação civil e as instalações correlatas.

Seção III – Da Coordenação do Transporte Aéreo Civil

Art. 96. O Poder Executivo regulamentará o órgão do sistema de coordenação do transporte aéreo civil, a fim de:

I – propor medidas visando a:

a) assegurar o desenvolvimento harmônico do transporte aéreo, no contexto de programas técnicos e econômico-financeiros específicos;

b) acompanhar e fiscalizar a execução desses programas.

II – apreciar, sob os aspectos técnico-aeronáuticos e econômico-financeiros, os pedidos de importação e exportação de aeronaves civis e propor instruções para o incentivo da indústria nacional de natureza aeroespacial.

Capítulo VIII – Sistema de Formação e Adestramento de Pessoal

Seção I – Dos Aeroclubes

Art. 97. Aeroclube é toda sociedade civil com patrimônio e administração próprios, com serviços locais e regionais, cujos objetivos principais são o ensino e a prática da aviação civil, de turismo e desportiva em todas as suas modalidades, podendo cumprir missões de emergência ou de notório interesse da coletividade.

§ 1º. Os serviços aéreos prestados por aeroclubes abrangem as atividades de:

I – ensino e adestramento de pessoal de voo;

II – ensino e adestramento de pessoal da infraestrutura aeronáutica;

III – recreio e desportos.

§ 2º. Os aeroclubes e as demais entidades afins, uma vez autorizadas a funcionar, são considerados como de utilidade pública.

Seção II – Da Formação e Adestramento de Pessoal de Aviação Civil

Art. 98. Os aeroclubes, escolas ou cursos de aviação ou de atividade a ela vinculada (art. 15, §§ 1º e 2º) somente poderão funcionar com autorização prévia de autoridade aeronáutica.

§ 1º. As entidades de que trata este artigo, após serem autorizadas a funcionar, são consideradas de utilidade pública.

§ 2º. A formação e o adestramento de pessoal das Forças Armadas serão estabelecidos em legislação especial.

Art. 99. As entidades referidas no artigo anterior só poderão funcionar com a prévia autorização do Ministério da Aeronáutica.

Parágrafo único. O Poder Executivo baixará regulamento fixando os requisitos e as condições para a autorização e o funcionamento dessas entidades, assim como para o registro dos respectivos professores, aprovação de cursos, expedição e validade dos certificados de conclusão dos cursos e questões afins.

Seção III – Da Formação e Adestramento de Pessoal Destinado à Infraestrutura Aeronáutica

Art. 100. Os programas de desenvolvimento de ensino e adestramento de pessoal civil vinculado à infraestrutura aeronáutica compreendem a formação, aperfeiçoamento e especialização de técnicos para todos os elementos indispensáveis, imediata ou mediatamente, à navegação aérea, inclusive à fabricação, revisão e manutenção de produtos aeronáuticos ou relativos à proteção ao (...).

• *Omissão do Diário Oficial.*

Parágrafo único. Cabe à autoridade aeronáutica expedir licença ou certificado de controladores de tráfego aéreo e de outros profissionais dos diversos setores de atividades vinculadas à navegação aérea e à infraestrutura aeronáutica.

Capítulo IX – Sistema de Indústria Aeronáutica

Art. 101. A indústria aeronáutica, constituída de empresas de fabricação, revisão, reparo e manutenção de produto aeronáutico ou relativo à proteção ao voo depende de registro e de homologação (arts. 66 a 71).

Capítulo X – Dos Serviços Auxiliares

Art. 102. São serviços auxiliares:

I – as agências de carga aérea, os serviços de rampa ou de pista nos aeroportos e os relativos à hotelaria nos aeroportos;

II – os demais serviços conexos à navegação aérea ou à infraestrutura aeronáutica, fixados, em regulamento, pela autoridade aeronáutica.

§ 1º. (Vetado).

§ 2º. Serão permitidos convênios entre empresas nacionais e estrangeiras, para que cada uma opere em seu respectivo país, observando-se suas legislações específicas.

Art. 103. Os serviços de controle aduaneiro nos aeroportos internacionais serão executados de conformidade com lei específica.

Art. 104. Todos os equipamentos e serviços de terra utilizados no atendimento de aeronaves, passageiros, bagagem e carga são de responsabilidade dos transportadores ou de prestadores autônomos de serviços auxiliares.

Capítulo XI – Sistema de Coordenação da Infraestrutura Aeronáutica

Art. 105. Poderá ser instalado órgão ou Comissão com o objetivo de:

I – promover o planejamento integrado da infraestrutura aeronáutica e sua harmonização com as possibilidades econômico-financeiras do País;

II – coordenar os diversos sistemas ou subsistemas;

III – estudar e propor as medidas adequadas ao funcionamento harmônico dos diversos sistemas ou subsistemas;

IV – coordenar os diversos registros e homologações exigidos por lei.

TÍTULO IV – DAS AERONAVES

Capítulo I – Disposições Gerais

Art. 106. Considera-se aeronave todo aparelho manobrável em voo, que possa sustentar-se e circular no espaço aéreo, mediante reações aerodinâmicas, apto a transportar pessoas ou coisas.

Parágrafo único. A aeronave é bem móvel registrável para o efeito de nacionalidade, matrícula, aeronavegabilidade (arts. 72, I, 109 e 114), transferência por ato entre vivos (arts. 72, II e 115, IV), constituição de hipoteca (arts. 72, II e 138), publicidade (arts. 72, III e 117) e cadastramento geral (art. 72, V).

Art. 107. As aeronaves classificam-se em civis e militares.

§ 1º. Consideram-se militares as integrantes das Forças Armadas, inclusive as requisitadas na forma da lei, para missões militares (art. 3º, I).

§ 2º. As aeronaves civis compreendem as aeronaves públicas e as aeronaves privadas.

§ 3º. As aeronaves públicas são as destinadas ao serviço do Poder Público, inclusive as requisitadas na forma da lei; todas as demais são aeronaves privadas.

§ 4º. As aeronaves a serviço de entidades da Administração Indireta Federal, Estadual ou Municipal são consideradas, para os efeitos deste Código, aeronaves privadas (art. 3º, II).

§ 5º. Salvo disposição em contrário, os preceitos deste Código não se aplicam às aeronaves militares, reguladas por legislação especial (art. 14, § 6º).

Capítulo II – Da Nacionalidade, Matrícula e Aeronavegabilidade

Seção I – Da Nacionalidade e Matrícula

Art. 108. A aeronave é considerada da nacionalidade do Estado em que esteja matriculada.

Art. 109. O Registro Aeronáutico Brasileiro, no ato da inscrição, após a vistoria técnica, atribuirá as marcas de nacionalidade e matrícula, identificadoras da aeronave.

§ 1º. A matrícula confere nacionalidade brasileira à aeronave e substitui a matrícula anterior, sem prejuízo dos atos jurídicos realizados anteriormente.

§ 2º. Serão expedidos os respectivos certificados de matrícula e nacionalidade e de aeronavegabilidade.

Art. 110. A matrícula de aeronave já matriculada em outro Estado pode ser efetuada pelo novo adquirente, mediante a comprovação da transferência da propriedade; ou pelo explorador, mediante o expresso consentimento do titular do domínio.

Parágrafo único. O consentimento do proprietário pode ser manifestado, por meio de mandato especial, em cláusula do respectivo contrato de utilização de aeronave, ou em documento separado.

Art. 111. A matrícula será provisória quando:

I – feita pelo explorador, usuário, arrendatário, promitente-comprador ou por quem, sendo possuidor, não tenha a propriedade, mas tenha o expresso mandato ou consentimento do titular do domínio da aeronave;

II – o vendedor reserva, para si a propriedade da aeronave até o pagamento total do preço ou até o cumprimento de determinada condição, mas consente, expressamente, que o comprador faça a matrícula.

§ 1º. A ocorrência da condição resolutiva, estabelecida no contrato, traz como consequência o cancelamento da matrícula, enquanto a quitação ou a ocorrência de condição suspensiva autoriza a matrícula definitiva.

§ 2º. O contrato de compra e venda, a prazo, desde que o vendedor não reserve para si a propriedade, enseja a matrícula definitiva.

Art. 112. As marcas de nacionalidade e matrícula serão canceladas:

I – a pedido do proprietário ou explorador quando deva inscrevê-la em outro Estado, desde que não exista proibição legal (art. 75 e parágrafo único);

II – *ex officio* quando matriculada em outro país;

III – quando ocorrer o abandono ou perecimento da aeronave.

Art. 113. As inscrições constantes do Registro Aeronáutico Brasileiro serão averbadas no certificado de matrícula da aeronave.

Seção II – Do Certificado de Aeronavegabilidade

Art. 114. Nenhuma aeronave poderá ser autorizada para o voo sem a prévia expedição do correspondente certificado de aeronavegabilidade que só será válido durante o prazo estipulado e enquanto observadas as condições obrigatórias nele mencionadas (arts. 20 e 68, § 2º).

§ 1º. São estabelecidos em regulamento os requisitos, condições e provas necessários à obtenção ou renovação do certificado, assim como o prazo de vigência e casos de suspensão ou cassação.

§ 2º. Poderão ser convalidados os certificados estrangeiros de aeronavegabilidade que atendam aos requisitos previstos no regulamento de que trata o parágrafo anterior, e às condições aceitas internacionalmente.

Capítulo III – Da Propriedade e Exploração da Aeronave

Seção I – Da Propriedade da Aeronave

Art. 115. Adquire-se a propriedade da aeronave:

I – por construção;

II – por usucapião;

III – por direito hereditário;

IV – por inscrição do título de transferência no Registro Aeronáutico Brasileiro;

V – por transferência legal (arts. 145 e 190).

§ 1º. Na transferência da aeronave estão sempre compreendidos, salvo cláusula expressa em contrário, os motores, equipamentos e instalações internas.

§ 2º. Os títulos translativos da propriedade de aeronave, por ato entre vivos, não transferem o seu domínio, senão da data em que se inscreverem no Registro Aeronáutico Brasileiro.

Art. 116. Considera-se proprietário da aeronave a pessoa natural ou jurídica que a tiver:

I – construído, por sua conta;

II – mandado construir, mediante contrato;

III – adquirido por usucapião, por possuí-la como sua, baseada em justo título e boa-fé, sem interrupção nem oposição durante 5 (cinco) anos;

IV – adquirido por direito hereditário;

V – inscrito em seu nome no Registro Aeronáutico Brasileiro, consoante instrumento público ou particular, judicial ou extrajudicial (art. 115, IV).

§ 1º. Deverá constar da inscrição e da matrícula o nome daquele a quem, no título de aquisição, for transferida a propriedade da aeronave.

§ 2º. Caso a inscrição e a matrícula sejam efetuadas por possuidor que não seja titular da propriedade da aeronave, deverá delas constar o nome do proprietário e a averbação do seu expresso mandato ou consentimento.

Art. 117. Para fins de publicidade e continuidade, serão também inscritos no Registro Aeronáutico Brasileiro:

I – as arrematações e adjudicações em hasta pública;

II – as sentenças de divórcio, de nulidade ou anulações de casamento quando nas respectivas partilhas existirem aeronaves;

III – as sentenças de extinção de condomínio;

IV – as sentenças de dissolução ou liquidação de sociedades, em que haja aeronaves a partilhar;

V – as sentenças que, nos inventários, arrolamentos e partilhas, adjudicarem aeronaves em pagamento de dívidas da herança;

VI – as sentenças ou atos de adjudicação, assim como os formais ou certidões de partilha na sucessão legítima ou testamentária;

VII – as sentenças declaratórias de usucapião.

Art. 118. Os projetos de construção, quando por conta do próprio fabricante, ou os contratos de construção quando por conta de quem a tenha contratado serão inscritos no Registro Aeronáutico Brasileiro.

§ 1º. No caso de hipoteca de aeronave em construção mediante contrato, far-se-ão, ao mesmo tempo, a inscrição do respectivo contrato de construção e a da hipoteca.

§ 2º. No caso de hipoteca de aeronave em construção por conta do fabricante faz-se, no mesmo ato, a inscrição do projeto de construção e da respectiva hipoteca.

§ 3º. Quando não houver hipoteca de aeronave em construção, far-se-á a inscrição do projeto construído por ocasião do pedido de matrícula.

Art. 119. As aeronaves em processo de homologação, as destinadas à pesquisa e desenvolvimento para fins de homologação e as produzidas por amadores estão sujeitas à emissão de certificados de autorização de voo experimental e de marca experimental (arts. 17, parágrafo único, e 67, § 1º).

Art. 120. Perde-se a propriedade da aeronave pela alienação, renúncia, abandono, perecimento, desapropriação e pelas causas de extinção previstas em lei.

§ 1º. Ocorre o abandono da aeronave ou de parte dela quando não for possível determinar sua legítima origem ou quando manifestar-se o proprietário, de modo expresso, no sentido de abandoná-la.

§ 2º. Considera-se perecida a aeronave quando verificada a impossibilidade de sua recuperação ou após o transcurso de mais de 180 (cento e oitenta) dias a contar da data em que dela se teve a última notícia oficial.

§ 3º. Verificado, em inquérito administrativo, o abandono ou perecimento da aeronave, será cancelada *ex officio* a respectiva matrícula.

Art. 121. O contrato que objetive a transferência da propriedade de aeronave ou a constituição sobre ela de direito real poderá ser elaborado por instrumento público ou particular.

Parágrafo único. No caso de contrato realizado no exterior aplica-se o disposto no art. 73, item III.

Seção II – Da Exploração e do Explorador de Aeronave

Art. 122. Dá-se a exploração da aeronave quando uma pessoa física ou jurídica, proprietária ou não, a utiliza, legitimamente, por conta própria, com ou sem fins lucrativos.

Art. 123. Considera-se operador ou explorador de aeronave:

I – a pessoa jurídica que tem a concessão dos serviços de transporte público regular ou a autorização dos serviços de transporte público não regular, de serviços especializados ou de táxi-aéreo;

II – o proprietário da aeronave ou quem a use diretamente ou através de seus prepostos, quando se tratar de serviços aéreos privados;

III – o fretador que reservou a condução técnica da aeronave, a direção e a autoridade sobre a tripulação;

IV – o arrendatário que adquiriu a condução técnica da aeronave arrendada e a autoridade sobre a tripulação.

Art. 124. Quando o nome do explorador estiver inscrito no Registro Aeronáutico Brasileiro, mediante qualquer contrato de utilização, exclui-se o proprietário da aeronave da responsabilidade inerente à exploração da mesma.

§ 1º. O proprietário da aeronave será reputado explorador, até prova em contrário, se o nome deste não constar no Registro Aeronáutico Brasileiro.

§ 2º. Provando-se, no caso do parágrafo anterior, que havia explorador, embora sem ter o seu nome inscrito no Registro Aeronáutico Brasileiro, haverá solidariedade do explorador e do proprietário por qualquer infração ou dano resultante da exploração da aeronave.

Capítulo IV – Dos Contratos sobre Aeronave

Seção I – Do Contrato de Construção de Aeronave

Art. 125. O contrato de construção de aeronave deverá ser inscrito no Registro Aeronáutico Brasileiro.

Parágrafo único. O contrato referido no *caput* deste artigo deverá ser submetido à fiscalização do Ministério da Aeronáutica, que estabelecerá as normas e condições de construção.

Art. 126. O contratante que encomendou a construção da aeronave, uma vez inscrito o seu contrato no Registro Aeronáutico Brasileiro, adquire, originariamente, a propriedade da aeronave, podendo dela dispor e reavê-la do poder de quem quer que injustamente a possua.

Seção II – Do Arrendamento

Art. 127. Dá-se o arrendamento quando uma das partes se obriga a ceder à outra, por tempo determinado, o uso e gozo de aeronave ou de seus motores, mediante certa retribuição.

Art. 128. O contrato deverá ser feito por instrumento público ou particular, com a assinatura de duas testemunhas, e inscrito no Registro Aeronáutico Brasileiro.

Art. 129. O arrendador é obrigado:

I – a entregar ao arrendatário a aeronave ou o motor, no tempo e lugar convencionados, com a documentação necessária para o voo, em condições de servir ao uso a que um ou outro se destina, e a mantê-los nesse estado, pelo tempo do contrato, salvo cláusula expressa em contrário;

II – a garantir, durante o tempo do contrato, o uso pacífico da aeronave ou do motor.

Parágrafo único. Pode o arrendador obrigar-se, também, a entregar a aeronave equipada e tripulada, desde que a direção e condução técnica fiquem a cargo do arrendatário.

Art. 130. O arrendatário é obrigado:

I – a fazer uso da coisa arrendada para o destino convencionado e dela cuidar como se sua fosse;

II – a pagar, pontualmente, o aluguel, nos prazos, lugar e condições acordadas;

III – a restituir ao arrendador a coisa arrendada, no estado em que a recebeu, ressalvado o desgaste natural decorrente do uso regular.

Art. 131. A cessão do arrendamento e o subarrendamento só poderão ser realizados por contrato escrito, com o consentimento expresso do arrendador e a inscrição no Registro Aeronáutico Brasileiro.

Art. 132. A não inscrição do contrato de arrendamento ou de subarrendamento determina que o arrendador, o arrendatário e o subarrendatário, se houver, sejam responsáveis pelos danos e prejuízos causados pela aeronave.

Seção III – Do Fretamento

Art. 133. Dá-se o fretamento quando uma das partes, chamada fretador, obriga-se para com a outra, chamada afretador, mediante o pagamento por este, do frete, a realizar uma ou mais viagens preestabelecidas ou durante certo período de tempo, reservando-se ao fretador o controle sobre a tripulação e a condução técnica da aeronave.

Art. 134. O contrato será por instrumento público ou particular, sendo facultada a sua inscrição no Registro Aeronáutico Brasileiro (arts. 123 e 124).

Art. 135. O fretador é obrigado:

I – a colocar à disposição do afretador aeronave equipada e tripulada, com os documentos necessários e em estado de aeronavegabilidade;

II – a realizar as viagens acordadas ou a manter a aeronave à disposição do afretador, durante o tempo convencionado.

Art. 136. O afretador é obrigado:

I – a limitar o emprego da aeronave ao uso para o qual foi contratada e segundo as condições do contrato;

II – a pagar o frete no lugar, tempo e condições acordadas.

Seção IV – Do Arrendamento Mercantil de Aeronave

Art. 137. O arrendamento mercantil deve ser inscrito no Registro Aeronáutico Brasileiro, mediante instrumento público ou particular com os seguintes elementos:

I – descrição da aeronave com o respectivo valor;

II – prazo do contrato, valor de cada prestação periódica, ou o critério para a sua determinação, data e local dos pagamentos;

III – cláusula de opção de compra ou de renovação contratual, como faculdade do arrendatário;

IV – indicação do local, onde a aeronave deverá estar matriculada durante o prazo do contrato.

§ 1º. Quando se tratar de aeronave proveniente do exterior, deve estar expresso o consentimento em que seja inscrita a aeronave no Registro Aeronáutico Brasileiro com o cancelamento da matrícula primitiva, se houver.

§ 2º. Poderão ser aceitas, nos respectivos contratos, as cláusulas e condições usuais nas operações de leasing internacional, desde que não contenha qualquer cláusula contrária à Constituição Brasileira ou às disposições deste Código.

Capítulo V – Da Hipoteca e Alienação Fiduciária de Aeronave

Seção I – Da Hipoteca Convencional

Art. 138. Poderão ser objeto de hipoteca as aeronaves, motores, partes e acessórios de aeronaves, inclusive aquelas em construção.

§ 1º. Não pode ser objeto de hipoteca, enquanto não se proceder à matrícula definitiva, a aeronave inscrita e matriculada provisoriamente, salvo se for para garantir o contrato, com base no qual se fez a matrícula provisória.

§ 2º. A referência à aeronave, sem ressalva, compreende todos os equipamentos, motores, instalações e acessórios, constantes dos respectivos certificados de matrícula e aeronavegabilidade.

§ 3º. No caso de incidir sobre motores, deverão eles ser inscritos e individuados no Registro Aeronáutico Brasileiro, no ato da inscrição da hipoteca, produzindo esta os seus efeitos ainda que estejam equipando aeronave hipotecada a distinto credor, exceto no caso de haver nos respectivos contratos cláusula permitindo a rotatividade dos motores.

§ 4º. Concluída a construção, a hipoteca estender-se-á à aeronave se recair sobre todos os componentes; mas continuará a gravar, apenas, os motores e equipamentos individuados, se somente sobre eles incidir a garantia.

§ 5º. Durante o contrato, o credor poderá inspecionar o estado dos bens, objeto da hipoteca.

Art. 139. Só aquele que pode alienar a aeronave poderá hipotecá-la e só a aeronave que pode ser alienada poderá ser dada em hipoteca.

Art. 140. A aeronave comum a 2 (dois) ou mais proprietários só poderá ser dada em hipoteca com o consentimento expresso de todos os condôminos.

Art. 141. A hipoteca constituir-se-á pela inscrição do contrato no Registro Aeronáutico Brasileiro e com a averbação no respectivo certificado de matrícula.

Art. 142. Do contrato de hipoteca deverão constar:

I – o nome e domicílio das partes contratantes;

II – a importância da dívida garantida, os respectivos juros e demais consectários legais, o termo e lugar de pagamento;

III – as marcas de nacionalidade e matrícula da aeronave, assim como os números de série de suas partes componentes;

IV – os seguros que garantem o bem hipotecado.

§ 1º. Quando a aeronave estiver em construção, do instrumento deverá constar a descrição de conformidade com o contrato, assim como a etapa da fabricação, se a hipoteca recair sobre todos os componentes; ou a individuação das partes e acessórios se sobre elas incidir a garantia.

§ 2º. No caso de contrato de hipoteca realizado no exterior, devem ser observadas as indicações previstas no art. 73, item III.

Art. 143. O crédito hipotecário aéreo prefere a qualquer outro, com exceção dos resultantes de:

I – despesas judiciais, crédito trabalhista, tributário e proveniente de tarifas aeroportuárias;

II – despesas por socorro prestado; gastos efetuados pelo comandante da aeronave, no exercício de suas funções, quando indispensáveis à continuação da viagem; e despesas efetuadas com a conservação da aeronave.

Parágrafo único. A preferência será exercida:

a) no caso de perda ou avaria da aeronave, sobre o valor do seguro;

b) no caso de destruição ou inutilização, sobre o valor dos materiais recuperados ou das indenizações recebidas de terceiros;

c) no caso de desapropriação, sobre o valor da indenização.

Seção II – Da Hipoteca Legal

Art. 144. Será dada em favor da União a hipoteca legal das aeronaves, peças e equipamentos adquiridos no exterior com aval, fiança ou qualquer outra garantia do Tesouro Nacional ou de seus agentes financeiros.

Art. 145. Os bens mencionados no artigo anterior serão adjudicados à União, se esta o requerer no Juízo Federal, comprovando:

I – a falência, insolvência, liquidação judicial ou extrajudicial, antes de concluído o pagamento do débito garantido pelo Tesouro Nacional ou seus agentes financeiros;

II – a ocorrência dos fatos previstos no art. 189, I e II deste Código.

Art. 146. O débito que tenha de ser pago pela União ou seus agentes financeiros, vencido ou vincendo, será cobrado do adquirente ou da massa falida pelos valores despendidos por ocasião do pagamento.

§ 1º. A conversão da moeda estrangeira, se for o caso, será feita pelo câmbio do dia, observada a legislação complementar pertinente.

§ 2º. O valor das aeronaves adjudicadas à União será o da data da referida adjudicação.

§ 3º. Do valor do crédito previsto neste artigo será deduzido o valor das aeronaves adjudicadas à União, cobrando-se o saldo.

§ 4º. Se o valor das aeronaves for maior do que as importâncias despendidas ou a despender, pela União ou seus agentes financeiros, poderá aquela vender em leilão as referidas aeronaves pelo valor da avaliação.

§ 5º. Com o preço alcançado, pagar-se-ão as quantias despendidas ou a despender, e o saldo depositar-se-á, conforme o caso, em favor da massa falida ou liquidante.

§ 6º. Se no primeiro leilão não alcançar lance superior ou igual à avaliação, far-se-á, no mesmo dia, novo leilão condicional pelo maior preço.

§ 7º. Se o preço alcançado no leilão não for superior ao crédito da União, poderá esta optar pela adjudicação a seu favor.

Art. 147. Far-se-á *ex officio* a inscrição no Registro Aeronáutico Brasileiro:

I – da hipoteca legal;

II – da adjudicação de que tratam os arts. 145, 146, § 7º e 190 deste Código.

Parágrafo único. Os atos jurídicos, de que cuida o artigo, produzirão efeitos ainda que não levados a registro no tempo próprio.

Seção III – Da Alienação Fiduciária

Art. 148. A alienação fiduciária em garantia transfere ao credor o domínio resolúvel e a posse indireta da aeronave ou de seus equipamentos, independentemente da respectiva tradição, tornando-se o devedor o possuidor direto e depositário com todas as responsabilidades e encargos que lhe incumbem de acordo com a lei civil e penal.

Art. 149. A alienação fiduciária em garantia de aeronave ou de seus motores deve ser feita por instrumento público ou particular, que conterá:

I – o valor da dívida, a taxa de juros, as comissões, cuja cobrança seja permitida, a cláusula penal e a estipulação da correção monetária, se houver, com a indicação exata dos índices aplicáveis;

II – a data do vencimento e o local do pagamento;

III – a descrição da aeronave ou de seus motores, com as indicações constantes do registro e dos respectivos certificados de matrícula e de aeronavegabilidade.

§ 1º. No caso de alienação fiduciária de aeronave em construção ou de seus componentes, do instrumento constará a descrição conforme o respectivo contrato e a etapa em que se encontra.

§ 2º. No caso do parágrafo anterior, o domínio fiduciário transferir-se-á, no ato do registro, sobre as partes componentes, e estender-se-á à aeronave construída, independente de formalidade posterior.

Art. 150. A alienação fiduciária só tem validade e eficácia após a inscrição no Registro Aeronáutico Brasileiro.

Art. 151. No caso de inadimplemento da obrigação garantida, o credor fiduciário poderá alienar o objeto da garantia a terceiros e aplicar o respectivo preço no pagamento do seu crédito e das despesas decorrentes da cobrança, entregando ao devedor o saldo, se houver.

§ 1º. Se o preço não bastar para pagar o crédito e despesas, o devedor continuará obrigado pelo pagamento do saldo.

§ 2º. Na falência, liquidação ou insolvência do devedor, fica assegurado ao credor o direito de pedir a restituição do bem alienado fiduciariamente.

§ 3º. O proprietário fiduciário ou credor poderá proceder à busca e apreensão judicial do bem alienado fiduciariamente, diante da mora ou inadimplemento do credor.

Art. 152. No caso de falência, insolvência, liquidação judicial ou extrajudicial do adquirente ou importador, sem o pagamento do débito para com o vendedor, e de ter o Tesouro Nacional ou seus agentes financeiros de pagá-lo, a União terá o direito de receber a quantia despendida com as respectivas despesas e consectários legais, deduzido o valor das aeronaves, peças e equipamentos, objeto da garantia, procedendo-se de conformidade com o disposto em relação à hipoteca legal (arts. 144 e 145).

Capítulo VI – Do Sequestro, da Penhora e Apreensão da Aeronave

Seção I – Do Sequestro da Aeronave

Art. 153. Nenhuma aeronave empregada em serviços aéreos públicos (art. 175) poderá ser objeto de sequestro.

Parágrafo único. A proibição é extensiva à aeronave que opera serviço de transporte não regular, quando estiver pronta para partir e no curso de viagem da espécie.

Art. 154. Admite-se o sequestro:

I – em caso de desapossamento da aeronave por meio ilegal;

II – em caso de dano à propriedade privada provocado pela aeronave que nela fizer pouso forçado.

Parágrafo único. Na hipótese do inciso II, não será admitido o sequestro se houver prestação de caução suficiente a cobrir o prejuízo causado.

Seção II – Da Penhora ou Apreensão da Aeronave

Art. 155. Toda vez que, sobre aeronave ou seus motores, recair penhora ou apreensão, esta deverá ser averbada no Registro Aeronáutico Brasileiro.

§ 1º. Em caso de penhora ou apreensão judicial ou administrativa de aeronaves, ou seus motores, destinados ao serviço público de transporte aéreo regular, a autoridade judicial ou administrativa determinará a medida, sem que se interrompa o serviço.

§ 2º. A guarda ou depósito de aeronave penhorada ou de qualquer modo apreendida judicialmente far-se-á de conformidade com o disposto nos arts. 312 a 315 deste Código.

TÍTULO V – DA TRIPULAÇÃO

Capítulo I – Da Composição da Tripulação

Art. 156. São tripulantes as pessoas devidamente habilitadas que exercem função a bordo de aeronaves.

§ 1º. A função remunerada a bordo de aeronaves nacionais é privativa de titulares de licenças específicas, emitidas pelo Ministério da Aeronáutica e reservada a brasileiros natos ou naturalizados.

§ 2º. A função não remunerada, a bordo de aeronave de serviço aéreo privado (art. 177) pode ser exercida por tripulantes habilitados, independente de sua nacionalidade.

§ 3º. No serviço aéreo internacional poderão ser empregados comissários estrangeiros, contanto que o número não exceda 1/3 (um terço) dos comissários a bordo da mesma aeronave.

Art. 157. Desde que assegurada a admissão de tripulantes brasileiros em serviços aéreos públicos de determinado país, deve-se promover acordo bilateral de reciprocidade.

Art. 158. A juízo da autoridade aeronáutica poderão ser admitidos como tripulantes, em caráter provisório, instrutores estrangeiros, na falta de tripulantes brasileiros.

Parágrafo único. O prazo do contrato de instrutores estrangeiros, de que trata este artigo, não poderá exceder de 6 (seis) meses.

Art. 159. Na forma da regulamentação pertinente e de acordo com as exigências operacionais, a tripulação constituir-se-á de titulares de licença de voo e certificados de capacidade física e de habilitação técnica, que os credenciem ao exercício das respectivas funções.

Capítulo II – Das Licenças e Certificados

Art. 160. A licença de tripulantes e os certificados de habilitação técnica e de capacidade física serão concedidos pela autoridade aeronáutica, na forma de regulamentação específica.

Parágrafo único. A licença terá caráter permanente e os certificados vigorarão pelo período neles estabelecido, podendo ser revalidados.

Art. 161. Será regulada pela legislação brasileira a validade da licença e o certificado de habilitação técnica de estrangeiros, quando inexistir convenção ou ato internacional vigente no Brasil e no Estado que os houver expedido.

Parágrafo único. O disposto no *caput* do presente artigo aplica-se a brasileiro titular de licença ou certificado obtido em outro país.

Art. 162. Cessada a validade do certificado de habilitação técnica ou de capacidade física, o titular da licença ficará impedido do exercício da função nela especificada.

Art. 163. Sempre que o titular de licença apresentar indício comprometedor de sua aptidão técnica ou das condições físicas estabelecidas na regulamentação específica, poderá ser submetido a novos exames técnicos ou de capacidade física, ainda que válidos estejam os respectivos certificados.

Parágrafo único. Do resultado dos exames acima especificados caberá recurso dos interessados à Comissão técnica especializada ou à junta médica.

Art. 164. Qualquer dos certificados de que tratam os artigos anteriores poderá ser cassado pela autoridade aeronáutica se comprovado, em processo administrativo ou em exame de saúde, que o respectivo titular não possui idoneidade profissional ou não está capacitado para o exercício das funções especificadas em sua licença.

Parágrafo único. No caso do presente artigo, aplica-se o disposto no parágrafo único do art. 163.

Capítulo III – Do Comandante de Aeronave

Art. 165. Toda aeronave terá a bordo um Comandante, membro da tripulação, designado pelo proprietário ou explorador e que será seu preposto durante a viagem.

Parágrafo único. O nome do Comandante e dos demais tripulantes constarão do Diário de Bordo.

Art. 166. O Comandante é responsável pela operação e segurança da aeronave.

§ 1º. O Comandante será também responsável pela guarda de valores, mercadorias, bagagens despachadas e mala postal, desde que lhe sejam asseguradas pelo proprietário ou explorador condições de verificar a quantidade e estado das mesmas.

§ 2º. Os demais membros da tripulação ficam subordinados, técnica e disciplinarmente, ao Comandante da aeronave.

§ 3º. Durante a viagem, o Comandante é o responsável, no que se refere à tripulação, pelo cumprimento da regulamentação profissional no tocante a:

I – limite da jornada de trabalho;

II – limites de voo;

III – intervalos de repouso;

IV – fornecimento de alimentos.

Art. 167. O Comandante exerce autoridade inerente à função desde o momento em que se apresenta para o voo até o momento em que entrega a aeronave, concluída a viagem.

Parágrafo único. No caso de pouso forçado, a autoridade do Comandante persiste até que as autoridades competentes assumam a responsabilidade pela aeronave, pessoas e coisas transportadas.

Art. 168. Durante o período de tempo previsto no art. 167, o Comandante exerce autoridade sobre as pessoas e coisas que se encontrem a bordo da aeronave e poderá:

I – desembarcar qualquer delas, desde que comprometa a boa ordem, a disciplina, ponha em risco a segurança da aeronave ou das pessoas e bens a bordo;

II – tomar as medidas necessárias à proteção da aeronave e das pessoas ou bens transportados;

III – alijar a carga ou parte dela, quando indispensável à segurança de voo (art. 16, § 3º).

Parágrafo único. O Comandante e o explorador da aeronave não serão responsáveis por prejuízos ou consequências decorrentes de adoção das medidas disciplinares previstas neste artigo, sem excesso de poder.

Art. 169. Poderá o Comandante, sob sua responsabilidade, adiar ou suspender a partida da aeronave, quando julgar indispensável à segurança do voo.

Art. 170. O Comandante poderá delegar a outro membro da tripulação as atribuições que lhe competem, menos as que se relacionem com a segurança do voo.

Art. 171. As decisões tomadas pelo Comandante na forma dos arts. 167, 168, 169 e 215, parágrafo único, inclusive em caso de alijamento (art. 16, § 3º), serão registradas no Diário de Bordo e, concluída a viagem, imediatamente comunicadas à autoridade aeronáutica.

Parágrafo único. No caso de estar a carga sujeita a controle aduaneiro, será o alijamento comunicado à autoridade fazendária mais próxima.

Art. 172. O Diário de Bordo, além de mencionar as marcas de nacionalidade e matrícula, os nomes do proprietário e do explorador, deverá indicar para cada voo a data, natureza do voo (privado aéreo, transporte aéreo regular ou não regular), os nomes dos tripulantes, lugar e hora da saída e da chegada, incidentes e observações, inclusive sobre infraestrutura de proteção ao voo que forem de interesse da segurança em geral.

Parágrafo único. O Diário de Bordo referido no *caput* deste artigo deverá estar assinado pelo piloto Comandante, que é o responsável pelas anotações, aí também incluídos os totais de tempos de voo e de jornada.

Art. 173. O Comandante procederá ao assento, no Diário de Bordo, dos nascimentos e óbitos que ocorrerem durante a viagem, e dele extrairá cópia para os fins de direito.

Parágrafo único. Ocorrendo mal súbito ou óbito de pessoas, o Comandante providenciará, na primeira escala, o comparecimento de médicos ou da autoridade policial local, para que sejam tomadas as medidas cabíveis.

TÍTULO VI – DOS SERVIÇOS AÉREOS

Capítulo I – Introdução

Art. 174. Os serviços aéreos compreendem os serviços aéreos privados (arts. 177 a 179) e os serviços aéreos públicos (arts. 180 a 221).

Art. 175. Os serviços aéreos públicos abrangem os serviços aéreos especializados públicos e os serviços de transporte aéreo público de passageiro, carga ou mala postal, regular ou não regular, doméstico ou internacional.

§ 1º. A relação jurídica entre a União e o empresário que explora os serviços aéreos públicos pauta-se pelas normas estabelecidas neste Código e legislação complementar e pelas condições da respectiva concessão ou autorização.

§ 2º. A relação jurídica entre o empresário e o usuário ou beneficiário dos serviços é contratual, regendo-se pelas respectivas normas previstas neste Código e legislação complementar, e, em se tratando de transporte público internacional, pelo disposto nos Tratados e Convenções pertinentes (arts. 1º, § 1º; 203 a 213).

§ 3º. No contrato de serviços aéreos públicos, o empresário, pessoa física ou jurídica, proprietário ou explorador da aeronave, obriga-se, em nome próprio, a executar determinados serviços aéreos, mediante remuneração, aplicando-se o disposto nos arts. 222 a 245 quando se tratar de transporte aéreo regular.

Art. 176. O transporte aéreo de mala postal poderá ser feito, com igualdade de tratamento, por todas as empresas de transporte aéreo regular, em suas linhas, atendendo às conveniências de horário, ou mediante fretamento especial.

§ 1º. No transporte de remessas postais o transportador só é responsável perante a Administração Postal na conformidade das disposições aplicáveis às relações entre eles.

§ 2º. Salvo o disposto no parágrafo anterior, as disposições deste Código não se aplicam ao transporte de remessas postais.

Capítulo II – Serviços Aéreos Privados

Art. 177. Os serviços aéreos privados são os realizados, sem remuneração, em benefício do próprio operador (art. 123, II) compreendendo as atividades aéreas:

I – de recreio ou desportivas;

II – de transporte reservado ao proprietário ou operador da aeronave;

III – de serviços aéreos especializados, realizados em benefício exclusivo do proprietário ou operador da aeronave.

Art. 178. Os proprietários ou operadores de aeronaves destinadas a serviços aéreos privados, sem fins comerciais, não necessitam de autorização para suas atividades aéreas (art. 14, § 2º).

§ 1º. As aeronaves e os operadores deverão atender aos respectivos requisitos técnicos e a todas as disposições sobre navegação aérea e segurança de voo, assim como ter, regularmente, o seguro contra danos às pessoas ou bens na superfície e ao pessoal técnico a bordo.

§ 2º. As aeronaves de que trata este artigo não poderão efetuar serviços aéreos de transporte público (art. 267, § 2º).

Art. 179. As pessoas físicas ou jurídicas que, em seu único e exclusivo benefício, se dediquem à formação ou adestramento de seu pessoal técnico, poderão fazê-lo mediante a anuência da autoridade aeronáutica.

Capítulo III – Serviços Aéreos Públicos

Seção I
Da Concessão ou Autorização para os Serviços Aéreos Públicos

Art. 180. A exploração de serviços aéreos públicos dependerá sempre da prévia concessão, quando se tratar de transporte aéreo regular, ou de autorização no caso de transporte aéreo não regular ou de serviços especializados.

Art. 181. A concessão somente será dada à pessoa jurídica brasileira que tiver:

I – sede no Brasil;

II – pelo menos 4/5 (quatro quintos) do capital com direito a voto, pertencente a brasileiros, prevalecendo essa limitação nos eventuais aumentos do capital social;

III – direção confiada exclusivamente a brasileiros.

§ 1º. As ações com direito a voto deverão ser nominativas se se tratar de empresa constituída sob a forma de sociedade anônima, cujos estatutos deverão conter expressa proibição de conversão das ações preferenciais sem direito a voto em ações com direito a voto.

§ 2º. Pode ser admitida a emissão de ações preferenciais até o limite de 2/3 (dois terços) do total das ações emitidas, não prevalecendo as restrições não previstas neste Código.

§ 3º. A transferência a estrangeiro das ações com direito a voto, que estejam incluídas na margem de 1/5 (um quinto) do capital a que se refere o item II deste artigo, depende de aprovação da autoridade aeronáutica.

§ 4º. Desde que a soma final de ações em poder de estrangeiros não ultrapasse o limite de 1/5 (um quinto) do capital, poderão as pessoas estrangeiras, naturais ou jurídicas, adquirir ações do aumento de capital.

Art. 182. A autorização pode ser outorgada:

I – às sociedades anônimas nas condições previstas no artigo anterior;

II – às demais sociedades, com sede no País, observada a maioria de sócios, o controle e a direção de brasileiros.

Parágrafo único. Em se tratando de serviços aéreos especializados de ensino, adestramento, investigação, experimentação científica e de fomento ou proteção ao solo, ao meio ambiente e similares, pode a autorização ser outorgada, também, a associações civis.

Art. 183. As concessões ou autorizações serão regulamentadas pelo Poder Executivo e somente poderão ser cedidas ou transferidas mediante anuência da autoridade competente.

Seção II – Da Aprovação dos Atos Constitutivos e suas Alterações

Art. 184. Os atos constitutivos das sociedades de que tratam os arts. 181 e 182 deste Código, bem como suas modificações, dependerão de prévia aprovação da autoridade aeronáutica, para serem apresentados ao Registro do Comércio.

Parágrafo único. A aprovação de que trata este artigo não assegura à sociedade qualquer direito em relação à concessão ou autorização para a execução de serviços aéreos.

Art. 185. A sociedade concessionária ou autorizada de serviços públicos de transporte aéreo deverá remeter, no 1º (primeiro) mês de cada semestre do exercício social, relação completa:

I – dos seus acionistas, com a exata indicação de sua qualificação, endereço e participação social;

II – das transferências de ações, operadas no semestre anterior, com a qualificação do transmitente e do adquirente, bem como do que representa, percentualmente, a sua participação social.

§ 1º. Diante dessas informações, poderá a autoridade aeronáutica:

I – considerar sem validade as transferências operadas em desacordo com a lei;

II – determinar que, no período que fixar, as transferências dependerão de aprovação prévia.

§ 2º. É exigida a autorização prévia, para a transferência de ações:

I – que assegurem ao adquirente ou retirem do transmitente o controle da sociedade;

II – que levem o adquirente a possuir mais de 10% (dez por cento) do capital social;

III – que representem 2% (dois por cento) do capital social;

IV – durante o período fixado pela autoridade aeronáutica, em face da análise das informações semestrais a que se refere o § 1º, item II, deste artigo;

V – no caso previsto no art. 181, § 3º.

Art. 186. As empresas de que tratam os arts. 181 e 182, tendo em vista a melhoria dos serviços e maior rendimento econômico ou técnico, a diminuição de custos, o bem público ou o melhor atendimento dos usuários, poderão fundir-se ou incorporar-se.

§ 1º. A consorciação, a associação e a constituição de grupos societários serão permitidas tendo em vista a exploração dos serviços de manutenção de aeronaves, os serviços de características comuns e a formação, treinamento e aperfeiçoamento de tripulantes e demais pessoal técnico.

§ 2º. Embora pertencendo ao mesmo grupo societário, uma empresa não poderá, fora dos casos previstos no *caput* deste artigo, explorar linhas aéreas cuja concessão tenha sido deferida a outra.

§ 3º. Todos os casos previstos no *caput* e no § 1º deste artigo só se efetuarão com a prévia autorização do Ministério da Aeronáutica.

Seção III – Da Intervenção, Liquidação e Falência de Empresa Concessionária de Serviços Aéreos Públicos

Art. 187. Não podem impetrar concordata as empresas que, por seus atos constitutivos, tenham por objeto a exploração de serviços aéreos de qualquer natureza ou de infraestrutura aeronáutica.

Art. 188. O Poder Executivo poderá intervir nas empresas concessionárias ou autorizadas, cuja situação operacional, financeira ou econômica ameace a continuidade dos serviços, a eficiência ou a segurança do transporte aéreo.

§ 1º. A intervenção visará ao restabelecimento da normalidade dos serviços e durará enquanto necessária à consecução do objetivo.

§ 2º. Na hipótese de ser apurada, por perícia técnica, antes ou depois da intervenção, a impossibilidade do restabelecimento da normalidade dos serviços:

I – será determinada a liquidação extrajudicial, quando, com a realização do ativo puder ser atendida pelo menos a metade dos créditos;

II – será requerida a falência, quando o ativo não for suficiente para atender pelo menos à metade dos créditos, ou quando houver fundados indícios de crimes falenciais.

Art. 189. Além dos previstos em lei, constituem créditos privilegiados da União nos processos de liquidação ou falência de empresa de transporte aéreo:

I – a quantia despendida pela União para financiamento ou pagamento de aeronaves e produtos aeronáuticos adquiridos pela empresa de transporte aéreo;

II – a quantia por que a União se haja obrigado, ainda que parceladamente, para pagamento de aeronaves e produtos aeronáuticos, importados pela empresa de transporte aéreo.

Art. 190. Na liquidação ou falência de empresa de transporte aéreo, serão liminarmente adjudicadas à União, por conta e até o limite do seu crédito, as aeronaves e produtos aeronáuticos adquiridos antes da instauração do processo:

I – com a contribuição financeira da União, aval, fiança ou qualquer outra garantia desta ou de seus agentes financeiros;

II – pagos no todo ou em parte pela União ou por cujo pagamento ela venha a ser responsabilizada após o início do processo.

§ 1º. A adjudicação de que trata este artigo será determinada pelo Juízo Federal, mediante a comprovação, pela União, da ocorrência das hipóteses previstas nos itens I e II deste artigo.

§ 2º. A quantia correspondente ao valor dos bens referidos neste artigo será deduzida do montante do crédito da União, no processo de cobrança executiva, proposto pela União contra a devedora, ou administrativamente, se não houver processo judicial.

Art. 191. Na expiração normal ou antecipada das atividades da empresa, a União terá o direito de adquirir, diretamente, em sua totalidade ou em partes, as aeronaves, peças e equipamentos, oficinas e instalações aeronáuticas, pelo valor de mercado.

Seção IV – Do Controle e Fiscalização dos Serviços Aéreos Públicos

Art. 192. Os acordos entre exploradores de serviços aéreos de transporte regular, que impliquem em consórcio, "pool", conexão, consolidação ou fusão de serviços ou interesses, dependerão de prévia aprovação da autoridade aeronáutica.

Art. 193. Os serviços aéreos de transporte regular ficarão sujeitos às normas que o Governo estabelecer para impedir a competição ruinosa e assegurar o seu melhor rendimento econômico podendo, para esse fim, a autoridade aeronáutica, a qualquer tempo, modificar frequências, rotas, horários e tarifas de serviços e outras quaisquer condições da concessão ou autorização.

Art. 194. As normas e condições para a exploração de serviços aéreos não regulares (arts. 217 a 221) serão fixadas pela autoridade aeronáutica, visando a evitar a competição desses serviços com os de transporte regular, e poderão ser alteradas quando necessário para assegurar, em conjunto, melhor rendimento econômico dos serviços aéreos.

Parágrafo único. Poderá a autoridade aeronáutica exigir a prévia aprovação dos contratos ou acordos firmados pelos empresários de serviços especializados (art. 201), de serviço de transporte aéreo regular ou não regular, e operadores de serviços privados ou desportivos (arts. 15, § 2º e 178, § 2º), entre si, ou com terceiros.

Art. 195. Os serviços auxiliares serão regulados de conformidade com o disposto nos arts. 102 a 104.

Art. 196. Toda pessoa, natural ou jurídica, que explorar serviços aéreos, deverá dispor de adequadas estruturas técnicas de manutenção e de operação, próprias ou contratadas, devidamente homologadas pela autoridade aeronáutica.

Parágrafo único. O explorador da aeronave, através de sua estrutura de operações, deverá, a qualquer momento, fornecer aos órgãos do Sistema de Proteção ao Voo (arts. 47 a 65), os elementos relativos ao voo ou localização da aeronave.

Art. 197. A fiscalização será exercida pelo pessoal que a autoridade aeronáutica credenciar.

Parágrafo único. Constituem encargos de fiscalização as inspeções e vistorias em aeronaves, serviços aéreos, oficinas, entidades aerodesportivas e instalações aeroportuárias, bem como os exames de proficiência de aeronautas e aeroviários.

Art. 198. Além da escrituração exigida pela legislação em vigor, todas as empresas que explorarem serviços aéreos deverão manter escrituração específica, que obedecerá a um plano uniforme de contas, estabelecido pela autoridade aeronáutica.

Parágrafo único. A receita e a despesa de atividades afins ou subsidiárias não poderão ser escrituradas na contabilidade dos serviços aéreos.

Art. 199. A autoridade aeronáutica poderá, quando julgar necessário, mandar proceder a exame da contabilidade das empresas que explorarem serviços aéreos e dos respectivos livros, registros e documentos.

Art. 200. Toda empresa nacional ou estrangeira de serviço de transporte aéreo público regular obedecerá às tarifas aprovadas pela autoridade aeronáutica.

Parágrafo único. No transporte internacional não regular, a autoridade aeronáutica poderá exigir que o preço do transporte seja submetido a sua aprovação prévia.

Capítulo IV – Dos Serviços Aéreos Especializados

Art. 201. Os serviços aéreos especializados abrangem as atividades aéreas de:

I – aerofotografia, aerofotogrametria, aerocinematografia, aerotopografia;

II – prospecção, exploração ou detectação de elementos do solo ou do subsolo, do mar, da plataforma submarina, da superfície das águas ou de suas profundezas;

III – publicidade aérea de qualquer natureza;

IV – fomento ou proteção da agricultura em geral;

V – saneamento, investigação ou experimentação técnica ou científica;

VI – ensino e adestramento de pessoal de voo;

VII – provocação artificial de chuvas ou modificação de clima;

VIII – qualquer modalidade remunerada, distinta do transporte público.

Art. 202. Obedecerão a regulamento especial os serviços aéreos que tenham por fim proteger ou fomentar o desenvolvimento da agricultura em qualquer dos seus aspectos, mediante o uso de fertilizantes, semeadura, combate a pragas, aplicação de inseticidas, herbicidas, desfolhadores, povoamento de águas, combate a incêndios em campos e florestas e quaisquer outras aplicações técnicas e científicas aprovadas.

Capítulo V – Do Transporte Aéreo Regular

Seção I – Do Transporte Aéreo Regular Internacional

Art. 203. Os serviços de transporte aéreo público internacional podem ser realizados por empresas nacionais ou estrangeiras.

Parágrafo único. A exploração desses serviços sujeitar-se-á:

a) às disposições dos tratados ou acordos bilaterais vigentes com os respectivos Estados e o Brasil;

b) na falta desses, ao disposto neste Código.

Da Designação de Empresas Brasileiras

Art. 204. O Governo Brasileiro designará as empresas para os serviços de transporte aéreo internacional.

§ 1º. Cabe à empresa ou empresas designadas providenciarem a autorização de funcionamento, junto aos países onde pretendem operar.

§ 2º. A designação de que trata este artigo far-se-á com o objetivo de assegurar o melhor rendimento econômico no mercado internacional, estimular o turismo receptivo, contribuir para o maior intercâmbio político, econômico e cultural.

Da Designação e Autorização de Empresas Estrangeiras

Art. 205. Para operar no Brasil, a empresa estrangeira de transporte aéreo deverá:

I – ser designada pelo Governo do respectivo país;

II – obter autorização de funcionamento no Brasil (arts. 206 a 211);

III – obter autorização para operar os serviços aéreos (arts. 212 e 213).

Parágrafo único. A designação é ato de Governo a Governo, pela via diplomática, enquanto os pedidos de autorização, a que se referem os itens II e III deste artigo são atos da própria empresa designada.

Da Autorização para Funcionamento

Art. 206. O pedido de autorização para funcionamento no País será instruído com os seguintes documentos:

I – prova de achar-se a empresa constituída conforme a lei de seu país;

II – o inteiro teor de seu estatuto social ou instrumento constitutivo equivalente;

III – relação de acionistas ou detentores de seu capital, com a indicação, quando houver, do nome, profissão e domicílio de cada um e número de ações ou quotas de participação, conforme a natureza da sociedade;

IV – cópia da ata da assembleia ou do instrumento jurídico que deliberou sobre o funcionamento no Brasil e fixou o capital destinado às operações no território brasileiro;

V – último balanço mercantil legalmente publicado no país de origem;

VI – instrumento de nomeação do representante legal no Brasil, do qual devem constar poderes para aceitar as condições em que é dada a autorização (art. 207).

Art. 207. As condições que o Governo Federal achar conveniente estabelecer em defesa dos interesses nacionais constarão de termo de aceitação assinado pela empresa requerente e integrarão o decreto de autorização.

Parágrafo único. Um exemplar do órgão oficial que tiver feito a publicação do decreto e de todos os documentos que o instruem será arquivado no Registro de Comércio da localidade onde vier a ser situado o estabelecimento principal da empresa, juntamente com a prova do depósito, em dinheiro, da parte do capital destinado às operações no Brasil.

Art. 208. As empresas estrangeiras autorizadas a funcionar no País são obrigadas a ter permanentemente representante no Brasil, com plenos poderes para tratar de quaisquer assuntos e resolvê-los definitivamente, inclusive para o efeito de ser demandado e receber citações iniciais pela empresa.

Parágrafo único. No caso de falência decretada fora do País, perdurarão os poderes do representante até que outro seja nomeado, e os bens e valores da empresa não serão liberados para transferência ao exterior, enquanto não forem pagos os credores domiciliados no Brasil.

Art. 209. Qualquer alteração que a empresa estrangeira fizer em seu estatuto ou atos constitutivos dependerá de aprovação do Governo Federal para produzir efeitos no Brasil.

Art. 210. A autorização à empresa estrangeira para funcionar no Brasil, de que trata o art. 206, poderá ser cassada:

I – em caso de falência;

II – se os serviços forem suspensos, pela própria empresa, por período excedente a 6 (seis) meses;

III – nos casos previstos no decreto de autorização ou no respectivo Acordo Bilateral;

IV – nos casos previstos em lei (art. 298).

Art. 211. A substituição da empresa estrangeira que deixar de funcionar no Brasil ficará na dependência de comprovação, perante a autoridade aeronáutica, do cumprimento das obrigações a que estava sujeita no País, salvo se forem assumidas pela nova empresa designada.

Da Autorização para Operar

Art. 212. A empresa estrangeira, designada pelo governo de seu país e autorizada a funcionar no Brasil, deverá obter a autorização para iniciar, em caráter definitivo, os serviços aéreos internacionais, apresentando à autoridade aeronáutica:

a) os planos operacional e técnico, na forma de regulamentação da espécie;

b) as tarifas que pretende aplicar entre pontos de escala no Brasil e as demais escalas de seu serviço no exterior;

c) o horário que pretende observar.

Art. 213. Toda modificação que envolva equipamento, horário, frequência e escalas no Território Nacional, bem assim a suspensão provisória ou definitiva dos serviços e o restabelecimento de escalas autorizadas, dependerá de autorização da autoridade aeronáutica, se não for estabelecido de modo diferente em Acordo Bilateral.

Parágrafo único. As modificações a que se refere este artigo serão submetidas à autoridade aeronáutica com a necessária antecedência.

Da Autorização de Agência de Empresa Estrangeira que Não Opere Serviços Aéreos no Brasil

Art. 214. As empresas estrangeiras de transporte aéreo que não operem no Brasil não poderão funcionar no Território Nacional ou nele manter agência, sucursal, filial, gerência, representação ou escritório, salvo se possuírem autorização para a venda de bilhete de passagem ou de carga, concedida por autoridade competente.

§ 1º. A autorização de que trata este artigo estará sujeita às normas e condições que forem estabelecidas pelo Ministério da Aeronáutica.

§ 2º. Não será outorgada autorização a empresa cujo país de origem não assegure reciprocidade de tratamento às congêneres brasileiras.

§ 3º. O representante, agente, diretor, gerente ou procurador deverá ter os mesmos poderes de que trata o art. 208 deste Código.

Seção II – Do Transporte Doméstico

Art. 215. Considera-se doméstico e é regido por este Código, todo transporte em que os pontos de partida, intermediários e de destino estejam situados em Território Nacional.

Parágrafo único. O transporte não perderá esse caráter se, por motivo de força maior, a aeronave fizer escala em território estrangeiro, estando, porém, em território brasileiro os seus pontos de partida e destino.

Art. 216. Os serviços aéreos de transporte público doméstico são reservados às pessoas jurídicas brasileiras.

Capítulo VI – Dos Serviços de Transporte Aéreo Não Regular

Art. 217. Para a prestação de serviços aéreos não regulares de transporte de passageiro, carga ou mala postal, é necessária autorização de funcionamento do Poder Executivo, a qual será intransferível, podendo estender-se por período de 5 (cinco) anos, renovável por igual prazo.

Art. 218. Além da nacionalidade brasileira, a pessoa interessada em obter a autorização de funcionamento, deverá indicar os aeródromos e instalações auxiliares que pretende utilizar, comprovando:

I – sua capacidade econômica e financeira;

II – a viabilidade econômica do serviço que pretende explorar;

III – que dispõe de aeronaves adequadas, pessoal técnico habilitado e estruturas técnicas de manutenção, próprias ou contratadas;

IV – que fez os seguros obrigatórios.

Art. 219. Além da autorização de funcionamento, de que tratam os arts. 217 e 218, os serviços de transporte aéreo não regular entre pontos situados no País, ou entre ponto no Território Nacional e outro em país estrangeiro, sujeitam-se à permissão correspondente.

Art. 220. Os serviços de táxi-aéreo constituem modalidade de transporte público aéreo não regular de passageiro ou carga, mediante remuneração convencionada entre o usuário e o transportador, sob a fiscalização do Ministério da Aeronáutica, e visando a proporcionar atendimento imediato, independente de horário, percurso ou escala.

Art. 221. As pessoas físicas ou jurídicas, autorizadas a exercer atividade de fomento da aviação civil ou desportiva, assim como de adestramento de tripulantes, não poderão realizar serviço público de transporte aéreo, com ou sem remuneração (arts. 267, § 2º; 178, § 2º e 179).

TÍTULO VII – DO CONTRATO DE TRANSPORTE AÉREO

Capítulo I – Disposições Gerais

Art. 222. Pelo contrato de transporte aéreo, obriga-se o empresário a transportar passageiro, bagagem, carga, encomenda ou mala postal, por meio de aeronave, mediante pagamento.

Parágrafo único. O empresário, como transportador, pode ser pessoa física ou jurídica, proprietário ou explorador da aeronave.

Art. 223. Considera-se que existe um só contrato de transporte, quando ajustado num único ato jurídico, por meio de um ou mais bilhetes de passagem, ainda que executado, sucessivamente, por mais de um transportador.

Art. 224. Em caso de transporte combinado, aplica-se às aeronaves o disposto neste Código.

Art. 225. Considera-se transportador de fato o que realiza todo o transporte ou parte dele, presumidamente autorizado pelo transportador contratual e sem se confundir com ele ou com o transportador sucessivo.

Art. 226. A falta, irregularidade ou perda do bilhete de passagem, nota de bagagem ou conhecimento de carga não prejudica a existência e eficácia do respectivo contrato.

Capítulo II – Do Contrato de Transporte de Passageiro

Seção I – Do Bilhete de Passagem

Art. 227. No transporte de pessoas, o transportador é obrigado a entregar o respectivo bilhete individual ou coletivo de passagem, que deverá indicar o lugar e a data da emissão, os pontos de partida e destino, assim como o nome dos transportadores.

Art. 228. O bilhete de passagem terá a validade de 1 (um) ano, a partir da data de sua emissão.

Art. 229. O passageiro tem direito ao re-embolso do valor já pago do bilhete se o transportador vier a cancelar a viagem.

Art. 230. Em caso de atraso da partida por mais de 4 (quatro) horas, o transportador providenciará o embarque do passageiro, em voo que ofereça serviço equivalente para o mesmo destino, se houver, ou restituirá, de imediato, se o passageiro o preferir, o valor do bilhete de passagem.

Art. 231. Quando o transporte sofrer interrupção ou atraso em aeroporto de escala por período superior a 4 (quatro) horas, qualquer que seja o motivo, o passageiro poderá optar pelo endosso do bilhete de passagem ou pela imediata devolução do preço.

Parágrafo único. Todas as despesas decorrentes da interrupção ou atraso da viagem, inclusive transporte de qualquer espécie, alimentação e hospedagem, correrão por conta do transportador contratual, sem prejuízo da responsabilidade civil.

Art. 232. A pessoa transportada deve sujeitar-se às normas legais constantes do bilhete ou afixadas à vista dos usuários, abstendo-se de ato que cause incômodo ou prejuízo aos passageiros, danifique a aeronave, impeça ou dificulte a execução normal do serviço.

Art. 233. A execução do contrato de transporte aéreo de passageiro compreende as operações de embarque e desembarque, além das efetuadas a bordo da aeronave.

§ 1º. Considera-se operação de embarque a que se realiza desde quando o passageiro, já despachado no aeroporto, transpõe o limite da área destinada ao público em geral e entra na respectiva aeronave, abrangendo o percurso feito a pé, por meios mecânicos ou com a utilização de viaturas.

§ 2º. A operação de desembarque inicia-se com a saída de bordo da aeronave e termina no ponto de intersecção da área interna do aeroporto e da área aberta ao público em geral.

Seção II – Da Nota de Bagagem

Art. 234. No contrato de transporte de bagagem, o transportador é obrigado a entregar ao passageiro a nota individual ou coletiva correspondente, em 2 (duas) vias, com a indicação do lugar e data de emissão, pontos de partida e destino, número do bilhete de passagem, quantidade, peso e valor declarado dos volumes.

§ 1º. A execução do contrato inicia-se com a entrega ao passageiro da respectiva nota e termina com o recebimento da bagagem.

§ 2º. Poderá o transportador verificar o conteúdo dos volumes sempre que haja valor declarado pelo passageiro.

§ 3º. Além da bagagem registrada, é facultado ao passageiro conduzir objetos de uso pessoal, como bagagem de mão.

§ 4º. O recebimento da bagagem, sem protesto, faz presumir o seu bom estado.

§ 5º. Procede-se ao protesto, no caso de avaria ou atraso, na forma determinada na seção relativa ao contrato de carga.

Capítulo III – Do Contrato de Transporte Aéreo de Carga

Art. 235. No contrato de transporte aéreo de carga, será emitido o respectivo conhecimento, com as seguintes indicações:

I – o lugar e data de emissão;

II – os pontos de partida e destino;

III – o nome e endereço do expedidor;

IV – o nome e endereço do transportador;

V – o nome e endereço do destinatário;

VI – a natureza da carga;

VII – o número, acondicionamento, marcas e numeração dos volumes;

VIII – o peso, quantidade e o volume ou dimensão;

IX – o preço da mercadoria, quando a carga for expedida contrapagamento no ato da entrega, e, eventualmente, a importância das despesas;

X – o valor declarado, se houver;

XI – o número das vias do conhecimento;

XII – os documentos entregues ao transportador para acompanhar o conhecimento;

XIII – o prazo de transporte, dentro do qual deverá o transportador entregar a carga no lugar do destino, e o destinatário ou expedidor retirá-la.

Art. 236. O conhecimento aéreo será feito em 3 (três) vias originais e entregue pelo expedidor com a carga.

§ 1º. A 1ª via, com a indicação "do transportador", será assinada pelo expedidor.

§ 2º. A 2ª via, com a indicação "do destinatário", será assinada pelo expedidor e pelo transportador e acompanhará a carga.

§ 3º. A 3ª via será assinada pelo transportador e por ele entregue ao expedidor, após aceita a carga.

Art. 237. Se o transportador, a pedido do expedidor, fizer o conhecimento, considerar-se-á como tendo feito por conta e em nome deste, salvo prova em contrário.

Art. 238. Quando houver mais de um volume, o transportador poderá exigir do expedidor conhecimentos aéreos distintos.

Art. 239. Sem prejuízo da responsabilidade penal, o expedidor responde pela exatidão das indicações e declarações constantes do conhecimento aéreo e pelo dano que, em consequência de suas declarações ou indicações irregulares, inexatas ou incompletas, vier a sofrer o transportador ou qualquer outra pessoa.

Art. 240. O conhecimento faz presumir, até prova em contrário, a conclusão do contrato, o recebimento da carga e as condições do transporte.

Art. 241. As declarações contidas no conhecimento aéreo, relativas a peso, dimensões, acondicionamento da carga e número de volumes, presumem-se verdadeiras até prova em contrário; as referentes à quantidade, volume, valor e estado da carga só farão prova contra o transportador, se este verificar sua exatidão, o que deverá constar do conhecimento.

Art. 242. O transportador recusará a carga desacompanhada dos documentos exigidos ou cujo transporte e comercialização não sejam permitidos.

Art. 243. Ao chegar a carga ao lugar do destino, deverá o transportador avisar ao destinatário para que a retire no prazo de 15 (quinze) dias a contar do aviso, salvo se estabelecido outro prazo no conhecimento.

§ 1º. Se o destinatário não for encontrado ou não retirar a carga no prazo constante do aviso, o transportador avisará ao expedidor para retirá-la no prazo de 15 (quinze) dias, a partir do aviso, sob pena de ser considerada abandonada.

§ 2º. Transcorrido o prazo estipulado no último aviso, sem que a carga tenha sido retirada, o transportador a entregará ao depósito público por conta e risco do expedidor, ou, a seu critério, ao leiloeiro, para proceder à venda em leilão público e depositar o produto líquido no Banco do Brasil S/A., à disposição do proprietário, deduzidas as despesas de frete, seguro e encargos da venda.

§ 3º. No caso de a carga estar sujeita a controle aduaneiro, o alijamento a que se refere o § 1º deste artigo será comunicado imediatamente à autoridade fazendária que jurisdicione o aeroporto do destino da carga.

Art. 244. Presume-se entregue em bom estado e de conformidade com o documento de transporte a carga que o destinatário haja recebido sem protesto.

§ 1º. O protesto far-se-á mediante ressalva lançada no documento de transporte ou mediante qualquer comunicação escrita, encaminhada ao transportador.

§ 2º. O protesto por avaria será feito dentro do prazo de 7 (sete) dias a contar do recebimento.

§ 3º. O protesto por atraso será feito dentro do prazo de 15 (quinze) dias a contar da data em que a carga haja sido posta à disposição do destinatário.

§ 4º. Em falta de protesto, qualquer ação somente será admitida se fundada em dolo do transportador.

§ 5º. Em caso de transportador sucessivo ou de transportador de fato o protesto será encaminhado aos responsáveis (arts. 259 e 266).

§ 6º. O dano ou avaria e o extravio de carga importada ou em trânsito aduaneiro serão apurados de acordo com a legislação específica (art. 8º).

Art. 245. A execução do contrato de transporte aéreo de carga inicia-se com o recebimento e persiste durante o período em que se encontra sob a responsabilidade do transportador, seja em aeródromo, a bordo da aeronave ou em qualquer lugar, no caso de aterrissagem forçada, até a entrega final.

Parágrafo único. O período de execução do transporte aéreo não compreende o transporte terrestre, marítimo ou fluvial, efetuado fora de aeródromo, a menos que hajam sido feitos para proceder ao carregamento, entrega, transbordo ou baldeação de carga (art. 263).

TÍTULO VIII – DA RESPONSABILIDADE CIVIL

Capítulo I – Da Responsabilidade Contratual

Seção I – Disposições Gerais

Art. 246. A responsabilidade do transportador (arts. 123, 124 e 222, Parágrafo único), por danos ocorridos durante a execução do contrato de transporte (arts. 233, 234, § 1º, 245), está sujeita aos limites estabelecidos neste Título (arts. 257, 260, 262, 269 e 277).

Art. 247. É nula qualquer cláusula tendente a exonerar de responsabilidade o transportador ou a estabelecer limite de indenização inferior ao previsto neste Capítulo, mas a nulidade da cláusula não acarreta a do contrato, que continuará regido por este Código (art. 10).

Art. 248. Os limites de indenização, previstos neste Capítulo, não se aplicam se for provado que o dano resultou de dolo ou culpa grave do transportador ou de seus prepostos.

§ 1º. Para os efeitos deste artigo, ocorre o dolo ou culpa grave quando o transportador ou seus prepostos quiseram o resultado ou assumiram o risco de produzi-lo.

§ 2º. O demandante deverá provar, no caso de dolo ou culpa grave dos prepostos, que estes atuavam no exercício de suas funções.

§ 3º. A sentença, no Juízo Criminal, com trânsito em julgado, que haja decidido sobre a existência do ato doloso ou culposo e sua autoria, será prova suficiente.

Art. 249. Não serão computados nos limites estabelecidos neste Capítulo, honorários e despesas judiciais.

Art. 250. O responsável que pagar a indenização desonera-se em relação a quem a receber (arts. 253 e 281, parágrafo único).

Parágrafo único. Fica ressalvada a discussão entre aquele que pagou e os demais responsáveis pelo pagamento.

Art. 251. Na fixação de responsabilidade do transportador por danos a pessoas, carga, equipamento ou instalações postos a bordo da aeronave aplicam-se os limites dos dispositivos deste Capítulo, caso não existam no contrato outras limitações.

Seção II – Do Procedimento Extrajudicial

Art. 252. No prazo de 30 (trinta) dias, a partir das datas previstas no art. 317, I, II, III e IV, deste Código, o interessado deverá habilitar-se ao recebimento da respectiva indenização.

Art. 253. Nos 30 (trinta) dias seguintes ao término do prazo previsto no artigo anterior, o responsável deverá efetuar aos habilitados os respectivos pagamentos com recursos próprios ou com os provenientes do seguro (art. 250).

Art. 254. Para os que não se habilitarem tempestivamente ou cujo processo esteja na dependência de cumprimento, pelo interessado, de exigências legais, o pagamento a que se refere o artigo anterior deve ocorrer nos 30 (trinta) dias seguintes à satisfação daquelas.

Art. 255. Esgotado o prazo a que se referem os arts. 253 e 254, se não houver o responsável ou a seguradora efetuado o pagamento, poderá o interessado promover, judicialmente, pelo procedimento sumaríssimo (art. 275, II, letra "e", do CPC), a reparação do dano.

Seção III – Da Responsabilidade por Dano a Passageiro

Art. 256. O transportador responde pelo dano decorrente:

I – de morte ou lesão de passageiro, causada por acidente ocorrido durante a execução do contrato de transporte aéreo, a bordo de aeronave ou no curso das operações de embarque e desembarque;

II – de atraso do transporte aéreo contratado.

§ 1º. O transportador não será responsável:

a) no caso do item I, se a morte ou lesão resultar, exclusivamente, do estado de saúde do passageiro, ou se o acidente decorrer de sua culpa exclusiva;

b) no caso do item II, se ocorrer motivo de força maior ou comprovada determinação da autoridade aeronáutica, que será responsabilizada.

§ 2º. A responsabilidade do transportador estende-se:

a) a seus tripulantes, diretores e empregados que viajarem na aeronave acidentada, sem prejuízo de eventual indenização por acidente de trabalho;

b) aos passageiros gratuitos, que viajarem por cortesia.

Art. 257. A responsabilidade do transportador, em relação a cada passageiro e tripulante, limita-se, no caso de morte ou lesão, ao valor correspondente, na data do pagamento, a 3.500 (três mil e quinhentas) Obrigações do Tesouro Nacional – OTN, e, no caso de atraso do transporte, a 150 (cento e cinquenta) Obrigações do Tesouro Nacional – OTN.

§ 1º. Poderá ser fixado limite maior mediante pacto acessório entre o transportador e o passageiro.

§ 2º. Na indenização que for fixada em forma de renda, o capital para sua constituição não poderá exceder o maior valor previsto neste artigo.

• *Sobre valores vide Resolução ANAC nº 37, de 7.8.2008 – nesta edição.*

Art. 258. No caso de transportes sucessivos, o passageiro ou seu sucessor só terá ação contra o transportador que haja efetuado o transporte no curso do qual ocorrer o acidente ou o atraso.

Parágrafo único. Não se aplica o disposto neste artigo se, por estipulação expressa, o primeiro transportador assumir a responsabilidade por todo o percurso do transporte contratado.

Art. 259. Quando o transporte aéreo for contratado com um transportador e executado por outro, o passageiro ou sucessores poderão demandar tanto o transportador contratual como o transportador de fato, respondendo ambos solidariamente.

Seção IV – Da Responsabilidade por Danos à Bagagem

Art. 260. A responsabilidade do transportador por dano, consequente da destruição, perda ou avaria da bagagem despachada ou conservada em mãos do passageiro, ocorrida durante a execução do contrato de transporte aéreo, limita-se ao valor correspondente a 150 (cento e cinquenta) Obrigações do Tesouro Nacional – OTN, por ocasião do pagamento, em relação a cada passageiro.

• *Sobre valores vide Resolução ANAC nº 37, de 7.8.2008 – nesta edição.*

Art. 261. Aplica-se, no que couber, o que está disposto na seção relativa à responsabilidade por danos à carga aérea (arts. 262 a 266).

Seção V – Da Responsabilidade por Danos à Carga

Art. 262. No caso de atraso, perda, destruição ou avaria de carga, ocorrida durante a execução do contrato do transporte aéreo, a responsabilidade do transportador limita-se ao valor correspondente a 3 (três) Obrigações do Tesouro Nacional – OTN por quilo, salvo declaração especial de valor feita pelo expedidor e mediante o pagamento de taxa suplementar, se for o caso (arts. 239, 241 e 244).

• *Sobre valores vide Resolução ANAC nº 37, de 7.8.2008 – nesta edição.*

Art. 263. Quando para a execução do contrato de transporte aéreo for usado outro meio de transporte, e houver dúvida sobre onde ocorreu o dano, a responsabilidade do transportador será regida por este Código (art. 245 e Parágrafo único).

Art. 264. O transportador não será responsável se comprovar:

I – que o atraso na entrega da carga foi causado por determinação expressa de autoridade aeronáutica do voo, ou por fato necessário, cujos efeitos não era possível prever, evitar ou impedir;

II – que a perda, destruição ou avaria resultou, exclusivamente, de um ou mais dos seguintes fatos:

a) natureza ou vício próprio da mercadoria;

b) embalagem defeituosa da carga, feita por pessoa ou seus prepostos;

c) ato de guerra ou conflito armado;

d) ato de autoridade pública referente à carga.

Art. 265. A não ser que o dano atinja o valor de todos os volumes, compreendidos pelo conhecimento de transporte aéreo, somente será considerado, para efeito de indenização, o peso dos volumes perdidos, destruídos, avariados ou entregues com atraso.

Art. 266. Poderá o expedidor propor ação contra o primeiro transportador e contra aquele que haja efetuado o transporte, durante o qual ocorreu o dano, e o destinatário contra este e contra o último transportador.

Parágrafo único. Ocorre a solidariedade entre os transportadores responsáveis perante, respectivamente, o expedidor e o destinatário.

Capítulo II
Da Responsabilidade por Danos em Serviços Aéreos Gratuitos

Art. 267. Quando não houver contrato de transporte (arts. 222 a 245), a responsabilidade civil por danos ocorridos durante a execução dos serviços aéreos obedecerá ao seguinte:

I – no serviço aéreo privado (arts. 177 a 179), o proprietário da aeronave responde por danos ao pessoal técnico a bordo e às pessoas e bens na superfície, nos limites previstos, respectivamente, nos arts. 257 e 269 deste Código, devendo contratar seguro correspondente (art. 178, §§ 1º e 2º);

II – no transporte gratuito realizado por empresa de transporte aéreo público, observa-se o disposto no art. 256, § 2º, deste Código;

III – no transporte gratuito realizado pelo Correio Aéreo Nacional, não haverá indenização por danos à pessoa ou bagagem a bordo, salvo se houver comprovação de culpa ou dolo dos operadores da aeronave.

§ 1º. No caso do item III deste artigo, ocorrendo a comprovação de culpa, a indenização sujeita-se aos limites previstos no Capítulo anterior, e no caso de ser comprovado o dolo, não prevalecem os referidos limites.

§ 2º. Em relação a passageiros transportados com infração do § 2º do art. 178 e art. 221, não prevalecem os limites deste Código.

Capítulo III – Da Responsabilidade para com Terceiros na Superfície

Art. 268. O explorador responde pelos danos a terceiros na superfície, causados, diretamente, por aeronave em voo, ou manobra, assim como por pessoa ou coisa dela caída ou projetada.

§ 1º. Prevalece a responsabilidade do explorador quando a aeronave é pilotada por seus prepostos, ainda que exorbitem de suas atribuições.

§ 2º. Exime-se o explorador da responsabilidade se provar que:

I – não há relação direta de causa e efeito entre o dano e os fatos apontados;

II – resultou apenas da passagem da aeronave pelo espaço aéreo, observadas as regras de tráfego aéreo;

III – a aeronave era operada por terceiro, não preposto nem dependente, que iludiu a razoável vigilância exercida sobre o aparelho;

IV – houve culpa exclusiva do prejudicado.

§ 3º. Considera-se a aeronave em voo desde o momento em que a força motriz é aplicada para decolar até o momento em que termina a operação de pouso.

§ 4º. Tratando-se de aeronave mais leve que o ar, planador ou asa voadora, considera-se em voo desde o momento em que se desprende da superfície até aquele em que a ela novamente retorne.

§ 5º. Considera-se em manobra a aeronave que estiver sendo movimentada ou rebocada em áreas aeroportuárias.

Art. 269. A responsabilidade do explorador estará limitada:

I – para aeronaves com o peso máximo de 1.000kg (mil quilogramas), à importância correspondente a 3.500 (três mil e quinhentas) OTN – Obrigações do Tesouro Nacional;

II – para aeronaves com peso superior a 1.000kg (mil quilogramas), à quantia correspondente a 3.500 (três mil e quinhentas) OTN – Obrigações do Tesouro Nacional, acrescida de 1/10 (um décimo) do valor de cada OTN – Obrigação do Tesouro Nacional por quilograma que exceder a 1.000 (mil).

Parágrafo único. Entende-se por peso da aeronave o autorizado para decolagem pelo certificado de aeronavegabilidade ou documento equivalente.

• *Sobre valores vide Resolução ANAC nº 37, de 7.8.2008 – nesta edição.*

Art. 270. O explorador da aeronave pagará aos prejudicados habilitados 30% (trinta por cento) da quantia máxima, a que estará obrigado, nos termos do artigo anterior, dentro de 60 (sessenta) dias a partir da ocorrência do fato (arts. 252 e 253).

§ 1º. Exime-se do dever de efetuar o pagamento o explorador que houver proposto ação para isentar-se de responsabilidade sob a alegação de culpa predominante ou exclusiva do prejudicado.

§ 2º. O saldo de 70% (setenta por cento) será rateado entre todos os prejudicados habilitados, quando após o decurso de 90 (noventa) dias do fato, não pender qualquer processo de habilitação ou ação de reparação do dano (arts. 254 e 255).

Art. 271. Quando a importância total das indenizações fixadas exceder ao limite de responsabilidade estabelecido neste Capítulo, serão aplicadas as regras seguintes:

I – havendo apenas danos pessoais ou apenas danos materiais, as indenizações serão reduzidas proporcionalmente aos respectivos montantes;

II – havendo danos pessoais e materiais, metade da importância correspondente ao limite máximo de indenização será destinada a cobrir cada espécie de dano; se houver saldo, será ele utilizado para complementar indenizações que não tenham podido ser pagas em seu montante integral.

Art. 272. Nenhum efeito terão os dispositivos deste Capítulo sobre o limite de responsabilidade quando:

I – o dano resultar de dolo ou culpa grave do explorador ou de seus prepostos;

II – seja o dano causado pela aeronave no solo e com seus motores parados;

III – o dano seja causado a terceiros na superfície, por quem esteja operando ilegal ou ilegitimamente a aeronave.

Capítulo IV – Da Responsabilidade por Abalroamento

Art. 273. Consideram-se provenientes de abalroamento os danos produzidos pela colisão de 2 (duas) ou mais aeronaves, em voo ou em manobra na superfície, e os produzidos às pessoas ou coisas a bordo, por outra aeronave em voo.

Art. 274. A responsabilidade pela reparação dos danos resultantes do abalroamento cabe ao explorador ou proprietário da aeronave causadora, quer a utilize pessoalmente, quer por preposto.

Art. 275. No abalroamento em que haja culpa concorrente, a responsabilidade dos exploradores é solidária, mas proporcional à gravidade da falta.

Parágrafo único. Não se podendo determinar a proporcionalidade, responde cada um dos exploradores em partes iguais.

Art. 276. Constituem danos de abalroamento, sujeitos à indenização:

I – os causados a pessoas e coisas a bordo das aeronaves envolvidas;

II – os sofridos pela aeronave abalroada;

III – os prejuízos decorrentes da privação de uso da aeronave abalroada;

IV – os danos causados a terceiros, na superfície.

Parágrafo único. Incluem-se no ressarcimento dos danos as despesas, inclusive judiciais, assumidas pelo explorador da aeronave abalroada, em consequência do evento danoso.

Art. 277. A indenização pelos danos causados em consequência do abalroamento não excederá:

I – aos limites fixados nos arts. 257, 260 e 262, relativos a pessoas e coisas a bordo, elevados ao dobro;

II – aos limites fixados no art. 269, referentes a terceiros na superfície, elevados ao dobro;

III – ao valor dos reparos e substituições de peças da aeronave abalroada, se recuperável, ou de seu valor real imediatamente anterior ao evento, se inconveniente ou impossível a recuperação;

IV – ao décimo do valor real da aeronave abalroada imediatamente anterior ao evento, em virtude da privação de seu uso normal.

• *Sobre valores vide Resolução ANAC nº 37, de 7.8.2008 – nesta edição.*

Art. 278. Não prevalecerão os limites de indenização fixados no artigo anterior:

I – se o abalroamento resultar de dolo ou culpa grave específico do explorador ou de seus prepostos;

II – se o explorador da aeronave causadora do abalroamento tiver concorrido, por si ou por seus prepostos, para o evento, mediante ação ou omissão violadora das normas em vigor sobre tráfego aéreo;

III – se o abalroamento for consequência de apossamento ilícito ou uso indevido da aeronave, sem negligência do explorador ou de seus prepostos, os quais, neste caso, ficarão eximidos de responsabilidade.

Art. 279. O explorador de cada aeronave será responsável, nas condições e limites previstos neste Código, pelos danos causados:

I – pela colisão de 2 (duas) ou mais aeronaves;

II – por 2 (duas) ou mais aeronaves conjunta ou separadamente.

Parágrafo único. A pessoa que sofrer danos, ou os seus beneficiários, terão direito a ser indenizados, até a soma dos limites correspondentes a cada uma das aeronaves, mas nenhum explorador será responsável por soma que exceda os limites aplicáveis às suas aeronaves, salvo se sua responsabilidade for ilimitada, por ter sido provado que o dano foi causado por dolo ou culpa grave (§ 1º do art. 248).

Capítulo V – Da Responsabilidade do Construtor Aeronáutico e das Entidades de Infraestrutura Aeronáutica

Art. 280. Aplicam-se, conforme o caso, os limites estabelecidos nos arts. 257, 260, 262, 269 e 277, à eventual responsabilidade:

I – do construtor de produto aeronáutico brasileiro, em relação à culpa pelos danos decorrentes de defeitos de fabricação;

II – da administração de aeroportos ou da Administração Pública, em serviços de infraestrutura, por culpa de seus operadores, em acidentes que causem danos a passageiros ou coisas.

Capítulo VI – Da Garantia de Responsabilidade

Art. 281. Todo explorador é obrigado a contratar o seguro para garantir eventual indenização de riscos futuros em relação:

I – aos danos previstos neste Título, com os limites de responsabilidade civil nele estabelecidos (arts. 257, 260, 262, 269 e 277) ou contratados (§ 1º do art. 257 e parágrafo único do art. 262);

II – aos tripulantes e viajantes gratuitos equiparados, para este efeito, aos passageiros (art. 256, § 2º);

III – ao pessoal técnico a bordo e às pessoas e bens na superfície, nos serviços aéreos privados (art. 178, § 2º, e art. 267, I);

IV – ao valor da aeronave.

Parágrafo único. O recebimento do seguro exime o transportador da responsabilidade (art. 250).

Art. 282. Exigir-se-á do explorador de aeronave estrangeira, para a eventual reparação de danos a pessoas ou bens no espaço aéreo ou no território brasileiro:

a) apresentação de garantias iguais ou equivalentes às exigidas de aeronaves brasileiras;

b) o cumprimento das normas estabelecidas em Convenções ou Acordos Internacionais, quando aplicáveis.

Art. 283. A expedição ou revalidação do certificado de aeronavegabilidade só ocorrerá diante da comprovação do seguro, que será averbado no Registro Aeronáutico Brasileiro e respectivos certificados.

Parágrafo único. A validade do certificado poderá ser suspensa, a qualquer momento, se comprovado que a garantia deixou de existir.

Art. 284. Os seguros obrigatórios, cuja expiração ocorrer após o inicio do voo, consideram-se prorrogados até o seu término.

Art. 285. Sob pena de nulidade da cláusula, nas apólices de seguro de vida ou de seguro de acidente, não poderá haver exclusão de riscos resultantes do transporte aéreo.

Parágrafo único. Em se tratando de transporte aéreo, as apólices de seguro de vida ou de seguro de acidentes não poderão conter cláusulas que apresentem taxas ou sobretaxas maiores que as cobradas para os transportes terrestres.

Art. 286. Aquele que tiver direito à reparação do dano poderá exercer, nos limites da indenização que lhe couber, direito próprio sobre a garantia prestada pelo responsável (arts. 250 e 281, Parágrafo único).

Capítulo VII
Da Responsabilidade Civil no Transporte Aéreo Internacional

Art. 287. Para efeito de limite de responsabilidade civil no transporte aéreo internacional, as quantias estabelecidas nas Convenções Internacionais de que o Brasil faça parte serão convertidas em moeda nacional, na forma de regulamento expedido pelo Poder Executivo.

TÍTULO IX – DAS INFRAÇÕES E PROVIDÊNCIAS ADMINISTRATIVAS

Capítulo I – Dos Órgãos Administrativos Competentes

Art. 288. O Poder Executivo criará órgão com a finalidade de apuração e julgamento das infrações previstas neste Código e na legislação complementar, especialmente as relativas a tarifas e condições de transporte, bem como de conhecimento dos respectivos recursos.

§ 1º. A competência, organização e funcionamento do órgão a ser criado, assim como o procedimento dos respectivos processos, serão fixados em regulamento.

§ 2º. Não se compreendem na competência do órgão a que se refere este artigo as infrações sujeitas à legislação tributária.

§ 3º. (Vetado).

Capítulo II – Das Providências Administrativas

Art. 289. Na infração aos preceitos deste Código ou da legislação complementar, a autoridade aeronáutica poderá tomar as seguintes providências administrativas:

I – multa;

II – suspensão de certificados, licenças, concessões ou autorizações;

III – cassação de certificados, licenças, concessões ou autorizações;

IV – detenção, interdição ou apreensão de aeronave, ou do material transportado;

V – intervenção nas empresas concessionárias ou autorizadas.

Art. 290. A autoridade aeronáutica poderá requisitar o auxílio da força policial para obter a detenção dos presumidos infratores ou da aeronave que ponha em perigo a segurança pública, pessoas ou coisas, nos limites do que dispõe este Código.

Art. 291. Toda vez que se verifique a ocorrência de infração prevista neste Código ou na legislação complementar, a autoridade aeronáutica lavrará o respectivo auto, remetendo-o à autoridade ou ao órgão competente para a apuração, julgamento ou providência administrativa cabível.

§ 1º. Quando a infração constituir crime, a autoridade levará, imediatamente, o fato ao conhecimento da autoridade policial ou judicial competente.

§ 2º. Tratando-se de crime, em que se deva deter membros de tripulação de aeronave que realize serviço público de transporte aéreo, a autoridade aeronáutica, concomitantemente à providência prevista no parágrafo anterior, deverá tomar as medidas que possibilitem a continuação do voo.

Art. 292. É assegurado o direito à ampla defesa e a recurso a quem responder a procedimentos instaurados para a apuração e julgamento das infrações às normas previstas neste Código e em normas regulamentares.

§ 1º. O mesmo direito será assegurado no caso de providências administrativas necessárias à apuração de fatos irregulares ou delituosos.

§ 2º. O procedimento será sumário, com efeito suspensivo.

Art. 293. A aplicação das providências ou penalidades administrativas, previstas neste Título, não prejudicará nem impedirá a imposição, por outras autoridades, de penalidades cabíveis.

Art. 294. Será solidária a responsabilidade de quem cumprir ordem exorbitante ou indevida do proprietário ou explorador de aeronave, que resulte em infração deste Código.

Art. 295. A multa será imposta de acordo com a gravidade da infração, podendo ser acrescida da suspensão de qualquer dos certificados ou da autorização ou permissão.

Art. 296. A suspensão será aplicada para período não superior a 180 (cento e oitenta) dias, podendo ser prorrogada uma vez por igual período.

Art. 297. A pessoa jurídica empregadora responderá solidariamente com seus prepostos, agentes, empregados ou intermediários, pelas infrações por eles cometidas no exercício das respectivas funções.

Art. 298. A empresa estrangeira de transporte aéreo que opere no País será sujeita à multa e, na hipótese de reincidência, à suspensão ou cassação da autorização de funcionamento no caso de não atender:

I – aos requisitos prescritos pelas leis e regulamentos normalmente aplicados, no que se refere ao funcionamento de empresas de transporte aéreo;

II – às leis e regulamentos relativos à:

a) entrada e saída de aeronaves;

b) sua exploração ou navegação durante a permanência no território ou espaço aéreo brasileiro;

c) entrada ou saída de passageiros;

d) tripulação ou carga;

e) despacho;

f) imigração;

g) alfândega;

h) higiene;

i) saúde.

III – às tarifas, itinerários, frequências e horários aprovados; às condições contidas nas respectivas autorizações; à conservação e manutenção de seus equipamentos de voo no que se relaciona com a segurança e eficiência do serviço; ou à proibição de embarcar ou desembarcar passageiro ou carga em voo de simples trânsito;

IV – à legislação interna, em seus atos e operações no Brasil, em igualdade com as congêneres nacionais.

Capítulo III – Das Infrações

Art. 299. Será aplicada multa de (vetado) até 1.000 (mil) valores de referência, ou de suspensão ou cassação de quaisquer certificados de matrícula, habilitação, concessão, autorização, permissão ou homologação expedidos segundo as regras deste Código, nos seguintes casos:

I – procedimento ou prática, no exercício das funções, que revelem falta de idoneidade profissional para o exercício das prerrogativas dos certificados de habilitação técnica;

II – execução de serviços aéreos de forma a comprometer a ordem ou a segurança pública, ou com violação das normas de segurança dos transportes;

III – cessão ou transferência da concessão, autorização ou permissão, sem licença da autoridade aeronáutica;

IV – transferência, direta ou indireta, da direção ou da execução dos serviços aéreos concedidos ou autorizados;

V – fornecimento de dados, informações ou estatísticas inexatas ou adulteradas;

VI – recusa de exibição de livros, documentos contábeis, informações ou estatísticas aos agentes da fiscalização;

VII – prática reiterada de infrações graves;

VIII – atraso no pagamento de tarifas aeroportuárias além do prazo estabelecido pela autoridade aeronáutica;

IX – atraso no pagamento de preços específicos pela utilização de áreas aeroportuárias, fora do prazo estabelecido no respectivo instrumento.

Art. 300. A cassação dependerá de inquérito administrativo no curso do qual será assegurada defesa ao infrator.

Art. 301. A suspensão poderá ser por prazo até 180 (cento e oitenta) dias, prorrogáveis por igual período.

Art. 302. A multa será aplicada pela prática das seguintes infrações:

I – infrações referentes ao uso das aeronaves:

a) utilizar ou empregar aeronave sem matrícula;

b) utilizar ou empregar aeronave com falsas marcas de nacionalidade ou de matrícula, ou sem que elas correspondam ao que consta do Registro Aeronáutico Brasileiro – RAB;

c) utilizar ou empregar aeronave em desacordo com as prescrições dos respectivos certificados ou com estes vencidos;

d) utilizar ou empregar aeronave sem os documentos exigidos ou sem que estes estejam em vigor;

e) utilizar ou empregar aeronave em serviço especializado, sem a necessária homologação do órgão competente;

f) utilizar ou empregar aeronave na execução de atividade diferente daquela para a qual se achar licenciado;

g) utilizar ou empregar aeronave com inobservância das normas de tráfego aéreo, emanadas da autoridade aeronáutica;

h) introduzir aeronave no País, ou utilizá-la sem autorização de sobrevoo;

i) manter aeronave estrangeira em Território Nacional sem autorização ou sem que esta haja sido revalidada;

j) alienar ou transferir, sem autorização, aeronave estrangeira que se encontre no País em caráter transitório, ressalvados os casos de execução judicial ou de medida cautelar;

k) transportar, ciente do conteúdo real, carga ou material perigoso ou proibido, ou em desacordo com as normas que regulam o trânsito de materiais sujeitos a restrições;

l) lançar objetos ou substâncias sem licença da autoridade aeronáutica, salvo caso de alijamento;

m) trasladar aeronave sem licença;

n) recuperar ou reconstruir aeronave acidentada, sem a liberação do órgão competente;

o) realizar voo com peso de decolagem ou número de passageiros acima dos máximos estabelecidos;

p) realizar voo com equipamento para levantamento aerofotogramétrico, sem autorização do órgão competente;

q) transportar passageiro em lugar inadequado da aeronave;

r) realizar voo sem o equipamento de sobrevivência exigido;

s) realizar voo por instrumentos com aeronave não homologada para esse tipo de operação;

t) realizar voo por instrumentos com tripulação inabilitada ou incompleta;

u) realizar voo solo para treinamento de navegação sendo aluno ainda não habilitado para tal;

v) operar aeronave com plano de voo visual, quando as condições meteorológicas estiverem abaixo dos mínimos previstos para esse tipo de operação;

w) explorar sistematicamente serviços de táxi-aéreo fora das áreas autorizadas;

x) operar radiofrequências não autorizadas, capazes de causar interferência prejudicial ao serviço de telecomunicações aeronáuticas.

II – infrações imputáveis a aeronautas e aeroviários ou operadores de aeronaves:

a) preencher com dados inexatos documentos exigidos pela fiscalização;

b) impedir ou dificultar a ação dos agentes públicos, devidamente credenciados, no exercício de missão oficial;

c) pilotar aeronave sem portar os documentos de habilitação, os documentos da aeronave ou os equipamentos de sobrevivência nas áreas exigidas;

d) tripular aeronave com certificado de habilitação técnica ou de capacidade física vencidos, ou exercer a bordo função para a qual não esteja devidamente licenciado ou cuja licença esteja expirada;

e) participar da composição de tripulação em desacordo com o que estabelece este Código e suas regulamentações;

f) utilizar aeronave com tripulante estrangeiro ou permitir a este o exercício de qualquer função a bordo, em desacordo com este Código ou com suas regulamentações;

g) desobedecer às determinações da autoridade do aeroporto ou prestar-lhe falsas informações;

h) infringir as Condições Gerais de Transporte ou as instruções sobre tarifas;

i) desobedecer aos regulamentos e normas de tráfego aéreo;

j) inobservar os preceitos da regulamentação sobre o exercício da profissão;

k) inobservar as normas sobre assistência e salvamento;

l) desobedecer às normas que regulam a entrada, a permanência e a saída de estrangeiro;

m) infringir regras, normas ou cláusulas de Convenções ou atos internacionais;

n) infringir as normas e regulamentos que afetem a disciplina a bordo de aeronave ou a segurança de voo;

o) permitir, por ação ou omissão, o embarque de mercadorias sem despacho, de materiais sem licença, ou efetuar o despacho em desacordo com a licença, quando necessária;

p) exceder, fora dos casos previstos em lei, os limites de horas de trabalho ou de voo;

q) operar a aeronave em estado de embriaguez;

r) taxiar aeronave para decolagem, ingressando na pista sem observar o tráfego;

s) retirar-se de aeronave com o motor ligado sem tripulante a bordo;

t) operar aeronave deixando de manter fraseologia-padrão nas comunicações radiotelefônicas;

u) ministrar instruções de voo sem estar habilitado.

III – infrações imputáveis à concessionária ou permissionária de serviços aéreos:

a) permitir a utilização de aeronave sem situação regular no Registro Aeronáutico Brasileiro – RAB, ou sem observância das restrições do certificado de navegabilidade;

b) permitir a composição de tripulação por aeronauta sem habilitação ou que, habilitado, não esteja com a documentação regular;

c) permitir o exercício, em aeronave ou em serviço de terra, de pessoal não devidamente licenciado ou com a licença vencida;

d) firmar acordo com outra concessionária ou permissionária, ou com terceiros, para estabelecimento de conexão, consórcio, "pool" ou consolidação de serviços ou interesses, sem consentimento expresso da autoridade aeronáutica;

e) não observar as normas e regulamentos relativos à manutenção e operação das aeronaves;

f) explorar qualquer modalidade de serviço aéreo para a qual não esteja devidamente autorizada;

g) deixar de comprovar, quando exigida pela autoridade competente, a contratação dos seguros destinados a garantir sua responsabilidade pelos eventuais danos a passageiros, tripulantes, bagagens e cargas, bem assim, no solo a terceiros;

h) aceitar, para embarque, mercadorias sem licença das autoridades competentes ou em desacordo com a regulamentação que disciplina o trânsito dessas mercadorias;

i) ceder ou transferir ações ou partes de seu capital social, com direito a voto, sem consentimento expresso da autoridade aeronáutica, quando necessário (art. 180);

j) deixar de dar publicidade aos atos sociais de publicação obrigatória;

k) deixar de recolher, na forma e nos prazos da regulamentação respectiva, as tarifas, taxas, preços públicos e contribuições a que estiver obrigada;

l) recusar a exibição de livro, documento, ficha ou informação sobre seus serviços, quando solicitados pelos agentes da fiscalização aeronáutica;

m) desrespeitar convenção ou ato internacional a que estiver obrigada;

n) não observar, sem justa causa, os horários aprovados;

o) infringir as normas que disciplinam o exercício da profissão de aeronauta ou de aeroviário;

p) deixar de transportar passageiro com bilhete marcado ou com reserva confirmada ou, de qualquer forma, descumprir o contrato de transporte;

q) infringir as tarifas aprovadas, prometer ou conceder, direta ou indiretamente, desconto, abatimento, bonificação, utilidade ou qualquer vantagem aos usuários, em função da utilização de seus serviços de transporte;

r) simular como feita, total ou parcialmente, no exterior, a compra de passagem vendida no País, a fim de burlar a aplicação da tarifa aprovada em moeda nacional;

s) promover qualquer forma de publicidade que ofereça vantagem indevida ao usuário ou que lhe forneça indicação falsa ou inexata acerca dos serviços, induzindo-o em erro quanto ao valor real da tarifa aprovada pela autoridade aeronáutica;

t) efetuar troca de transporte por serviços ou utilidades, fora dos casos permitidos;

u) infringir as Condições Gerais de Transporte, bem como as demais normas que dispõem sobre os serviços aéreos;

v) deixar de informar à autoridade aeronáutica a ocorrência de acidente com aeronave de sua propriedade;

w) deixar de apresentar nos prazos previstos o Resumo Geral dos resultados econômicos e estatísticos, o Balanço e a Demonstração de lucros e perdas;

x) deixar de requerer dentro do prazo previsto a inscrição de atos exigidos pelo Registro Aeronáutico Brasileiro;

y) deixar de apresentar, semestralmente, a relação de acionistas;

z) deixar de apresentar, semestralmente, a relação de transferências.

IV – infrações imputáveis a empresas de manutenção, reparação ou distribuição de aeronaves e seus componentes:

a) inobservar instruções, normas ou requisitos estabelecidos pela autoridade aeronáutica;

b) inobservar termos e condições constantes dos certificados de homologação e respectivos adendos;

c) modificar aeronave ou componente, procedendo à alteração não prevista por órgão homologador;

d) executar deficientemente serviço de manutenção ou de distribuição de componentes, de modo a comprometer a segurança do voo;

e) deixar de cumprir os contratos de manutenção ou inobservar os prazos assumidos para execução dos serviços de manutenção e distribuição de componentes;

f) executar serviços de manutenção ou de reparação em desacordo com os manuais da aeronave, ou em aeronave acidentada, sem liberação do órgão competente;

g) deixar de notificar ao órgão competente para homologação de produtos aeronáuticos, dentro do prazo regulamentar, qualquer defeito ou mau funcionamento que tenha afetado a segurança de algum voo em particular e que possa repetir-se em outras aeronaves.

V – infrações imputáveis a fabricantes de aeronaves e de outros produtos aeronáuticos:

a) inobservar prescrições e requisitos estabelecidos pela autoridade aeronáutica, destinados à homologação de produtos aeronáuticos;

b) inobservar os termos e condições constantes dos respectivos certificados de homologação;

c) alterar projeto de tipo aprovado, da aeronave ou de outro produto aeronáutico, sem que a modificação tenha sido homologada pela autoridade aeronáutica;

d) deixar de notificar ao órgão competente para homologação de produtos aeronáuticos, dentro do prazo regulamentar, qualquer defeito ou mau funcionamento, acidente ou incidente de que, de qualquer modo, tenha ciência, desde que esse defeito ou mau funcionamento venha a afetar a segurança de voo e possa repetir-se nas demais aeronaves ou produtos aeronáuticos cobertos pelo mesmo projeto de tipo aprovado;

e) descumprir ou deixar de adotar, após a notificação a que se refere o número anterior e dentro do prazo estabelecido pelo órgão competente, as medidas de natureza corretiva ou sanadora de defeitos e mau funcionamento.

VI – infrações imputáveis a pessoas naturais ou jurídicas não compreendidas nos grupos anteriores:

a) executar ou utilizar serviços técnicos de manutenção, modificação ou reparos de aeronaves e de seus componentes, em oficina não homologada;

b) executar serviços de recuperação ou reconstrução em aeronave acidentada, sem liberação do órgão competente;

c) executar serviços de manutenção ou de reparação de aeronave e de seus componentes, sem autorização do órgão competente;

d) utilizar-se de aeronave sem dispor de habilitação para sua pilotagem;

e) executar qualquer modalidade de serviço aéreo sem estar devidamente autorizado;

f) construir campo de pouso sem licença, utilizar campo de pouso sem condições regulamentares de uso, ou deixar de promover o registro de campo de pouso;

g) implantar ou explorar edificação ou qualquer empreendimento em área sujeita a restrições especiais, com inobservância destas;

h) prometer ou conceder, direta ou indiretamente, qualquer modalidade de desconto, prêmio, bonificação, utilidade ou vantagem aos adquirentes de bilhete de passagem ou frete aéreo;

i) promover publicidade de serviço aéreo em desacordo com os regulamentos aeronáuticos, ou com promessa ou artifício que induza o público em erro quanto às reais condições do transporte e de seu preço;

j) explorar serviços aéreos sem concessão ou autorização;

k) vender aeronave de sua propriedade, sem a devida comunicação ao Registro Aeronáutico Brasileiro – RAB, ou deixar de atualizar, no RAB, a propriedade de aeronave adquirida;

l) instalar ou manter em funcionamento escola ou curso de aviação sem autorização da autoridade aeronáutica;

m) deixar o proprietário ou operador de aeronave de recolher, na forma e nos prazos da respectiva regulamentação, as tarifas, taxas, preços públicos ou contribuições a que estiver obrigado.

Capítulo IV – Da Detenção, Interdição e Apreensão de Aeronave

Art. 303. A aeronave poderá ser detida por autoridades aeronáuticas, fazendárias ou da Polícia Federal, nos seguintes casos:

I – se voar no espaço aéreo brasileiro com infração das convenções ou atos internacionais, ou das autorizações para tal fim;

II – se, entrando no espaço aéreo brasileiro, desrespeitar a obrigatoriedade de pouso em aeroporto internacional;

III – para exame dos certificados e outros documentos indispensáveis;

IV – para verificação de sua carga no caso de restrição legal (art. 21) ou de porte proibido de equipamento (parágrafo único do art. 21);

V – para averiguação de ilícito.

§ 1º. A autoridade aeronáutica poderá empregar os meios que julgar necessários para compelir a aeronave a efetuar o pouso no aeródromo que lhe for indicado.

• *Vide Decreto nº 5.144, de 16.7.2004 – Regulamenta os §§ 1º, 2º e 3º do art. 303 da Lei nº 7.565, de 19 de dezembro de 1986, que dispõe sobre o Código Brasileiro de*

Aeronáutica, no que concerne às aeronaves hostis ou suspeitas de tráfico de substâncias entorpecentes e drogas afins.

§ 2º. Esgotados os meios coercitivos legalmente previstos, a aeronave será classificada como hostil, ficando sujeita à medida de destruição, nos casos dos incisos do *caput* deste artigo e após autorização do Presidente da República ou autoridade por ele delegada.

• *§ 2º acrescido pela Lei nº 9.614, de 5.3.1998.*

§ 3º. A autoridade mencionada no § 1º responderá por seus atos quando agir com excesso de poder ou com espírito emulatório.

• *§ 3º renumerado do § 2º e com nova redação dada pela Lei nº 9.614, de 5.3.1998.*

Art. 304. Quando, no caso do item IV, do artigo anterior, for constatada a existência de material proibido, explosivo ou apetrechos de guerra, sem autorização, ou contrariando os termos da que foi outorgada, pondo em risco a segurança pública ou a paz entre as Nações, a autoridade aeronáutica poderá reter o material de que trata este artigo e liberar a aeronave se, por força de lei, não houver necessidade de apreendê-la.

§ 1º. Se a aeronave for estrangeira e a carga não puser em risco a segurança pública ou a paz entre as Nações, poderá a autoridade aeronáutica fazer a aeronave retornar ao país de origem pela rota e prazo determinados, sem a retenção da carga.

§ 2º. Embora estrangeira a aeronave, se a carga puser em risco a segurança pública e a paz entre os povos, poderá a autoridade aeronáutica reter o material bélico e fazer retornar a aeronave na forma do disposto no parágrafo anterior.

Art. 305. A aeronave pode ser interditada:

I – nos casos do art. 302, I, alíneas "a" até "n"; II, alíneas "c", "d", "g" e "j"; III, alíneas "a", "e", "f" e "g"; e V, alíneas "a" a "e";

II – durante a investigação de acidente em que estiver envolvida.

§ 1º. Efetuada a interdição, será lavrado o respectivo auto, assinado pela autoridade que a realizou e pelo responsável pela aeronave.

§ 2º. Será entregue ao responsável pela aeronave cópia do auto a que se refere o parágrafo anterior.

Art. 306. A aeronave interditada não será impedida de funcionar, para efeito de manutenção.

Art. 307. A autoridade aeronáutica poderá interditar a aeronave, por prazo não superior a 15 (quinze) dias, mediante requisição da autoridade aduaneira, de Polícia ou de saúde.

Parágrafo único. A requisição deverá ser motivada, de modo a demonstrar justo receio de que haja lesão grave e de difícil reparação a direitos do Poder Público ou de terceiros; ou que haja perigo à ordem pública, à saúde ou às instituições.

Art. 308. A apreensão da aeronave dar-se-á para preservar a eficácia da detenção ou interdição, e consistirá em mantê-la estacionada, com ou sem remoção para hangar, área de estacionamento, oficina ou lugar seguro (arts. 155 e 309).

Art. 309. A apreensão de aeronave só se dará em cumprimento à ordem judicial, ressalvadas outras hipóteses de apreensão previstas nesta Lei.

Art. 310. Satisfeitas as exigências legais, a aeronave detida, interditada ou apreendida será imediatamente liberada.

Art. 311. Em qualquer dos casos previstos neste Capítulo, o proprietário ou explorador da aeronave não terá direito à indenização.

Capítulo V – Da Custódia e Guarda de Aeronave

Art. 312. Em qualquer inquérito ou processo administrativo ou judicial, a custódia, guarda ou depósito de aeronave far-se-á de conformidade com o disposto neste Capítulo.

Art. 313. O explorador ou o proprietário de aeronaves entregues em depósito ou a guarda de autoridade aeronáutica responde pelas despesas correspondentes.

§ 1º. Incluem-se no disposto neste artigo:

I – os depósitos decorrentes de apreensão;

II – os sequestros e demais medidas processuais acautelatórias;

III – a arrecadação em falência, qualquer que seja a autoridade administrativa ou judiciária que a determine;

IV – a apreensão decorrente de processos administrativos ou judiciários.

§ 2º. No caso do § 2º do art. 303, o proprietário ou o explorador da aeronave terá direito à restituição do que houver pago, acrescida de juros compensatórios e indenizações por perdas e danos.

§ 3º. No caso do parágrafo anterior, caberá ação regressiva contra o Poder Público cuja autoridade houver agido com excesso de poder ou com espírito emulatório.

Art. 314. O depósito não excederá o prazo de 2 (dois) anos.

§ 1º. Se, no prazo estabelecido neste artigo não for autorizada a entrega da aeronave, a autoridade aeronáutica poderá efetuar a venda pública pelo valor correspondente, para ocorrer às despesas com o depósito.

§ 2º. Não havendo licitante ou na hipótese de ser o valor apurado com a venda inferior ao da dívida, a aeronave será adjudicada ao Ministério da Aeronáutica, procedendo-se ao respectivo assentamento no Registro Aeronáutico Brasileiro – RAB.

§ 3º. O disposto neste artigo não se aplica ao depósito decorrente de processo administrativo de natureza fiscal.

Art. 315. Será obrigatório o seguro da aeronave entregue ao depósito, a cargo do explorador ou proprietário.

TÍTULO X – DOS PRAZOS EXTINTIVOS

Art. 316. Prescreve em 6 (seis) meses, contados da tradição da aeronave, a ação para haver abatimento do preço da aeronave adquirida com vício oculto, ou para rescindir o contrato e reaver o preço pago, acrescido de perdas e danos.

Art. 317. Prescreve em 2 (dois) anos a ação:

I – por danos causados a passageiros, bagagem ou carga transportada, a contar da data em que se verificou o dano, da data da chegada ou do dia em que devia chegar a aeronave ao ponto de destino, ou da interrupção do transporte;

II – por danos causados a terceiros na superfície, a partir do dia da ocorrência do fato;

III – por danos emergentes no caso de abalroamento a partir da data da ocorrência do fato;

IV – para obter remuneração ou indenização por assistência e salvamento, a contar da data da conclusão dos respectivos serviços, ressalvado o disposto nos parágrafos do art. 61;

V – para cobrar créditos, resultantes de contratos sobre utilização de aeronave, se não houver prazo diverso neste Código, a partir da data em que se tornem exigíveis;

VI – de regresso, entre transportadores, pelas quantias pagas por motivo de danos provenientes de abalroamento, ou entre exploradores, pelas somas que um deles haja sido obrigado a pagar, nos casos de solidariedade ou ocorrência de culpa, a partir da data do efetivo pagamento;

VII – para cobrar créditos de um empresário de serviços aéreos contra outro, decorrentes de compensação de passagens de transporte aéreo, a partir de quando se tornem exigíveis;

VIII – por danos causados por culpa da administração do aeroporto ou da Administração Pública (art. 280), a partir do dia da ocorrência do fato;

IX – do segurado contra o segurador, contado o prazo do dia em que ocorreu o fato, cujo risco estava garantido pelo seguro (art. 281);

X – contra o construtor de produto aeronáutico, contado da ocorrência do dano indenizável.

Parágrafo único. Os prazos de decadência e de prescrição, relativamente à matéria tributária, permanecem regidos pela legislação específica.

Art. 318. Se o interessado provar que não teve conhecimento do dano ou da identidade do responsável, o prazo começará a correr da data em que tiver conhecimento, mas não poderá ultrapassar de 3 (três) anos a partir do evento.

Art. 319. As providências administrativas previstas neste Código prescrevem em 2 (dois) anos, a partir da data da ocorrência do ato ou fato que as autorizar, e seus efeitos, ainda no caso de suspensão, não poderão exceder esse prazo.

Parágrafo único. O disposto no *caput* deste artigo não se aplica aos prazos definidos no Código Tributário Nacional.

Art. 320. A intervenção e liquidação extrajudicial deverão encerrar-se no prazo de 2 (dois) anos.

Parágrafo único. Ao término do prazo de 2 (dois) anos, a partir do primeiro ato, qualquer interessado ou membro do Ministério Público, poderá requerer a imediata venda dos bens em leilão público e o rateio do produto entre os credores, observadas as preferências e privilégios especiais.

Art. 321. O explorador de serviços aéreos públicos é obrigado a conservar, pelo prazo de 5 (cinco) anos, os documentos de transporte aéreo ou de outros serviços aéreos.

TÍTULO XI – DISPOSIÇÕES FINAIS E TRANSITÓRIAS

Art. 322. Fica autorizado o Ministério da Aeronáutica a instalar uma Junta de Julgamento da Aeronáutica com a competência de julgar, administrativamente, as infrações e demais questões dispostas neste Código, e mencionadas no seu art. 1º, (vetado).

§ 1º. (Vetado).

§ 2º. (Vetado).

§ 3º. (Vetado).

§ 4º. O Poder Executivo, através de decreto, regulamentará a organização e o funcionamento da Junta de Julgamento da Aeronáutica.

Art. 323. Este Código entra em vigor na data de sua publicação.

Art. 324. Ficam revogados o Decreto-Lei nº 32, de 18 de novembro de 1966, o Decreto-Lei nº 234, de 28 de fevereiro de 1967, a Lei nº 5.448, de 4 de junho de 1968, a Lei nº 5.710, de 7 de outubro de 1971, a Lei nº 6.298, de 15 de dezembro de 1975, a Lei nº 6.350, de 7 de julho de 1976, a Lei nº 6.833, de 30 de setembro de 1980, a Lei nº 6.997, de 7 de junho de 1982, e demais disposições em contrário.

Brasília, 19 de dezembro de 1986, 165º da Independência e 98º da República.

José Sarney – Octávio Júlio Moreira Lima

DOU de 20.12.1986 – Retificação DOU de 30.12.1986

Legislação Complementar

LEI Nº 6.009, DE 26 DE DEZEMBRO DE 1973

Dispõe sobre a utilização e a exploração dos aeroportos, das facilidades à navegação aérea e dá outras providências.

O Presidente da República,

Faço saber que o Congresso Nacional decreta e eu sanciono a seguinte Lei:

Art. 1º. Os aeroportos e suas instalações serão projetados, construídos, mantidos, operados e explorados diretamente pela União ou por entidades da Administração Federal Indireta, especialmente constituídas para aquelas finalidades, ou ainda, mediante concessão ou autorização, obedecidas as condições nelas estabelecidas.

Art. 2º. A efetiva utilização de áreas, edifícios, instalações, equipamentos, facilidades e serviços de um aeroporto está sujeita ao pagamento referente aos preços que incidirem sobre a parte utilizada.

Parágrafo único. Os preços de que trata este artigo serão pagos ao Ministério da Aeronáutica ou às entidades de Administração Federal Indireta responsáveis pela administração dos aeroportos, e serão representados:

a) por tarifas aeroportuárias, aprovadas pela Agência Nacional de Aviação Civil, para aplicação em todo o território nacional;

- *Alínea "a" com redação dada pela Lei nº 11.182, de 27.9.2005.*

b) por preços específicos estabelecidos, para as áreas civis de cada aeroporto, pelo órgão ou entidade responsável pela administração do aeroporto.

Art. 3º. As tarifas aeroportuárias a que se refere o artigo anterior, são assim denominadas e caracterizadas:

I – Tarifa de embarque – devida pela utilização das instalações e serviços de despacho e embarque da Estação de Passageiros; incide sobre o passageiro do transporte aéreo;

II – Tarifa de pouso – devida pela utilização das áreas e serviços relacionados com as operações de pouso, rolagem e estacionamento da aeronave até três horas após o pouso; incide sobre o proprietário ou explorador da aeronave;

III – Tarifa de permanência – devida pelo estacionamento da aeronave, além das três primeiras horas após o pouso; incide sobre o proprietário ou explorador da aeronave;

IV – Tarifa de Armazenagem – devida pelo armazenamento, guarda e controle das mercadorias nos Armazéns de Carga Aérea dos Aeroportos; incide sobre consignatário ou transportador no caso de carga aérea em trânsito;

• *Inciso IV com redação dada pelo Decreto-Lei nº 2.060, de 13.9.1983.*

V – Tarifa de Capatazia – devida pela movimentação e manuseio das mercadorias a que se refere o item anterior; incide sobre o consignatário, ou o transportador no caso de carga aérea em trânsito.

• *Inciso V incluído pelo Decreto-Lei nº 2.060, de 13.9.1983.*

Art. 4º. Os preços específicos a que se refere a letra "b", do parágrafo único, do artigo 2º, são devidos pela utilização de áreas, edifícios, instalações, equipamentos, facilidades e serviços, não abrangidos pelas tarifas aeroportuárias; incide sobre o usuário ou concessionário dos mesmos.

Art. 5º. Os recursos provenientes dos pagamentos a que se refere o art. 2º desta Lei, inclusive de multas contratuais, correção monetária e juros de mora, constituirão receita própria:

I – do Fundo Aeronáutico, nos casos dos aeroportos diretamente administrados pelo Comando da Aeronáutica; ou

• *Inciso I com redação dada pela Lei nº 11.182, de 27.9.2005.*

II – das entidades da Administração Federal Indireta, no caso dos aeroportos por estas administradas.

Art. 6º. O atraso no pagamento das tarifas aeroportuárias, depois de efetuada a cobrança, acarretará a aplicação cumulativa, por quem de direito, das seguintes sanções:

I – após trinta dias, cobrança de correção monetária e juros de mora de um por cento ao mês;

II – após cento e vinte dias, suspensão *ex officio* das concessões ou autorizações;

III – após cento e oitenta dias, cancelamento sumário das concessões ou autorizações.

Art. 7º. Ficam isentos de pagamento:

I – Da Tarifa de Embarque

a) os passageiros de aeronaves militares e de aeronaves públicas brasileiras da Administração Federal Direta;

b) os passageiros de aeronaves em voo de retorno, por motivos de ordem técnica ou meteorológica ou, ainda, em caso de acidente, por ocasião do re-embarque;

c) os passageiros em trânsito;

d) os passageiros de menos de dois anos de idade;

e) os inspetores de Aviação Civil, quando no exercício de suas funções;

f) os passageiros de aeronaves militares ou públicas estrangeiras, quando em atendimento à reciprocidade de tratamento;

g) os passageiros, quando convidados do Governo brasileiro.

II – Da Tarifa de Pouso

a) as aeronaves militares e as aeronaves públicas brasileiras da Administração Federal Direta;

b) as aeronaves em voo de experiência ou de instrução;

c) as aeronaves em voo de retorno por motivo de ordem técnica ou meteorológica;

d) as aeronaves militares ou públicas estrangeiras, quando em atendimento à reciprocidade de tratamento.

III – Da Tarifa de Permanência

a) as aeronaves militares e as aeronaves públicas brasileiras da Administração Federal Direta;

b) as aeronaves militares e públicas estrangeiras, quando em atendimento à reciprocidade de tratamento;

c) as demais aeronaves:

1 – por motivo de ordem meteorológica, pelo prazo do impedimento;

2 – em caso de acidente, pelo prazo que durar a investigação do acidente;

3 – em caso de estacionamento em áreas arrendadas pelo proprietário ou explorador da aeronave.

IV – Da Tarifa de Armazenagem:

• *Inciso IV, caput, com redação dada pelo Decreto-Lei nº 2.060, de 13.9.1983.*

a) as mercadorias e materiais destinados a entidades privadas ou públicas da Administração Direta ou Indireta, quando ocorrerem circunstâncias especiais criadas pelo Governo Federal, por motivos independentes da vontade dos destinatários; por prazo inferior a trinta dias e mediante despacho concessivo da Isenção do Ministro da Aeronáutica;

• *Alínea "a" com redação dada pelo Decreto-Lei nº 2.060, de 13.9.1983.*

b) as mercadorias e materiais destinados a serviços necessários à Segurança Nacional ou por comprovada exigência do bem comum; por prazo inferior a trinta dias e mediante despacho concessivo da isenção do Ministro da Aeronáutica.

• *Alínea "b" com redação dada pelo Decreto-Lei nº 2.060, de 13.9.1983.*

§ 1º. Poderão ser isentas de pagamento de Tarifa de Capatazia as mercadorias e materiais destinados a serviços necessários à Segurança Nacional ou por comprovada exigência do bem comum; por prazo inferior a trinta dias e mediante despacho concessivo da isenção do Ministro da Aeronáutica.

• *§ 1º incluído pelo Decreto-Lei nº 2.060, de 13.9.1983.*

§ 2º. O despacho do Ministro da Aeronáutica, concessivo da isenção, poderá referir-se ao total ou parte da importância correspondente ao valor da tarifa.

• *§ 2º incluído pelo Decreto-Lei nº 2.060, de 13.9.1983.*

Art. 8º. A utilização das instalações e serviços destinados a apoiar e tornar segura a navegação aérea, proporcionadas pelo Ministério da Aeronáutica, está sujeita ao pagamento da tarifa de uso das comunicações e dos auxílios a navegação aérea em rota.

Parágrafo único. A tarifa de que trata este artigo será aprovada pelo Ministro da Aeronáutica, mediante proposta do órgão competente do Ministério da Aeronáutica, para aplicação geral em todo o território nacional.

Art. 9º. O atraso no pagamento da tarifa de uso das facilidades à navegação aérea em rota implicará na aplicação das mesmas sanções previstas no art. 6º desta Lei.

Art. 10. Ficam isentas do pagamento da tarifa de uso das comunicações e dos auxílios à navegação aérea em rota:

I – as aeronaves militares e as aeronaves públicas brasileiras da Administração Federal Direta;

II – as aeronaves em voo de experiência ou de instrução;

III – as aeronaves em voo de retorno por motivo de ordem técnica ou meteorológica;

IV – as aeronaves militares e públicas estrangeiras, quando em atendimento à reciprocidade de tratamento.

Art. 11. O produto de arrecadação da tarifa a que se refere o art. 8º desta Lei constituirá receita do Fundo Aeronáutico.

• *Art. 11 com redação dada pela Lei nº 11.182, de 27.9.2005.*

Art. 12. O Poder Executivo, no prazo de sessenta dias, regulamentará a presente Lei.

Art. 13. Esta Lei entrará em vigor na data de sua publicação, revogados os arts. 6º, 7º, 8º, o parágrafo único, do art. 11, e os §§ 1º e 2º, do art. 12, do Decreto-Lei nº 270, de 28 de fevereiro de 1967, e o Decreto-Lei nº 683, de 15 de julho de 1969, e as demais disposições em contrário.

Brasília, 26 de dezembro de 1973; 152º da Independência e 85º da República.

Emílio G. Médici

DOU de 28.12.1973

LEI Nº 7.183, DE 5 DE ABRIL DE 1984

Regula o exercício da Profissão de Aeronauta, e dá outras providências.

O Presidente da República,

Faço saber que o Congresso Nacional decreta e eu sanciono a seguinte Lei:

CAPÍTULO I – DAS DISPOSIÇÕES PRELIMINARES

Seção I – Do Aeronauta e da sua Classificação

Art. 1º. O exercício da profissão de aeronauta é regulado pela presente Lei.

Art. 2º. Aeronauta é o profissional habilitado pelo Ministério da Aeronáutica, que exerce atividade a bordo de aeronave civil nacional, mediante contrato de trabalho.

Parágrafo único. Considera-se também aeronauta, para os efeitos desta Lei, quem exerce atividade a bordo de aeronave estrangeira, em virtude de contrato de trabalho regido pela leis brasileiras.

Art. 3º. Ressalvados os casos previstos no Código Brasileiro do Ar, a profissão de aeronauta é privativa de brasileiros.

Parágrafo único. As empresas brasileiras que operam em linhas Internacionais poderão utilizar comissários estrangeiros, desde que o número destes não exceda a 1/3 (um terço) dos comissários existentes a bordo da aeronave.

Art. 4º. O aeronauta no exercício de função específica a bordo de aeronave, de acordo com as prerrogativas da licença de que é titular, tem a designação de tripulante.

Art. 5º. O aeronauta de empresa de transporte aéreo regular que se deslocar, a serviço desta, sem exercer função a bordo de aeronave tem a designação de tripulante extra.

Parágrafo único. O aeronauta de empresa de transporte aéreo não regular ou serviço especializado tem a designação de tripulante extra somente quando se deslocar em aeronave da empresa, a serviço desta.

Art. 6º. São tripulantes:

a) Comandante: piloto responsável pela operação e segurança da aeronave – exerce a autoridade que a legislação aeronáutica lhe atribui;

b) Co-Piloto: piloto que auxilia o Comandante na operação da aeronave;

c) Mecânico de Voo: auxiliar do Comandante, encarregado da operação e controle de sistemas diversos conforme especificação dos manuais técnicos da aeronave;

d) Navegador: auxiliar do Comandante, encarregado da navegação da aeronave quando a rota e o equipamento o exigirem, a critério do Órgão competente do Ministério da Aeronáutica;

e) Radioperador de Voo: auxiliar do Comandante, encarregado do serviço de radiocomunicações nos casos previstos pelo órgão competente do Ministério da Aeronáutica; e

f) Comissário: é o auxiliar do Comandante, encarregado do cumprimento das normas relativas à segurança e atendimento dos passageiros a bordo e da guarda de bagagens, documentos, valores e malas postais que lhe tenham sido confiados pelo Comandante.

§ 1º. A guarda dos valores fica condicionada à existência de local apropriado e seguro na aeronave, sendo responsabilidade do empregador atestar a segurança do local.

§ 2º. A guarda de cargas e malas postais em terra somente será confiada ao comissário quando no local inexistir serviço próprio para essa finalidade.

Art. 7º. Consideram-se também tripulantes, para os efeitos desta Lei, os operadores de equipamentos especiais instalados em aeronaves homologadas para serviços aéreos especializados, devidamente autorizados pelo Ministério da Aeronáutica.

Seção II – Das Tripulações

Art. 8º. Tripulação é o conjunto de tripulantes que exercem função a bordo de aeronave.

Art. 9º. Uma tripulação poderá ser: mínima, simples, composta e de revezamento.

Art. 10. Tripulação mínima é a determinada na forma da certificação de tipo de aeronave e a constante do seu manual de operação, homologada pelo órgão competente do Ministério da Aeronáutica, sendo permitida sua utilização em voos: locais de instrução, de experiência, de vistoria e de traslado.

Art. 11. Tripulação simples é a constituída basicamente de uma tripulação mínima acrescida, quando for o caso, dos tripulantes necessários à realização do voo.

Art. 12. Tripulação composta é a constituída basicamente de uma tripulação simples, acrescida de um piloto qualificado a nível de piloto em comando, um mecânico de voo, quando o equipamento assim o exigir, e o mínimo de 25% (vinte e cinco por cento) do número de comissários.

Parágrafo único. Aos tripulantes acrescidos à tripulação simples serão asseguradas, pelo empregador, poltronas reclináveis.

Art. 13. Tripulação de revezamento é a constituída basicamente de uma tripulação simples, acrescida de mais um piloto qualificado a nível de piloto em comando, um co-piloto, um mecânico de voo, quando o equipamento assim o exigir, e de 50% (cinquenta por cento) do número de comissários.

Parágrafo único. Aos pilotos e mecânicos de voo acrescidos à tripulação simples serão asseguradas, pelo empregador, acomodações para o descanso horizontal e, para os comissários, número de assentos reclináveis igual à metade do seu número com aproximação para o inteiro superior.

Art. 14. O órgão competente do Ministério da Aeronáutica, considerando o interesse da segurança de voo, as características da rota e do voo, e a programação a ser cumprida, poderá determinar a composição da tripulação ou as modificações que se tornarem necessárias.

Art. 15. As tripulações compostas ou de revezamento só poderão ser empregadas em voos internacionais e nas seguintes hipóteses:

a) mediante programação;

b) para atender a atrasos ocasionados por condições meteorológicas ou por trabalhos de manutenção; e

c) em situações excepcionais, mediante autorização do Ministério da Aeronáutica.

Parágrafo único. Uma tripulação composta poderá ser utilizada em voos domésticos para atender a atrasos ocasionados por condições meteorológicas desfavoráveis ou por trabalhos de manutenção.

Art. 16. Um tipo de tripulação só poderá ser transformado na origem do voo e até o limite de 3 (três) horas, contadas a partir da apresentação da tripulação previamente escalada.

Parágrafo único. A contagem de tempo para limite da jornada será a partir da hora da apresentação da tripulação original ou do tripulante de reforço, considerando o que ocorrer primeiro.

CAPÍTULO II – DO REGIME DE TRABALHO

Seção I – Da Escala de Serviço

Art. 17. A determinação para a prestação de serviço dos aeronautas, respeitados os períodos de folgas e repousos regulamentares, será feita:

a) por intermédio de escala especial ou de convocação, para realização de cursos, exames relacionados com o adestramento e verificação de proficiência técnica;

b) por intermédio de escala, no mínimo semanal, divulgada com antecedência mínima de 2 (dois) dias para a primeira semana de cada mês e 7 (sete) dias para as semanas subsequentes, para os voos de horário, serviços de reserva, sobreaviso e folga; e

c) mediante convocação, por necessidade de serviço.

Art. 18. A escala deverá observar, como princípio, a utilização do aeronauta em regime de rodízio e em turnos compatíveis com a higiene e segurança do trabalho.

Art. 19. É de responsabilidade do aeronauta manter em dia seus certificados de habilitação técnica e de capacidade física estabelecidos na legislação em vigor, cabendo-lhe informar ao serviço de escala, com antecedência de 30 (trinta) dias, as respectivas datas de vencimento, a fim de que lhe seja possibilitada a execução dos respectivos exames.

Seção II – Da Jornada de Trabalho

Art. 20. Jornada é a duração do trabalho do aeronauta, contada entre a hora da apresentação no local de trabalho e a hora em que o mesmo é encerrado.

§ 1º. A jornada na base domiciliar será contada a partir da hora de apresentação do aeronauta no local de trabalho.

§ 2º. Fora da base domiciliar, a jornada será contada a partir da hora de apresentação do aeronauta no local estabelecido pelo empregador.

§ 3º. Nas hipóteses previstas nos parágrafos anteriores, a apresentação no aeroporto não deverá ser inferior a 30 (trinta) minutos da hora prevista para o início do voo.

§ 4º. A jornada será considerada encerrada 30 (trinta) minutos após a parada final dos motores.

Art. 21. A duração da jornada de trabalho do aeronauta será de:

a) 11 (onze) horas, se integrante de uma tripulação mínima ou simples;

b) 14 (quatorze) horas, se integrante de uma tripulação composta; e

c) 20 (vinte) horas, se integrante de uma tripulação de revezamento.

§ 1º. Nos voos de empresa de táxi-aéreo, de serviços especializados, de transporte aéreo regional ou em voos internacionais regionais de empresas de transporte aéreo regular realizados por tripulação simples, se houver interrupção programada da viagem por mais 4 (quatro) horas consecutivas, e for proporcionado pelo empregador acomodações adequadas para repouso dos tripulantes, a jornada terá a duração acrescida da metade do tempo de interrupção, mantendo-se inalterados os limites prescritos na alínea "a", do art. 29, desta Lei.

§ 2º. Nas operações com helicópteros a jornada poderá ter a duração acrescida de até 1 (uma) hora para atender exclusivamente a trabalhos de manutenção.

Art. 22. Os limites da jornada de trabalho poderão ser ampliados de 60 (sessenta) minutos, a critério exclusivo do Comandante da aeronave e nos seguintes casos:

a) inexistência, em local de escala regular, de acomodações apropriadas para o repouso da tripulação e dos passageiros;

b) espera demasiadamente longa, em local de espera regular intermediária, ocasionada por condições meteorológicas desfavoráveis ou por trabalho de manutenção; e

c) por imperiosa necessidade.

§ 1º. Qualquer ampliação dos limites das horas de trabalho deverá ser comunicada pelo Comandante ao empregador, 24 (vinte e quatro) horas após a viagem, o qual, no prazo de 15 (quinze) dias, a submeterá à apreciação do Ministério da Aeronáutica.

§ 2º. Para as tripulações simples, o trabalho noturno não excederá de 10 (dez) horas.

§ 3º. Para as tripulações simples nos horários mistos, assim entendidos os que abrangem períodos diurnos e noturnos, a hora de trabalho noturno será computada como de 52 (cinquenta e dois) minutos e 30 (trinta) segundos.

Art. 23. A duração do trabalho do aeronauta, computado os tempos de voo, de serviço em terra durante a viagem, de reserva e de 1/3 (um terço) do sobreaviso, assim como o tempo do deslocamento, como tripulante extra, para assumir voo ou retornar à base após o voo e os tempos de adestramento em simulador, não excederá a 60 (sessenta) horas semanais e 176 (cento e setenta e seis) horas mensais.

§ 1º. O limite semanal estabelecido neste artigo não se aplica ao aeronauta que estiver sob o regime estabelecido no art. 24 desta Lei.

§ 2º. O tempo gasto no transporte terrestre entre o local de repouso ou da apresentação, e vice-versa, ainda que em condução fornecida pela empresa, na base do aeronauta ou fora dela, não será computado como de trabalho para fins desta Lei.

Art. 24. Para o aeronauta pertencente à empresa de táxi-aéreo ou serviços especializados, o período máximo de trabalho consecutivo será de 21 (vinte e um) dias, contados do dia de saída do aeronauta de sua base contratual até o dia do regresso à mesma, observado o disposto do art. 34 desta Lei.

Parágrafo único. O período consecutivo de trabalho, no local de operação, não poderá exceder a 17 (dezessete) dias.

Seção III – Do Sobreaviso e Reserva

Art. 25. Sobreaviso é o período de tempo não excedente a 12 (doze) horas, em que o aeronauta permanece em local de sua escolha, à disposição do empregador, devendo apresentar-se no aeroporto ou outro local determinado, até 90 (noventa) minutos após receber comunicação para o início de nova tarefa.

§ 1º. O número de sobreavisos que o aeronauta poderá concorrer não deverá exceder a 2 (dois) semanais ou 8 (oito) mensais.

§ 2º. O número de sobreavisos estabelecidos no parágrafo anterior não se aplica aos aeronautas de empresas de táxi-aéreo ou serviço especializado.

Art. 26. Reserva é o período de tempo em que o aeronauta permanece, por determinação do empregador, em local de trabalho à sua disposição.

§ 1º. O período de reserva para aeronautas de empresas de transporte aéreo regular não excederá de 6 (seis) horas.

§ 2º. O período de reserva para aeronautas de empresas de táxi aéreo ou de serviços especializados não excederá de 10 (dez) horas.

§ 3º. Prevista a reserva, por prazo superior a 3 (três) horas, o empregador deverá assegurar ao aeronauta acomodações adequadas para o seu descanso.

Seção IV – Das Viagens

Art. 27. Viagem é o trabalho realizado pelo tripulante, contado desde a saída de sua base até o regresso à mesma.

§ 1º. Uma viagem pode compreender uma ou mais jornadas.

§ 2º. É facultado ao empregador fazer com que o tripulante cumpra uma combinação de voos, passando por sua base, sem ser dispensado do serviço, desde que obedeça à programação prévia, observadas as limitações estabelecidas nesta Lei.

§ 3º. Pode o empregador exigir do tripulante uma complementação de voo para atender à realização ou à conclusão de serviços inadiáveis, sem trazer prejuízo da sua programação subsequente, respeitadas as demais disposições desta Lei.

Seção V – Dos Limites de Voo e de Pouso

Art. 28. Denomina-se "hora de voo", ou "tempo de voo" o período compreendido entre o início do deslocamento, quando se tratar de aeronave de asa fixa, ou entre a "partida" dos motores, quando se tratar de aeronave de asa rotativa, em ambos os casos para fins de decolagem até o momento em que respectivamente, se imobiliza ou se efetua o "corte" dos motores, ao término do voo (calço-a-calço).

Art. 29. Os limites de voo e pousos permitidos para uma jornada serão os seguintes:

a) 9 (nove) horas e 30 (trinta) minutos de voo e 5 (cinco) pousos, na hipótese de integrante de tripulação mínima ou simples;

b) 12 (doze) horas de voo e 6 (seis) pousos, na hipótese de integrante de tripulação composta;

c) 15 (quinze) horas de voo e 4 (quatro) pousos, na hipótese de integrante de tripulação de revezamento; e

d) 8 (oito) horas sem limite de pousos, na hipótese de integrante de tripulação de helicópteros.

§ 1º. O número de pousos na hipótese da alínea "a" deste artigo, poderá ser estendido a 6 (seis), a critério do empregador; neste caso o repouso que precede a jornada deverá ser aumentado de 1 (uma) hora.

§ 2º. Em caso de desvio para alternativa, é permitido o acréscimo de mais 1 (um) pouso aos limites estabelecidos nas alíneas "a", "b" e "c" deste artigo.

§ 3º. As empresas de transporte aéreo regional que operam com aeronaves convencionais e turboélice poderão acrescentar mais 4 (quatro) pousos, aos limites estabelecidos neste artigo.

§ 4º. Os limites de pousos estabelecidos nas alíneas "a", "b" e "c" deste artigo, não serão aplicados às empresas de táxi-aéreo e de serviços especializados.

§ 5º. O Ministério da Aeronáutica, tendo em vista as peculiaridades dos diferentes tipos de operação, poderá reduzir os limites estabelecidos na alínea "d" deste artigo.

Art. 30. Os limites de tempo de voo do tripulante não poderão exceder em cada mês, trimestre ou ano, respectivamente:

a) em aviões convencionais: 100 – 270 – 1.000 horas;

b) em aviões turboélices: 100 – 255 – 935 horas;

c) em aviões a jato: 85 – 230 – 850 horas; e

d) em helicópteros: 90 – 260 – 960 horas.

§ 1º. Quando o aeronauta tripular diferentes tipos de aeronave será observado o menor limite.

§ 2º. Os limites de tempo de voo para aeronautas de empresas de transporte aéreo regular, em espaço inferior a 30 (trinta) dias serão proporcionais ao limite mensal mais 10 (dez) horas.

Art. 31. As horas realizadas como tripulante extra serão computadas para os limites de jornada, semanais e mensais de trabalho, não sendo as mesmas consideradas para os limites de horas de voo previstos no art. 30 desta Lei.

Seção VI – Dos Períodos de Repouso

Art. 32. Repouso é o espaço de tempo ininterrupto após uma jornada, em que o tripulante fica desobrigado da prestação de qualquer serviço.

Art. 33. São assegurados ao tripulante, fora de sua base domiciliar, acomodações para seu repouso, transporte ou ressarcimento deste, entre o aeroporto e o local de repouso e vice-versa.

§ 1º. O previsto neste artigo não será aplicado ao aeronauta de empresas de táxi-aéreo ou de serviços especializados quando o custeio do transporte e hospedagem, ou somente esta, for por elas ressarcido.

§ 2º. Quando não houver disponibilidade de transporte ao término da jornada, o período de repouso será computado a partir da colocação do mesmo à disposição da tripulação.

Art. 34. O repouso terá a duração diretamente relacionada ao tempo da jornada anterior, observando-se os seguintes limites:

a) 12 (doze) horas de repouso, após jornada de até 12 (doze) horas;

b) 16 (dezesseis) horas de repouso, após jornada de mais de 12 (doze) horas e até 15 (quinze) horas; e

c) 24 (vinte e quatro) horas de repouso, após jornada de mais de 15 (quinze) horas.

Art. 35. Quando ocorrer o cruzamento de 3 (três) ou mais fusos horários em um dos sentidos da viagem, o tripulante terá, na sua base domiciliar, o repouso acrescido de 2 (duas) horas por fuso cruzado.

Art. 36. Ocorrendo o regresso de viagem de uma tripulação simples entre 23:00 (vinte e três) e 6:00 (seis) horas, tendo havido pelo menos 3 (três) horas de jornada, o tripulante não poderá ser escalado para trabalho dentro desse espaço de tempo no período noturno subsequente.

Seção VII – Da Folga Periódica

Art. 37. Folga é o período de tempo não inferior a 24 (vinte e quatro) horas consecutivas em que o aeronauta, em sua base contratual, sem prejuízo de remuneração, está desobrigado de qualquer atividade relacionada com seu trabalho.

§ 1º. A folga deverá ocorrer, no máximo, após o 6º(sexto) período consecutivo de até 24 (vinte e quatro) horas à disposição do empregador, contado a partir da sua apresentação, observados os limites estabelecidos nos artigos 21 e 34 desta Lei.

§ 2º. No caso de voos internacionais de longo curso, que não tenham sido previamente programados, o limite previsto no parágrafo anterior, poderá ser ampliado de 24 (vinte e quatro) horas, ficando o empregador obrigado a conceder ao tripulante mais 48 (quarenta e oito) horas de folga além das previstas no art. 34 desta Lei.

§ 3º. A folga do tripulante que estiver sob o regime estabelecido no art. 24 desta Lei será igual ao período despendido no local da operação, menos 2 (dois) dias.

Art. 38. O número de folgas não será inferior a 8 (oito) períodos de 24 (vinte e quatro) horas por mês.

§ 1º. Do número de folgas estipulado neste artigo, serão concedidos 2 (dois) períodos consecutivos de 24 (vinte e quatro) horas devendo pelo menos um destes incluir um sábado ou um domingo.

§ 2º. A folga só terá início após a conclusão do repouso da jornada.

Art. 39. Quando o tripulante for designado para curso fora da base, sua folga poderá ser gozada nesse local, devendo a empresa assegurar, no regresso, uma licença remunerada de 1 (um) dia para cada 15 (quinze) dias fora da base.

Parágrafo único. A licença remunerada não deverá coincidir com sábado, domingo ou feriado, se a permanência do tripulante fora da base for superior a 30 (trinta) dias.

CAPÍTULO III – DA REMUNERAÇÃO E DAS CONCESSÕES

Seção I – Da Remuneração

Art. 40. Ressalvada a liberdade contratual, a remuneração do aeronauta corresponderá à soma das quantias por ele percebidas da empresa.

Parágrafo único. Não se consideram integrantes da remuneração as importâncias pagas pela empresa a título de ajudas de custo, assim como as diárias de hospedagem, alimentação e transporte.

Art. 41. A remuneração da hora de voo noturno, assim como as horas de voo como tripulante extra, será calculada na forma da legislação em vigor, observados os acordos e condições contratuais.

§ 1º. Considera-se voo noturno o realizado entre o pôr e o nascer do sol.

§ 2º. A hora de voo noturno para efeito de remuneração é contada à razão de 52'30" (cinquenta e dois minutos e trinta segundos).

Art. 42. As frações de hora serão computadas para efeito de remuneração.

Seção II – Da Alimentação

Art. 43. Durante a viagem, o tripulante terá direito à alimentação, em terra ou em voo, de acordo com as instruções técnicas dos Ministérios do Trabalho e da Aeronáutica.

§ 1º. A alimentação assegurada ao tripulante deverá:

a) quando em terra, ter a duração mínima de 45' (quarenta e cinco minutos) e a máxima de 60' (sessenta minutos); e

b) quando em voo, ser servida com intervalos máximos de 4 (quatro) horas.

§ 2º. Para tripulante de helicópteros a alimentação será servida em terra ou a bordo de unidades marítimas, com duração de 60' (sessenta minutos) período este que não será computado na jornada de trabalho.

§ 3º. Nos voos realizados no período de 22:00 (vinte duas) às 6:00 (seis) horas, deverá ser servida uma refeiçao se a duração do voo for igual ou superior a 3 (três) horas.

Art. 44. É assegurada alimentação ao aeronauta na situação de reserva ou em cumprimento de uma programação de treinamento entre 12:00 (doze) e 14:00 (quatorze) horas, e entre 19:00 (dezenove) e 21:00 (vinte e uma) horas, com duração de 60' (sessenta minutos).

§ 1º. Os intervalos para alimentação não serão computados na duração da jornada de trabalho.

§ 2º. Os intervalos para alimentação de que trata este artigo não serão observados, na hipótese de programação de treinamento em simulador.

Seção III – Da Assistência Médica

Art. 45. Ao aeronauta em serviço fora da base contratual, a empresa deverá assegurar assistência médica em casos de urgência, bem como remoção por via aérea, de retorno à base ou ao local de tratamento.

Seção IV – Do Uniforme

Art. 46. O aeronauta receberá gratuitamente da empresa, quando não forem de uso comum, as peças de uniforme e os equipamentos exigidos para o exercício de sua atividade profissional, estabelecidos por ato da autoridade competente.

Seção V – Das Férias

Art. 47. As férias anuais do aeronauta serão de 30 (trinta) dias.

Art. 48. A concessão de férias será participada ao aeronauta, por escrito, com a antecedência mínima de 30 (trinta) dias, devendo o empregado assinar a respectiva notificação.

Art. 49. A empresa manterá atualizado um quadro de concessão de férias, devendo existir um rodízio entre os tripulantes do mesmo equipamento quando houver concessão nos meses de janeiro, fevereiro, julho e dezembro.

Art. 50. Ressalvados os casos de rescisão de contrato, as férias não poderão se converter em abono pecuniário.

CAPÍTULO IV – DAS TRANSFERÊNCIAS

Art. 51. Para efeito de transferência, provisória ou permanente, considera-se base do aeronauta a localidade onde o mesmo está obrigado a prestar serviços e na qual deverá ter domicílio.

§ 1º. Entende-se como:

a) transferência provisória o deslocamento do aeronauta de sua base, por período mínimo de 30 (trinta) dias e não superior a 120 (cento e vinte) dias, para prestação de serviços temporários, sem mudança de domicílio, à qual retorna tão logo cesse a incumbência que lhe foi cometida; e

b) transferência permanente, o deslocamento do aeronauta de sua base, por período superior a 120 (cento e vinte) dias, com mudança de domicílio.

§ 2º. Após cada transferência provisória o aeronauta deverá permanecer na sua base pelo menos 180 (cento e oitenta) dias.

§ 3º. O interstício entre transferências permanentes será de 2 (dois) anos.

§ 4º. Na transferência provisória serão assegurados ao aeronauta acomodações, alimentação e transporte a serviço e, ainda, transporte aéreo de ida e volta, e no regresso uma licença remunerada de 2 (dois) dias para o 1º (primeiro) mês, mais 1 (um) dia para cada mês ou fração subsequente, sendo que no mínimo 2 (dois) dias não deverão coincidir com o sábado, domingo ou feriado.

§ 5º. Na transferência permanente serão assegurados ao aeronauta pela empresa:

a) uma ajuda de custo, para fazer face às despesas de instalação na nova base, não inferior a 4 (quatro) vezes o valor do salário mensal, calculado o salário variável por sua taxa atual multiplicada pela média do correspondente trabalho, em horas ou quilômetros de voo, nos últimos 12 (doze) meses;

b) o transporte aéreo para si e seus dependentes;

c) a translação da respectiva bagagem; e

d) uma dispensa de qualquer atividade relacionada com o trabalho pelo período de 8 (oito) dias, a ser fixado por sua opção, com aviso prévio de 8 (oito) dias, à empresa, dentro dos 60 (sessenta) dias seguintes à sua chegada à nova base.

§ 6º. Na forma que dispuser o regulamento desta Lei, poderá ser a transferência provisória transformada em transferência permanente.

Art. 52. O aeronauta deverá ser notificado pelo empregador com a antecedência mínima de 60 (sessenta) dias na transferência permanente e 15 (quinze) dias na provisória.

CAPÍTULO V – DAS DISPOSIÇÕES FINAIS

Art. 53. Além dos casos previstos nesta Lei, as responsabilidades do aeronauta são definidas no Código Brasileiro do Ar, nas leis e regulamentos em vigor e no que decorrer do contrato de trabalho, acordos e convenções internacionais.

Art. 54. Os tripulantes das aeronaves das categorias administrativa e privada de indústria e comércio ficam equiparados, para os efeitos desta Lei, aos de aeronaves empregados em serviços de táxiaéreo.

Art. 55. Os Ministros de Estado do Trabalho e da Aeronáutica expedirão as instruções que se tornarem necessárias à execução desta Lei.

Art. 56. Esta Lei entra em vigor na data de sua publicação.

Art. 57. Revogam-se as disposições em contrário.

Brasília, 5 de abril de 1984; 163º da Independência e 96º da República.

João Figueiredo

DOU de 6.4.1984

LEI Nº 9.614, DE 5 DE MARÇO DE 1998

Altera a Lei nº 7.565, de 19 de dezembro de 1986, para incluir hipótese destruição de aeronave.

O Presidente da República,

Faço saber que o Congresso Nacional decreta e eu sanciono a seguinte Lei:

Art. 1º. O art. 303 da Lei nº 7.565, de 19 de dezembro de 1986, passa a vigorar acrescido de um parágrafo, numerado como § 2º, renumerando-se o atual § 2º como § 3º, na forma seguinte:

- *Alterações já efetuadas no corpo da Lei.*

Art. 2º. Esta Lei entra em vigor na data de sua publicação.

Brasília, 5 de março de 1998; 177º da Independência e 110º da República.

Fernando Henrique Cardoso

DOU de 6.3.1998

LEI Nº 10.406, DE 10 DE JANEIRO DE 2002

(Excertos)

Institui o Código Civil.

....

PARTE ESPECIAL

....

LIVRO I – DO DIREITO DAS OBRIGAÇÕES

....

TÍTULO VI – DAS VÁRIAS ESPÉCIES DE CONTRATO

....

CAPÍTULO XIV – DO TRANSPORTE

Seção I – Disposições Gerais

Art. 730. Pelo contrato de transporte alguém se obriga, mediante retribuição, a transportar, de um lugar para outro, pessoas ou coisas.

Art. 731. O transporte exercido em virtude de autorização, permissão ou concessão, rege-se pelas normas regulamentares e pelo que for estabelecido naqueles atos, sem prejuízo do disposto neste Código.

Art. 732. Aos contratos de transporte, em geral, são aplicáveis, quando couber, desde que não contrariem as disposições deste Código, os preceitos constantes da legislação especial e de tratados e convenções internacionais.

Art. 733. Nos contratos de transporte cumulativo, cada transportador se obriga a cumprir o contrato relativamente ao respectivo percurso, respondendo pelos danos nele causados a pessoas e coisas.

§ 1º. O dano, resultante do atraso ou da interrupção da viagem, será determinado em razão da totalidade do percurso.

§ 2º. Se houver substituição de algum dos transportadores no decorrer do percurso, a responsabilidade solidária estender-se-á ao substituto.

Seção II – Do Transporte de Pessoas

Art. 734. O transportador responde pelos danos causados às pessoas transportadas e suas bagagens, salvo motivo de força maior, sendo nula qualquer cláusula excludente da responsabilidade.

Parágrafo único. É lícito ao transportador exigir a declaração do valor da bagagem a fim de fixar o limite da indenização.

Art. 735. A responsabilidade contratual do transportador por acidente com o passageiro não é elidida por culpa de terceiro, contra o qual tem ação regressiva.

Art. 736. Não se subordina às normas do contrato de transporte o feito gratuitamente, por amizade ou cortesia.

Parágrafo único. Não se considera gratuito o transporte quando, embora feito sem remuneração, o transportador auferir vantagens indiretas.

Art. 737. O transportador está sujeito aos horários e itinerários previstos, sob pena de responder por perdas e danos, salvo motivo de força maior.

Art. 738. A pessoa transportada deve sujeitar-se às normas estabelecidas pelo transportador, constantes no bilhete ou afixadas à vista dos usuários, abstendo-se de quaisquer atos que causem incômodo ou prejuízo aos passageiros, danifiquem o veículo, ou dificultem ou impeçam a execução normal do serviço.

Parágrafo único. Se o prejuízo sofrido pela pessoa transportada for atribuível à transgressão de normas e instruções regulamentares, o juiz reduzirá equitativamente a indenização, na medida em que a vítima houver concorrido para a ocorrência do dano.

Art. 739. O transportador não pode recusar passageiros, salvo os casos previstos nos regulamentos, ou se as condições de higiene ou de saúde do interessado o justificarem.

Art. 740. O passageiro tem direito a rescindir o contrato de transporte antes de iniciada a viagem, sendo-lhe devida a restituição do valor da passagem, desde que feita a comunicação ao transportador em tempo de ser renegociada.

§ 1º. Ao passageiro é facultado desistir do transporte, mesmo depois de iniciada a viagem, sendo-lhe devida a restituição do valor correspondente ao trecho não utilizado, desde que provado que outra pessoa haja sido transportada em seu lugar.

§ 2º. Não terá direito ao re-embolso do valor da passagem o usuário que deixar de embarcar, salvo se provado que outra pessoa foi transportada em seu lugar, caso em que lhe será restituído o valor do bilhete não utilizado.

§ 3º. Nas hipóteses previstas neste artigo, o transportador terá direito de reter até cinco por cento da importância a ser restituída ao passageiro, a título de multa compensatória.

Art. 741. Interrompendo-se a viagem por qualquer motivo alheio à vontade do transportador, ainda que em consequência de evento imprevisível, fica ele obrigado a concluir o transporte contratado em outro veículo da mesma categoria, ou, com a anuência do passageiro, por modalidade diferente, à sua custa, correndo também por sua conta as despesas de estada e alimentação do usuário, durante a espera de novo transporte.

Art. 742. O transportador, uma vez executado o transporte, tem direito de retenção sobre a bagagem de passageiro e outros objetos pessoais deste, para garantir-se do pagamento do valor da passagem que não tiver sido feito no início ou durante o percurso.

Seção III – Do Transporte de Coisas

Art. 743. A coisa, entregue ao transportador, deve estar caracterizada pela sua natureza, valor, peso e quantidade, e o mais que for necessário para que não se confunda com outras, devendo o destinatário ser indicado ao menos pelo nome e endereço.

Art. 744. Ao receber a coisa, o transportador emitirá conhecimento com a menção dos dados que a identifiquem, obedecido o disposto em lei especial.

Parágrafo único. O transportador poderá exigir que o remetente lhe entregue, devidamente assinada, a relação discriminada das coisas a serem transportadas, em duas vias, uma das quais, por ele devidamente autenticada, ficará fazendo parte integrante do conhecimento.

Art. 745. Em caso de informação inexata ou falsa descrição no documento a que se refere o artigo antecedente, será o transportador indenizado pelo prejuízo que sofrer, devendo a ação respectiva ser ajuizada no prazo de cento e vinte dias, a contar daquele ato, sob pena de decadência.

Art. 746. Poderá o transportador recusar a coisa cuja embalagem seja inadequada, bem como a que possa pôr em risco a saúde das pessoas, ou danificar o veículo e outros bens.

Art. 747. O transportador deverá obrigatoriamente recusar a coisa cujo transporte ou comercialização não sejam permitidos, ou que venha desacompanhada dos documentos exigidos por lei ou regulamento.

Art. 748. Até a entrega da coisa, pode o remetente desistir do transporte e pedi-la de volta, ou ordenar seja entregue a outro destinatário, pagando, em ambos os casos, os acréscimos de despesa decorrentes da contra-ordem, mais as perdas e danos que houver.

Art. 749. O transportador conduzirá a coisa ao seu destino, tomando todas as cautelas necessárias para mantê-la em bom estado e entregá-la no prazo ajustado ou previsto.

Art. 750. A responsabilidade do transportador, limitada ao valor constante do conhecimento, começa no momento em que ele, ou seus prepostos, recebem a coisa; termina quando é entregue ao destinatário, ou depositada em juízo, se aquele não for encontrado.

Art. 751. A coisa, depositada ou guardada nos armazéns do transportador, em virtude de contrato de transporte, rege-se, no que couber, pelas disposições relativas a depósito.

Art. 752. Desembarcadas as mercadorias, o transportador não é obrigado a dar aviso ao destinatário, se assim não foi convencionado, dependendo também de ajuste a entrega a domicílio, e devem constar do conhecimento de embarque as cláusulas de aviso ou de entrega a domicílio.

Art. 753. Se o transporte não puder ser feito ou sofrer longa interrupção, o transportador solicitará, incontinenti, instruções ao remetente, e zelará pela coisa, por cujo perecimento ou deterioração responderá, salvo força maior.

§ 1º. Perdurando o impedimento, sem motivo imputável ao transportador e sem manifestação do remetente, poderá aquele depositar a coisa em juízo, ou vendê-la, obedecidos os preceitos legais e regulamentares, ou os usos locais, depositando o valor.

§ 2º. Se o impedimento for responsabilidade do transportador, este poderá depositar a coisa, por sua conta e risco, mas só poderá vendê-la se perecível.

§ 3º. Em ambos os casos, o transportador deve informar o remetente da efetivação do depósito ou da venda.

§ 4º. Se o transportador mantiver a coisa depositada em seus próprios armazéns, continuará a responder pela sua guarda e conservação, sendo-lhe devida, porém, uma remuneração pela custódia, a qual poderá ser contratualmente ajustada ou se conformará aos usos adotados em cada sistema de transporte.

Art. 754. As mercadorias devem ser entregues ao destinatário, ou a quem apresentar o conhecimento endossado, devendo aquele que as receber conferi-las e apresentar as reclamações que tiver, sob pena de decadência dos direitos.

Parágrafo único. No caso de perda parcial ou de avaria não perceptível à primeira vista, o destinatário conserva a sua ação contra o transportador, desde que denuncie o dano em dez dias a contar da entrega.

Art. 755. Havendo dúvida acerca de quem seja o destinatário, o transportador deve depositar a mercadoria em juízo, se não lhe for possível obter instruções do remetente; se a demora puder ocasionar a deterioração da coisa, o transportador deverá vendê-la, depositando o saldo em juízo.

Art. 756. No caso de transporte cumulativo, todos os transportadores respondem solidariamente pelo dano causado perante o remetente, ressalvada a apuração final da responsabilidade entre eles, de modo que o ressarcimento recaia, por inteiro, ou proporcionalmente, naquele ou naqueles em cujo percurso houver ocorrido o dano.

....

LEI Nº 10.744, DE 9 DE OUTUBRO DE 2003

Dispõe sobre a assunção, pela União, de responsabilidades civis perante terceiros no caso de atentados terroristas, atos de guerra ou eventos correlatos, contra aeronaves de matrícula brasileira operadas por empresas brasileiras de transporte aéreo público, excluídas as empresas de táxiaéreo.

Faço saber que o Presidente da República adotou a Medida Provisória nº 126, de 2003, que o Congresso Nacional aprovou, e eu, José Sarney, Presidente da Mesa do Congresso Nacional, para os efeitos do disposto no art. 62 da Constituição Federal, com a redação dada pela Emenda constitucional nº 32, combinado com o art. 12 da Resolução nº 1, de 2002-CN, promulgo a seguinte Lei:

Art. 1º. Fica a União autorizada, na forma e critérios estabelecidos pelo Poder Executivo, a assumir despesas de responsabilidades civis perante terceiros na hipótese da ocorrência de danos a bens e pessoas, passageiros ou não, provocados por atentados terroristas, atos de guerra ou eventos correlatos, ocorridos no Brasil ou no exterior, contra aeronaves de matrícula brasileira operadas por empresas brasileiras de transporte aéreo público, excluídas as empresas de táxiaéreo.

§ 1º. O montante global das despesas de responsabilidades civis referidas no *caput* fica limitado ao equivalente em reais a US$ 1,000,000,000.00 (um bilhão de dólares dos Estados Unidos da América) para o total dos eventos contra aeronaves de matrícula brasileira operadas por empresas brasileiras de transporte aéreo público, excluídas as empresas de táxiaéreo.

§ 2º. As despesas de responsabilidades civis perante terceiros, na hipótese da ocorrência de danos a pessoas de que trata o *caput* deste artigo, estão limitadas exclusivamente à reparação de danos corporais, doenças, morte ou invalidez sofridos em decorrência dos atos referidos no *caput* deste artigo, excetuados, dentre outros, os danos morais, ofensa à honra, ao afeto, à liberdade, à profissão, ao respeito aos mortos, à psique, à saúde, ao nome, ao crédito e ao bem-estar, sem necessidade da ocorrência de prejuízo econômico.

§ 3º. Entende-se por atos de guerra qualquer guerra, invasão, atos inimigos estrangeiros, hostilidades com ou sem guerra declarada, guerra civil, rebelião, revolução, insurreição, lei marcial, poder militar ou usurpado ou tentativas para usurpação do poder.

§ 4º. Entende-se por ato terrorista qualquer ato de uma ou mais pessoas, sendo ou não agentes de um poder soberano, com fins políticos ou terroristas, seja a perda ou dano dele resultante acidental ou intencional.

§ 5º. Os eventos correlatos, a que se refere o *caput* deste artigo, incluem greves, tumultos, comoções civis, distúrbios trabalhistas, ato malicioso, ato de sabotagem, confisco, nacionalização, apreensão, sujeição, detenção, apropriação, sequestro ou qualquer apreensão ilegal ou exercício indevido de controle da aeronave ou da tripulação em voo por parte de qualquer pessoa ou pessoas a bordo da aeronave sem consentimento do explorador.

Art. 2º. Caberá ao Ministro de Estado da Fazenda definir as normas para a operacionalização da assunção de que trata esta Lei, segundo disposições a serem estabelecidas pelo Poder Executivo.

Art. 3º. Caberá ao Ministro de Estado da Defesa, ouvidos os órgãos competentes, atestar que a despesa a que se refere o art. 1º desta Lei ocorreu em virtude de atentados terroristas, atos de guerra ou eventos correlatos.

Art. 4º. Fica o Poder Executivo autorizado a fixar critérios de suspensão e cancelamento da assunção a que se refere esta Lei.

Art. 5º. Fica a União autorizada a emitir títulos de responsabilidade do Tesouro Nacional, cujas características serão definidas pelo Ministro de Estado da Fazenda, para atender eventuais despesas de responsabilidades civis perante terceiros na hipótese da ocorrência de danos a bens e pessoas, passageiros ou não, provocados por atentados terroristas, atos de guerra ou eventos correlatos, contra aeronaves de matrícula brasileira operadas por empresas brasileiras de transporte aéreo público, excluídas as empresas de táxiaéreo.

Art. 6º. A União ficará sub-rogada, em todos os direitos decorrentes dos pagamentos efetuados, contra aqueles que, por ato, fato ou omissão tenham causado os prejuízos pagos pela União ou tenham para eles concorrido, obrigando-se a empresa aérea ou o beneficiário a fornecer os meios necessários ao exercício dessa sub-rogação.

Art. 7º. Na hipótese de haver diferença positiva, em favor de empresa aérea, entre o valor pago a título de cobertura de seguros até 10 de setembro de 2001 e o valor pago a mesmo título após aquela data, deverá aquela diferença ser recolhida ao Tesouro Nacional como condição para a efetivação da assunção de despesas a que se refere o art. 1º desta Lei.

Art. 8º. O art. 2º da Lei nº 9.825, de 23 de agosto de 1999, passa a ter a seguinte redação:

*"**Art. 2º.** A receita a que se refere o art. 1º desta Lei destinar-se-á à amortização da dívida pública mobiliária federal.*

Parágrafo único. A receita a que se refere o caput deste artigo poderá ser destinada para atender eventuais despesas de responsabilidades civis perante terceiros na hipótese da ocorrência de danos a bens e pessoas, passageiros ou não, provocados por atentados terroristas, atos de guerra ou eventos correlatos, contra aeronaves de matrícula brasileira operadas por empresas brasileiras de transporte aéreo público, excluídas as empresas de táxiaéreo." (NR)

Art. 9º. Esta Lei entra em vigor na data de sua publicação.

Art. 10. Fica revogada a Lei nº 10.605, de 18 de dezembro de 2002.

Brasília, 31 de julho de 2003; 182º da Independência e 115º da República.

Congresso Nacional, em 9 de outubro de 2003; 182º da Independência e 115º da República.

Senador José Sarney – Presidente da Mesa do Congresso Nacional

DOU de 10.10.2003

LEI Nº 11.182, DE 27 DE SETEMBRO DE 2005

Cria a Agência Nacional de Aviação Civil – ANAC, e dá outras providências.

O Presidente da República,

Faço saber que o Congresso Nacional decreta e eu sanciono a seguinte Lei:

CAPÍTULO I – DA AGÊNCIA NACIONAL DE AVIAÇÃO CIVIL – ANAC

Art. 1º. Fica criada a Agência Nacional de Aviação Civil – ANAC, entidade integrante da Administração Pública Federal indireta, submetida a regime autárquico especial, vinculada ao Ministério da Defesa, com prazo de duração indeterminado.

Parágrafo único. A ANAC terá sede e foro no Distrito Federal, podendo instalar unidades administrativas regionais.

Art. 2º. Compete à União, por intermédio da ANAC e nos termos das políticas estabelecidas pelos Poderes Executivo e Legislativo, regular e fiscalizar as atividades de aviação civil e de infraestrutura aeronáutica e aeroportuária.

Art. 3º. A ANAC, no exercício de suas competências, deverá observar e implementar orientações, diretrizes e políticas estabelecidas pelo Conselho de Aviação Civil – CONAC, especialmente no que se refere a:

I – a representação do Brasil em convenções, acordos, tratados e atos de transporte aéreo internacional com outros países ou organizações internacionais de aviação civil;

II – o estabelecimento do modelo de concessão de infraestrutura aeroportuária, a ser submetido ao Presidente da República;

III – a outorga de serviços aéreos;

IV – a suplementação de recursos para aeroportos de interesse estratégico, econômico ou turístico; e

V – a aplicabilidade do instituto da concessão ou da permissão na exploração comercial de serviços aéreos.

Art. 4º. A natureza de autarquia especial conferida à ANAC é caracterizada por independência administrativa, autonomia financeira, ausência de subordinação hierárquica e mandato fixo de seus dirigentes.

Art. 5º. A ANAC atuará como autoridade de aviação civil, assegurando-se-lhe, nos termos desta Lei, as prerrogativas necessárias ao exercício adequado de sua competência.

Art. 6º. Com o objetivo de harmonizar suas ações institucionais na área da defesa e promoção da concorrência, a ANAC celebrará convênios com os órgãos e entidades do Governo Federal, competentes sobre a matéria.

Parágrafo único. Quando, no exercício de suas atribuições, a ANAC tomar conhecimento de fato que configure ou possa configurar infração contra a ordem econômica, ou que comprometa a defesa e a promoção da concorrência, deverá comunicá-lo aos órgãos e entidades referidos no *caput* deste artigo, para que adotem as providências cabíveis.

Art. 7º. O Poder Executivo instalará a ANAC, mediante a aprovação de seu regulamento e estrutura organizacional, por decreto, no prazo de até 180 (cento e oitenta) dias a partir da publicação desta Lei.

Parágrafo único. A edição do regulamento investirá a ANAC no exercício de suas atribuições.

Art. 8º. Cabe à ANAC adotar as medidas necessárias para o atendimento do interesse público e para o desenvolvimento e fomento da aviação civil, da infraestrutura aeronáutica e aeroportuária do País, atuando com independência, legalidade, impessoalidade e publicidade, competindo-lhe:

I – implementar, em sua esfera de atuação, a política de aviação civil;

II – representar o País junto aos organismos internacionais de aviação civil, exceto nos assuntos relativos ao sistema de controle do espaço aéreo e ao sistema de investigação e prevenção de acidentes aeronáuticos;

III – elaborar relatórios e emitir pareceres sobre acordos, tratados, convenções e outros atos relativos ao transporte aéreo internacional, celebrados ou a ser celebrados com outros países ou organizações internacionais;

IV – realizar estudos, estabelecer normas, promover a implementação das normas e recomendações internacionais de aviação civil, observados os acordos, tratados e convenções internacionais de que seja parte a República Federativa do Brasil;

V – negociar o estabelecimento de acordos e tratados sobre transporte aéreo internacional, observadas as diretrizes do CONAC;

VI – negociar, realizar intercâmbio e articular-se com autoridades aeronáuticas estrangeiras, para validação recíproca de atividades relativas ao sistema de segurança de voo, inclusive quando envolvam certificação de produtos aeronáuticos, de empresas prestadoras de serviços e fabricantes de produtos aeronáuticos, para a aviação civil;

VII – regular e fiscalizar a operação de serviços aéreos prestados, no País, por empresas estrangeiras, observados os acordos, tratados e convenções internacionais de que seja parte a República Federativa do Brasil;

VIII – promover, junto aos órgãos competentes, o cumprimento dos atos internacionais sobre aviação civil ratificados pela República Federativa do Brasil;

IX – regular as condições e a designação de empresa aérea brasileira para operar no exterior;

X – regular e fiscalizar os serviços aéreos, os produtos e processos aeronáuticos, a formação e o treinamento de pessoal especializado, os serviços auxiliares, a segurança da aviação civil, a facilitação do transporte aéreo, a habilitação de tripulantes, as emissões de poluentes e o ruído aeronáutico, os sistemas de reservas, a movimentação de passageiros e carga e as demais atividades de aviação civil;

XI – expedir regras sobre segurança em área aeroportuária e a bordo de aeronaves civis, porte e transporte de cargas perigosas, inclusive o porte ou transporte de armamento, explosivos, material bélico ou de quaisquer outros produtos, substâncias ou objetos que possam pôr em risco os tripulantes ou passageiros, ou a própria aeronave ou, ainda, que sejam nocivos à saúde;

XII – regular e fiscalizar as medidas a serem adotadas pelas empresas prestadoras de serviços aéreos, e exploradoras de infraestrutura aeroportuária, para prevenção quanto ao uso por seus tripulantes ou pessoal técnico de manutenção e operação que tenha acesso às aeronaves, de substâncias entorpecentes ou psicotrópicas, que possam determinar dependência física ou psíquica, permanente ou transitória;

XIII – regular e fiscalizar a outorga de serviços aéreos;

XIV – conceder, permitir ou autorizar a exploração de serviços aéreos;

XV – promover a apreensão de bens e produtos aeronáuticos de uso civil, que estejam em desacordo com as especificações;

XVI – fiscalizar as aeronaves civis, seus componentes, equipamentos e serviços de manutenção, com o objetivo de assegurar o cumprimento das normas de segurança de voo;

XVII – proceder à homologação e emitir certificados, atestados, aprovações e autorizações, relativos às atividades de competência do sistema de segurança de voo da aviação civil, bem como licenças de tripulantes e certificados de habilitação técnica e de capacidade física e mental, observados os padrões e normas por ela estabelecidos;

XVIII – administrar o Registro Aeronáutico Brasileiro;

XIX – regular as autorizações de horários de pouso e decolagem de aeronaves civis, observadas as condicionantes do sistema de controle do espaço aéreo e da infraestrutura aeroportuária disponível;

XX – compor, administrativamente, conflitos de interesses entre prestadoras de serviços aéreos e de infraestrutura aeronáutica e aeroportuária;

XXI – regular e fiscalizar a infraestrutura aeronáutica e aeroportuária, com exceção das atividades e procedimentos relacionados com o sistema de controle do espaço aéreo e com o sistema de investigação e prevenção de acidentes aeronáuticos;

XXII – aprovar os planos diretores dos aeroportos e os planos aeroviários estaduais;

XXIII – propor ao Presidente da República, por intermédio do Ministro de Estado da Defesa, a declaração de utilidade pública, para fins de desapropriação ou instituição de servidão administrativa, dos bens necessários à construção, manutenção e expansão da infraestrutura aeronáutica e aeroportuária;

XXIV – conceder ou autorizar a exploração da infraestrutura aeroportuária, no todo ou em parte;

XXV – estabelecer o regime tarifário da exploração da infraestrutura aeroportuária, no todo ou em parte;

XXVI – homologar, registrar e cadastrar os aeródromos;

XXVII – arrecadar, administrar e suplementar recursos para o funcionamento de aeródromos de interesse federal, estadual ou municipal;

XXVIII – aprovar e fiscalizar a construção, reforma e ampliação de aeródromos e sua abertura ao tráfego;

XXIX – expedir normas e padrões que assegurem a compatibilidade, a operação integrada e a interconexão de informações entre aeródromos;

XXX – expedir normas e estabelecer padrões mínimos de segurança de voo, de desempenho e eficiência, a serem cumpridos pelas prestadoras de serviços aéreos e de infraestrutura aeronáutica e aeroportuária, inclusive quanto a equipamentos, materiais, produtos e processos que utilizarem e serviços que prestarem;

XXXI – expedir certificados de aeronavegabilidade;

XXXII – regular, fiscalizar e autorizar os serviços aéreos prestados por aeroclubes, escolas e cursos de aviação civil;

XXXIII – expedir, homologar ou reconhecer a certificação de produtos e processos aeronáuticos de uso civil, observados os padrões e normas por ela estabelecidos;

XXXIV – integrar o Sistema de Investigação e Prevenção de Acidentes Aeronáuticos – SIPAER;

XXXV – reprimir infrações à legislação, inclusive quanto aos direitos dos usuários, e aplicar as sanções cabíveis;

XXXVI – arrecadar, administrar e aplicar suas receitas;

XXXVII – contratar pessoal por prazo determinado, de acordo com a legislação aplicável;

XXXVIII – adquirir, administrar e alienar seus bens;

XXXIX – apresentar ao Ministro de Estado da Defesa proposta de orçamento;

XL – elaborar e enviar o relatório anual de suas atividades ao Ministério da Defesa e, por intermédio da Presidência da República, ao Congresso Nacional;

XLI – aprovar o seu regimento interno;

XLII – administrar os cargos efetivos, os cargos comissionados e as gratificações de que trata esta Lei;

• *Inciso XLII com redação dada pela Lei nº 11.292, de 26.4.2006.*

XLIII – decidir, em último grau, sobre as matérias de sua competência;

XLIV – deliberar, na esfera administrativa, quanto à interpretação da legislação, sobre serviços aéreos e de infraestrutura aeronáutica e aeroportuária, inclusive casos omissos, quando não houver orientação normativa da Advocacia-Geral da União;

XLV – deliberar, na esfera técnica, quanto à interpretação das normas e recomendações internacionais relativas ao sistema de segurança de voo da aviação civil, inclusive os casos omissos;

XLVI – editar e dar publicidade às instruções e aos regulamentos necessários à aplicação desta Lei;

XLVII – promover estudos sobre a logística do transporte aéreo e do transporte intermodal, ao longo de eixos e fluxos de produção, em articulação com os demais órgãos governamentais competentes;

XLVIII – firmar convênios de cooperação técnica e administrativa com órgãos e entidades governamentais, nacionais ou estrangeiros, tendo em vista a descentralização e fiscalização eficiente dos setores de aviação civil e infraestrutura aeronáutica e aeroportuária; e

XLIX – contribuir para a preservação do patrimônio histórico e da memória da aviação civil e da infraestrutura aeronáutica e aeroportuária, em cooperação com as instituições dedicadas à cultura nacional, orientando e incentivando a participação das empresas do setor.

§ 1º. A ANAC poderá credenciar, nos termos estabelecidos em norma específica, pessoas físicas ou jurídicas, públicas ou privadas, de notória especialização, de acordo com padrões internacionalmente aceitos para a aviação civil, para expedição de laudos, pareceres ou relatórios que demonstrem o cumprimento dos requisitos necessários à emissão de certificados ou atestados relativos às atividades de sua competência.

§ 2º. A ANAC observará as prerrogativas específicas da Autoridade Aeronáutica, atribuídas ao Comandante da Aeronáutica, devendo ser previamente consultada sobre a edição de normas e procedimentos de controle do espaço aéreo que tenham repercussão econômica ou operacional na prestação de serviços aéreos e de infraestrutura aeronáutica e aeroportuária.

§ 3º. Quando se tratar de aeródromo compartilhado, de aeródromo de interesse militar ou de aeródromo administrado pelo Comando da Aeronáutica, o exercício das competências previstas nos incisos XXII, XXIII, XXIV, XXVI, XXVIII e XXIX do *caput* deste artigo, dar-se-á em conjunto com o Comando da Aeronáutica.

§ 4º. Sem prejuízo do disposto no inciso X do *caput* deste artigo, a execução dos serviços aéreos de aerolevantamento dependerá de autorização emitida pelo Ministério da Defesa.

§ 5º. Sem prejuízo do disposto no inciso XI do *caput* deste artigo, a autorização para o transporte de explosivo e material bélico em aeronaves civis que partam ou se destinem a aeródromo brasileiro ou com sobrevoo do território nacional é de competência do Comando da Aeronáutica.

§ 6º. Para os efeitos previstos nesta Lei, o Sistema de Controle do Espaço Aéreo Brasileiro será explorado diretamente pela União, por intermédio do Comando da Aeronáutica, ou por entidade a quem ele delegar.

§ 7º. As expressões infraestrutura aeronáutica e infraestrutura aeroportuária, mencionadas nesta Lei, referem-se às infraestruturas civis, não se aplicando o disposto nela às infraestruturas militares.

§ 8º. O exercício das atribuições da ANAC, na esfera internacional, dar-se-á em coordenação com o Ministério das Relações Exteriores.

CAPÍTULO II – DA ESTRUTURA ORGANIZACIONAL DA ANAC

Seção I – Da Estrutura Básica

Art. 9º. A ANAC terá como órgão de deliberação máxima a Diretoria, contando, também, com uma Procuradoria, uma Corregedoria, um Conselho Consultivo e uma Ouvidoria, além das unidades especializadas.

Art. 10. A Diretoria atuará em regime de colegiado e será composta por 1 (um) Diretor-Presidente e 4 (quatro) Diretores, que decidirão por maioria absoluta, cabendo ao Diretor-Presidente, além do voto ordinário, o voto de qualidade.

§ 1º. A Diretoria reunir-se-á com a maioria de seus membros.

§ 2º. A matéria sujeita à deliberação da Diretoria será distribuída ao Diretor responsável pela área para apresentação de relatório.

§ 3º. As decisões da Diretoria serão fundamentadas.

§ 4º. As sessões deliberativas da Diretoria que se destinem a resolver pendências entre agentes econômicos, ou entre estes e usuários da aviação civil, serão públicas.

Art. 11. Compete à Diretoria:

I – propor, por intermédio do Ministro de Estado da Defesa, ao Presidente da República, alterações do regulamento da ANAC;

II – aprovar procedimentos administrativos de licitação;

III – conceder, permitir ou autorizar a prestação de serviços aéreos;

IV – conceder ou autorizar a exploração da infraestrutura aeronáutica e aeroportuária;

V – exercer o poder normativo da Agência;

VI – aprovar minutas de editais de licitação, homologar adjudicações, transferência e extinção de contratos de concessão e permissão, na forma do regimento interno;

VII – aprovar o regimento interno da ANAC;

VIII – apreciar, em grau de recurso, as penalidades impostas pela ANAC; e

IX – aprovar as normas relativas aos procedimentos administrativos internos da Agência.

Parágrafo único. É vedado à Diretoria delegar a qualquer órgão ou autoridade as competências previstas neste artigo.

Art. 12. Os diretores serão brasileiros, de reputação ilibada, formação universitária e elevado conceito no campo de especialidade dos cargos para os quais serão nomeados pelo Presidente da República, após serem aprovados pelo Senado Federal, nos termos da alínea "f" do inciso III do art. 52 da Constituição Federal.

Art. 13. O mandato dos diretores será de 5 (cinco) anos.

§ 1º. Os mandatos dos 1ºs (primeiros) membros da Diretoria serão, respectivamente, 1 (um) diretor por 3 (três) anos, 2 (dois) diretores por 4 (quatro) anos e 2 (dois) diretores por 5 (cinco) anos, a serem estabelecidos no Decreto de nomeação.

§ 2º. Em caso de vacância no curso do mandato, este será completado por sucessor investido na forma prevista no art. 12 desta Lei.

Art. 14. Os diretores somente perderão o mandato em virtude de renúncia, de condenação judicial transitada em julgado, ou de pena demissória decorrente de processo administrativo disciplinar.

§ 1º. (Vetado).

§ 2º. Cabe ao Ministro de Estado da Defesa instaurar o processo administrativo disciplinar, que será conduzido por comissão especial constituída por servidores públicos federais estáveis, competindo ao Presidente da República determinar o afastamento preventivo, quando for o caso, e proferir julgamento.

Art. 15. O regulamento disciplinará a substituição dos diretores em seus impedimentos.

Art. 16. Cabe ao Diretor-Presidente a representação da ANAC, o comando hierárquico sobre o pessoal e o serviço, exercendo todas as competências administrativas correspondentes, bem como a presidência das reuniões da Diretoria.

Art. 17. A representação judicial da ANAC, com prerrogativas processuais de Fazenda Pública, será exercida pela Procuradoria.

Art. 18. O Ouvidor será nomeado pelo Presidente da República para mandato de 2 (dois) anos.

§ 1º. Cabe ao Ouvidor receber pedidos de informações, esclarecimentos, reclamações e sugestões, respondendo diretamente aos interessados e encaminhando, quando julgar necessário, seus pleitos à Diretoria da ANAC.

§ 2º. O Ouvidor deverá produzir, semestralmente ou quando a Diretoria da ANAC julgar oportuno, relatório circunstanciado de suas atividades.

Art. 19. A Corregedoria fiscalizará a legalidade e a efetividade das atividades funcionais dos servidores e das unidades da ANAC, sugerindo as medidas corretivas necessárias, conforme disposto em regulamento.

Art. 20. O Conselho Consultivo da ANAC, órgão de participação institucional da comunidade de aviação civil na Agência, é órgão de assessoramento da diretoria, tendo sua organização, composição e funcionamento estabelecidos em regulamento.

Seção II – Dos Cargos Efetivos e Comissionados e das Gratificações

Art. 21. Ficam criados, para exercício exclusivo na ANAC, os Cargos Comissionados de Direção – CD, de Gerência Executiva – CGE, de Assessoria – CA e de Assistência – CAS, e os Cargos Comissionados Técnicos – CCT, nos quantitativos constantes da Tabela B do Anexo I desta Lei.

• *Art. 21 com redação dada pela Lei nº 11.292, de 26.4.2006.*

Art. 22. Ficam criadas as Gratificações de Exercício em Cargo de Confiança e de Representação pelo Exercício de Função, privativas dos militares da Aeronáutica a que se refere o art. 46 desta Lei, nos quantitativos e valores previstos no Anexo II desta Lei.

• *Art. 22, caput, com redação dada pela Lei nº 11.292, de 26.4.2006.*

Parágrafo único. As gratificações a que se refere o *caput* deste artigo serão pagas àqueles militares designados pela Diretoria da ANAC para o exercício das atribuições dos cargos de Gerência Executiva, de Assessoria, de Assistência e Cargos Comissionados Técnicos da estrutura da ANAC e extinguir-se-ão gradualmente na forma do § 1º do art. 46 desta Lei.

• *Parágrafo único incluído pela Lei nº 11.292, de 26.4.2006.*

Art. 23. (Vetado).

Art. 24. Na estrutura dos cargos da ANAC, o provimento por um servidor civil, de Cargo Comissionado de Gerência Executiva, de Assessoria, de Assistência e de Técnico, implicará o bloqueio, para um militar, da concessão de uma correspondente Gratificação de Exercício em Cargo de Confiança e de Gratificação de Representação pelo Exercício de Função, e vice-versa.

Art. 25. Os Cargos Comissionados Técnicos são de ocupação privativa de servidores e empregados do Quadro de Pessoal Efetivo, do Quadro de Pessoal Específico e de requisitados de outros órgãos e entidades da Administração Pública.

Parágrafo único. Ao ocupante de Cargo Comissionado Técnico será pago um valor acrescido ao salário ou vencimento, conforme tabela constante do Anexo I desta Lei.

CAPÍTULO III – DO PROCESSO DECISÓRIO

Art. 26. O processo decisório da ANAC obedecerá aos princípios da legalidade, impessoalidade, eficiência, moralidade e publicidade, assegurado o direito ao contraditório e à ampla defesa.

Art. 27. As iniciativas ou alterações de atos normativos que afetem direitos de agentes econômicos, inclusive de trabalhadores do setor ou de usuários de serviços aéreos, serão precedidas de audiência pública convocada e dirigida pela ANAC.

Art. 28. Ressalvados os documentos e autos cuja divulgação possa violar a segurança do País, o segredo protegido ou a intimidade de alguém, todos os demais permanecerão abertos à consulta pública.

CAPÍTULO IV – DA REMUNERAÇÃO POR SERVIÇOS PRESTADOS E PELA OUTORGA DE EXPLORAÇÃO DE INFRAESTRUTURA AEROPORTUÁRIA

Art. 29. Fica instituída a Taxa de Fiscalização da Aviação Civil – TFAC.

• *Art. 29, caput, com redação dada pela Lei nº 11.292, de 26.4.2006.*

§ 1º. O fato gerador da TFAC é o exercício do poder de polícia decorrente das atividades de fiscalização, homologação e registros, nos termos do previsto na Lei nº 7.565, de 19 de dezembro de 1986 – Código Brasileiro de Aeronáutica.

• *§ 1º com redação dada pela Lei nº 11.292, de 26.4.2006.*

§ 2º. São sujeitos passivos da TFAC as empresas concessionárias, permissionárias e autorizatárias de prestação de serviços aéreos comerciais, os operadores de serviços aéreos privados, as exploradoras de infraestrutura aeroportuária, as agências de carga aérea, pessoas jurídicas que explorem atividades de fabricação, manutenção, reparo ou revisão de produtos aeronáuticos e demais pessoas físicas e jurídicas que realizem atividades fiscalizadas pela ANAC.

• *§ 2º com redação dada pela Lei nº 11.292, de 26.4.2006.*

§ 3º. Os valores da TFAC são os fixados no Anexo III desta Lei.

• *§ 3º incluído dada pela Lei nº 11.292, de 26.4.2006.*

Art. 29-A. A TFAC não recolhida no prazo e na forma estabelecida em regulamento será cobrada com os seguintes acréscimos:

I – juros de mora calculados na forma da legislação aplicável aos tributos federais;

II – multa de mora de 20% (vinte por cento), reduzida a 10% (dez por cento) caso o pagamento seja efetuado até o último dia do mês subsequente ao do seu vencimento; e

III – encargo de 20% (vinte por cento), substitutivo da condenação do devedor em honorários advocatícios, calculado sobre o total do débito inscrito em Dívida Ativa, que será reduzido para 10% (dez por cento) caso o pagamento seja efetuado antes do ajuizamento da execução.

Parágrafo único. Os débitos de TFAC poderão ser parcelados na forma da legislação aplicável aos tributos federais.

• *Art. 29-A incluído pela Lei nº 11.292, de 26.4.2006.*

Art. 30. (Vetado).

CAPÍTULO V – DAS RECEITAS

Art. 31. Constituem receitas da ANAC:

I – dotações, créditos adicionais e especiais e repasses que lhe forem consignados no Orçamento Geral da União;

II – recursos provenientes de convênios, acordos ou contratos celebrados com órgãos ou entidades federais, estaduais e municipais, empresas públicas ou privadas, nacionais ou estrangeiras, e organismos internacionais;

III – recursos do Fundo Aeroviário;

IV – recursos provenientes de pagamentos de taxas;

V – recursos provenientes da prestação de serviços de natureza contratual, inclusive pelo fornecimento de publicações, material técnico, dados e informações, ainda que para fins de licitação;

VI – valores apurados no aluguel ou alienação de bens móveis ou imóveis;

VII – produto das operações de crédito que contratar, no País e no exterior, e rendimentos de operações financeiras que realizar;

VIII – doações, legados e subvenções;

IX – rendas eventuais; e

X – outros recursos que lhe forem destinados.

CAPÍTULO VI – DISPOSIÇÕES FINAIS E TRANSITÓRIAS

Art. 32. São transferidos à ANAC o patrimônio, o acervo técnico, as obrigações e os direitos de organizações do Comando da Aeronáutica, correspondentes às atividades a ela atribuídas por esta Lei.

Art. 33. O Fundo Aeroviário, fundo de natureza contábil e de interesse da defesa nacional, criado pelo Decreto-Lei nº 270, de 28 de fevereiro de 1967, alterado pela Lei nº 5.989, de 17 de dezembro de 1973, incluídos seu saldo financeiro e seu patrimônio existentes nesta data, passa a ser administrado pela Agência Nacional de Aviação Civil.

Parágrafo único. O Diretor-Presidente da ANAC passa a ser o gestor do Fundo Aeroviário.

Art. 33-A. Até a instalação da Agência Nacional de Aviação Civil, o Diretor do Departamento de Aviação Civil será o gestor do Fundo Aeroviário.

• *Art. 33-A incluído pela Lei nº 11.204, de 5.12.2005.*

Art. 34. A alínea "a" do parágrafo único do art. 2º, o inciso I do art. 5º e o art. 11 da Lei nº 6.009, de 26 de dezembro de 1973, passam a vigorar com a seguinte redação:

• *Alterações já efetuadas no corpo da Lei.*

Art. 35. O Poder Executivo regulamentará a distribuição dos recursos referidos no inciso I do art. 1º da Lei nº 8.399, de 7 de janeiro de 1992, entre os órgãos e entidades integrantes do Sistema de Aviação Civil na proporção dos custos correspondentes às atividades realizadas.

Art. 36. Fica criado o Quadro de Pessoal Específico, integrado por servidores regidos pela Lei nº 8.112, de 11 de dezembro de 1990.

§ 1º. O Quadro de que trata o *caput* deste artigo tem caráter temporário, ficando extintos os cargos nele alocados, à medida que ocorrerem vacâncias.

§ 2º. O ingresso no quadro de que trata este artigo será feito mediante redistribuição, sendo restrito aos servidores que, em 31 de dezembro de 2004, se encontravam em exercício nas unidades do Ministério da Defesa cujas competências foram transferidas para a ANAC.

• *§ 2º com redação dada pela Lei nº 11.292, de 26.4.2006.*

§ 3º. (Vetado).

§ 4º. Aos servidores das Carreiras da Área de Ciência e Tecnologia redistribuídos na forma do § 2º deste artigo será devida a Gratificação de Desempenho de Atividade de Ciência e Tecnologia – GDACT, prevista na Medida Provisória nº 2.229-43, de 6 de setembro de 2001, como se em exercício estivessem nos órgãos ou entidades a que se refere o § 1º do art. 1º da Lei nº 8.691, de 28 de julho de 1993.

• *§ 4º incluído pela Lei nº 11.292, de 26.4.2006.*

Art. 37. A ANAC poderá requisitar, com ônus, servidores e empregados de órgãos e entidades integrantes da Administração Pública.

§ 1º. Durante os primeiros 24 (vinte e quatro) meses subsequentes à sua instalação, a ANAC poderá complementar a remuneração do servidor ou empregado público requisitado até o limite da remuneração do cargo efetivo ou emprego permanente ocupado no órgão ou na entidade de origem, quando a requisição implicar redução dessa remuneração.

- *§ 1º, renumerado do Parágrafo único pela Lei nº 11.292, de 26.4.2006.*

§ 2º. Os empregados das entidades integrantes da administração pública que na data da publicação desta Lei estejam em exercício nas unidades do Ministério da Defesa cujas competências foram transferidas para a ANAC poderão permanecer nessa condição, inclusive no exercício de funções comissionadas, salvo devolução do empregado à entidade de origem ou por motivo de rescisão ou extinção do contrato de trabalho.

- *§ 2º incluído pela Lei nº 11.292, de 26.4.2006.*

§ 3º. Os empregados e servidores de órgãos e entidades integrantes da administração pública requisitados até o término do prazo de que trata o § 1º deste artigo poderão exercer funções comissionadas e cargos comissionados técnicos, salvo devolução do empregado à entidade de origem ou por motivo de rescisão ou extinção do contrato de trabalho.

- *§ 3º incluído pela Lei nº 11.292, de 26.4.2006.*

Art. 38. (Vetado).

Art. 38-A. O quantitativo de servidores ocupantes dos cargos do Quadro de Pessoal Específico, acrescido dos servidores ou empregados requisitados, não poderá exceder o número de cargos efetivos.

- *Art. 38-A incluído pela Lei nº 11.292, de 26.4.2006.*

Art. 39. Nos termos do inciso IX do art. 37 da Constituição Federal, fica a ANAC autorizada a efetuar a contratação temporária do pessoal imprescindível à implantação de suas atividades, por prazo não excedente a 36 (trinta e seis) meses, a contar de sua instalação.

§ 1º. (Vetado).

§ 2º. As contratações temporárias serão feitas por tempo determinado, observado o prazo máximo de 12 (doze) meses, podendo ser prorrogadas, desde que sua duração não ultrapasse o termo final da autorização de que trata o *caput* deste artigo.

Art. 40. Aplica-se à ANAC o disposto no art. 22 da Lei nº 9.986, de 18 de julho de 2000.

- *Art. 40 com redação dada pela Lei nº 11.314 de 3.7.2006.*

Art. 41. Ficam criados 50 (cinquenta) cargos de Procurador Federal na ANAC, observado o disposto na legislação específica.

Art. 42. Instalada a ANAC, fica o Poder Executivo autorizado a extinguir o Departamento de Aviação Civil – DAC e demais organizações do Comando da Aeronáutica que tenham tido a totalidade de suas atribuições transferidas para a ANAC, devendo remanejar para o Ministério do Planejamento, Orçamento e Gestão todos os cargos comissionados e gratificações, alocados aos órgãos extintos e atividades absorvidas pela Agência.

Art. 43. Aprovado seu regulamento, a ANAC passará a ter o controle sobre todas as atividades, contratos de concessão e permissão, e autorizações de serviços aéreos, celebrados por órgãos ou entidades da Administração direta ou indireta da União.

Art. 44. (Vetado).

Art. 44-A. Fica o Poder Executivo autorizado a remanejar, transpor, transferir e utilizar para a ANAC as dotações orçamentárias aprovadas em favor das unidades orçamentárias do Ministério da Defesa, na lei orçamentária vigente no exercício financeiro da instalação da ANAC, relativas às funções por ela absorvidas, desde que mantida a mesma classificação orçamentária, expressa por categoria de programação em seu menor nível, conforme definido na lei de diretrizes orçamentárias, inclusive os títulos, descritores, metas e objetivos, assim como o respectivo detalhamento por esfera orçamentária, grupos de despesas, fontes de recursos, modalidades de aplicação e identificadores de uso.

• *Art. 44-A incluído pela Lei nº 11.292, de 26.4.2006.*

Art. 45. O Comando da Aeronáutica prestará os serviços de que a ANAC necessitar, com ônus limitado, durante 180 (cento e oitenta dias) após sua instalação, devendo ser celebrados convênios para a prestação dos serviços após este prazo.

Art. 46. Os militares da Aeronáutica da ativa em exercício nos órgãos do Comando da Aeronáutica correspondentes às atividades atribuídas à ANAC passam a ter exercício na ANAC, na data de sua instalação, sendo considerados como em serviço de natureza militar.

• *Art. 46, caput, com redação dada pela Lei nº 11.292, de 26.4.2006.*

§ 1º. Os militares da Aeronáutica a que se refere o *caput* deste artigo deverão retornar àquela Força, no prazo máximo de 60 (sessenta) meses, a contar daquela data, à razão mínima de 20% (vinte por cento) a cada 12 (doze) meses.

§ 2º. O Comando da Aeronáutica poderá substituir, a seu critério, os militares em exercício na ANAC.

§ 3º. Os militares de que trata este artigo somente poderão ser movimentados no interesse da ANAC, a expensas da Agência e com autorização do Comandante da Aeronáutica.

Art. 47. Na aplicação desta Lei, serão observadas as seguintes disposições:

I – os regulamentos, normas e demais regras em vigor serão gradativamente substituídos por regulamentação a ser editada pela ANAC, sendo que as concessões, permissões e autorizações pertinentes a prestação de serviços aéreos e a exploração de áreas e instalações aeroportuárias continuarão regidas pelos atuais regulamentos, normas e regras, enquanto não for editada nova regulamentação;

II – os contratos de concessão ou convênios de delegação, relativos à administração e exploração de aeródromos, celebrados pela União com órgãos ou entidades da Administração Federal, direta ou indireta, dos Estados, do Distrito Federal e dos Municípios, devem ser adaptados no prazo de 180 (cento e oitenta) dias contados da data de instalação da ANAC às disposições desta Lei; e

III – as atividades de administração e exploração de aeródromos exercidas pela Empresa Brasileira de Infraestrutura Aeroportuária – INFRAERO passarão a ser reguladas por atos da ANAC.

Art. 48. (Vetado).

§ 1º. Fica assegurada às empresas concessionárias de serviços aéreos domésticos a exploração de quaisquer linhas aéreas, mediante prévio registro na ANAC, observada exclusivamente a capacidade operacional de cada aeroporto e as normas regulamentares de prestação de serviço adequado expedidas pela ANAC.

§ 2º. (Vetado).

Art. 49. Na prestação de serviços aéreos regulares, prevalecerá o regime de liberdade tarifária.

§ 1º. No regime de liberdade tarifária, as concessionárias ou permissionárias poderão determinar suas próprias tarifas, devendo comunicá-las à ANAC, em prazo por esta definido.

§ 2º. (Vetado).

§ 3º. A ANAC estabelecerá os mecanismos para assegurar a fiscalização e a publicidade das tarifas.

Art. 50. As despesas decorrentes da aplicação desta Lei correrão à conta do Orçamento da ANAC.

Art. 51. Esta Lei entra em vigor na data de sua publicação.

Brasília, 27 de setembro de 2005; 184º da Independência e 117º da República.

Luiz Inácio Lula da Silva

DOU de 28.9.2005

Anexos

• Vide *www6.senado.gov.br/sicon/PreparaFormPesquisa.action*

Anexo I

A) Quadro demonstrativo dos empregos e cargos efetivos da Agência Nacional de Aviação Civil

(Vetado)

B) Quadro demonstrativo dos cargos comissionados da Agência Nacional de Aviação Civil

• *Quadro "B" do Anexo I com redação dada pela Lei nº 11.292, de 26.4.2006.*

C) Quadro-resumo dos custos de cargos comissionados da Agência Nacional de Aviação

• *Quadro "C" do Anexo I com redação dada pela Lei nº 11.292, de 26.4.2006.*

Anexo II

A) Quadro das gratificações de exercício em cargo de confiança da Agência Nacional de Aviação Civil – Oficiais-generais e oficiais

• *Quadro "A" do Anexo II com redação dada pela Lei nº 11.292, de 26.4.2006.*

B) Quadro das gratificações de representação pelo exercício de função da Agência Nacional de Aviação Civil – graduados

• *Quadro "B" do Anexo II com redação dada pela Lei nº 11.292, de 26.4.2006.*

Anexo III

Taxa de Fiscalização da Aviação Civil – TFAC

• *Anexo III com redação dada pela Lei nº 11.292, de 26.4.2006.*

DECRETO Nº 20.704, DE 24 DE NOVEMBRO DE 1931

• *Não consta revogação expressa – Vide nesta edição Decretos nºs 56.463, de 15.6.1965; 60.967, de 7.7.1967; 2.861, de 7.12.1998 e 5.910, de 27.9.2006.*

Convenção para a unificação de certas regras relativas ao transporte aéreo internacional, assinada em Varsóvia, em 1929 e promulgada pelo Decreto nº 20.704, de 24.11.1931, com a redação do Protocolo de Haia de 1955, promulgado pelo Decreto nº 56.463, de 15.6.1965.

O Chefe do Governo Provisório da República dos Estados Unidos do Brasil:

Tendo aprovado a Convenção para a unificação de certas regras relativas ao transporte aéreo internacional, concluída em Varsóvia, a 12 de outubro de 1929, pela

Segunda Conferência Internacional de Direito Privado Aéreo, reunida, nessa Capital, de 4 a 12 de outubro de 1929, e havendo-se efetuado, a 2 de maio último, nos arquivos do Ministério dos Negócios Estrangeiros da Polônia, o depósito do respectivo instrumento brasileiro de ratificação:

Decreta que aquela Convenção, apensa por cópia ao presente decreto, seja executada e cumprida tão inteiramente como nela se contém.

Rio de Janeiro, 24 de novembro de 1931, 110º da Independência e 43º da República.

Getúlio Dornelles Vargas – Chefe do Governo Provisório da República Dos Estados Unidos do Brasil

Faço saber, aos que a presente Carta de ratificação visam que, entre os Estados Unidos do Brasil e vários outros países representados na Conferência Internacional de Direito Privado Aéreo, reunida em Varsóvia, de 4 a 12 de outubro de 1929, foram concluídos e assinados, pelos respectivos trapotenciários, a 12 do dito mês de outubro, uma Convenção, o protocolo adicional em Protocolo final, do teor seguinte:

CONVENÇÃO PARA A UNIFICAÇÃO DE CERTAS REGRAS RELATIVAS AO TRANSPORTE AÉREO INTERNACIONAL

• *Vide nesta edição redação atual dada pelo Decreto nº 5.910, de 27.9.2006.*

O Presidente do Reich Alemão, o Presidente Federal da República da Áustria, Sua Majestade o Rei dos Belgas, o Presidente dos Estados Unidos do Brasil, Sua Majestade o Rei dos Búlgaros, o Presidente do Governo Nacionalista da República da China, Sua Majestade o Rei da Dinamarca e Islândia, Sua Majestade o Rei do Egito, Sua Majestade o Rei da Espanha, o Chefe de Estado da República da Estônia, o Presidente da República da Finlândia, o Presidente da República Francesa, Sua Majestade o Rei da Grã-Bretanha, Irlanda e Territórios Britânicos de Além-mar, Imperador das Índias, o Presidente da República Helênica, Sua Alteza Sereníssima o Regente do Reino da Hungria, Sua Majestade o Rei da Itália, Sua Majestade o Imperador do Japão, o Presidente da República da Letônia, Sua Alteza Real a Gran Duquesa de Luxemburgo, o Presidente dos Estados Unidos do México, Sua Majestade o Rei da Noruega, Sua Majestade a Rainha dos Países-Baixos, o Presidente da República da Polônia, Sua Majestade o Rei da Romênia, Sua Majestade o Rei da Suécia o Conselho Federal Suíço, o Presidente da República Tchecoslovaca, a Comissão Central Executiva da União das Repúblicas Soviéticas Socialistas, o Presidente dos Estados Unidos da Venezuela, Sua Majestade o Rei da Iugoslavia,

Tendo reconhecido a utilidade de regular, de maneira uniforme, ns condições do transporte aéreo internacional, no que concerne aos documentos utilizados nesse transporte, assim como à responsabilidade do transportador,

Nomearam, para esse fim, seus Plenipotenciários respectivos, os quais, devidamente autorizados, concluírem e assinaram a seguinte Convenção:

PROTOCOLO ADICIONAL

Ao Artigo 2

As Altas Partes Contratantes reservam-se, o direito de declarar, no momento da ratificação ou adesão, que o artigo 2, alínea primeira, da presente Convenção, não se aplicará aos transportes aéreos internacionais diretamente efetuados pelo Estado, suas colônias, protetorados, territorial sob mandato, ou quaisquer outros sob sua soberania, suserana ou autoridade.

Alemanha / Áustria / Estados Unidos do Brasil / Dinamarca / França / Grã-Bretanha e Irlanda do Norte / Confederação da Austrália / União Sul-Africana / Itália / Luxemburgo / Polônia / Suíça / Iugoslavia

PROTOCOLO FINAL

DA SEGUNDA CONFERÊNCIA INTERNACIONAL DE DIREITO PRIVADO AÉREO.

Os Delegados da Segunda Conferência Internacional de Direito Privado Aéreo reuniram-se em Varsóvia, de 4 a 12 de outubro de 1929, com o fim de discutir o projeto de Convenção relativa aos documentos de transporte aéreo e à responsabilidade do transportador nos transportes internacionais por aeronave, elaborado pela Comissão Internacional Técnica de Peritos do Direito Aéreo, constituída em virtude de uma moção da Primeira Conferência Internacional de Direito Privado Aéreo, realizada em Paris, de 27 de outubro a 6 de novembro de 1925.

As Delegações reunidas em Varsóvia foram constituídas do seguinte modo:

Alemanha / Áustria / Bélgica / Brasil / Bulgária / China / Dinamarca / Edito / Espanha / Estônia / Finlândia / França / Grã-Bretanha / Austrália / União Sul-Africana / República Helênica / Hungria / Itália / Japão / Letônia / México / Paises-Baixos / Polônia / România / Suíça / Tchecoslováquia / URSS / Venezuela / Iugoslavia

I – Em consequência de suas deliberações, os Delegados acima indicados concordaram em submeter à assinatura dos Plenipotenciários respectivos das Altas Partes Contratantes o texto de um projeto de Convenção para a unificação de certas regras relativas ao transporte aéreo internacional, que ficará aberto à assinatura até 31 de janeiro de 1980.

II – A Conferência adotou os votos e resoluções seguintes:

A) Considerando que a Convenção da Varsóvia regulamenta apenas certas questões relativas ao transporte aéreo e que a navegação aérea internacional suscita muitas outras, que seria desejável regular por meio de entendimentos internacionais, a Conferência

Emite o voto

de que, por intermédio do Governo Francês, a quem cabe a iniciativa da reunião dessas conferências, sejam convocadas ulteriormente, após estudo dessas questões, novas conferências que prossigam nessa tarefa de unificação.

B) Considerando a importância que apresenta, sob o ponto de vista internacional, a regulamentação uniforme dos transportes aéreos de qualquer natureza, a Conferência

Emite o voto

de que a Comissão Internacional Técnica de Peritos do Direito Aéreo prepare, o mais cedo possível, um anteprojeto de Convenção sobre a matéria.

C) Considerando oportuna a uniformidade de redação dos documentos de transporte de todas as Companhias de navegação aérea, a Conferência

Emite o voto

de que aquelas Companhias adotem modelos preparados pela Comissão Internacional Técnica de Peritos do Direito Aéreo.

D) Havendo a Conferência tomado o conhecimento da proposta da Delegação Brasileira, concernente à definição do 'transportador", de que trata o artigo primeiro, e julgando que essa questão não deva ser regulada por esta Convenção,

Confia à Comissão Internacional Técnica de Perito do Direito Aéreo a dita proposta, acompanhada da recomendação de que mesma seja preparada pela referida Delegação, e que a Comissão se utilize desse trabalho preparatório.

E) Havendo a Conferência tomado conhecimento da proposta da Delegação Brasileira, de inserir-se na Convenção um artigo pelo qual fique o transportador, segundo disposições já adotadas pela lei italiana, obrigado a conservar, durante dois anos, os documentos de transporte, e considerando que a questão não deve ser tratada nesta, Convenção,

Chama, para a proposta, a atenção da Comissão Internacional Técnica de Peritos do Direito Aéreo para que possa, em seus trabalhos, utilizar-se da sugestão brasileira.

Em fé do que assinaram os Delegados o presente Protocolo Final.

Feito em Varsóvia, aos 12 de outubro de mil novecentos e vinte nove, um só exemplar, que ficará, depositado nos arquivos do Ministério dos Negócios Exteriores da República da Polônia, e do qual será expedida cópia autenticada a todas as Delegacias que participaram da Conferência.

Alemanha / Áustria / Bélgica / Brasil / Bulgária / China / Dinamarca / Edito / Espanha / Estônia / Finlândia / França / Grã-Bretanha / Austrália / União Sul-Africana / República Helênica / Hungria / Itália / Japão / Letônia / México / Paises-Baixos / Polônia / România / Suíça / Tchecoslováquia / URSS / Venezuela / Iugoslavia

E, tendo aprovado os mesmos atos, cujo teor fica acima transcrito, os confirmo e ratifico e, pela presente, os dou por firmes e valiosos, para produzirem os seus devidos efeitos, prometendo que eles serão cumpridos inviolavelmente.

Em firmeza do que, mandei passar esta Carta, que assino e é selada com o selo das armas da República e subscrita pelo Ministro de Estado das Relações Exteriores.

Dada no Palácio da Presidência, no Rio de Janeiro, aos dez de março de mil novecentos e trinta o um, 110º da Independência e 48º da República.

Getúlio Vargas

DECRETO Nº 21.713, DE 27 DE AGOSTO DE 1946

Promulga a Convenção sobre Aviação Civil Internacional, concluída em Chicago a 7 de dezembro de 1944 e firmado pelo Brasil, em Washington, a 29 de maio de 1945.

O Presidente da República,

Considerando que foi aprovada a 11 de setembro de 1945 e ratificada a 26 de março de 1946, pelo Governo brasileiro a Convenção sobre Aviação Civil Internacional, concluída em Chicago a 7 de dezembro de 1944, por ocasião da Conferência Internacional de Aviação Civil, e firmada pelo Brasil, em Washington, a 29 de maio de 1945;

Considerando que o referido instrumento de ratificação foi depositado nos arquivos do Governo dos Estados Unidos da América a 8 de julho de 1946;

Usando da atribuição que lhe confere o art. 74, letra "a", da Constituição,

Decreta:

Art. 1º. Fica promulgada a Conversão sobre Aviação Civil Internacional, apensa por cópia ao presente Decreto, firmada pelo Brasil em Washington, em 29 de maio de 1945.

Art. 2º. Este Decreto entrará em vigor na data de sua publicação.

Rio de Janeiro, em 27 de agosto de 1946; 125º da Independência e 58º da República.

Eurico G. Dutra

DOU de 12.9.1946

CONVENÇÃO DE AVIAÇÃO CIVIL INTERNACIONAL[1]

Preâmbulo

Considerando que o desenvolvimento futuro da aviação civil Internacional pode contribuir poderosamente para criar e conservar a amizade e a compreensão entre as nações e os povos do mundo, mas que seu abuso pode transformar-se em ameaça ou perigo para segurança geral, e

Considerando que é aconselhável evitar todo atrito ou desinteligência e estimular entre as nações e povos a cooperação da qual depende a paz do mundo;

Os Governos abaixo assinados, e tendo concordado em certos princípios e entendimentos para que a aviação civil internacional se desenvolva de maneira segura e sistemática, e que os serviços de transporte aéreo internacional se estabeleçam numa base de igualdade de oportunidades, e funcionem eficaz e economicamente, concluem a presente Convenção com este objetivo.

PARTE I – NAVEGAÇÃO AÉREA

Capítulo I – Princípios Gerais e Aplicação da Convenção

Artigo 1º – Soberania

Os Estados contratantes reconhecem ter cada Estado a soberania exclusiva e absoluta sobre o espaço aéreo sobre seu território.

Artigo 2º – Territórios

Para os fins da presente Convenção considera-se como território de um Estado, a extensão terrestre e as águas territoriais adjacentes, sob a soberania, jurisdição, proteção ou mandato do citado Estado.

Artigo 3º – Aeronaves Civis e do Estado

a) Esta Convenção será aplicável unicamente a aeronaves civis, e não a aeronaves de propriedade do Governo.

b) São consideradas aeronaves de propriedade do Governo aquelas usadas para serviços militares, alfandegários ou policiais.

c) Nenhuma aeronave governamental pertencente a um Estado contratante poderá voar sobre o território de outro Estado ou aterrissar no mesmo, sem autorização outorgada por acordo especial ou de outro modo, e de conformidade com as condições nele estipuladas.

d) Os Estados contratantes, quando estabelecerem regulamentos para aeronaves governamentais se comprometem a tomar em devida consideração a segurança da navegação das aeronaves civis.

Artigo 4º – Abuso da Aviação Civil

Cada Estado contratante concorda em não utilizar a aviação civil para fins incompatíveis com os propósitos desta Convenção.

---

1. Promulgada pelo Decreto nº 21.713 de 27.8.1946. O texto aqui apresentado inclui as seguintes emendas: Montreal, 1947 (Decreto nº 27.649/1949); Montreal, 1954 (Decreto nº 51.424/1962); Montreal, 1954 (Decreto nº 51.425/1962); Montreal, 1961 (Decreto nº 64.990/1969); Roma, 1962 (Decreto nº 80.487/1977); Nova Iorque, 1971 (Decreto nº 73.002/1973); Viena, 1971 (Decreto nº 80.486/1977); Montreal, 1974 (Decreto nº 85.705/1981).

Capítulo II – Voos sobre Territórios de Estados Contratantes

Artigo 5º – Direito de voos não regulares

Os Estados contratantes concordam em que, todas as aeronaves dos outros Estados contratantes que não se dediquem a serviços aéreos internacionais regulares, tenham direito nos termos desta Convenção a voar e transitar sem fazer escala sobre seu território, e a fazer escalas para fins não comerciais sem necessidade de obter licença prévia, sujeitos porém ao direito do Estado sobre o qual voem de exigir aterrissagem. Os Estados contratantes se reservam no entanto o direito, por razões de segurança da navegação aérea, de exigir que as aeronaves que desejam voar sobre regiões inacessíveis ou que não contem com as facilidades adequadas para a navegação aérea, de seguir rotas determinadas ou de obter licenças especiais para esses voos.

Tais aeronaves, quando dedicadas ao transporte de passageiros, carga ou correio, remunerada ou fretada, sem serviços internacionais não regulares, terão também o privilégio, sujeito ao disposto no Artigo 7º, de tomar ou descarregar passageiros, carga ou correio tendo o Estado onde se faça o embarque ou desembarque, o direito de impor os regulamentos, condições e restrições que considerar necessários.

Artigo 6º – Serviços aéreos regulares

Serviços aéreos internacionais regulares não poderão funcionar no território ou sobre o território de um Estado contratante, a não ser com a permissão especial ou outra autorização do mesmo Estado e de conformidade com as condições de tal permissão ou autorização.

Artigo 7º – Cabotagem

Cada um dos Estados contratantes, terá o direito de negar às aeronaves dos demais Estados contratantes permissão para tomar em seu território, contra remuneração ou frete, passageiros, correio ou carga destinados a outro ponto de seu território. Cada um dos Estados contratantes se compromete a não estabelecer acordos que especificamente concedam tal privilégio a título de exclusividade a qualquer outro Estado ou a uma empresa aérea de qualquer outro Estado, e se compromete também a não obter de qualquer outro Estado algum privilégio exclusivo desta natureza.

Artigo 8º – Aeronave sem piloto

Nenhuma aeronave capaz de navegar sem piloto, poderá sobrevoar sem piloto o território de um Estado contratante sem autorização especial do citado Estado e de conformidade com os termos da mesma autorização. Cada Estado contratante se compromete a tomar as disposições necessárias para que o voo sem piloto de tal aeronave nas regiões acessíveis de aeronaves civis seja controlada de modo a evitar todo perigo para as aeronaves civis.

Artigo 9º – Zonas proibidas

a) Por razões militares ou de segurança pública, os Estados contratantes poderão limitar ou proibir de maneira uniforme que as aeronaves de outros Estados voem sobre certas zonas do seu território, sempre que não façam distinção entre suas próprias aeronaves fazendo serviços internacionais regulares de transporte aéreo, e as aeronaves dos outros Estados contratantes que se dediquem a serviços idênticos. Estas zonas proibidas terão uma extensão razoável e serão situadas de modo a não prejudicar inutilmente a navegação aérea. Os limites das zonas proibidas situadas no território de um Estado contratante e toda modificação a eles feita posteriormente deverão ser comunicados com a maior brevidade possível aos demais Estados contratantes e a Organização Internacional de Aviação Civil.

b) Os Estados contratantes ser reservam também o direito, em circunstâncias excepcionais ou durante um período de emergência, ou ainda no interesse da segurança pública, e para que tenha efeito imediato, de limitar ou proibir temporariamente os voos sobre a totalidade ou parte do seu território, contanto que estas restrições se apliquem às aeronaves de todos os demais Estados sem distinção de nacionalidade.

c) Cada Estado contratante, de conformidade com os regulamentos que venha a estabelecer, pode exigir de toda aeronave que penetre nas zonas referidas nos parágrafos acima (a) ou (b), de aterrissar logo que seja possível em algum aeroporto que designar no seu próprio território.

Artigo 10 – Pouso em aeroportos aduaneiros

Exceto nos casos em que, de conformidade com as disposições desta Convenção ou com uma autorização especial, aeronaves podem atravessar o território de um Estado contratante sem aterrissar, toda aeronave que penetre em território de um Estado contratante, se os regulamentos do mesmo Estado assim o exigirem, deverá descer ao aeroporto designado por este Estado para inspeção alfandegária e outros exames. Ao partir do território de um Estado contratante, estas aeronaves deverão fazê-lo de um aeroporto alfandegário, igualmente designado. O Estado publicará os detalhes a respeito dos aeroportos aduaneiros e os comunicará à Organização Internacional de Aviação Civil, instituída na Parte II desta Convenção para que sejam transmitidos a todos os demais Estados contratantes.

Artigo 11 – Aplicação dos regulamentos de tráfego

De acordo com o disposto nesta Convenção, as leis e regulamentos de um Estado contratante, relativos à entrada ou saída do seu território, de aeronaves empregadas na navegação aérea internacional, ou relativos à operação e navegação de tais aeronaves enquanto estejam em seu território, se aplicarão às aeronaves de todos os Estados contratantes sem distinção de nacionalidade, e estas aeronaves as observarão ao entrar e ao sair do território deste Estado ou enquanto nele se encontrem.

Artigo 12 – Regras de tráfego

Cada um dos Estados contratantes se compromete a tomar as medidas necessárias para assegurar que todas as aeronaves que voem sobre seu território, ou manobrem dentro dele, e todas as aeronaves que levem o distintivo de sua nacionalidade, onde quer que se encontrem, observem as regras e regulamentos que regem voos e manobras de aeronaves. Cada um dos Estados contratantes se compromete a manter seus próprios regulamentos tanto quanto possível, semelhantes aos que venham a ser estabelecidos em virtude desta Convenção. No que se refere a voos sobre o mar, os regulamentos serão os estabelecidos em virtude desta Convenção. Cada um dos Estados contratantes se compromete a processar todos os infratores dos regulamentos em vigor.

Artigo 13 – Regulamentos para entradas e saídas

As leis e regulamentos de um Estado contratante, sobre a entrada ou a saída de seu território de passageiros, tripulação ou carga de aeronaves (tais como regulamentos de entrada, despacho, imigração, passaportes, alfândega e quarentena) deverão ser cumpridas ou observadas pelos passageiros, tripulação ou carga, ou por seu representante, tanto por ocasião de entrada como de saída ou enquanto permanecerem no território desse Estado.

Artigo 14 – Medidas contra disseminação de doenças

Cada um dos Estados concorda em tomar medidas eficazes para impedir que, por meio da navegação aérea, se propaguem a cólera, tifo (epidêmico), a varíola, a febre amarela, a peste bubônica e qualquer outra enfermidade contagiosa que os Estados contratantes, oportunamente designem; para esse fim, os Estados contratantes farão consultas frequentes às organizações que tratam de regulamentos internacionais relativos a medidas sanitárias aplicáveis às aeronaves. Estas consultas não deverão prejudicar a aplicação de qualquer Convenção internacional existente sobre esta matéria de que façam parte os Estados contratantes.

Artigo 15 – Taxas de aeroportos e outros impostos

Todo aeroporto de um Estado contratante que esteja aberto ao uso público de suas aeronaves nacionais, estará também aberto, sujeito ao disposto no artigo 68, em condições uniformes de igualdade às aeronaves de todos os Estados contratantes. Essas condições uniformes aplicar-se-ão ao uso pelas aeronaves de todos os Estados contratantes de todas as facilidades de navegação aérea, incluindo os serviços de rádio e meteorologia, que estejam à disposição do público para a segurança e rapidez da navegação aérea.

As taxas exigidas ou permitidas por um Estado contratante para o uso de aeroportos ou facilidades para a navegação aérea por parte das aeronaves de qualquer outro Estado contratante se ajustarão às seguintes normas:

a) No tocante às aeronaves que não se dediquem a serviços aéreos internacionais regulares, não serão mais altas que as pagas por aeronaves nacionais da mesma classe dedicadas a operações similares, e

b) No tocante às aeronaves empregadas em serviços aéreos internacionais as taxas não serão mais altas que as pagas por aeronaves nacionais empregadas em serviços aéreos internacionais similares.

Estas taxas serão divulgadas e comunicadas à Organização Internacional de Aviação Civil, ficando entendido que, se um Estado contratante interessado solicitar as taxas exigidas para o uso de aeroportos e outras instalações estarão sujeitos a exame pelo Conselho, que opinará a respeito e fará recomendações ao Estado ou aos Estados interessados. Nenhum Estado contratante imporá direitos ou outros impostos simplesmente pelo privilégio de trânsito sobre o seu território, ou de entrada ou saída no mesmo, às aeronaves de outro Estado contratante ou sobre as pessoas ou bens que estejam a bordo das mesmas.

Artigo 16 – Busca em aeronaves

As autoridades competentes de cada um dos Estados contratantes, terão direito de busca nas aeronaves dos demais Estados contratantes por ocasião de sua entrada e saída, sem causar demora desnecessária, e de examinar os certificados e outros documentos prescritos por esta Convenção.

Capítulo III – Nacionalidade das Aeronaves

Artigo 17 – Nacionalidade das aeronaves

As aeronaves terão a nacionalidade do Estado em que estejam registradas.

Artigo 18 – Registro duplo

Nenhuma aeronave poderá registrar-se legalmente em mais de um Estado, podendo entretanto o registro ser mudado de um Estado para outro.

Artigo 19 – Legislação nacional sobre o registro

O registro ou transferência de registro de uma aeronave de um Estado Contratante se fará de conformidade com as suas leis e regulamentos.

Artigo 20 – Distintivos

Toda aeronave empregada para a navegação aérea internacional levará distintivos apropriados de sua nacionalidade e registro.

Artigo 21 – Informações sobre registros

A pedido de qualquer outro Estado contratante ou da Organização Internacional de Aviação Civil, cada um dos Estados Contratantes se compromete a fornecer informações relativas ao registro e propriedade de qualquer aeronave particular registrada no Estado. Além disso cada um dos Estados contratantes transmitirá informações à Organização Internacional de Aviação Civil, de conformidade com os regulamentos por este prescritos, fornecendo os dados pertinentes à propriedade e ao controle de aeronaves registradas no Estado e que os dediquem regularmente à navegação aérea internacional. A Organização Internacional de Aviação Civil manterá à disposição dos outros Estados Contratantes, os dados assim obtidos.

Capítulo IV – Medidas para Facilitar a Navegação Aérea

Artigo 22 – Simplificação de formalidades

Cada um dos Estados contratantes concorda em adotar todas as medidas possíveis, mediante regulamentos especiais ou de qualquer outro modo, para facilitar e fomentar a navegação de aeronaves entre os territórios dos Estados Contratantes e evitar todo atraso desnecessário às aeronaves, tripulações, passageiros e carga especialmente no que se refere à aplicação das leis de imigração, quarentena, alfândega e despacho.

Artigo 23 – Normas alfandegárias e de imigração

Cada um dos Estados Contratantes se compromete, na medida do possível, em adotar regulamentos de alfândega e de imigração que se apliquem à navegação aérea internacional conformes com as normas que venham a ser estabelecidas ou recomendadas oportunamente em virtude desta Convenção. Nada na presente Convenção deverá ser interpretado como empecilho ao estabelecimento de aeroportos francos.

Artigo 24 – Direitos de alfândega

a) As aeronaves em voo para o território de um Estado Contratante, saindo deste ou atravessando seu território, serão admitidas temporariamente com isenção de direitos, ficando no entanto sujeitas aos regulamentos alfandegários do Estado. O combustível, óleos lubrificantes, peças sobressalentes, equipamento regular ou provisões normais a bordo das aeronaves de um Estado Contratante quando chegar no território de outro Estado Contratante, e que continuem a bordo por ocasião de saída da aeronave do território deste Estado, estarão isentos de direitos alfandegários, taxas de inspeção ou outros direitos ou impostos semelhantes nacionais ou locais. Esta isenção não será aplicável às quantidades ou artigos descarregados, da aeronave senão de conformidade com regulamentos de alfândegas do Estado, que poderá exigir que permaneçam debaixo de vigilância da alfândega.

b) As peças sobressalentes e equipamento importados no território de um Estado Contratante para serem montados ou utilizados na aeronave de um outro Estado Contratante servindo a navegação aérea internacional, serão admitidos com isenção de direitos aduaneiros, sujeitos aos regulamentos do Estado interessado, que poderá exigir que permaneçam debaixo da vigilância e controle da Alfândega.

Artigo 25 – Aeronaves em perigo

Os Estados Contratantes se comprometem a proporcionar todo auxílio possível às aeronaves que se achem em perigo em seu território e a permitir, sujeito ao controle de suas próprias autoridades, que os donos das aeronaves, ou as autoridades do Estado Contratante onde estejam registradas prestem o auxílio que as circunstâncias exigirem. Todos os Estados Contratantes, ao empreenderem a busca de aeronaves perdidas, colaborarão de conformidade com medidas coordenadas que tenham sido recomendadas em ocasião oportuna em virtude desta Convenção.

Artigo 26 – Investigação de acidentes

No caso em que uma aeronave de um Estado Contratante sofra algum acidente em território de outro Estado Contratante, acarretando morte ou ferimentos graves, ou indicando sérios defeitos técnicos na aeronave ou nas facilidades de navegação aérea, o Estado onde tiver ocorrido o acidente procederá a um inquérito sobre as circunstâncias que provocaram o acidente, de conformidade, dentro do permissível por suas próprias leis com o procedimento que possa ser recomendado nas circunstâncias pela Organização Internacional de Aviação Civil. Será oferecido ao Estado de registro da aeronave a oportunidade de designar observadores para assistirem as investigações, e o Estado onde se esteja processando o inquérito transmitirá ao outro Estado as informações e conclusões apuradas.

Artigo 27 – Isenção de embargo, por reclamação de patentes

a) Enquanto empregada na navegação aérea internacional uma aeronave de um Estado Contratante, que entrar devidamente autorizada no território de outro Estado Contratante, ou trânsito com licença através do seu território, aterrissando ou não, não estará sujeita a embargo ou detenção nem a qualquer reclamação contra o proprietário da empresa que a utilize, nem a interferência de tal Estado ou de pessoa nele domiciliada, sob a alegação de que a construção, o mecanismo, as peças sobressalentes, os acessórios ou a própria utilização da aeronave infrinjam alguma patente, desenho, modelo devidamente patenteado ou registrado ao Estado onde haja penetrado a aeronave; ficando estabelecido que em caso algum se exigirá, ao Estado em que penetra a aeronave, a prestação de algum depósito ligado à citada isenção de embargo ou detenção.

b) As disposições do parágrafo "a", deste artigo serão aplicadas também à armazenagem de peças sobressalentes e equipamento sobressalente para aeronaves, e ao direito de usá-los e instalá-los no conserto de aeronaves de um Estado Contratante no território de outro Estado Contratante, uma vez que qualquer peça ou equipamento patenteado, assim armazenado não seja vendido ou distribuído internamente ou exportado comercialmente do Estado Contratante onde penetrou a aeronave.

c) Os benefícios deste Artigo se aplicarão somente aos Estados partes desta Convenção, que (1) façam parte da Convenção Internacional para a proteção da Propriedade Industrial e das emendas da mesma; (2) tenham promulgado legislação de patentes que reconheça e proteja adequadamente as invenções feitas por nacionais de outros Estados que façam parte desta Convenção.

Artigo 28 – Auxílio à navegação aérea e sistemas uniformes

Na medida do possível, cada um dos Estados contratantes se compromete:

a) A estabelecer em seu território aeroportos, serviços de rádio-comunicação, serviços de meteorologia e outras facilidades para a navegação aérea internacional, de conformidade com as normas e processos que forem recomendados ou estabelecidos oportunamente em virtude desta Convenção.

b) A adotar e pôr em vigor os sistemas uniformes apropriados de comunicações, processos, código, distintivos, sinais, luzes e outras normas ou regulamentos que se recomendem ou se estabeleçam oportunamente de conformidade com esta Convenção.

c) A colaborar em medidas de caráter internacional, a fim de garantir a publicação de mapas e cartas aeronáuticas conforme com as normas que se recomendam e se estabeleçam em virtude desta Convenção.

Capítulo V – Condições a Serem Cumpridas Relativas a Aeronaves

Artigo 29 – Documentos que as aeronaves devem levar

Toda aeronave de um Estado contratante que se dedique à navegação internacional, deverá levar os seguintes documentos de conformidade com as condições presentes nesta Convenção:

a) Certificado de registro;

b) Certificado de navegabilidade;

c) Licença apropriada para cada membro da tripulação:

d) Diário de bordo;

e) Se a aeronave estiver equipada com aparelhos de rádio, a licença da estação de rádio da aeronave;

f) Se levar passageiros, uma lista dos nomes e dos lugares de embarque e pontos de destino;

g) Se levar carga, um manifesto e declarações detalhadas da mesma.

Artigo 30 – Aparelho de rádio da aeronave

a) As aeronaves de cada Estado contratante, quando em voo sobre ou no território de outro Estado contratante, poderão ter a bordo aparelho de rádio transmissão somente se as autoridades apropriadas do Estado de registro da aeronave tiverem concedido uma licença para a instalação e operação de tal aparelho. O uso de rádio-transmissores no território do Estado Contratante sobre o qual voe a aeronave será de acordo com os regulamentos estabelecidos por este Estado.

b) Os aparelhos rádio-transmissores poderão ser utilizados apenas pelos membros da tripulação de voo que tenham licença especial para este fim, expedida pela autoridade apropriada do Estado de registro da aeronave.

Artigo 31 – Certificado de navegabilidade

Toda aeronave que se dedique à navegação internacional será munida de um certificado de navegabilidade expedido ou declarado válido pelo Estado em que esteja registrada.

Artigo 32 – Licenças do pessoal

a) O piloto e os tripulantes de toda aeronave empregada na navegação internacional, serão munidos de certificado de competência e de licenças expedidas ou declaradas válidas pelo Estado onde esteja registrada a aeronave.

b) Cada Estado contratante se reserva o direito de recusar de reconhecer, em se tratando de voos sobre o seu próprio território, certificados de competência e licenças outorgadas a seus nacionais por outro Estado contratante.

Artigo 33 – Aceitação de certificados e de licenças

Os Estados contratantes aceitarão a validade de certificados de navegabilidade, de certificados de competência e licenças expedidas ou declaradas válidas pelo Estado contratante onde esteja registrada a aeronave, sempre que os requisitos conforme os quais foram expedidos ou declarados válidos estes certificados ou licenças sejam iguais ou superiores às normas mínimas que, periodicamente, se estabeleçam em virtude desta Convenção.

Artigo 34 – Diário de bordo

Toda aeronave que se dedique à navegação internacional, terá um diário de bordo onde serão assentados os detalhes acerca da aeronave, de sua tripulação e de cada viagem na forma que oportunamente se prescreva em virtude desta Convenção.

Artigo 35 – Restrições sobre a carga

a) As aeronaves que se dediquem à navegação aérea internacional, não levarão munições nem apetrechos de guerra, ao entrar no território de um Estado ou ao voar sobre este, exceto com o consentimento deste Estado. Cada Estado determinará, mediante regulamentos o que se deve entender por munições e apetrechos de guerra para os fins deste artigo, dando a devida consideração às recomendações que com o objetivo de uniformidade venham a ser feitas oportunamente pela Organização Internacional de Aviação Civil.

b) Por razões de ordem pública e de segurança, cada Estado se reserva o direito de regulamentar ou proibir o transporte em seu território ou sobre ele, de artigos adicionais aos enumerados no parágrafo (a), ficando entendido que não se estabelecerão neste sentido distinção entre aeronaves nacionais dedicadas à navegação aérea e às aeronaves de outros Estados utilizadas para fins análogos não serão impostas restrições que interfiram com o transporte e uso nas aeronaves de aparelhos necessários para a operação e navegação da mesma ou para a segurança da tripulação ou dos passageiros.

Artigo 36 – Aparelhos de fotografia

Cada Estado Contratante poderá proibir ou regulamentar o uso de aparelhos de fotografia em aeronaves voando sobre seu território.

Capítulo VI – Normas Internacionais e Programas Recomendados

Artigo 37 – Adoção de normas e processos internacionais

Os Estados Contratantes se comprometem a colaborar a fim de lograr a maior uniformidade possível em regulamentos, padrões, normas e organização relacionados com as aeronaves, pessoal, aerovias e serviços auxiliares, em todos os casos em que a uniformidade facilite e melhore a navegação aérea.

Para este fim, a Organização Internacional de Aviação Civil adotará e emendará oportunamente, segundo a necessidade, as normas internacionais e as práticas e processos relativos aos pontos seguintes:

a) Sistema de comunicação e auxílio à navegação aérea, inclusive as marcações terrestres;

b) Característicos de aeroportos e áreas de pouso;

c) Regras de tráfego e métodos de controle de tráfego aéreo;

d) Licenças para o pessoal de voo e mecânicos;

e) Navegabilidade das aeronaves;

f) Registro e matrícula de aeronaves;

g) Coleta e troca de dados meteorológicos;

h) Livros de bordo:

i) Mapas e cartas aeronáuticas;

j) Formalidades de alfândega e de imigração:

k) Aeronaves em perigo e investigação de acidentes.

Assim como todas as sugestões relacionadas com a segurança, regularidade e eficiência de navegação aérea que oportunamente foram necessárias.

Artigo 38 – Diferenças entre as normas e processos internacionais

Se um Estado se vê impossibilitado de cumprir em todos os seu detalhes certas normas ou processos internacionais, ou de fazer que seus próprios regulamentos e práticas concordem por completo com as normas e processos internacionais que tenham sido objeto de emendas, ou se o Estado considerar necessário adotar regulamentos e práticas diferentes em algum ponto dos estabelecidos por normas internacionais, informará imediatamente a Organização Internacional de Aviação Civil das diferenças existentes entre suas próprias práticas e as internacionais.

Em caso de emendas a estas últimas o Estado que não fizer estas alterações nos seus regulamentos ou práticas deverá informar o Conselho dentro do período de 60 dias a contar da data em que for adotada a emenda às normas internacionais, ou indicará o que fará a esse respeito. Em tal caso o Conselho notificará imediatamente a todos os demais Estados a diferença existente entre as normas internacionais e as normas correspondentes no Estado em apreço.

Artigo 39 – Anotações em certificados e licenças

a) Qualquer aeronave, ou parte desta a respeito da qual exista uma norma internacional de navegabilidade ou de suas características, que deixe de algum modo de satisfazer as normas quando for expedido o certificado levará escrito no dorso do seu certificado de navegabilidade, ou junta a este, a enumeração completa dos detalhes em que difere a citada norma;

b) Qualquer pessoa que tiver uma licença que não satisfaz plenamente as condições presentes pelas normas internacionais respectivas terá sua licença endossada de uma enumeração completa dos pontos em que não satisfaz estas condições.

Artigo 40 – Validade de certificados e licenças anotadas

Aeronaves, ou pessoal com certificados ou licenças assim endossadas, não poderão tomar parte na navegação internacional exceto com licença do Estado ou Estados em cujo território entrem o registro ou o uso de tais aeronaves ou de qualquer parte de aeronave certificada, em qualquer Estado que não seja o que outorgou ou do Estado para o qual a aeronave ou a peça em apreço for importada.

Artigo 41 – Aceitação de normas de navegabilidade

O disposto neste Capítulo não se aplicará às aeronaves e ao equipamento das aeronaves dos tipos cujo protótipo é submetido às autoridades nacionais competentes para homologação nos três anos que seguirão à data em que se adote uma norma internacional de navegabilidade para tal equipamento.

Artigo 42 – Aceitação de normas de competência do pessoal

O disposto neste capítulo não se aplicará ao pessoal cuja licença original se haja expedido antes de decorrido um ano depois da data em que se adote inicialmente uma norma internacional de qualificação para tal pessoal; elas se aplicarão, entretanto, de qualquer modo ao pessoal cujas licenças são ainda válidas cinco anos depois da adoção desta norma.

PARTE II – ORGANIZAÇÃO INTERNACIONAL DE AVIAÇÃO CIVIL

Capítulo VII – A Organização

Artigo 43 – Nome e composição

Esta Convenção estabelece uma organização que se denominará Organização Internacional de Aviação Civil, e será composta de uma Assembleia, de um Conselho e dos demais órgãos julgados necessários.

Artigo 44 – Objetivos

Os fins e objetivos da Organização serão desenvolver os princípios e a técnica da navegação aérea internacional e de favorecer o estabelecimento e estimular o desenvolvimento de transportes aéreos internacionais a fim de poder:

a) Assegurar o desenvolvimento seguro e ordeiro da aviação civil internacional do mundo;

b) Incentivar a técnica de desenhar aeronaves e sua operação para fins pacíficos.

c) Estimular o desenvolvimento de aerovias, aeroportos e facilidades à navegação aérea na aviação civil internacional;

d) Satisfazer às necessidades dos povos do mundo no tocante a transporte aéreo seguro, regular, eficiente e econômico.

e) Evitar o desperdício de recursos econômicos causados por competição desarrazoável;

f) Assegurar que os direitos dos Estados contratantes sejam plenamente respeitados, e que todo o Estado contratante tenha uma oportunidade equitativa de operar empresas aéreas internacionais;

g) Evitar a discriminação entre os Estados contratantes;

h) Contribuir para a segurança dos voos na navegação aérea internacional;

i) Fomentar, de modo geral, o desenvolvimento de todos os aspectos da aeronáutica civil internacional.

Artigo 45 – Sede permanente

A sede permanente da Organização será determinada na sessão final da Assembleia Preliminar da Organização Provisória Internacional de Aviação Civil estabelecida por acordo preliminar sobre a Aviação Civil Internacional, assinado em Chicago, em 7 de dezembro de 1944.

Por decisão do Conselho a sede poderá ser transferida temporariamente para outro lugar, e, não sendo em caráter provisório, por decisão da Assembleia. Para tal decisão será necessário o número de votos fixados pela Assembleia. O número de votos assim fixados não poderá ser inferior ao três quintos de número total de Estados contratantes.

Artigo 46 – Primeira reunião da Assembleia

A primeira reunião da Assembleia será convocada pelo Conselho Interino constituído pelo acordo para estabelecer a Organização Provisória Internacional de Aviação Civil Internacional, assinado em Chicago em 7 de dezembro de 1944, logo após a entrada em vigor da Convenção, para reunir-se na data e no lugar que esse Conselho Interino designar.

Artigo 47 – Personalidade jurídica

A Organização gozará, no território de cada um dos Estados contratantes, de capacidade jurídica necessária para o desempenho de suas funções. Ser-lhe-á concedida plena personalidade jurídica sempre que o permitam a constituição e as leis do Estado interessado.

Capítulo VIII – A Assembleia

Artigo 48 – Sessões da Assembleia e votação

a) A Assembleia se reunirá pelo menos uma vez cada três anos e será convocada pelo Conselho em data e lugar apropriados. A Assembleia poderá realizar uma reunião extraordinária, a qualquer momento, por convocação do Conselho ou a requerimento dirigido ao Secretário-Geral, de, pelo menos, a quinta parte do número total de Estados contratantes.

b) Todos os Estados contratantes terão direito igual a serem representados nas reuniões da Assembleia, e cada Estado contratante terá direito a um voto. Os delegados que representam os Estados contratantes poderão ter o auxílio de assessores técnicos, que terão direito a participar das reuniões, porém sem direito a voto.

c) Nas reuniões da Assembleia, será requerida a maioria dos Estados contratantes para constituir *quorum*. A menos que esta Convenção disponha de modo contrário, as decisões da Assembleia serão tomadas por maioria dos votos consignados.

Artigo 49 – Poderes e deveres da Assembleia

Serão faculdades e funções da Assembleia:

a) Eleger em cada reunião seu Presidente e outros funcionários;

b) Eleger os Estados contratantes que estarão representados no Conselho, de acordo com as disposições do Capítulo IX;

c) Examinar e tomar medidas pertinentes no que se refere aos relatórios do Conselho e decidir qualquer assunto a que este se refira;

d) Determinar o seu próprio regulamento e estabelecer as comissões subsidiárias que julgue necessárias ou aconselháveis;

e) Votar orçamentos anuais e fazer os arranjos financeiros da Organização, de conformidade com as disposições do Capítulo XII;

f) Examinar os gastos e aprovar as contas da Organização;

g) A seu critério, entregar ao Conselho, às comissões auxiliares, ou a qualquer outro órgão, qualquer assunto que esteja dentro da sua esfera;

h) Delegar ao Conselho as faculdades e autoridades necessárias ou aconselháveis para o desempenho das funções da Organização; e revogar ou modificar a qualquer momento tal delegação;

i) Executar as disposições do Capítulo XIII que sejam oportunas;

j) Considerar propostas para a modificação ou emenda das disposições desta Convenção e, se as aprovar, recomendá-las aos Estados contratantes de acordo com as disposições do Capítulo XXI;

k) Tratar de qualquer assunto, dentro da esfera de ação da Organização, que não tenha sido atribuído especificamente ao Conselho.

Capítulo IX – O Conselho

Artigo 50 – Composição e eleição do Conselho

a) O Conselho será um órgão permanente, responsável perante a Assembleia. Será composto de trinta e três Estados contratantes eleitos pela Assembleia. Uma eleição será feita na primeira reunião da Assembleia, e depois de três em três anos. Os membros do Conselho assim eleitos desempenharão seus cargos até a próxima eleição.

b) Ao eleger os membros do Conselho, a Assembleia dará a devida representação (1) aos Estados de maior importância em matéria de transporte aéreo (2) aos Estados que não sejam representados de outro modo, e que mais contribuam a prover facilidades para a navegação aérea civil internacional; e (3) aos Estados que são representados de outro modo, e cuja nomeação assegurar a representação no Conselho de todas as principais regiões geográficas do mundo. Toda vaga no Conselho será preenchida pela Assembleia o mais depressa possível; o Estado contratante assim eleito para o Conselho exercerá suas funções durante o resto do período que correspondia a seu predecessor.

c) Nenhum dos representantes dos Estados contratantes no Conselho poderá estar associado ativamente na operação de algum serviço aéreo internacional, nem interessado financeiramente em tal serviço.

Artigo 51 – Presidente do Conselho

O Conselho elegerá seu Presidente por um período de três anos. O Presidente não terá direito a voto. O Conselho elegerá entre os seus membros um ou mais Vice-Presidentes, que conservarão seu direito de voto quando na função de Presidente interino. O Presidente não será necessariamente escolhido entre os representantes dos membros do Conselho; se um deles, entretanto, for eleito, o seu lugar, considerado vago, será preenchido pelo Estado que representava. As funções do Presidente serão:

a) Convocar as reuniões do Conselho do Comitê de Transporte Aéreo e da Comissão de Navegação Aérea;

b) Servir como representante do Conselho; e

c) Desempenhar em nome do Conselho, as funções que lhe atribuir.

Artigo 52 – Votação no Conselho

Para as decisões do Conselho será necessária a aprovação da maioria de seus membros. O Conselho poderá delegar a um comitê composto de seus membros, plena autoridade relativa a qualquer assunto especial. Qualquer Estado contratante interessado poderá apelar perante o Conselho relativamente às decisões de qualquer Comitê do Conselho.

Artigo 53 – Participação sem direito ao voto

Qualquer Estado contratante poderá tomar parte, sem direito a voto, nas deliberações do Conselho e dos seus comitês e comissões sobre qualquer assunto que afete especialmente seus interesses. Nenhum dos membros do Conselho poderá votar no exame pelo Conselho de uma controvérsia da qual seja parte.

Artigo 54 – O Conselho deverá:

a) Apresentar à Assembleia relatórios anuais;

b) Executar as instruções da Assembleia, e desempenhar as funções e assumir as obrigações que lhe sejam atribuídas por esta Convenção;

c) Determinar a sua própria organização e regulamento;

d) Nomear um Comitê de Transporte Aéreo e definir as suas funções. Este comitê será escolhido entre os representantes dos membros do Conselho e, será responsável perante ele;

e) Estabelecer uma Comissão de Navegação Aérea, de acordo com as disposições do Capítulo X;

f) Administrar as finanças da Organização de acordo com as disposições dos Capítulos XII e XV;

g) Fixar os vencimentos do Presidente do Conselho;

h) Nomear um funcionário executivo Chefe, que será denominado Secretário Geral; e providenciar para a nomeação do pessoal necessário, de acordo com as disposições do Capítulo XI;

i) Solicitar, compilar, examinar e publicar informações relativas ao progresso da navegação aérea e à operação de serviços aéreos internacionais, incluindo informações acerca do custo de operação e detalhes sobre os subsídios oficiais pagos às empresas aéreas;

j) Informar os Estados contratantes a respeito de qualquer infração desta Convenção e qualquer omissão ocorrida por deixar de executar as recomendações ou determinações do Conselho;

k) Avisar a Assembleia de toda infração desta Convenção no caso em que algum Estado membro deixe de tomar as medidas necessárias num prazo razoável, depois de ter sido notificado de infração;

l) Adotar de acordo com as disposições do Capítulo VI desta Convenção, as normas internacionais e os processos recomendados; para a maior conveniência designá-los como Anexos a esta Convenção e notificar todos os Estados contratantes da ação tomada;

m) Estudar as recomendações da Comissão de Navegação Aérea relativas às emendas dos Anexos, e agir de acordo com as disposições do Capítulo XX;

n) Examinar qualquer assunto relativo à Convenção que lhe seja submetido por qualquer Estado contratante.

Artigo 55 – Funções facultativas do Conselho

O Conselho poderá:

a) Quando apropriado e quando a experiência indicar sua conveniência, criar comissões de transporte aéreo, subordinadas, sobre base regional ou de outra natureza, e definir os grupos de estados ou empresas aéreas com as quais ou por meio das quais possa tratar para facilitar o êxito dos objetivos desta Convenção;

b) Delegar à Comissão de Navegação Aérea funções adicionais às estabelecidas na Convenção e revogar ou modificar a qualquer momento tal delegação de autoridade;

c) Fazer pesquisas em todos o setores de transporte e de navegação aérea de importância internacional; transmitir o resultado das pesquisas aos Estados contratantes, e facilitar entre estes o intercâmbio de informações sobre assuntos relativos ao transporte e à navegação aérea;

d) Estudar qualquer questão que afete a organização e operação do transporte aéreo internacional, inclusive a propriedade e a exploração internacional em rotas troncos, e submeter à Assembleia planos relacionados com estes assuntos;

e) Investigar, a pedido de qualquer Estado contratante, toda a situação da qual possam surgir obstáculos evitáveis ao desenvolvimento da navegação aérea internacional e apresentar, depois de tal investigação, o parecer que julgar aconselhável.

Capítulo X – Comissão de Navegação Aérea

Artigo 56 – Designação e nomeação de Comissão

A Comissão de Navegação Aérea será composta de quinze membros, nomeados pelo Conselho entre pessoas designadas pelo Estado contratante. Estas pessoas deverão ter qualificação e experiência adequadas na ciência e na prática da aeronáutica. O Conselho solicitará de todos os Estados contratantes que apresentem candidatos. O Conselho nomeará o Presidente da Comissão de Navegação Aérea.

Artigo 57 – Funções da Comissão

Serão funções da Comissão de Navegação Aérea:

a) Considerar modificações aos Anexos desta Convenção e recomendá-las ao Conselho para que sejam adotadas;

b) Estabelecer subcomissões técnicas, nas quais qualquer Estado contratante poderá estar representado, se assim o desejar;

c) Assessorar o Conselho a respeito de coleta, e transmissão aos Estados contratantes, de quaisquer informações que considerar necessárias ou úteis ao progresso da navegação aérea.

Capítulo XI – O Pessoal

Artigo 58 – Nomeação do pessoal

Sujeito aos regulamentos ditados pela Assembleia e às disposições desta Convenção o Conselho determinará, quanto ao Secretário Geral e o pessoal da Organização, o método de proceder e determinar as nomeações, o licenciamento, os salários, gratificações e condições de serviço, podendo empregar e utilizar os serviços de nacionais de qualquer Estado contratante.

Artigo 59 – Caráter internacional do pessoal

O Presidente do Conselho, o Secretário Geral e o resto do pessoal não solicitarão nem receberão instruções de autoridade alguma não pertencente à Organização relativamente ao desempenho de suas funções. Os Estados contratantes se comprometem a respeitar plenamente o caráter internacional das funções de pessoal e de não procurar exercer influência alguma sobre seus nacionais no desempenho de suas funções.

Artigo 60 – Imunidades e prerrogativas do pessoal

Os Estados contratantes se comprometem, tanto quanto o permitam seus processos constitucionais, a outorgar ao Presidente do Conselho, ao Secretário Geral e demais pessoal da Organização, as imunidades e as prerrogativas que são outorgadas ao pessoal da mesma categoria, de outras organizações públicas internacionais. Na eventualidade de celebrar-se um acordo geral internacional sobre imunidades e privilégios de servidores civis internacionais, as imunidades e prerrogativas concedidas ao Presidente, ao Secretário Geral, e aos demais pessoal da Organização, serão idênticas às concedidas em virtude de tal acordo geral internacional.

Capítulo XII – Finanças

Artigo 61 – Orçamento e repartição de gastos

O Conselho submeterá à Assembleia orçamentos anuais, prestações de contas anuais e estimativas de todas as receitas e despesas. A Assembleia aprovará os orçamentos com as modificações que achar oportunas, e com exceção das participações contidas pelos Estados, em virtude do Capítulo XV, repartirá as despesas da Organização entre os Estados contratantes, em proporções determinadas periodicamente.

Artigo 62 – Suspensão do direito de voto

A Assembleia poderá suspender o direito de voto na Assembleia e no Conselho de qualquer Estado contratante que, dentro de um período de tempo razoável, deixa de cumprir suas obrigações financeiras para com a Organização.

Artigo 63 – Gastos de delegações e outros representantes

Cada Estado contratante tomará a seu cargo os gastos de sua própria delegação na Assembleia e a remuneração, gastos de viagem e outras despesas de qualquer pessoa que nomeia para servir no Conselho, e de seus representantes em quaisquer comitês ou comissões subsidiárias da Organização.

Capítulo XIII – Outros Entendimentos Internacionais

Artigo 64 – Acordos de segurança

Em relação a questões de aviação de sua jurisdição, que afetem diretamente a segurança mundial, a Organização, por voto da Assembleia poderá proceder a entendimentos convenientes com qualquer organização geral estabelecida pelas nações do mundo para a manutenção da paz.

Artigo 65 – Entendimentos com outras entidades internacionais

O Conselho, em nome da Organização, poderá entrar em acordos com outras entidades internacionais para a manutenção de serviços comuns e relativamente a entendimentos conjuntos concernentes ao pessoal, e, com a aprovação da Assembleia, poderá ainda entrar em convênios destinados a facilitar o trabalho da Organização.

Artigo 66 – Funções relativas a outros acordos

a) A Organização deverá desempenhar as funções que lhe forem atribuídas pela Convenção Relativa ao Trânsito dos Serviços Aéreos Internacionais e a Convenção sobre Transporte Aéreo Internacional, elaborados em Chicago, a 7 de dezembro de 1944, de acordo com os termos e condições neles estabelecidas.

b) Os membros da Assembleia e do Conselho que não aceitaram o Acordo de Trânsito do Serviço Internacional Aéreo ou o Acordo de Transporte Internacional Aéreo, feitos em Chicago em 6 de dezembro de 1944, não terão o direito de voto em qualquer questão referida à Assembleia ou ao Conselho de conformidade com as disposições do acordo respectivo.

PARTE III – TRANSPORTE AÉREO INTERNACIONAL

Capítulo XIV – Informações e Relatórios

Artigo 67 – Relatórios de arquivo com o Conselho

Cada Estado Contratante se compromete a que suas empresas aéreas internacionais, de conformidade com as disposições estabelecidas pelo Conselho, transmitam a este informações sobre o tráfego, estatísticas de custo, e contabilidade, expondo, entre outras coisas, todas as receitas e a sua fonte.

Capítulo XV – Aeroportos e Outras Facilidades para Navegação Aérea

Artigo 68 – Determinação de rotas e de aeroportos

Cada Estado Contratante poderá, sujeito às disposições desta Convenção, designar a rota a ser seguida dentro do seu território por qualquer serviço aéreo internacional e os aeroportos utilizados por tais serviços.

Artigo 69 – Melhoria de facilidades para a navegação aérea

Se o Conselho for de opinião que os aeroportos ou outras facilidades para a navegação aérea, incluindo os serviços de rádio e de meteorologia de um Estado Contratante, não são razoavelmente adequados para assegurar a segurança, regularidade, eficiência e operação econômica de serviços aéreos internacionais, existentes ou projetados, o Conselho deverá consultar o Estado diretamente interessado, e os demais Estados afetados, com o objetivo de encontrar meios para remediar a situação e poderá fazer recomendações para tal fim. Nenhum Estado Contratante será culpado de infração desta Convenção no deixar de executar tais recomendações.

Artigo 70 – Financiamento de facilidades para a navegação aérea

Um Estado Contratante, nas circunstâncias indicadas no artigo 69, poderá concluir um acordo com o Conselho para dar efeito a tais recomendações. O Estado poderá tomar a seu cargo todas as despesas decorrentes de tal acordo.

No caso contrário, o Conselho poderá concordar a pedido do Estado, em fornecer a totalidade ou parte dos fundos necessários.

Artigo 71 – Fornecimento e manutenção de facilidades pelo Conselho

Se um Estado Contratante o solicitar, o Conselho poderá fornecer, dotar, manter, e administrar um ou todos os aeroportos e demais instalações para facilitar a navegação aérea, inclusive serviços meteorológicos e de rádio, necessários no seu território para o funcionamento seguro, regular, eficiente e econômico dos serviços aéreos internacionais dos outros Estados Contratantes, e poderá fixar taxas justas e razoáveis pelo uso dessas facilidades.

Artigo 72 – Aquisição ou uso de terrenos

No caso em que se necessitem terrenos para instalações custeadas totalmente ou em parte pelo Conselho a pedido de um Estado contratante, aquele Estado fornecerá ele próprio o terreno, conservando o título de propriedade se assim o desejar ou permitirá que o Conselho o use em condições justas e razoáveis e de acordo com as leis do Estado interessado.

Artigo 73 – Despesas e repartição de fundos

Dentro do limite dos fundos, que, de acordo com o Capítulo XII, a Assembleia ponha à disposição do Conselho, este poderá proceder a despesas correntes para os objetivos deste artigo por conta dos fundos gerais da Organização. O Conselho deverá repartir os fundos necessários para os fins deste Artigo em proporções previamente concordadas, através de um período de tempo razoável, entre os Estados contratantes, que deram seu consentimento, cujas empresas aéreas se utilizem destas facilidades. O Conselho poderá também atribuir a Estados que concordarem, quaisquer fundos correntes que sejam necessários.

Artigo 74 – Assistência técnica e utilização das rendas

Quando o Conselho, a pedido de um Estado Contratante, adiantar fundos ou fornecer aeroportos ou outras facilidades, total ou parcialmente o entendimento poderá incluir, com o consentimento do Estado interessado, assistência técnica na fiscalização e operação dos aeroportos e outras facilidades, e providenciar para o pagamento, por conta da renda procedente da operação dos aeroportos e outras facilidades, das despesas de operação, dos aeroportos e de outras facilidades, e dos juros e amortização.

Artigo 75 – Posse das instalações

Um Estado Contratante poderá a qualquer momento liquidar qualquer compromisso que tenha assumido em virtude do Artigo 70, e tomar a si os aeroportos e outras facilidades que o Conselho tenha fornecido, em seu território, de conformidade com as disposições dos Artigos 71 e 72, pagando ao Conselho a soma que na opinião do Conselho seja razoável nas circunstâncias. Se o Estado julgar que a importância fixada pelo Conselho não é razoável, poderá apelar da decisão do Conselho perante a Assembleia que poderá confirmar ou emendar a decisão do Conselho.

Artigo 76 – Re-embolsos

Os fundos obtidos pelo Conselho por re-embolso em virtude do Artigo 75 ou provimentos de pagamentos de juros e amortização, em virtude do Artigo 74, no caso de adiantamentos financiados originalmente por Estados, de conformidade com o Artigo 73, serão devolvidos aos Estados entre os quais foram repartidos proporcionalmente de acordo com a sua parte inicial, segundo determinação do Conselho.

Capítulo XVI – Organizações Conjuntas e Serviços Mútuos

Artigo 77 – Permissão de constituição de organizações conjuntas

Nada nesta Convenção proibirá dois ou mais Estados Contratantes constituírem organizações conjuntas de operações de transportes aéreos ou agências de operações internacionais e que fundem os seus serviços aéreos em quaisquer rotas ou regiões. Tais organizações ou agências e tais serviços conjuntos estarão sujeitos a todas as disposições desta Convenção, inclusive as relativas ao registro de acordos com o Conselho.

O Conselho determinará como as cláusulas desta Convenção relativos à nacionalidade de aeronaves se aplicarão às aeronaves que trafeguem sob a direção de agências internacionais de operações.

Artigo 78 – Função do Conselho

O conselho poderá propor a Estados Contratantes interessados que formem organizações conjuntas para operar serviços aéreos em quaisquer rotas ou regiões.

Artigo 79 – Participações em organizações de operação

Um Estado poderá participar em entendimentos de serviços mútuos, organizações conjuntas, operações, seja por intermédio do Governo ou por intermédio de uma empresa ou empresas de navegação aérea designadas por seu Governo.

As empresas, segundo o critério exclusivo do Estado interessado, poderão ser inteira ou parcialmente de propriedade do Estado ou de propriedade particular.

PARTE IV – DISPOSIÇÕES FINAIS

Capítulo XVII – Outros Acordos e Entendimentos Aeronáuticos

Artigo 80 – Convenções de Paris e de Havana

As partes contratantes se comprometem, assim que a presente Convenção entrar em vigor a denunciar a Convenção relativa à Regulamentação da Navegação Aérea, firmada em Paris, a 13 de outubro de 1919, ou a Convenção sobre Aviação Comercial, assinada em Havana, a 20 de fevereiro de 1928, quando fizerem parte de qualquer uma das duas. Entre os Estados Contratantes, esta Convenção substitui as referidas Convenções de Paris e de Havana.

Artigo 81 – Registro de acordos existentes

Todos os acordos aeronáuticos existentes por ocasião da entrada em vigor desta, entre um Estado Contratante e qualquer outro Estado ou entre uma empresa de navegação aérea de um Estado Contratante e outro Estado qualquer ou empresa de navegação aérea de qualquer outro Estado, serão imediatamente registrados no Conselho.

Artigo 82 – Abrogação de ajustes incompatíveis

As partes Contratantes aceitam esta Convenção como abrogando todas as obrigações e entendimentos entre eles incompatíveis com os seus termos, e se comprometem a não assumir obrigações ou entendimentos desta natureza. Um Estado Contratante que, antes de tornar-se membro da Organização, tenha assumido com um Estado não contratante ou com um nacional de Estado Contratante ou de Estado não contratante compromisso incompatível com as cláusulas desta Convenção, tomará medidas imediatas para se desobrigar do referido compromisso. Se uma empresa de navegação aérea de qualquer Estado Contratante houver assumido semelhantes obrigações incompatíveis, o Estado de sua nacionalidade se esforçará na medida do possível para assegurar sua imediata terminação e de qualquer modo, providenciará para a sua terminação logo que for possível fazê-lo depois da entrada em vigor desta Convenção.

Artigo 83 – Registro de novos entendimentos

Sujeito às disposições do artigo anterior qualquer Estado Contratante poderá realizar entendimentos compatíveis com as cláusulas desta Convenção. Qualquer entendimento desta natureza deverá ser imediatamente registrado no Conselho que dará publicidade ao mesmo assim que for possível.

Capítulo XVIII – Disputa e Falta de Cumprimento

Artigo 84 – Solução de disputa

Qualquer desacordo entre dois ou mais Estados Contratantes sobre a interpretação ou a aplicação desta Convenção e seus anexos que não puder ser resolvido por meio de negociações será mediante pedido de qualquer dos Estados, envolvido no desacordo, decidido pelo Conselho. Nenhum membro do Conselho terá direito a voto na solução pelo Conselho de qualquer disputa na qual seja parte interessada. Qualquer estado contratante poderá, observado o disposto no Artigo 85, pedir revisão da decisão do conselho a um tribunal arbitral *ad hoc*, aceito pelos demais interessados, ou à Corte Permanente de Justiça Internacional. Qualquer recurso desta ordem será levado ao conhecimento do Conselho dentro do prazo de 60 (SESSENTA) dias, contados a partir da data do recebimento de notificação da decisão do Conselho.

Artigo 85 – Processo arbitral

Se qualquer Estado Contratante envolvido em disputa na qual a decisão do Conselho estiver sendo apelada não tiver aceito o Estatuto da Corte Permanente de Justiça Internacional e os Estados Contratantes interessados não chegarem a um acordo no tocante à escolha do tribunal arbitral, cada um dos Estados Contratantes, parte na disputa nomeará um árbitro e estes indicarão um juiz. Se algum Estado Contratante envolvido na disputa deixar de nomear um árbitro dentro de um período de três meses, contados a partir da data do apelo, o Presidente do Conselho escolherá, de uma lista de indivíduos qualificados e disponíveis, mantida pelo Conselho, um árbitro para este Estado. Se, dentro de 30 (trinta) dias, os árbitros não chegarem a um acordo sobre o juiz, o Presidente do Conselho escolherá um juiz da referida lista. Os árbitros e o juiz constituirão então conjuntamente, um tribunal arbitral. Qualquer tribunal ARBITRAL constituído nos termos deste ou do precedente artigo adotará seu próprio processo e decidirá por maioria de votos, podendo entretanto o Conselho determinar o processo a ser adotado na hipótese de dar-se um atraso excessivo na sua opinião.

Artigo 86 – Dos recursos

Salvo decisão contrária do Conselho, qualquer decisão do Conselho sobre se uma empresa de navegação aérea internacional opera em conformidade com as cláusulas desta Convenção será válida exceto se for modificada em consequência de apelo. Sobre qualquer outro assunto, as decisões do Conselho, se impugnadas, serão suspensas até que o recurso seja julgado. As decisões da Corte Permanente de Justiça Internacional e de um tribunal arbitral serão finais e obrigarão as partes.

Artigo 87 – Penas par falta de cumprimento por parte de empresas de navegação aérea

Cada Estado Contratante se compromete a não permitir que uma empresa de navegação aérea de Estado Contratante opere no espaço aéreo sobre o seu território se o Conselho tiver resolvido que a empresa em questão não está acatando uma decisão final pronunciada de acordo com o artigo precedente.

Artigo 88 – Penalidades por não cumprimento por parte do Estado

A Assembleia suspenderá o direito de voto na Assembleia e no Conselho de qualquer Estado Contratante em falta no tocante às disposições deste capítulo.

Capítulo XIX – Guerra

Artigo 89 – Guerra e condições de emergência

Em caso de guerra, as disposições desta Convenção não afetarão a liberdade de ação de qualquer dos Estados contratante atingidos, seja como beligerante ou neutro. O mesmo princípio será aplicado no caso de qualquer Estado contratante que declarar um estado nacional de emergência e que comunique o fato ao Conselho.

Capítulo XX – Anexos

Artigo 90 – Adoção e emendas de anexos

a) A adoção pelo Conselho dos Anexos descritos no Artigo 54, sub-parágrafo (1º), necessitará dois terços de votos do Conselho em reunião convocada com tal finalidade e será em seguida, submetida pelo Conselho a cada Estado contratante. Qualquer anexo ou emenda de um anexo, tornar-se-á efetiva dentro de três (3) meses, contados a partir da data em que forem submetidos à apreciação dos Estados contratantes, ou findo um período mais extenso que o Conselho possa adotar, salvo se nesse ínterim, uma maioria dos Estados contratantes manifestar sua desaprovação do Conselho.

b) O Conselho comunicará, imediatamente, aos Estados contratantes a entrada em vigor de qualquer anexo ou emenda de anexo.

Capítulo XXI – Ratificações, Adesões, Emendas e Denúncias

Artigo 91 – Ratificação da Convenção

a) Esta Convenção deverá ser ratificada pelos Estados signatários. O instrumento de ratificação será depositado nos arquivos do Governo dos Estados Unidos da América, que comunicará a data do depósito a cada Estado que tenha assinado ou aderido à Convenção.

b) Assim que esta Convenção tenha sido ratificada por, ou a ela tenham aderido, vinte seis (26) Estados, ela entrará em vigor entre eles no trigésimo dia após o depósito do vigésimo sexto instrumento. Entrará em vigor para os Estados que o ratificarem posteriormente ao trigésimo dia depois do depósito do respectivo instrumento de ratificação.

c) Caberá ao Governo dos Estados Unidos da América levar ao conhecimento do Governo de cada Estado ratificante ou aderente a data em que esta Convenção entrar em vigor.

Artigo 92 – Adesões à Convenção

a) Esta Convenção, após a data de encerramento das assinaturas, estará aberta à adesão por parte dos membros das Nações Unidas e dos Estados a eles associados e de Estados que permaneceram neutros durante a atual conflagração mundial.

b) As adesões serão efetuadas por meio da comunicação dirigida ao Governo dos Estados Unidos da América e entrarão em vigor do trigésimo dia após o recebimento da comunicação, pelo Governo dos Estados Unidos da América que o comunicará a todos os Estados contratantes.

Artigo 93 – Admissão de outros Estados

Os Estados, além dos mencionados nos Artigos 91 e 92 (a), poderão ser admitidos para participar desta Convenção, mediante quatro quintos de votos da Assembleia e sujeitos às condições que a Assembleia prescrever com a aprovação da organização geral internacional constituída pelas Nações do Mundo para a preservação da Paz, sendo que em cada caso é necessário o assentimento de qualquer Estado invadido ou agredido durante a presente guerra pelo Estado que solicitar admissão.

Artigo 93-BIS

a) Apesar das disposições dos Artigos 91, 92 e 93:

1 – Um Estado, cujo Governo for objeto, por parte da Assembleia Geral das Nações Unidas, de uma recomendação tendente a privá-lo de sua qualidade de membro das instituições internacionais estabelecidas pela Organização das Nações Unidas ou ligadas a esta, deixará automaticamente de ser membro da Organização de Aviação Civil Internacional;

2 – Um Estado excluído da Organização das Nações Unidas deixará automaticamente de ser membro da Organização de Aviação Civil Internacional, a menos que a Assembleia Geral da Organização das Nações Unidas inclua em seu ato de exclusão uma recomendação em sentido contrário;

b) Um Estado que, em virtude das disposições do parágrafo a) acima referido, deixe de ser membro da Organização de Aviação Civil Internacional, pode, a seu pedido e de acordo com a Assembleia Geral da Organização das Nações Unidas e aprovação da maioria do Conselho, ser readmitido na Organização de Aviação Civil Internacional;

c) Os membros da Organização, privados do exercício de seus direitos e privilégios inerentes à qualidade de membros da Organização das Nações Unidas, serão a pedido desta última, privados dos direitos e privilégios como membros da presente Organização.

Artigo 94 – Emenda da Convenção

a) Qualquer proposta de emenda desta Convenção deverá ser aprovada por dois terços de votos da Assembleia e entrará então em vigor no tocante aos Estados que ratificaram a Emenda, quando ratificada pelo número de Estados contratantes especificado pela Assembleia. O número assim especificado não será inferior a dois terços do número total de Estados contratantes.

b) Se na sua opinião a Emenda é de natureza a justificar a medida, a Assembleia, em sua resolução recomendado a adoção, poderá estipular que qualquer Estado que não tiver ratificado dentro de um determinado período depois de sua entrada em vigor, deixará como resultado, de ser membro de Organização e parte da Convenção.

Artigo 95 – Denúncia da Convenção

a) Qualquer Estado contratante poderá denunciar esta Convenção três (3) anos depois de sua entrada em vigor mediante comunicação dirigida ao Governo dos Estados Unidos da América, que informará imediatamente os demais Estados contratantes.

b) A denúncia terá efeito um ano depois da data de recepção da comunicação e só será operante com relação ao Estado que efetuou a denúncia.

Capítulo XXII – Definições

Artigo 96 – Para efeito desta Convenção a expressão:

a) "Serviço aéreo" (*Air service*) significa qualquer serviço aéreo regular por aeronaves para o transporte público de passageiros, correio ou carga.

b) "Serviço aéreo internacional" (*International Air Service*) significa o serviço aéreo que passa pelo espaço aéreo sobre o território de mais de um Estado.

c) "Empresa de navegação aérea" (*Airline*) significa qualquer organização de transporte aéreo operando um serviço aéreo internacional.

d) "Escala sem fins comerciais" (*stop for non-traffic purposes)* significa um pouso para qualquer fim que não seja para tomar ou desembarcar passageiros, correio ou carga.

Assinatura da Convenção

Em testemunho de que, os Plenipotenciários abaixo assinados, tendo sido devidamente autorizados, assinam esta Convenção em nome dos seus respectivos Governos nas datas que aparecem ao lado das suas assinaturas.

Feito em Chicago, dia 7 de dezembro de 1944, em inglês. Texto em inglês, francês e espanhol, sendo cada um de igual autenticidade, serão abertos para assinatura em Washington, DC. Ambos os textos serão depositados nos arquivos do Governo dos Estados Unidos da América, e cópias autênticas serão enviadas por este Governo aos governos de todos os Estados que devam assinar ou aderir a esta Convenção.

DECRETO Nº 56.463, DE 15 DE JUNHO DE 1965

Promulga o Protocolo de emenda da Convenção para a unificação de certas regras relativas ao transporte aéreo internacional.

- *Assinada em Varsóvia, em 1929 e promulgada pelo Decreto nº 20.704, de 24.11.1931.*

O Presidente da República,

Havendo o Congresso Nacional aprovado pelo Decreto Legislativo nº 31, de 1963, o Protocolo concluído em Haia a 28 de setembro de 1955, de emenda da Convenção para a unificação de certas regras relativas ao transporte aéreo internacional, firmada em Varsóvia, a 12 de outubro de 1929 e promulgada, pelo Decreto nº 20.784, de 24 de novembro de 1932;

E havendo sido depositado o respectivo Instrumento de ratificação junto ao Governo da Polônia a 16 de junho de 1964,

Decreta:

Que o mesmo, apenso por cópia ao presente decreto, seja executado e cumprido tão inviolàvelmente como nele se contem.

Brasília, 15 de junho de 1965; 144º da Independência e 77º da República.

H. Castello Branco

PROTOCOLO DE EMENDA DA CONVENÇÃO PARA A UNIFICAÇÃO DE CERTAS REGRAS RELATIVAS AO TRANSPORTE AÉREO INTERNACIONAL FIRMADA EM VARSÓVIA A 12 DE OUTUBRO DE 1929.

Os Governos abaixo assinados

Considerando que é desejável emendar a Convenção para a Unificação de Certas Regras Relativas ao Transporte Aéreo Internacional, firmada em Varsóvia a 12 de outubro de 1929, convieram o seguinte:

Capítulo I – Emendas à Convenção

Artigos I a XVII

• *Alterações já incorporadas ao texto da Convenção – Vide Decreto nº 20.704, de 24.11.1931.*

Capítulo II – Âmbito de Aplicação da Convenção Emendada

Artigo XVIII

A Convenção, emendada pelo presente Protocolo, se aplicará ao transporte internacional definido no artigo primeiro da Convenção se os pontos de partida e destino se situarem no território de dois Estados partes no presente Protocolo, ou no território de um só Estado parte no presente Protocolo, se houver uma escala prevista no território de outro Estado.

Capítulo III – Disposições Protocolares

Artigo XIX

Para as Partes no presente Protocolo, a Convenção e o Protocolo serão considerados e interpretados como um único instrumento, e serão designados "Convenção de Varsóvia emendada na Haia em 1955".

Artigo XX

Até a data de sua entrada em vigor, em conformidade com as disposições do artigo XXII, alínea 1ª, o presente Protocolo permanecerá aberto à assinatura por qualquer Estado que tenha ratificado a Convenção ou que a ela tenha aderido, bem como a qualquer Estado que tenha participado da Conferência na qual se adotou este Protocolo.

Artigo XXI

1. O presente Protocolo será submetido à ratificação dos Estados signatários.

2. A ratificação do presente Protocolo por parte de um Estado que não seja parte na Convenção importa adesão à Convenção emendada pelo presente Protocolo.

3. Os instrumentos de ratificação serão depositados junto ao Governo da República Popular da Polônia.

Artigo XXII

1. Logo que trinta Estados signatários tiverem ratificado o presente Protocolo, este entrará em vigor entre tais Estados no nonagésimo dia após o depósito do trigésimo instrumento de ratificação. Para cada um dos Estados que o ratificarem depois desta data, entrará em vigor no nonagésimo dia após o depósito do seu instrumento de ratificação.

2. Imediatamente após sua entrada em vigor, o presente Protocolo será registrado junto à Organização das Nações Unidas pelo Governo da República Popular da Polônia.

Artigo XXIII

1. Após sua entrada em vigor, o presente Protocolo será aberto à adesão de qualquer Estado não signatário.

2. A adesão ao presente Protocolo por parte de um Estado que não é parte na Convenção importa adesão à Convenção emendada pelo presente Protocolo.

3. A adesão se efetuará pelo depósito de um instrumento de adesão junto ao Governo da República Popular da Polônia, e produzirá seus efeitos no nonagésimo dia após a data deste depósito.

Artigo XXIV

1. Qualquer parte no presente Protocolo poderá denunciá-lo mediante notificação dirigida ao Governo da República Popular da Polônia.

2. A denúncia produzirá seus efeitos seis meses após a data do recebimento, pelo Governo da República Popular da Polônia, da respectiva notificação.

3. Para as partes no presente Protocolo, a denúncia da Convenção por uma delas, de acordo com o artigo 39, não deve ser interpretada como denúncia da Convenção emendada pelo presente Protocolo.

Artigo XXV

1. O presente Protocolo se aplicará a todos os territórios representados, no plano internacional, por um Estado parte no Protocolo, com exceção dos territórios a respeito dos quais se tenha feito uma declaração, em conformidade com a alínea 2 do presente artigo.

2. Qualquer Estado poderá, no momento do depósito do seu instrumento de ratificação ou adesão, declarar que sua aceitação do presente Protocolo não se aplica a um ou a vários dos territórios que representa no plano internacional.

3. Qualquer Estado poderá posteriormente notificar o Governo da República Popular da Polônia de que o presente Protocolo se aplicará a um ou mais territórios a respeito dos quais tenha feito uma declaração, de acordo com o estipulado na alínea 2 do presente artigo. Esta notificação produzirá seus defeitos no nonagésimo dia após a data de seu recebimento por este Governo.

4. Qualquer Estado parte no presente Protocolo poderá, em conformidade com as disposições do artigo XXIV, alínea 1ª, denunciá-lo separadamente para um ou todos os territórios que representa no plano internacional.

Artigo XXVI

O presente Protocolo não poderá ser objeto de reservas. Entretanto, um Estado poderá, a qualquer momento, declarar mediante notificação dirigida ao Governo da República Popular da Polônia, que a Convenção emendada pelo Protocolo não se aplicará ao transporte de pessoas, mercadorias e bagagem efetuado por suas autoridades militares, a bordo de aeronaves matriculadas neste Estado, e cuja capacidade total tenha sido reservada por estas autoridades ou por conta destas.

Artigo XXVII

O Governo da República Popular da Polônia notificará imediatamente aos Governos de todos os Estados signatários da Convenção ou do presente Protocolo, de todos os Estados partes da Convenção ou no presente Protocolo, e de todos os Estados membros da Organização de Aviação Civil Internacional ou da Organização das Nações Unidas, bem como à Organização de Aviação Civil Internacional:

a) qualquer assinatura do presente Protocolo e a data desta assinatura;

b) o depósito de todo instrumento de ratificação do presente Protocolo ou de adesão, e a data deste depósito;

c) a data da entrada em vigor do presente Protocolo, em conformidade com a alínea 1ª do artigo XXII;

d) o recebimento de qualquer notificação de denúncia e a data do recebimento;

e) o recebimento de qualquer declaração ou notificação feita em virtude do artigo XXV e a data do recebimento; e

f) o recebimento de qualquer notificação feita em virtude do artigo XXVI e a data do recebimento.

Em fé do que os Plenipotenciários abaixo assinados, devidamente autorizados, assinaram o presente Protocolo.

Feito na Haia aos vinte e oito dias do mês de setembro do ano de mil novecentos e cinqüenta e cinco, em três textos autênticos redigidos nas línguas francesa, inglesa e espanhola. Em caso de divergência, fará fé o texto em língua francesa, língua em que foi redigida a Convenção.

O presente Protocolo será depositado junto ao Governo da República Popular da Polônia, onde, em conformidade com as disposições do artigo XX, ficará aberto à assinatura, e este Governo enviará cópias autenticadas do presente Protocolo aos Governos do todos os Estados membros da Organização de Aviação Civil Internacional ou da Organização das Nações Unidas, de todos os Estados signatários da Convenção ou do presente Protocolo, bem como à Organização de Aviação Civil Internacional.

Bélgica / Brasil / Egito / El Salvador / França / Grécia / Hungria / Irlanda / Israel / Itália / Laos / Liechtenstein / Luxemburgo / México / Noruega / Países-Baixos / Filipinas / Polônia / Portugal / República Federal da Alemanha / Romênia / Suécia / Suíça / Tchecoslováquia / URSS / Venezuela.

DECRETO Nº 60.967, DE 7 DE JULHO DE 1967

Promulga o Convênio complementar ao Convênio de Varsóvia para unificação de certas regras relativas ao transporte aéreo internacional realizado por quem não seja transportador contratual.

O Presidente da República,

Havendo o Congresso Nacional aprovado pelo Decreto Legislativo nº 85, de 1965, o Convênio complementar ao Convênio de Varsóvia para unificação de certas regras relativas ao transporte aéreo internacional realizado por quem não seja transportador contratual, assinado em Guadalajara, a 16 de setembro de 1961;

E havendo o referido Convênio entrado em vigor para o Brasil, de conformidade com seu artigo XIII, § 1º, a 9 de maio de 1967, noventa dias após o depósito do instrumento brasileiro de ratificação junto ao Governo dos Estados Unidos Mexicanos, que se efetuou a 8 de fevereiro de 1967;

Decreta que o mesmo, apenso por cópia ao presente decreto, seja executado e cumprido tão inteiramente como nele se contém.

Brasília, 7 de julho de 1967; 146º da Independência e 79º da República.

A. Costa e Silva – José de Magalhães Pinto

DOU de 11.7.1967

CONVENÇÃO COMPLEMENTAR DA CONVENÇÃO DE VARSÓVIA PARA A UNIFICAÇÃO DE CERTAS REGRAS RELATIVAS AO TRANSPORTE AÉREO INTERNACIONAL EFETUADO POR QUEM NÃO SEJA TRANSPORTADOR CONTRATUAL

Os Estados que assinam a presente Convenção

Considerando que a Convenção de Varsóvia não contém regras particulares relativas ao transporte aéreo internacional efetuado por quem não seja parte e no contrato de transporte,

Considerando, por conseguinte, que e conveniente formular normas que regulem tais circunstâncias,

Convêm no seguinte:

Artigo I

Na presente Convenção:

a) "Convenção de Varsóvia" significa seja a Convenção para a unificação de certas regras relativas ao transporte aéreo internacional, assinada em Varsóvia, a 12 de outubro de 1929 seja a Convenção de Varsóvia modificada na Haia, em 1955, conforme o transporte, nos termos do contrato previsto na alínea "b", é regido por uma ou por outra;

b) "transportador contratual" significa a pessoa que como parte, conclui um contrato de transporte regido pela Convenção de Varsóvia, com um passageiro, um expedidor ou uma pessoa que atue em nome de um ou de outro;

c) "transportador de fato" significa a pessoa distinta do transportador contratual que, em virtude da autorização dada pelo transportador contratual, efetua todo ou parte do transporte previsto na alínea "b", sem ser com relação a dita parte, um transportador sucessivo no sentido da Convenção de Varsóvia. Tal autorização presumir-se-á, salvo prova em contrário.

Artigo II

Se um transportador de fato efetua todo ou parte de um transporte que, de acordo com o contrato a que se refere o artigo I, alínea "b", rege-se pela Convenção de Varsóvia, tanto o transportador contratual como o transportador de fato ficarão submetidos salvo disposição em contrário da presente Convenção, às disposições da Convenção de Varsóvia, o primeiro com relação a todo o transporte previsto no contrato, o segundo somente em relação ao transporte que efetue.

Artigo III

1 – Os atos e omissões do transportador de fato ou de seus prepostos, que atuem no exercício de suas funções relativos ao transportador de fato, considerar-se-ão igualmente com ações e omissões do transportador contratual.

2 – Os atos e omissões do transportador contratual ou de seus prepostos que atuem no exercício de suas funções, relativas ao transporte efetuado pelo transportador de fato serão considerados como atos e omissões do transportador de fato. Sem embargo, nenhum desses atos ou omissões poderá sujeitar o transportador de fato a uma responsabilidade que exceda os limites previstos no artigo 22 da Convenção de Varsóvia. Nenhum acordo especial, nos termos do qual o transportador contratual assuma obrigações não impostas pela Convenção de Varsóvia, ou nenhuma renúncia a direitos previstos pela mencionada Convenção como também nenhuma declaração especial de "interesse na entrega" prevista do artigo 22 da mencionada Convenção afetará o transportador de fato, salvo consentimento deste.

Artigo IV

As ordens ou reclamações dirigidas ao transportador, conforme a Convenção de Varsóvia, terão o mesmo efeito sejam dirigidas ao transportador contratual ou ao transportador de fato. Sem embargo, as ordens previstas no artigo 12 da Convenção de Varsóvia só terão efeito se forem dirigidas ao transportador contratual.

Artigo V

Com relação ao transporte efetuado pelo transportador de fato, qualquer preposto deste ou do transportador contratual terá direito, se provar que atuava no exercício de suas funções, a invocar os limites de responsabilidade aplicáveis, conforme a presente Convenção, ao transportador do qual seja preposto a menos que se prove que atuou de tal forma que, nos termos da Convenção de Varsóvia, não possa invocar tais limites.

Artigo VI

Com relação ao transporte efetuado pelo transportador de fato, o total das indenizações que se poderá obter deste transportador, do transportador contratual e dos prepostos de um e outro, que tenham atuado no exercício de suas funções não excederá a indenização maior que possa ser obtida seja do transportador contratual, seja do transportador de fato, em virtude da presente Convenção, mas nenhuma das pessoas acima mencionadas será responsabilizada além dos limites que lhe sejam aplicáveis.

Artigo VII

Toda ação de responsabilidade, relativa ao transporte efetuado pelo transportador de fato, poderá ser intentada, à escolha do autor, contra este transportador ou o transportador contratual ou contra um e outro, conjunta ou separadamente. Se a ação é intentada unicamente contra um desses transportadores este terá direito de chamar a juízo o outro transportador, regulando-se o processamento e seus efeitos pela lei do tribunal que conheça da questão.

Artigo VIII

Toda ação de responsabilidade prevista no artigo VII da presente Convenção devera intentar-se, a escolha do autor, seja perante um dos tribunais em que uma ação possa ser intentada contra o transportador contratual de acordo com o artigo 28 da Convenção de Varsóvia, seja perante o tribunal do domicílio do transportador de fato ou da sede principal do seu negócio.

Artigo IX

1 – Será nula e sem nenhum efeito, toda cláusula tendente a exonerar o transportador contratual ou o transportador de fato da responsabilidade prevista na presente Convenção ou a estabelecer limite inferior ou fixado pela presente Convenção, mas a nulidade desta cláusula não acarretará a do contrato, que continuará regido pelas disposições da presente Convenção.

2 – Com relação ao transporte efetuado pelo transportador de fato, o parágrafo precedente não se aplica às cláusulas referentes à perda ou ao dano que resulte da natureza ou vício próprio das mercadorias transportadas.

3 – Serão nulas todas as cláusulas do contrato de transportes e todas as convenções particulares anteriores ao dano pelas quais as partes deneguem as regras da presente Convenção, seja por uma determinação da lei aplicável, seja por modificação das regras de competência. Entretanto no transporte de mercadorias, as cláusulas de arbitragem serão admitidas nos limites da presente Convenção, quando a arbitragem deva realizar-se nos lugares de competência dos tribunais previstos no artigo VIII.

Artigo X

Com exceção do artigo VII, nenhuma disposição da presente Convenção prejudicará os direitos e obrigações existentes entre os dois transportadores.

Artigo XI

A presente Convenção até a data de sua entrada em vigor, nas condições previstas no artigo XIII ficará aberta à assinatura de todo Estado que nessa data, for membro da Organização das Nações Unidas ou de um Organismo Especializado.

Artigo XII

1 – A presente Convenção será submetida à ratificação dos Estados signatários.

2 – Os instrumentos de ratificação serão depositados junto ao Governo dos Estados Unidos Mexicanos.

Artigo XIII

1 – Logo que cinco Estados signatários houverem depositado seus instrumentos de ratificação da presente Convenção, esta entrará em vigor entre tais Estados no nonagésimo dia após o depósito do quinto instrumento de ratificação. Para cada um dos Estados que o ratificarem depois desta data, entrará em vigor no nonagésimo dia após o depósito de seu instrumento de ratificação.

2 – Imediatamente após sua entrada em vigor, a presente Convenção será registrada junto à Organização das Nações Unidas e à Organização de Aviação Civil Internacional pelo Governo dos Estados Unidos Mexicanos.

Artigo XIV

1 – A presente Convenção, após sua entrada em vigor, será aberta à adesão de qualquer Estado Membro da Organização das Nações Unidas ou de um Organismo Especializado.

2 – A adesão se efetuará pelo depósito de um instrumento de adesão junto ao Governo dos Estados Unidos Mexicanos, e produzirá seus efeitos no nonagésimo dia após a data deste depósito.

Artigo XV

1 – Qualquer Estado Contratante pode denunciar a presente Convenção mediante notificação dirigida ao Governo dos Estados Unidos Mexicanos.

2 – A denúncia produzirá seus efeitos seis meses após a data do recebimento, pelo Governo dos Estados Unidos Mexicanos da respectiva notificação.

Artigo XVI

1 – Qualquer Estado Contratante poderá no momento da ratificação ou adesão da presente Convenção, ou ulteriormente declarar mediante notificação dirigida ao Governo dos Estados Unidos Mexicanos que a aplicação da presente Convenção estender-se-á a qualquer dos territórios que este Estado represente nas relações internacionais.

2 – A aplicação da presente Convenção estender-se-á noventa dias depois da data do recebimento da mencionada notificação pelo Governo dos Estados Unidos Mexicanos, aos territórios mencionados na notificação.

3 – Qualquer Estado contratante pode conforme as disposições do artigo XV denunciar a presente Convenção separadamente para todos ou para qualquer um dos territórios que este Estado represente nas relações internacionais.

Artigo XVII

A presente Convenção não poderá ser objeto de reservas.

Artigo XVIII

O Governo dos Estados Unidos Mexicanos notificada à Organização da Aviação Civil Internacional e a todos os Estados membros da Organização das Nações Unidas ou de um Organismo Especializado:

a) qualquer assinatura da presente Convenção e a data desta assinatura;

b) o depósito de qualquer instrumento de ratificação ou de adesão, e a data deste depósito;

c) a data da entrada em vigor da presente Convenção em conformidade com o parágrafo primeiro do artigo XIII;

d) o recebimento de qualquer notificação de denúncia e a data do recebimento;

e) o recebimento de qualquer declaração ou notificação feita em virtude do artigo XVI e a data do recebimento.

Em fé do que, os Plenipotenciários abaixo assinados, devidamente autorizados assinam a presente Convenção.

Feito em Guadalajara, aos dezoito dias do mês de setembro do ano de mil novecentos e sessenta e um, em três textos autênticos redigidos em língua francesa, inglesa e espanhola. Em caso de divergência, fará fé o texto em língua francesa, idioma em que foi redigida a Convenção de Varsóvia de 12 de outubro de 1929. O Governo dos Estados Unidos Mexicanos fará uma tradução oficial do texto da Convenção em língua russa.

A presente Convenção será depositada junta ao Governo dos Estados Unidos Mexicanos, aonde em conformidade com as disposições do artigo XI ficará aberta à assinatura e este Governo enviará cópias autenticadas da presente Convenção à Organização da Aviação Civil Internacional e a todos os Estados membros da Organização das Nações Unidas ou de um Organismo Especializado.

DECRETO Nº 65.144, DE 12 DE SETEMBRO DE 1969

Institui o Sistema de Aviação Civil do Ministério da Aeronáutica e dá outras providências.

Os Ministros da Marinha de Guerra, do Exército e da Aeronáutica Militar, usando das atribuições que lhes confere o Artigo 1º do Ato Institucional nº 12 de 31 de agosto de 1969, combinado com o Artigo 83, item II, da Constituição,

Decretam:

Art. 1º. Fica instituído o Sistema de Aviação Civil do Ministério da Aeronáutica com a finalidade de organizar as atividades necessárias ao funcionamento e ao desenvolvimento da aviação civil, fonte e sede de sua reserva mobilizável.

§ 1º. Os encargos de Órgão Central do Sistema são desempenhados pelo Departamento de Aviação Civil que para este efeito, tem suas atribuições definidas no presente Decreto.

§ 2º. O Departamento de Aviação Civil como Órgão da Estrutura Básica do Ministério da Aeronáutica tem sua constituição e suas atribuições gerais definidas em Regulamento próprio.

§ 3º. Os Órgãos ou elementos executivos do Sistema são localizados na Estrutura Básica do Ministério da Aeronáutica, de acordo com as necessidades de realização da atividade-meio correspondente, em cada setor da Organização.

§ 4º. São também considerados como elos executivos do Sistema de Aviação Civil do Ministério da Aeronáutica, os Órgãos ou elementos estranhos ao Ministério da Aeronáutica que por força de convênios, contratos ou concessões, explorem os serviços públicos correlacionados com a aviação civil.

Art. 2º. A atividade de "Aviação Civil" para os fins deste Decreto, envolve as seguintes tarefas, realizadas em proveito da Aviação Civil Pública e Privada e da operação dos Aeroportos Civis:

— Controle, fiscalização e homologação de aeronaves civis, seus componentes equipamentos e serviços de manutenção;

— Registro de aeronaves civis;

— Controle e fiscalização do funcionamento das empresas concessionárias e permissionárias de navegação aérea;

— Orientação, incentivo e apoio para a formação e especialização de pessoal aeroviário e aeronauta e controle, inicial e periódico, de sua qualificações;

— Orientação, coordenação e controle referente à instalação, à manutenção e à operação de aeródromos civis, inclusive no que diz respeito aos serviços de apoio necessário à navegação aérea;

— Coordenação, controle e fiscalização do movimento de aeronaves civis, públicas e privadas, inclusive quanto a passageiros e cargas;

— Incentivo, apoio, orientação e controle da aviação desportiva e especializada.

Art. 3º. Compete ao Departamento de Aviação Civil, como Órgão Central do Sistema, em obediência ao disposto no art. 30 do Decreto-Lei nº 200, de 25 de fevereiro de 1967:

— A orientação normativa para o funcionamento do Sistema;

— A supervisão técnica do desempenho da atividade de Aviação Civil pela apreciação de relatórios periódicos e especiais elaborados pelos Órgãos integrantes do Sistema;

— A fiscalização específica dos Órgãos executivos, através da participação nas inspeções levadas a efeito pelas Inspetorias Geral, Regionais e Setoriais do Ministério da Aeronáutica;

— O Planejamento e a elaboração das propostas para os Orçamentos Plurianuais de Investimentos e Orçamentos Programas Anuais necessários ao desempenho da atividade de Aviação Civil do Ministério da Aeronáutica;

— A cogitação permanente do desenvolvimento e da atualização de técnicas a serem adotadas pelo Sistema, em face da constante evolução tecnológica;

— A organização, distribuição e atualização do "Manual do Sistema de Aviação Civil do Ministério da Aeronáutica".

Art. 4º. Os Órgãos ou elementos executivos do Sistema terão constituição estabelecidas nos Regulamentos e/ou Regimentos Internos das Organizações a que pertencerem e serão estruturados de acordo com o vulto dos encargos que lhes serão afetos.

Art. 5º. Os Órgãos ou elementos executivos ficam sujeitos à orientação normativa, à supervisão técnica e à fiscalização específica do Órgão Central do Sistema respeitada a subordinação ao Órgão em cuja estrutura administrativa estiverem integrados.

Art. 6º. Aos Órgãos ou elementos executivos do Sistema, responsáveis pelo desempenho material direto da atividade de Aviação Civil, compete:

— Executar a atividade de Aviação Civil segundo as normas elaboradas pelos Órgão Central do Sistema;

— Elaborar e submeter ao Órgão Central do Sistema os relatórios por este requeridos a respeito do desempenho da atividade, dos resultados obtidos, de material empregado e de outros assuntos pertinentes;

— Submeter à apreciação do Órgão Central sugestões que visem ao aperfeiçoamento do Sistema; e

— Fornecer ao Departamento de Aviação Civil do Ministério da Aeronáutica os elementos informativos necessários ao planejamento e à elaboração orçamentária, indispensáveis ao desempenho da atividade de Aviação Civil.

Art. 7º. O presente Decreto entrará em vigor na data de sua publicação revogadas as disposições em contrário.

Brasília, 12 de setembro de 1969; 148º da Independência e 81º da República.

Augusto Hamann Rademaker Grünewald – Aurélio de Lyra Tavares – Márcio de Souza e Mello

DOU de 15.9.1969

DECRETO Nº 1.413, DE 7 DE MARÇO DE 1995

Dispõe sobre documentos e procedimentos para despacho de aeronave em serviço internacional.

O Presidente da República, no uso da atribuição que lhe confere o art. 84, inciso IV, da Constituição, e tendo em vista as Normas e Recomendações Internacionais constantes do Anexo 9 à Convenção de Aviação Civil Internacional, promulgada pelo Decreto nº 21.713, de 27 de agosto de 1946.

Decreta:

Art. 1º. O despacho de aeronave em voo internacional será isento da Declaração Geral e do Manifesto de Passageiros.

§ 1º. O transportador deverá fornecer ao Departamento de Polícia Federal e à autoridade competente de vigilância sanitária, por escrito, nos aeroportos de escala e destino, além do nome da empresa, número do voo ou matrícula da aeronave, os seguintes dados:

a) na chegada: rota e número de tripulantes e passageiros para desembarque e em trânsito;

b) na partida: rota e número de tripulantes e passageiros para embarque e em trânsito.

§ 2º. Na ocorrência de qualquer fato de interesse médico-sanitário a bordo da aeronave, caberá ao seu comandante informá-lo, de imediato, à autoridade competente de vigilância sanitária do aeroporto, especialmente:

a) casos de doenças observados durante o voo ou de passageiros desembarcados por esse motivo em escalas anteriores;

b) condições a bordo que favoreçam o surgimento ou propagação de enfermidades;

c) processos de desinfetação a que a aeronave tiver sido submetida, quando procedente de países que apresentem áreas atingidas por doenças infecto-contagiosas, objeto de controle internacional ou infestadas por seus vetores.

Art. 2º. O controle de passageiros e tripulantes estrangeiros será realizado através de verificação dos dados individuais contidos no documento oficial de identificação

§ 1º. O Cartão de Entrada e Saída será preenchido pelos passageiros tripulantes estrangeiros que não estiverem identificados por passaporte de leitura mecânica.

§ 2º. O controle de entrada de passageiros e tripulantes será realizado no local de destino dos mesmos ou, ocorrendo a transformação do voo internacional em doméstico, no lugar onde ela se der, a critério do Departamento de Polícia Federal, ouvidos os demais órgãos competentes envolvidos.

§ 3º. O controle de saída de passageiros e tripulantes será realizado no aeroporto internacional do local de embarque ou, ocorrendo a transformação do voo doméstico em internacional, no lugar onde ela se der, a critério do Departamento de Polícia Federal, ouvidos os demais órgãos competentes envolvidos.

§ 4º. A viagem internacional que, eventualmente, tiver início ou término em aeroporto que não seja internacional, o transportador autorizado para tal pela autoridade aeronáutica solicitará, previamente, a anuência dos órgãos federais interessados, para efeito do cumprimento das formalidades legais.

Art. 3º. Ao tripulante de aeronave portador de Certificado de Membro de Tripulação ou licença válida não será exigido passaporte e visto consular.

Art. 4º. O passageiro, em viagem contínua pelo território nacional, deverá permanecer em local determinado pelo Departamento de Polícia Federal e dele não se exigirá passaporte e visto consular.

Art. 5º. O transportador dará conhecimento, por escrito, ao Departamento de Polícia Federal, da viagem contínua que tiver de ser interrompida por motivo imperioso ou por impossibilidade de transbordo imediato.

§ 1º. O Departamento de Polícia Federal, se julgar procedentes os motivos alegados, determinará o local onde o passageiro deva permanecer e as condições a serem observadas por ele e pelo transportador. Não devendo o prazo da estada exceder ao estritamente necessário ao prosseguimento da viagem.

§ 2º. Na hipótese de a interrupção da viagem ocorrer por motivo de saúde, o Departamento de Polícia Federal ouvirá a autoridade competente de vigilância sanitária.

Art. 6º. Em caso de pouso efetuado eventualmente em aeroporto alternativo, não internacional, ou fora de aeroporto, os passageiros e tripulantes ficarão sob a responsabilidade do transportador até que sejam satisfeitas as formalidades de desembarque ou de prosseguimento do voo.

Parágrafo único. Ocorrendo a pouso de que trata este artigo, deverá o transportador dar imediato conhecimento do fato à autoridade competente de vigilância sanitária, ao Departamento de Polícia Federal e à autoridade alfandegária para as providências a cargo dos mesmos.

Art. 7º. As "diferenças" relativas às disposições do Anexo à Convenção de Aviação Civil Internacional serão comunicadas à Organização de Aviação Civil Internacional (Oacil), pela autoridade aeronáutica.

Art. 8º. Este Decreto entra em vigor na data de sua publicação.

Art. 9º. Ficam revogados os Decretos nºs 86.228, de 28 de julho de 1981, e 94.317, de 11 de maio de 1987.

Brasília, 7 de março de 1995; 174º da Independência e 107º da República.

Fernando Henrique Cardoso

DOU de 8.3.1996

DECRETO Nº 2.861, DE 7 DE DEZEMBRO DE 1998

- *Vide nesta edição Decretos nºs 20.704, de 24.11.1931; 56.463, de 15.6.1965; 60.967, de 7.7.1967 e 5.910, de 27.9.2006.*

Promulga o Protocolo Adicional nº 4, assinado em Montreal, em 25 de setembro de 1975, que modifica a Convenção para a Unificação de Certas Regras Relativas ao Transporte Aéreo Internacional, concluída em Varsóvia em 12 de outubro de 1929, e emendada pelo Protocolo celebrado em Haia, em 28 de setembro de 1955, com a reserva constante do Artigo XXI, parágrafo 1º alínea "a", do referido Protocolo.

O Presidente da República, no uso da atribuição que lhe confere o art. 84, inciso VIII, da Constituição,

Considerando que o Protocolo Adicional nº 4, que modifica a Convenção para Unificação de Certas Regras Relativas ao Transporte Aéreo Internacional, concluída em Varsóvia, em 12 de outubro de 1929, e emendada pelo Protocolo celebrado em Haia, em 28 de setembro de 1955, foi assinado em Montreal, em 25 de setembro de 1975;

Considerando que o ato multilateral em epígrafe foi oportunamente submetido ao Congresso Nacional, que o aprovou por meio do Decreto Legislativo nº 22, de 28 de maio de 1979, com a reserva constante do Artigo XXI, parágrafo 1º, alínea "a", do referido Protocolo;

Considerado que o Protocolo em tela entrou em vigor internacional em 14 de junho de 1998;

Considerando que o Governo brasileiro depositou o Instrumento de Ratificação do referido Protocolo em 27 de julho de 1979, passando o mesmo a vigorar para o Brasil em 14 de junho de 1998;

Decreta:

Art. 1º. O Protocolo Adicional nº 4, assinado em Montreal em 25 de setembro de 1975, que modifica a Convenção para a Unificação de Certas Regras Relativas ao Transporte Aéreo Internacional, concluída em Varsóvia, em 12 de outubro de 1929, e emendada pelo Protocolo celebrado em Haia, em 28 de setembro de 1955, apenso por cópia a este Decreto, deverá ser executado e cumprido tão inteiramente como nele se contém, ressalvada a reserva constante do Artigo XXI, parágrafo 1º, alínea "a".

Art. 2º. Este Decreto entra em vigor na data de sua publicação.

Brasília, 7 de dezembro de 1998; 177º da Independência e 110º da República.

Fernando Henrique Cardoso – Luiz Felipe Lampreia

DOU de 8.12.1998

PROTOCOLO DE MONTREAL Nº 4 QUE EMENDA A CONVENÇÃO PARA A UNIFICAÇÃO DE CERTAS REGRAS RELATIVAS AO TRANSPORTE AÉREO INTERNACIONAL ASSINADA EM VARSÓVIA, EM 12 DE OUTUBRO DE 1929, EMENDADA PELO PROTOCOLO ASSINADO EM HAIA EM 28 DE SETEMBRO DE 1955

Os Governos abaixo-assinados

Considerando que é desejável emendar a Convenção para a Unificação de Certas Regras Relativas ao Transporte Aéreo Internacional assinada em Varsóvia, em 12 de outubro de 1929, emendada pelo Protocolo assinado em Haia em 28 de setembro de 1955,

Convieram no seguinte:

Capítulo I – Emendas à Convenção

Artigos I a XIII

A Convenção emendada pelas disposições do presente Capítulo é a Convenção de Varsóvia emendada em Haia em 1955.

• *Alterações já incorporadas no corpo da Convenção.*

Capítulo II – Âmbito de Aplicação da Convenção Emendada

Artigo XIV

A Convenção de Varsóvia emendada em Haia em 1955 e pelo presente Protocolo, se aplicará ao transporte internacional definido no artigo 1 da Convenção se os pontos de partida e destino se situarem no território de dois Estados partes no presente Protocolo, ou no território de um só Estado parte no presente Protocolo, se houver uma escala prevista no território de outro Estado.

Capítulo III – Disposições Protocolares

Artigo XV

Para as Partes no presente Protocolo, a Convenção de Varsóvia emendada em Haia em 1955 e o presente Protocolo serão considerados e interpretados como um único instrumento e serão designados "Convenção de Varsóvia emendada em Haia em 1955 e pelo Protocolo nº 4 de Montreal de 1975".

Artigo XVI

Até a data de sua entrada em vigor, em conformidade com as disposições do artigo XVIII, o presente Protocolo permanecerá aberto a assinatura por qualquer Estado.

Artigo XVII

1. O presente Protocolo será submetido à ratificação dos Estados signatários.

2. A ratificação do presente Protocolo por parte de um Estado que não seja parte da Convenção de Varsóvia ou por parte de um Estado que não seja parte na Convenção de Varsóvia emendada em Haia em 1955 importa adesão à Convenção de Varsóvia emendada em Haia em 1955 e pelo Protocolo nº 4 de Montreal de 1975.

3..Os instrumentos de ratificação serão depositados junto ao Governo da República Popular da Polônia.

Artigo XVIII

1. Logo que trinta Estados signatários tiverem depositado os respectivos instrumentos de ratificação do presente Protocolo, este entrará em vigor entre tais Estados, no nonagésimo dia após o depósito do trigésimo instrumento de ratificação. Para cada um dos Estados que ratificarem depois, entrará em vigor no nonagésimo dia após o depósito do seu instrumento de ratificação.

2. Imediatamente após sua entrada em vigor, o presente Protocolo será registrado junto à Organização das Nações Unidas pelo Governo da República Popular da Polônia.

Artigo XIX

1. Após sua entrada em vigor, o presente Protocolo será aberto à adesão de qualquer Estado não-signatário.

2. A adesão ao presente Protocolo por parte de um Estado que não é parte na Convenção de Varsóvia ou por parte de um Estado que não é parte na Convenção de Varsóvia emendada em Haia em 1955 importa adesão à Convenção de Varsóvia emendada em Haia em 1955 e pelo Protocolo nº 4 de Montreal de 1975.

3. Os instrumentos de adesão serão depositados junto ao Governo da República Popular da Polônia e produzirão efeito no nonagésimo dia após a data deste depósito.

Artigo XX

1. Qualquer Parte no presente Protocolo poderá denunciá-lo mediante notificação ao Governo da República Popular da Polônia.

2. A denúncia produzirá efeito seis meses após a data do recebimento da respectiva notificação pelo Governo da República Popular da Polônia.

3. Para as Partes do presente Protocolo, a denúncia da convenção de Varsóvia por uma delas, de acordo com artigo 39 da mesma Convenção ou do Protocolo da Haia, de acordo com seu artigo XXIV, não deverá ser interpretada como denúncia à Convenção de Varsóvia emendada em Haia em 1955 e pelo Protocolo nº 4 de Montreal de 1975.

Artigo XXI

1. O presente Protocolo somente poderá ser objeto das seguintes reservas:

a) qualquer Estado poderá, a qualquer momento, declarar, mediante notificação ao Governo da República Popular da Polônia, que a Convenção de Varsóvia emendada em Haia em 1955 e pelo Protocolo nº 4 de Montreal de 1975 não se aplica ao transporte de pessoas, de bagagem e de mercadorias efetuado por suas autoridades militares, a bordo de aeronaves matriculadas neste Estado e cuja capacidade total tenha sido reservada por estas autoridades ou por conta destas.

b) qualquer Estado poderá declarar, por ocasião de ratificação do Protocolo Adicional nº 3 de Montreal de 1975 ou de adesão ao mesmo, ou posteriormente, que não se obriga às disposições da Convenção de Varsóvia emendada em Haia em 1955 e pelo Protocolo nº 4 de Montreal de 1975, na medida em que tais disposições se aplicam ao transporte de passageiros e de bagagem. Esta declaração produzirá efeito no nonagésimo dia após a data do seu recebimento pelo Governo da República Popular da Polônia.

2. Todo Estado que tenha formulado uma reserva, em conformidade com o item anterior poderá retirá-la, a qualquer momento, mediante notificação ao Governo da República Popular da Polônia.

Artigo XXII

O Governo da República Popular da Polônia informará imediatamente, a todos os Estados Partes na Convenção de Varsóvia ou na Convenção emendada, bem como a todos os Estados Signatários do presente Protocolo ou que a ele aderirem, e à Organização de Aviação Civil Internacional, a data de cada assinatura, a data do depósito de cada instrumento de ratificação ou de adesão, a data da entrada em vigor do presente Protocolo, e qualquer outra informação pertinente.

Artigo XXIII

Para as Partes do presente Protocolo que sejam também Partes na Convenção Complementar da Convenção de Varsóvia para a Unificação de Certas Regras Relativas ao Transporte Aéreo Internacional Efetuado por Quem Não Seja Transportador Contratual, assinada em Guadalajara, em 18 de setembro de 1961, (denominada doravante "Convenção de Guadalajara") qualquer referência à "Convenção de Varsóvia" feita na Convenção de Guadalajara se aplica à Convenção de Varsóvia emendada em Haia em 1955 e pelo Protocolo Adicional nº 4 de Montreal de 1975, nos casos em que o transporte efetuado em virtude do contrato mencionado no item b) do artigo 1º da Convenção de Guadalajara for regido pelo presente Protocolo.

Artigo XXIV

Se dois ou mais Estados forem partes do presente Protocolo da Guatemala de 1971 ou no Protocolo Adicional nº 3 de Montreal de 1975, aplicam-se entre eles as seguintes disposições:

a) as disposições resultantes do regime estabelecido pelo presente Protocolo relativas a mercadorias e a remessas postais, prevalecem sobre as disposições resultantes do regime estabelecido pelo Protocolo da Guatemala de 1971 ou pelo Protocolo Adicional nº 3 de Montreal de 1975.

b) as disposições resultantes do regime estabelecido pelo Protocolo da Guatemala de 1971 ou pelo Protocolo Adicional nº 3 de Montreal de 1975, relativas a passageiros e bagagem, prevalecem sobre as disposições resultantes do regime estabelecido pelo presente Protocolo.

Artigo XXV

O presente Protocolo ficará aberto a assinatura até o dia 1º de janeiro de 1976, na sede da Organização de Aviação Civil Internacional, e após esta data até a sua entrada em vigor, de acordo com o artigo XVIII, no Ministério das Relações Exteriores do Governo da República Popular da Polônia. A Organização de Aviação Civil Internacional informará, imediatamente, ao Governo da República Popular da Polônia de qualquer assinatura e da respectiva data, durante o período em que o Protocolo estiver aberto a assinatura, na sede da Organização de Aviação Civil Internacional.

Em fé de que os Plenipotenciários abaixo assinados, devidamente autorizados, assinam o presente Protocolo.

Feito em Montreal, aos vinte e cinco dias do mês de setembro de 1975, em quatro textos autênticos redigidos nas línguas francesa, inglesa, espanhola e russa. Em caso de divergência, fará fé o texto em língua francesa, língua em que foi redigida a Convenção de Varsóvia de 12 de outubro de 1929.

DECRETO Nº 3.564, DE 17 DE AGOSTO DE 2000

Dispõe sobre a estrutura e o funcionamento do Conselho de Aviação Civil – CONAC e dá outras providências.

O Presidente da República, no uso das atribuições que lhe confere o art. 84, incisos IV e VI, da Constituição, e tendo em vista o disposto no § 4º do art. 16 da Lei nº 9.649, de 27 de maio de 1998, alterada pela Medida Provisória nº 2.049-21, de 28 de julho de 2000,

Decreta:

Art. 1º. O Conselho de Aviação Civil – CONAC é órgão de assessoramento do Presidente da República para a formulação da política de ordenação da aviação civil.

Art. 2º. Compete ao Conselho:

I – estabelecer as diretrizes para a representação do Brasil em convenções, acordos, tratados e atos de transporte aéreo internacional com outros países ou organizações internacionais de aviação civil;

II – propor o modelo de concessão de infraestrutura aeroportuária, submetendo-o ao Presidente da República;

III – aprovar as diretrizes de suplementação de recursos para linhas aéreas e aeroportos de interesse estratégico, econômico ou turístico;

IV – promover a coordenação entre as atividades de proteção de voo e as atividades de regulação aérea;

V – aprovar o plano geral de outorgas de linhas aéreas; e

VI – estabelecer as diretrizes para a aplicabilidade do instituto da concessão ou permissão na exploração comercial de linhas aéreas.

Art. 3º. São membros do Conselho:

I – o Ministro de Estado da Defesa;

II – o Ministro de Estado das Relações Exteriores;

III – o Ministro de Estado da Fazenda;

IV – o Ministro de Estado do Desenvolvimento, Indústria e Comércio Exterior;

V – o Ministro de Estado do Turismo;

VI – o Chefe da Casa Civil da Presidência da República;

VII – o Ministro de Estado do Planejamento, Orçamento e Gestão;

VIII – o Ministro de Estado da Justiça; e

IX – o Comandante da Aeronáutica.

• *Art. 3º, caput e incisos, com redação dada pelo Decreto nº 6.815, de 6.4.2009.*

§ 1º. O Ministro de Estado da Defesa presidirá o Conselho, cabendo-lhe:

I – convocar e presidir suas reuniões; e

II – manifestar voto próprio e de qualidade nas deliberações do Conselho sobre as proposições a serem encaminhadas ao Presidente da República.

§ 2º. O Conselho deliberará mediante resoluções publicadas no *Diário Oficial da União*, por maioria de votos, cabendo ao Presidente a prerrogativa de deliberar nos casos de urgência e relevante interesse, *ad referendum* dos demais membros.

§ 3º. Quando deliberar *ad referendum* do Conselho, o Presidente submeterá a decisão ao colegiado na primeira reunião que se seguir àquela deliberação.

§ 4º. Os Ministros de Estado serão substituídos, nos seus impedimentos, pelos Secretários-Executivos dos respectivos Ministérios, o Ministro de Estado das Relações Exteriores pelo Secretário-Geral das Relações Exteriores e o Comandante da Aeronáutica pelo Chefe do Estado-Maior da Aeronáutica.

• *§ 4º com redação dada pelo Decreto nº 3.955, de 5.10.2001.*

§ 5º. O Conselho, por meio de seu Presidente, poderá convidar outros Ministros de Estado a participar das reuniões do CONAC.

• *§ 5º acrescido pelo Decreto nº 3.955, de 5.10.2001.*

Art. 4º. O Conselho instituirá, mediante resolução, a Comissão Técnica de Coordenação das Atividades Aéreas, de natureza consultiva, voltada para o suporte de suas atividades.

Art. 5º. O Conselho poderá constituir comitês técnicos, para analisar e opinar sobre matérias específicas.

Art. 6º. A Secretaria-Executiva do Conselho será exercida pela Secretaria de Aviação Civil do Ministério da Defesa, nos termos do regimento interno do colegiado, competindo-lhe:

• *Art. 6º, caput com redação dada pelo Decreto nº 6.223, de 4.10.2007.*

I – organizar as pautas das reuniões;

II – dar suporte aos trabalhos dos comitês técnicos; e

III – cumprir outras atribuições que lhe forem conferidas.

Art. 7º. O regimento interno, aprovado pelo Conselho, disporá sobre sua organização, a forma de apreciação e deliberação das matérias, bem como o funcionamento dos comitês técnicos.

Art. 8º. O Conselho avaliará as atividades desenvolvidas pelos diversos setores ligados à aviação civil no País, elaborando relatório anual sobre o setor e suas perspectivas, a ser encaminhado ao Presidente da República.

Art. 9º. As atividades dos integrantes do Conselho, inclusive dos comitês técnicos que vierem a ser constituídos, serão consideradas serviço público relevante e não serão remuneradas.

Art. 10. As despesas relativas ao funcionamento do Conselho correrão à conta de dotações orçamentárias do Ministério da Defesa, cabendo a este adotar as providências necessárias a sua inclusão no Orçamento da União.

Art. 11. Este Decreto entra em vigor na data de sua publicação.

Brasília, 17 de agosto de 2000; 179º da Independência e 112º da República.

Fernando Henrique Cardoso

DOU de 18.8.2000

DECRETO Nº 5.144, DE 16 DE JULHO DE 2004

Regulamenta os §§ 1º, 2º e 3º do art. 303 da Lei nº 7.565, de 19 de dezembro de 1986, que dispõe sobre o Código Brasileiro de Aeronáutica, no que concerne às aeronaves hostis ou suspeitas de tráfico de substâncias entorpecentes e drogas afins.

O Presidente da República, no uso da atribuição que lhe confere o art. 84, inciso IV, da Constituição, e tendo em vista o disposto nos §§ 1º, 2º e 3º do art. 303 da Lei nº 7.565, de 19 de dezembro de 1986,

Decreta:

Art. 1º. Este Decreto estabelece os procedimentos a serem seguidos com relação a aeronaves hostis ou suspeitas de tráfico de substâncias entorpecentes e drogas afins, levando em conta que estas podem apresentar ameaça à segurança pública.

Art. 2º. Para fins deste Decreto, é considerada aeronave suspeita de tráfico de substâncias entorpecentes e drogas afins aquela que se enquadre em uma das seguintes situações:

I – adentrar o território nacional, sem Plano de Voo aprovado, oriunda de regiões reconhecidamente fontes de produção ou distribuição de drogas ilícitas; ou

II – omitir aos órgãos de controle de tráfego aéreo informações necessárias à sua identificação, ou não cumprir determinações destes mesmos órgãos, se estiver cumprindo rota presumivelmente utilizada para distribuição de drogas ilícitas.

Art. 3º. As aeronaves enquadradas no art. 2º estarão sujeitas às medidas coercitivas de averiguação, intervenção e persuasão, de forma progressiva e sempre que a medida anterior não obtiver êxito, executadas por aeronaves de interceptação, com o objetivo de compelir a aeronave suspeita a efetuar o pouso em aeródromo que lhe for indicado e ser submetida a medidas de controle no solo pelas autoridades policiais federais ou estaduais.

§ 1º. As medidas de averiguação visam a determinar ou a confirmar a identidade de uma aeronave, ou, ainda, a vigiar o seu comportamento, consistindo na aproximação ostensiva da aeronave de interceptação à aeronave interceptada, com a finalidade de interrogá-la, por intermédio de comunicação via rádio ou sinais visuais, de acordo com as regras de tráfego aéreo, de conhecimento obrigatório dos aeronavegantes.

§ 2º. As medidas de intervenção seguem-se às medidas de averiguação e consistem na determinação à aeronave interceptada para que modifique sua rota com o objetivo de forçar o seu pouso em aeródromo que lhe for determinado, para ser submetida a medidas de controle no solo.

§ 3º. As medidas de persuasão seguem-se às medidas de intervenção e consistem no disparo de tiros de aviso, com munição traçante, pela aeronave interceptadora, de maneira que possam ser observados pela tripulação da aeronave interceptada, com o objetivo de persuadi-la a obedecer às ordens transmitidas.

Art. 4º. A aeronave suspeita de tráfico de substâncias entorpecentes e drogas afins que não atenda aos procedimentos coercitivos descritos no art. 3º será classificada como aeronave hostil e estará sujeita à medida de destruição.

Art. 5º. A medida de destruição consiste no disparo de tiros, feitos pela aeronave de interceptação, com a finalidade de provocar danos e impedir o prosseguimento do voo da aeronave hostil e somente poderá ser utilizada como último recurso e após o cumprimento de todos os procedimentos que previnam a perda de vidas inocentes, no ar ou em terra.

Art. 6º. A medida de destruição terá que obedecer às seguintes condições:

I – emprego dos meios sob controle operacional do Comando de Defesa Aeroespacial Brasileiro – COMDABRA;

II – registro em gravação das comunicações ou imagens da aplicação dos procedimentos;

III – execução por pilotos e controladores de Defesa Aérea qualificados, segundo os padrões estabelecidos pelo COMDABRA;

IV – execução sobre áreas não densamente povoadas e relacionadas com rotas presumivelmente utilizadas para o tráfico de substâncias entorpecentes e drogas afins; e

V – autorização do Presidente da República ou da autoridade por ele delegada.

Art. 7º. O teor deste Decreto deverá ser divulgado, antes de sua vigência, por meio da Publicação de Informação Aeronáutica (AIP Brasil), destinada aos aeronavegantes e de conhecimento obrigatório para o exercício da atividade aérea no espaço aéreo brasileiro.

Art. 8º. As autoridades responsáveis pelos procedimentos relativos à execução da medida de destruição responderão, cada qual nos limites de suas atribuições, pelos seus atos, quando agirem com excesso ou abuso de poder.

Art. 9º. Os procedimentos previstos neste Decreto deverão ser objeto de avaliação periódica, com vistas ao seu aprimoramento.

Art. 10. Fica delegada ao Comandante da Aeronáutica a competência para autorizar a aplicação da medida de destruição.

Art. 11. O Ministério da Defesa, por intermédio do Comando da Aeronáutica, deverá adequar toda documentação interna ao disposto neste Decreto.

Art. 12. Este Decreto entra em vigor noventa dias após a data de sua publicação.

Brasília, 16 de julho de 2004; 183º da Independência e 116º da República.

Luiz Inácio Lula da Silva

DOU de 19.7.2004

DECRETO Nº 5.731, DE 20 DE MARÇO DE 2006

Dispõe sobre a instalação, a estrutura organizacional da Agência Nacional de Aviação Civil – ANAC e aprova o seu Regulamento.

O Presidente da República, no uso das atribuições que lhe confere o art. 84, incisos IV e VI, alínea "a", da Constituição, e tendo em vista o disposto na Lei nº 11.182, de 27 de setembro de 2005,

Decreta:

Art. 1º. Ficam aprovados o Regulamento, os Quadros Demonstrativos dos Cargos Efetivos e Comissionados, o Quadro-Resumo dos Custos de Cargos Comissionados, o Quadro das Gratificações de Exercício em Cargo de Confiança – Oficiais-Generais e Oficiais, e o Quadro das Gratificações de Representação pelo Exercício de Função – Graduados, da Agência Nacional de Aviação Civil – ANAC, na forma dos Anexos I a V a este Decreto.

Art. 2º. A Delegação Permanente do Brasil junto ao Conselho da Organização de Aviação Civil Internacional – OACI, subordinada ao Ministério das Relações Exteriores, atuará em coordenação com a ANAC e com o Comando da Aeronáutica em assuntos de natureza técnica, cabendo:

I – ao Ministro de Estado das Relações Exteriores indicar o chefe da Delegação Brasileira;

II – à Diretoria da ANAC indicar o assessor da Delegação Brasileira responsável por assuntos relativos ao transporte aéreo internacional; e

III – ao Comandante da Aeronáutica indicar o assessor da Delegação Brasileira responsável por assuntos relativos à navegação aérea internacional.

Art. 3º. O regimento interno da ANAC será aprovado pela Diretoria e publicado no Diário Oficial da União, no prazo de até noventa dias, contado da data de publicação deste Decreto.

Art. 4º. A partir da data da publicação deste Decreto, fica a ANAC investida no exercício pleno de suas atribuições, cabendo-lhe exercer o controle sobre todas as atividades, contratos de concessão e permissão e autorizações de serviços aéreos, celebrados por órgãos ou entidades da administração direta ou indireta da União.

§ 1º. Até que seja decretada a extinção do Departamento de Aviação Civil – DAC e demais unidades do Comando da Aeronáutica que tiveram suas atribuições absorvidas pela ANAC, nos termos do art. 42 da Lei nº 11.182, de 27 de setembro de 2005, e observado o prazo de que trata o § 5º do art. 14 deste Decreto, as atribuições referidas no *caput* serão exercidas com o auxílio daquelas unidades, sob a coordenação da ANAC.

§ 2º. As unidades referidas no § 1º prestarão todo o apoio necessário ao adequado funcionamento da ANAC, até que seja concluído o inventário e declarada a extinção dessas unidades.

§ 3º. Decretada a extinção do DAC e das unidades que tiveram suas atividades absorvidas, totalmente ou em parte, pela ANAC, serão remanejados para o Ministério do Planejamento, Orçamento e Gestão todos os cargos comissionados e gratificações a eles alocados.

Art. 5º. Ficam transferidos para a ANAC:

I – o acervo técnico e patrimonial, as obrigações, os direitos e as receitas:

a) do DAC;

b) do Instituto de Aviação Civil;

c) da Comissão de Estudos Relativos à Navegação Aérea Internacional – CERNAI, naquilo que diz respeito ao transporte aéreo e às demais competências absorvidas pela ANAC;

d) do Instituto de Fomento e Coordenação Industrial, do Comando-Geral de Tecnologia Aeroespacial, naquilo que diz respeito à aviação civil e às demais competências absorvidas pela ANAC; e

e) de outras unidades do Comando da Aeronáutica que tiveram atribuições transferidas para a ANAC;

II – os saldos orçamentários necessários ao atendimento das despesas de estruturação e manutenção da ANAC, utilizando como recursos as dotações orçamentárias destinadas às atividades finalísticas e administrativas, observados os mesmos subprojetos, subatividades e grupos de despesas previstos na Lei Orçamentária em vigor.

Art. 6º. O Ministério da Defesa, por intermédio do Comando da Aeronáutica, prestará os serviços de que a ANAC necessitar, durante cento e oitenta dias após a sua instalação, devendo as despesas decorrentes da atividade, excluída a remuneração dos servidores, serem ressarcidas pela ANAC.

Parágrafo único. Após o prazo estabelecido no *caput* deste artigo, poderão ser celebrados convênios para a prestação dos serviços.

Art. 7º. Os servidores públicos federais considerados necessários às atividades da ANAC e que, em 31 de dezembro de 2004, se encontravam em exercício nas unidades do Ministério da Defesa, cujas competências foram para ela transferidas, serão redistribuídos, integrando o seu Quadro de Pessoal Específico.

Art. 8º. A ANAC poderá requisitar, com ônus, servidores e empregados de órgãos e entidades integrantes da administração pública federal.

Parágrafo único. Durante os primeiros vinte e quatro meses subsequentes à sua instalação, a ANAC poderá complementar a remuneração do servidor ou empregado público requisitado, até o limite da remuneração do cargo efetivo ou emprego permanente ocupado no órgão ou na entidade de origem, quando a requisição implicar redução dessa remuneração.

Art. 9º. Nos termos do inciso IX do art. 37 da Constituição, fica a ANAC autorizada a efetuar a contratação temporária de pessoal imprescindível à implantação de suas atividades, por prazo não excedente a trinta e seis meses, a contar da publicação deste Decreto.

Parágrafo único. As contratações temporárias serão feitas por tempo determinado, observado o prazo máximo de doze meses, podendo ser prorrogadas, desde que sua duração não ultrapasse o termo final da autorização de que trata o *caput*.

Art. 10. A remuneração do pessoal contratado nos termos referidos no art. 9º terá como referência os valores definidos em ato conjunto da ANAC e do órgão central do Sistema de Pessoal Civil da Administração Federal – SIPEC.

Art. 11. Fica a ANAC autorizada a custear as despesas com remoção e estada dos profissionais que, em virtude de nomeação para cargos comissionados de Direção, de Gerência Executiva e de Assessoria dos níveis CD I e II, CGE I e II, CA I e II, e para os Cargos Comissionados Técnicos, nos níveis CCT IV e V e correspondentes Gratificações Militares, vierem a ter exercício em cidade diferente de seu domicílio, conforme disposto em norma específica da ANAC, observados os limites de valores estabelecidos para a administração pública federal direta.

Art. 12. Os militares do Comando da Aeronáutica, da ativa, em exercício nos órgãos do Comando da Aeronáutica, correspondentes às atividades atribuídas à ANAC, passam a ter nela exercício, sendo considerados como em serviço de natureza militar.

§ 1º. Os militares do Comando da Aeronáutica a que se refere o *caput* deste artigo deverão retornar à Força no prazo máximo de sessenta meses, a contar daquela data, à razão mínima de vinte por cento a cada doze meses.

§ 2º. O Comando da Aeronáutica deverá enviar à ANAC, com antecedência mínima de cento e vinte dias, relação dos militares que deverão retornar à Força.

§ 3º. O Comando da Aeronáutica poderá substituir, a seu critério, os militares em exercício na ANAC, devendo, para tanto, observar o prazo estipulado no § 2º.

§ 4º. Caso inexista interesse da Diretoria da ANAC em receber o militar em substituição, na forma prevista no § 3º, aplica-se o disposto no § 1º.

§ 5º. Os militares de que trata este artigo somente poderão ser movimentados no interesse da ANAC e com autorização do Comandante da Aeronáutica.

Art. 13. Os militares do Comando da Aeronáutica, da ativa, em exercício na ANAC, poderão exercer atribuições correspondentes aos cargos de Gerência Executiva, de Assessoria, de Assistência e Cargos Comissionados Técnicos da sua estrutura, fazendo jus, nesse caso, às Gratificações de Exercício em Cargo de Confiança e de Representação pelo Exercício de Função, privativas dos militares.

Parágrafo único. Cabe à Diretoria dispor sobre a concessão das gratificações de que trata o *caput* deste artigo.

Art. 14. O Ministro de Estado da Defesa instituirá comissão especial a fim de coordenar os trabalhos de inventário dos bens e obrigações transferidos para a ANAC.

§ 1º. O patrimônio imóvel da União, utilizado pelos órgãos do Comando da Aeronáutica, a ser transferido para a ANAC, passa a ser por ela administrado.

§ 2º. Não será transferido patrimônio imóvel da União indissociável de instalação militar do Comando da Aeronáutica.

§ 3º. Os contratos de prestação de serviços, inclusive os celebrados por tempo determinado, nos termos da Lei nº 8.745, de 9 de dezembro de 1993, e de fornecimento de materiais, bem como os materiais de consumo e congêneres adquiridos para atender, no todo ou em parte, às necessidades dos órgãos do Comando da Aeronáutica cujas atribuições foram absorvidas pela ANAC, serão transferidos ou sub-rogados, total ou parcialmente, em favor da ANAC.

§ 4º. A sub-rogação dos contratos de que trata o § 3º fica condicionada à existência, na ANAC, da dotação orçamentária para fazer frente às despesas, devendo constar no termo de sub-rogação a nova classificação dos recursos a elas destinados.

§ 5º. O prazo para a conclusão dos trabalhos da comissão especial de que trata o *caput* será de noventa dias, prorrogáveis até o limite de cento e oitenta dias, ao final do qual as providências pendentes deverão ser por ela transferidas à ANAC ou ao Comando da Aeronáutica, no que couber.

Art. 15. O Ministro de Estado da Defesa instituirá comissão para estabelecer procedimentos, definir programação e acompanhar o retorno ao Comando da Aeronáutica dos militares da ativa que passarem a ter exercício na ANAC.

Parágrafo único. Cabe à ANAC manter estrutura própria, na sede e nas unidades regionais, para desempenhar as atividades e procedimentos estabelecidos na forma do *caput*.

Art. 16. A ANAC adaptará, no prazo de cento e oitenta dias, os contratos de concessão ou convênios de delegação relativos à administração e exploração de aeródromos, celebrados pela União com órgãos ou entidades da administração federal, direta ou indireta, dos Estados, do Distrito Federal e dos Municípios.

Art. 17. Este Decreto entra em vigor na data de sua publicação.

Brasília, 20 de março de 2006; 185º da Independência e 118º da República.

Luiz Inácio Lula da Silva

DOU de 21.3.2006

ANEXO I

REGULAMENTO DA AGÊNCIA NACIONAL DE AVIAÇÃO CIVIL – ANAC

CAPÍTULO I – DA NATUREZA, SEDE, FINALIDADE E COMPETÊNCIA

Art. 1º. A Agência Nacional de Aviação Civil – ANAC, autarquia sob regime especial, criada pela Lei nº 11.182, de 27 de setembro de 2005, com independência administrativa, autonomia financeira, ausência de subordinação hierárquica e mandato fixo de seus dirigentes, com sede e foro no Distrito Federal, vinculada ao Ministério da Defesa, tem por finalidade regular e fiscalizar as atividades de aviação civil e de infraestrutura aeronáutica e aeroportuária.

Art. 2º. A ANAC, no exercício de suas competências, deverá observar orientações, diretrizes e políticas formuladas pelo Conselho de Aviação Civil – CONAC, nos termos do art. 3º da Lei nº 11.182, de 2005.

Art. 3º. A ANAC atuará como Autoridade de Aviação Civil.

Art. 4º. Cabe à ANAC adotar medidas para o atendimento do interesse público e para o desenvolvimento e fomento da aviação civil, da infraestrutura aeronáutica e aeroportuária do País, atuando com independência, legalidade, impessoalidade e publicidade, competindo-lhe:

I – implementar, em sua esfera de atuação, a política de aviação civil;

II – representar o País junto aos organismos internacionais de aviação civil, exceto nos assuntos relativos ao sistema de controle do espaço aéreo e ao sistema de investigação e prevenção de acidentes aeronáuticos;

III – elaborar relatórios e emitir pareceres sobre acordos, tratados, convenções e outros atos relativos ao transporte aéreo internacional, celebrados ou a serem celebrados com outros países ou organizações internacionais;

IV – realizar estudos, estabelecer normas, promover a implementação das normas e recomendações internacionais de aviação civil, observados os acordos, tratados e convenções internacionais de que seja parte a República Federativa do Brasil;

V – negociar o estabelecimento de acordos e tratados sobre transporte aéreo internacional, observadas as diretrizes do CONAC;

VI – negociar, realizar intercâmbio e articular-se com autoridades aeronáuticas estrangeiras, para validação recíproca de atividades relativas ao sistema de segurança de voo, inclusive quando envolvam certificação de produtos aeronáuticos, de empresas prestadoras de serviços e fabricantes de produtos aeronáuticos para a aviação civil;

VII – regular e fiscalizar a operação de serviços aéreos prestados, no País, por empresas estrangeiras, observados os acordos, tratados e convenções internacionais de que seja parte a República Federativa do Brasil;

VIII – promover, junto aos órgãos competentes, o cumprimento dos atos internacionais sobre aviação civil ratificados pela República Federativa do Brasil;

IX – regular as condições e a designação de empresa aérea brasileira para operar no exterior;

X – regular e fiscalizar os serviços aéreos, os produtos e processos aeronáuticos, a formação e o treinamento de pessoal especializado, os serviços auxiliares, a segurança da aviação civil, a facilitação do transporte aéreo, a habilitação de tripulantes, as emissões de poluentes e o ruído aeronáutico, os sistemas de reservas, a movimentação de passageiros e carga e as demais atividades de aviação civil, ressalvadas as competências do Comando da Aeronáutica sobre as atividades de controle do espaço aéreo;

XI – expedir regras sobre segurança em área aeroportuária e a bordo de aeronaves civis, porte e transporte de cargas perigosas, inclusive o porte ou transporte de armamento, explosivos, material bélico ou de quaisquer outros produtos, substâncias ou objetos que possam pôr em risco os tripulantes ou passageiros, ou a própria aeronave ou, ainda, que sejam nocivos à saúde;

XII – regular e fiscalizar as medidas a serem adotadas pelas empresas prestadoras de serviços aéreos, e exploradoras de infraestrutura aeroportuária, para prevenção quanto ao uso por seus tripulantes ou pessoal técnico de manutenção e operação que tenha acesso às aeronaves, de substâncias entorpecentes ou psicotrópicas, que possam determinar dependência física ou psíquica, permanente ou transitória;

XIII – regular e fiscalizar a outorga de serviços aéreos;

XIV – conceder, permitir ou autorizar a exploração de serviços aéreos;

XV – promover a apreensão de bens e produtos aeronáuticos de uso civil, que estejam em desacordo com as especificações;

XVI – fiscalizar as aeronaves civis, seus componentes, equipamentos e serviços de manutenção, com o objetivo de assegurar o cumprimento das normas de segurança de voo;

XVII – proceder à homologação e emitir certificados, atestados, aprovações e autorizações, relativos às atividades de competência do sistema de segurança de voo da aviação civil, bem como licenças de tripulantes e certificados de habilitação técnica e de capacidade física e mental, observados os padrões e normas por ela estabelecidos e, em especial:

a) homologar e certificar os produtos e os processos industriais aeronáuticos;

b) reconhecer a homologação e a certificação estrangeira, nos termos dos acordos internacionais celebrados com outros países;

c) expedir "Certificado de Homologação de Empresa" para empresas fabricantes de produtos aeronáuticos, fiscalizando-as;

d) expedir "Certificado de Homologação de Tipo";

e) expedir "Certificado de Autorização de Voo Experimental";

f) aprovar a aeronavegabilidade de produtos aeronáuticos para exportação;

g) homologar e expedir certificado de homologação de empresa de transporte aéreo;

h) homologar e expedir certificado de homologação de empresa de revisão, reparo ou manutenção de aeronaves, motores, hélices e outros produtos aeronáuticos;

i) vistoriar aeronaves para expedição de certificados de aeronavegabilidade; e

j) conceder certificados de aeronavegabilidade para aeronaves;

XVIII – administrar o Registro Aeronáutico Brasileiro;

XIX – regular as autorizações de horários de transporte (HOTRAN), observadas as condicionantes do Sistema de Controle do Espaço Aéreo Brasileiro e da infraestrutura aeroportuária disponível;

XX – compor, administrativamente, conflitos de interesses entre prestadoras de serviços aéreos e de infraestrutura aeronáutica e aeroportuária;

XXI – regular e fiscalizar a infraestrutura aeronáutica e aeroportuária, com exceção das atividades e procedimentos relacionados com o sistema de controle do espaço aéreo e com o sistema de investigação e prevenção de acidentes aeronáuticos;

XXII – regular e fiscalizar a infraestrutura aeronáutica e aeroportuária, visando a garantir sua compatibilidade com a proteção ambiental e com o ordenamento do uso do solo;

XXIII – aprovar os planos diretores dos aeroportos e os planos aeroviários estaduais;

XXIV – propor ao Presidente da República, por intermédio do Ministro de Estado da Defesa, a declaração de utilidade pública, para fins de desapropriação ou instituição de servidão administrativa, dos bens necessários à construção, manutenção e expansão da infraestrutura aeronáutica e aeroportuária;

XXV – conceder ou autorizar a exploração da infraestrutura aeroportuária, no todo ou em parte;

XXVI – estabelecer o regime tarifário, revisões e reajustes referentes à exploração da infraestrutura aeroportuária;

XXVII – homologar, registrar e cadastrar os aeródromos;

XXVIII – arrecadar, administrar e suplementar recursos para o funcionamento de aeródromos de interesse federal, estadual ou municipal;

XXIX – aprovar e fiscalizar a construção, a reforma e a ampliação de aeródromos e sua abertura ao tráfego, observada a legislação e as normas pertinentes e após prévia análise pelo Comando da Aeronáutica, sob o ponto de vista da segurança da navegação aérea;

XXX – expedir normas e padrões que assegurem a compatibilidade, a operação integrada e a interconexão de informações entre aeródromos;

XXXI – expedir normas e estabelecer padrões mínimos de segurança de voo, de desempenho e eficiência, a serem cumpridos pelas prestadoras de serviços aéreos e de infraestruturas aeronáutica e aeroportuária, inclusive quanto a equipamentos, materiais, produtos e processos que utilizarem e serviços que prestarem;

XXXII – expedir certificados de aeronavegabilidade;

XXXIII – regular, fiscalizar e autorizar os serviços aéreos prestados por aeroclubes, escolas e cursos de aviação civil;

XXXIV – expedir, homologar ou reconhecer a certificação de produtos e processos aeronáuticos de uso civil, observados os padrões e normas por ela estabelecidos;

XXXV – integrar o Sistema de Investigação e Prevenção de Acidentes Aeronáuticos – SIPAER;

XXXVI – reprimir infrações à legislação, inclusive quanto aos direitos dos usuários, e aplicar as sanções cabíveis;

XXXVII – arrecadar, administrar e aplicar suas receitas;

XXXVIII – contratar pessoal por prazo determinado, de acordo com a legislação aplicável;

XXXIX – adquirir, administrar e alienar seus bens;

XL – apresentar ao Ministro de Estado da Defesa proposta de orçamento;

XLI – elaborar e enviar o relatório anual de suas atividades ao Ministério da Defesa e, por intermédio da Presidência da República, ao Congresso Nacional;

XLII – aprovar o seu regimento interno;

XLIII – administrar os cargos públicos, os cargos comissionados e as gratificações de que trata este regulamento;

XLIV – decidir, em último grau, sobre as matérias de sua competência;

XLV – deliberar, na esfera administrativa, quanto à interpretação da legislação sobre serviços aéreos e de infraestrutura aeronáutica e aeroportuária, inclusive casos omissos, quando não houver orientação normativa da Advocacia-Geral da União;

XLVI – deliberar, na esfera técnica, quanto à interpretação das normas e recomendações internacionais relativas ao sistema de segurança de voo da aviação civil, inclusive os casos omissos;

XLVII – editar e dar publicidade às instruções e aos regulamentos necessários à aplicação da legislação e deste Regulamento;

XLVIII – promover estudos sobre a logística do transporte aéreo e do transporte intermodal, ao longo de eixos e fluxos de produção, em articulação com os demais órgãos governamentais competentes e entidades privadas interessadas;

XLIX – firmar convênios de cooperação técnica e administrativa com órgãos e entidades governamentais, nacionais ou estrangeiros, tendo em vista a descentralização e fiscalização eficiente dos setores de aviação civil e infraestrutura aeronáutica e aeroportuária; e

L – contribuir para a preservação do patrimônio histórico e da memória da aviação civil e da infraestrutura aeronáutica e aeroportuária, em cooperação com as instituições dedicadas à cultura nacional, orientando e incentivando a participação das empresas do setor.

§ 1º. A ANAC poderá credenciar, nos termos estabelecidos em norma específica, pessoas físicas ou jurídicas, públicas ou privadas, de notória especialização, de acordo com padrões internacionalmente aceitos para a aviação civil, para expedição de laudos, pareceres ou relatórios que demonstrem o cumprimento dos requisitos necessários à emissão de certificados ou atestados relativos às atividades de sua competência.

§ 2º. A ANAC observará as prerrogativas específicas da Autoridade Aeronáutica, atribuídas ao Comandante da Aeronáutica, relativas à edição de normas e procedimentos de controle do espaço aéreo.

§ 3º. O Comandante da Aeronáutica editará, em coordenação com a ANAC, ressalvadas as situações de urgência ou emergência, normas e procedimentos de controle do espaço aéreo que tenham repercussão econômica ou operacional na prestação de serviços aéreos e de infraestrutura aeronáutica e aeroportuária.

§ 4º. Quando se tratar de aeródromo compartilhado, de aeródromo de interesse militar ou de aeródromo administrado pelo Comando da Aeronáutica, o exercício das competências previstas nos incisos XXIII, XXIV, XXV, XXVII, XXIX e XXX deste artigo dar-se-á em conjunto com o Comando da Aeronáutica.

§ 5º. Sem prejuízo do disposto no inciso X deste artigo, a execução dos serviços aéreos de aerolevantamento dependerá de autorização emitida pelo Ministério da Defesa.

§ 6º. Sem prejuízo do disposto no inciso XI deste artigo, a autorização para o transporte de explosivo e material bélico em aeronaves civis que partam ou se destinem a aeródromo brasileiro ou com sobrevoo do território nacional é de competência do Comando da Aeronáutica.

§ 7º. Para os efeitos previstos neste regulamento, o Sistema de Controle do Espaço Aéreo Brasileiro será explorado diretamente pela União, por intermédio do Comando da Aeronáutica, ou por entidade a quem ele delegar.

§ 8º. As expressões infraestrutura aeronáutica e infraestrutura aeroportuária, mencionadas neste Regulamento, referem-se às infraestruturas civis, não se aplicando o disposto nele às infraestruturas militares.

§ 9º. O exercício das atribuições da ANAC, na esfera internacional, dar-se-á em coordenação com o Ministério das Relações Exteriores e, no que tange à navegação aérea internacional, com o Comando da Aeronáutica.

Art. 5º. Constitui infraestrutura aeronáutica e aeroportuária, para efeito de orientação, coordenação, regulação e fiscalização da ANAC, o conjunto de órgãos, instalações ou estruturas terrestres de apoio à aviação civil, para promover-lhe a segurança, a regularidade e a eficiência, compreendendo, nos termos do art. 25 da Lei nº 7.565, de 19 de dezembro de 1986:

I – o sistema aeroportuário;

II – o sistema de segurança de voo;

III – o sistema de Registro Aeronáutico Brasileiro;

IV – o sistema de facilitação, segurança e coordenação do transporte aéreo;

V – o sistema de formação e adestramento de pessoal destinado à aviação civil e à infraestrutura aeronáutica civil;

VI – o sistema de indústria aeronáutica;

VII – o sistema de serviços auxiliares; e

VIII – o sistema de coordenação da infraestrutura aeronáutica.

§ 1º. Para os efeitos deste artigo, sistema é o conjunto de órgãos e elementos relacionados entre si por finalidade específica, ou por interesse de orientação, coordenação, supervisão, fiscalização e regulação, não implicando subordinação hierárquica.

§ 2º. A instalação e o funcionamento de qualquer serviço de infraestrutura aeronáutica e aeroportuária, dentro ou fora do aeródromo civil público, dependerá de prévia autorização da ANAC, que o fiscalizará, respeitadas as atribuições das demais autoridades.

Art. 6º. No exercício de suas atribuições, cabe à ANAC apurar, julgar, aplicar penalidades ou adotar providências administrativas por infrações previstas na Lei nº 7.565, de 1986, e na legislação complementar, inclusive as relativas a tarifas e condições gerais de transporte, bem como conhecer os respectivos recursos.

Parágrafo único. O disposto no *caput* deste artigo aplica-se também às infrações relativas ao Sistema de Controle do Espaço Aéreo Brasileiro.

Art. 7º. Ressalvadas as atribuições específicas fixadas em lei, o tráfego aéreo e a entrada e saída do espaço aéreo brasileiro submetem-se às normas, orientação, coordenação, controle e fiscalização do Comando da Aeronáutica, nos termos previstos nos arts. 11 a 22 da Lei nº 7.565, de 1986.

§ 1º. Subordinam-se, também, à orientação, coordenação, controle e fiscalização do Comando da Aeronáutica as atividades de controle de tráfego aéreo, telecomunicações aeronáuticas e dos auxílios à navegação aérea, de meteorologia aeronáutica, de cartografia e informações aeronáuticas, de busca e salvamento, de inspeção em voo, de coordenação e fiscalização do ensino técnico específico, de supervisão de fabricação, reparo, manutenção e distribuição de equipamentos terrestres de auxílio à navegação aérea e de investigação e prevenção de acidentes aeronáuticos, previstas nos arts. 47, 48 e 86 a 93 da Lei nº 7.565, de 1986.

§ 2º. O Comandante da Aeronáutica estabelecerá o regime jurídico das "Tarifas de Uso das Comunicações e dos Auxílios à Navegação Aérea em Rota", observado o disposto no § 3º do art. 4º deste Regulamento.

Art. 8º. Com o objetivo de harmonizar suas ações institucionais na área da defesa e promoção da concorrência, a ANAC celebrará convênios com os órgãos e entidades do Governo Federal competentes sobre a matéria.

Parágrafo único. Quando, no exercício de suas atribuições, a ANAC tomar conhecimento de fato que configure ou possa configurar infração contra a ordem econômica, ou que comprometa a defesa e a promoção da concorrência, deverá comunicá-lo aos órgãos e entidades referidos no *caput* deste artigo, para que adotem as providências cabíveis.

Art. 9º. No exercício de seu poder normativo e de coordenação, supervisão e fiscalização dos serviços aéreos e da infraestrutura aeronáutica e aeroportuária, cabe à ANAC disciplinar, dentre outros aspectos, a outorga, a exploração, a administração e a utilização dos serviços aéreos e de infraestrutura, com vistas a:

I – definir prioridades na exploração e na utilização de serviços aéreos e de infraestrutura aeronáutica e aeroportuária, de acordo com as diretrizes estabelecidas na política de aviação civil;

II – garantir a integridade de passageiros, tripulantes, pessoal de terra, público em geral, aeronaves e instalações de aeroportos brasileiros, nacionais e internacionais, protegendo as operações da aviação civil contra atos de interferência ilícita cometidos no solo ou em voo;

III – assegurar o princípio da confiabilidade do serviço público, garantindo a movimentação de pessoas e bens, em cumprimento a padrões de eficiência, segurança, regularidade, continuidade, atualidade, generalidade e cortesia na prestação dos serviços públicos;

IV – promover e divulgar regularmente estudos específicos sobre as condições do mercado, tráfego e demanda por serviços de transporte aéreo;

V – implementar programas de incentivos para o aumento da produtividade do setor aéreo e para viabilizar o acesso à infraestrutura e ao transporte aéreo para as localidades não atendidas;

VI – assegurar os direitos dos usuários;

VII – arbitrar conflitos de interesses;

VIII – preservar o cumprimento das obrigações de continuidade da prestação de serviços; e

IX – buscar harmonia com as demais instituições regulatórias, cujos sistemas de regência interfiram na produção dos serviços regulados.

Art. 10. Na regulação dos serviços aéreos, a atuação da ANAC visará especialmente a:

I – assegurar às empresas brasileiras de transporte aéreo regular a exploração de quaisquer linhas aéreas domésticas, observadas, exclusivamente, as condicionantes do sistema de controle do espaço aéreo, a capacidade operacional de cada aeroporto e as normas regulamentares de prestação de serviço adequado;

II – manter, enquanto forem atendidas as exigências regulamentares de prestação de serviço adequado, os horários alocados às empresas de serviços aéreos para pouso e decolagem nos aeroportos;

III – assegurar a liberdade tarifária; e

IV – zelar para que as empresas de prestação de serviços mantenham regularidade com suas obrigações fiscais e previdenciárias, bem como com o pagamento de taxas à Agência e de tarifas e preços públicos específicos devidos pela utilização de serviços de infraestrutura aeronáutica e aeroportuária.

Art. 11. Na regulação da exploração de infraestrutura aeronáutica e aeroportuária, a atuação da ANAC objetivará em especial:

I – promover a modernização e a expansão de capacidade das infraestruturas física e operacional existentes, bem como a intensificação da utilização dessas infraestruturas;

II – buscar assegurar a todos os segmentos da aviação civil acesso adequado à infraestrutura aeroportuária e aeronáutica;

III – estabelecer regime tarifário e de preços específicos que:

a) promova maior circulação de pessoas e intercâmbio de bens e serviços entre as regiões do País e deste com o exterior;

b) assegure a eficiência na alocação e uso dos recursos dos aeroportos;

c) gere receita suficiente para recuperar custos; e

d) proporcione orientação para investimentos futuros;

IV – assegurar que as tarifas iniciais sejam determinadas com valores compatíveis aos custos marginais de longo prazo;

V – assegurar a modicidade das tarifas e o repasse de ganhos de produtividade aos usuários;

VI – proceder à revisão e ao reajuste de tarifas dos serviços prestados segundo as disposições contratuais e as regras estabelecidas, após prévia comunicação ao Ministério da Fazenda;

VII – assegurar o cumprimento das normas pertinentes ao meio ambiente, de forma a garantir o desenvolvimento sustentável da aviação civil;

VIII – assegurar a implementação dos padrões de segurança operacional e de segurança da aviação civil contra atos ilícitos; e

IX – assegurar o cumprimento das normas pertinentes às Zonas de Proteção de Aeródromos, Zonas de Proteção de Helipontos e Zonas de Proteção de Auxílios à Navegação Aérea expedidas pelo Comando da Aeronáutica, em complemento às normas da ANAC.

Art. 12. A ANAC acompanhará as atividades dos operadores estrangeiros que atuam no transporte aéreo internacional com o Brasil, visando a identificar práticas operacionais, legislações e procedimentos adotados em outros países, que restrinjam ou conflitem com regulamentos e acordos internacionais firmados pelo Brasil.

§ 1º. Para os fins do disposto no *caput* deste artigo, a ANAC poderá solicitar esclarecimentos e informações aos agentes e representantes legais dos operadores que estejam sob análise.

§ 2º. Identificada a existência de legislação, procedimento ou prática prejudiciais aos interesses nacionais ou de empresas brasileiras, a ANAC instruirá o processo respectivo e proporá, ou aplicará, conforme o caso, sanções, na forma prevista na legislação brasileira e nos regulamentos e acordos internacionais.

Art. 13. A outorga para a exploração dos serviços de transporte aéreo público regular de passageiros, carga e mala postal observará as normas legais e regulamentares aplicáveis.

Art. 14. A autorização e a designação para a prestação de serviços de transporte aéreo internacional obedecerá ao disposto nos tratados, convenções ou acordos bilaterais de que o Brasil seja signatário, bem como às leis brasileiras aplicáveis.

Art. 15. A prestação de serviços de infraestrutura aeroportuária e aeronáutica sujeitar-se-á às normas estabelecidas pela ANAC, especialmente quanto:

I – aos critérios para a fixação, o reajuste, a revisão e o acompanhamento das tarifas e dos preços das empresas prestadoras de serviços de infraestrutura aeronáutica e aeroportuária, de forma a garantir sua publicidade;

II – ao prazo para os detentores de outorgas ou de delegações anteriores à vigência deste Regulamento se adaptarem às novas condições estabelecidas na Lei nº 11.182, de 2005;

III – às regras que disciplinarão o compartilhamento de infraestrutura e instalações aeronáuticas, em conjunto com o Comando da Aeronáutica; e

IV – à regulamentação para a preservação do sigilo das informações técnicas, operacionais, econômico-financeiras e contábeis solicitadas às empresas ou entidades prestadoras dos serviços de infraestrutura aeronáutica e aeroportuária.

Parágrafo único. O disposto no *caput* deste artigo não se aplica ao Sistema de Controle do Espaço Aéreo Brasileiro.

CAPÍTULO II – DA ESTRUTURA ORGANIZACIONAL

Art. 16. A ANAC terá a seguinte estrutura organizacional:

I – Diretoria:

a) Gabinete;

b) Assessoria Técnica;

II – Procuradoria;

III – Ouvidoria;

IV – Corregedoria;

V – Auditoria Interna;

VI – Conselho Consultivo;

VII – Superintendências; e

VIII – Unidades Regionais.

Parágrafo único. O regimento interno disporá sobre a estrutura, competências, atribuições e organização das unidades que compõem a estrutura organizacional da ANAC.

CAPÍTULO III – DA DIREÇÃO E NOMEAÇÃO

Art. 17. A ANAC será dirigida por um Diretor-Presidente e quatro Diretores.

§ 1º. Os membros da Diretoria serão nomeados pelo Presidente da República, após aprovação pelo Senado Federal, para cumprir mandatos de cinco anos, não coincidentes, observadas as disposições dos arts. 12 e 13 da Lei nº 11.182, de 2005.

§ 2º. O Diretor-Presidente será nomeado pelo Presidente da República dentre os integrantes da Diretoria e investido na função pelo prazo fixado no ato de nomeação.

§ 3º. A Diretoria designará um de seus integrantes para assumir a presidência nas ausências eventuais e impedimentos do Diretor-Presidente, e os demais Diretores serão substitutos eventuais entre si.

§ 4º. A data da posse dos primeiros membros da Diretoria será considerada como termo inicial de todos os mandatos, devendo ser observada, a partir de então, para a renovação anual de Diretores.

§ 5º. O termo inicial fixado de acordo com o § 4º prevalecerá para cômputo da duração dos mandatos, mesmo que as nomeações e posses subsequentes venham a ocorrer em datas diferentes.

Art. 18. É vedado aos dirigentes ter interesse, direto ou indireto, em empresa relacionada com a área de atuação da ANAC.

Parágrafo único. No caso de descumprimento da obrigação prevista no *caput*, o infrator perderá o cargo, sem prejuízo de responder a ações cíveis e penais cabíveis.

Art. 19. O ex-Diretor fica impedido para o exercício de atividades ou de prestar qualquer serviço no setor regulado pela ANAC, por um período de quatro meses, contados da exoneração ou do término do seu mandato.

Parágrafo único. No prazo estipulado no *caput*, é vedado ainda, ao ex-dirigente, utilizar em benefício próprio informações privilegiadas obtidas em decorrência do cargo exercido, sob pena de incorrer em ato de improbidade administrativa.

Art. 20. O Procurador deverá ser bacharel em Direito, com experiência no efetivo exercício da advocacia, atendidos os pré-requisitos legais e as instruções normativas da Advocacia-Geral da União.

Art. 21. O Ouvidor será nomeado pelo Presidente da República para mandato de dois anos, admitida uma recondução.

Art. 22. O Corregedor será indicado pelo Ministro de Estado da Defesa e nomeado pelo Presidente da República.

Art. 23. Os demais dirigentes serão nomeados segundo o disposto na legislação pertinente.

CAPÍTULO IV – DAS COMPETÊNCIAS DAS UNIDADES

Art. 24. À Diretoria da ANAC compete, em regime de colegiado, analisar, discutir e decidir, em instância administrativa final, as matérias de competência da Agência, bem como:

I – propor, por intermédio do Ministro de Estado da Defesa, ao Presidente da República, alterações no regulamento da ANAC;

II – cumprir e fazer cumprir as normas relativas à aviação civil e à infraestrutura aeronáutica e aeroportuária;

III – propor ao Ministro de Estado da Defesa políticas e diretrizes governamentais destinadas a permitir à ANAC o cumprimento de seus objetivos institucionais;

IV – orientar a atuação da ANAC nas negociações internacionais;

V – aprovar procedimentos administrativos de licitação;

VI – outorgar a prestação de serviços aéreos;

VII – conceder ou autorizar a exploração da infraestrutura aeronáutica e aeroportuária;

VIII – exercer o poder normativo da ANAC;

IX – aprovar minutas de editais de licitação, homologar adjudicações, bem como decidir pela prorrogação, transferência, intervenção e extinção, em relação a concessões, permissões e autorizações, na forma do regimento interno, normas, regulamentos de prestação de serviços e dos contratos firmados;

X – aprovar o regimento interno da ANAC;

XI – apreciar, em grau de recurso, as penalidades impostas pela ANAC;

XII – aprovar as normas relativas aos procedimentos administrativos internos da ANAC;

XIII – decidir sobre o planejamento estratégico da ANAC;

XIV – estabelecer as diretrizes funcionais, executivas e administrativas a serem seguidas, zelando pelo seu efetivo cumprimento;

XV – decidir sobre políticas administrativas internas e de recursos humanos e seu desenvolvimento;

XVI – deliberar sobre a nomeação dos superintendentes e gerentes de unidades organizacionais, inclusive regionais;

XVII – deliberar sobre a criação, a extinção e a forma de supervisão das atividades das unidades regionais;

XVIII – aprovar propostas de declaração de utilidade pública necessária à execução de projetos e investimentos no âmbito das outorgas estabelecidas ou das delegações em curso, nos termos da legislação pertinente;

XIX – decidir sobre a aquisição e a alienação de bens;

XX – autorizar a contratação de serviços de terceiros, bem como firmar convênios, na forma da legislação em vigor;

XXI – aprovar o orçamento da ANAC, a ser encaminhado ao Ministério da Defesa;

XXII – deliberar, na esfera administrativa, quanto à interpretação da legislação e sobre os casos omissos; e

XXIII – elaborar relatório anual de suas atividades, nele destacando o cumprimento das políticas do setor.

Parágrafo único. É vedado à Diretoria delegar a qualquer órgão ou autoridade as competências previstas neste artigo.

Art. 25. As decisões da Diretoria serão tomadas pelo voto da maioria absoluta de seus membros, cabendo ao Diretor-Presidente, além do voto ordinário, o voto de qualidade, e serão registradas em atas que ficarão disponíveis para conhecimento geral, juntamente com os documentos que as instruam.

§ 1º. A Diretoria reunir-se -á com a maioria de seus membros.

§ 2º. A matéria sujeita à deliberação da Diretoria será distribuída ao Diretor responsável pela área, para apresentação de relatório.

§ 3º. As decisões da Diretoria serão fundamentadas.

§ 4º. Cada Diretor votará com independência, fundamentando seu voto, vedada a abstenção.

Art. 26. Ao Gabinete compete:

I – assistir ao Diretor em sua representação funcional, ocupar-se das relações públicas e do preparo e despacho dos seus expedientes pessoais;

II – acompanhar o andamento dos projetos de interesse da ANAC em tramitação no Congresso Nacional;

III – providenciar o atendimento às consultas e aos requerimentos formulados pelo Congresso Nacional;

IV – providenciar a publicação oficial e a divulgação das matérias relacionadas com a área de atuação da ANAC;

V – planejar, coordenar e supervisionar o desenvolvimento das atividades de comunicação social da ANAC; e

VI – exercer outras atribuições que lhe forem cometidas pelos Diretores.

Art. 27. À Assessoria Técnica compete prestar apoio à Diretoria, organizando as pautas das reuniões, expedindo as convocações e notificações e, quando for o caso, providenciando as publicações correspondentes e elaborando as atas e as súmulas das deliberações.

Art. 28. À Procuradoria, órgão vinculado à Procuradoria Geral Federal, compete:

I – executar as atividades de consultoria e assessoramento jurídicos;

II – emitir pareceres jurídicos;

III – exercer a representação judicial da ANAC;

IV – representar judicialmente os titulares e ex-titulares de cargos comissionados e cargos comissionados técnicos da ANAC, inclusive promovendo ação penal privada ou representando perante o Ministério Público, quando vítimas de crime, quanto a atos praticados no exercício de suas atribuições constitucionais, legais ou regulamentares, no interesse público, especialmente da Agência, podendo, ainda, quanto aos mesmos atos, impetrar *habeas corpus* e mandado de segurança em defesa dos agentes públicos;

V – apurar a liquidez e certeza dos créditos, de qualquer natureza, inerentes às suas atividades, inscrevendo-os em dívida ativa, para fins de cobrança amigável ou judicial;

VI – assistir às autoridades da ANAC no controle interno da legalidade administrativa dos atos a serem praticados, inclusive examinando previamente os textos de atos normativos, os editais de licitação, contratos e outros atos dela decorrentes, bem assim os atos de dispensa e inexigibilidade de licitação; e

VII – opinar previamente sobre a forma de cumprimento de decisões judiciais.

Art. 29. À Ouvidoria compete:

I – receber, apurar e encaminhar à Diretoria reclamações, críticas e comentários dos cidadãos, usuários e dos prestadores dos serviços aéreos ou de infraestrutura aeroportuária e aeronáutica, atuando com independência na produção de apreciações sobre a atuação da ANAC;

II – receber denúncias de quaisquer violações de direitos individuais ou coletivos, de atos legais, bem como de qualquer ato de improbidade administrativa, praticados por agentes ou servidores públicos de qualquer natureza, vinculados direta ou indiretamente à atuação da ANAC; e

III – promover as ações necessárias à apuração da veracidade das reclamações e denúncias, solicitando as providências necessárias ao saneamento das irregularidades e ilegalidades constatadas.

§ 1º. O Ouvidor terá acesso a todos os assuntos, autos e documentos da ANAC e contará com o apoio administrativo adequado ao desempenho de suas funções, mantendo o sigilo das informações.

§ 2º. A Ouvidoria manterá sigilo da fonte e a proteção do denunciante, quando for o caso.

§ 3º. A Diretoria assegurará os meios adequados ao exercício das atividades da Ouvidoria.

Art. 30. À Corregedoria, órgão do Sistema de Controle Interno do Poder Executivo Federal, compete:

I – fiscalizar as atividades funcionais da ANAC;

II – dar o devido andamento às representações ou denúncias fundamentadas que receber, relativamente à atuação dos servidores;

III – realizar correção nos diversos órgãos e unidades, sugerindo as medidas necessárias à racionalização e eficiência dos serviços; e

IV – instaurar, de ofício ou por determinação superior, sindicâncias e processos administrativos disciplinares relativamente aos servidores, submetendo-os à decisão da Diretoria.

Parágrafo único. A instauração de sindicâncias e de processos administrativos disciplinares relativos a atos da Diretoria ou de seus membros será da competência do Ministro de Estado da Defesa.

Art. 31. À Auditoria Interna compete:

I – fiscalizar a gestão orçamentária, financeira, administrativa, contábil, técnica e patrimonial e demais sistemas administrativos e operacionais da ANAC, de acordo com o Plano Anual de Atividades de Auditoria aprovado pela Diretoria;

II – elaborar relatório das auditorias realizadas, propondo medidas preventivas e corretivas dos desvios detectados, se for o caso, encaminhando-o à Diretoria; e

III – responder pela sistematização das informações requeridas pelos órgãos de controle do Poder Executivo.

Art. 32. Às Superintendências compete planejar, organizar, executar, controlar e avaliar os processos organizacionais e operacionais da ANAC, no âmbito de suas respectivas competências.

Art. 33. Às Unidades Regionais compete:

I – administrar e gerenciar os serviços, programas e projetos descentralizados atribuídos à Unidade, fiscalizando o cumprimento das normas e padrões estabelecidos;

II – propor as medidas necessárias à agilização e ao aprimoramento de suas atividades; e

III – exercer outras atividades que lhe forem atribuídas pela Diretoria.

Art. 34. A ANAC disporá de um órgão de participação institucionalizada da comunidade de aviação civil, denominado Conselho Consultivo.

§ 1º. O Conselho Consultivo, órgão colegiado, será composto por membros titulares e respectivos suplentes, designados pelo Diretor-Presidente da ANAC.

§ 2º. O Conselho Consultivo será presidido pelo Diretor-Presidente da ANAC, composto por um membro indicado pelo Comandante da Aeronáutica e por membros indicados por organizações representativas dos seguintes segmentos da sociedade:

I – três representantes das empresas de serviços de transporte aéreo;

II – um representante das empresas de serviços aéreos especializados;

III – quatro representantes dos usuários de serviços aéreos;

IV – dois representantes dos exploradores de serviços de infraestrutura aeroportuária;

V – dois representantes da aviação geral, aeroclubes e aerodesporto;

VI – dois representantes da indústria aeronáutica e de manutenção aeronáutica;

VII – dois representantes dos trabalhadores do setor;

VIII – um representante das instituições de formação e adestramento de pessoal destinado à aviação civil; e

IX – um representante das empresas prestadoras de serviços auxiliares.

§ 3º. A ANAC disporá sobre os critérios para designação das entidades que poderão participar da indicação dos representantes dos respectivos segmentos no Conselho Consultivo e designará as entidades participantes para cada segmento.

§ 4º. Os membros do Conselho Consultivo não serão remunerados e exercerão mandato de três anos, vedada a recondução.

§ 5º. Os membros do Conselho Consultivo serão substituídos, em suas ausências e impedimentos, pelos respectivos suplentes.

§ 6º. Os Diretores da ANAC poderão participar das reuniões do Conselho Consultivo.

§ 7º. Poderão ser convidados para participar das reuniões do Conselho Consultivo representantes de órgãos e entidades públicas e privadas, em função da matéria constante da pauta.

§ 8º. Compete ao Conselho Consultivo:

I – assessorar a Diretoria da ANAC, emitindo pareceres sobre os assuntos submetidos a sua análise;

II – apreciar e emitir parecer sobre os relatórios anuais da Diretoria; e

III – outras atribuições estabelecidas pela Diretoria da ANAC.

§ 9º. O funcionamento do Conselho Consultivo será disposto em regimento interno próprio, proposto pelo Conselho e aprovado pela Diretoria da ANAC.

§ 10. As despesas de instalação e funcionamento do Conselho Consultivo correrão à conta da ANAC, cabendo às entidades e setores representados o custeio do deslocamento e hospedagem dos respectivos representantes para participar das reuniões.

CAPÍTULO V – DAS ATRIBUIÇÕES DOS DIRIGENTES

Art. 35. Incumbe ao Diretor-Presidente:

I – representar a ANAC;

II – exercer o comando hierárquico sobre pessoal e serviços, coordenando as competências administrativas;

III – presidir as reuniões da Diretoria;

IV – gerir o Fundo Aeroviário;

V – aprovar a requisição, com ônus para a ANAC, de servidores e empregados de órgãos e entidades integrantes da administração pública, quaisquer que sejam as funções a serem exercidas, nos termos do art. 16 da Lei nº 9.986, de 18 de julho de 2000;

VI – autorizar, na forma da legislação em vigor, o afastamento do País de servidores para o desempenho de atividades técnicas e de desenvolvimento profissional; e

VII – aprovar a cessão, requisição, promoção e afastamento de servidores para participação em eventos de capacitação *lato* e *stricto sensu*, na forma da legislação em vigor.

Art. 36. São atribuições comuns aos Diretores da ANAC:

I – cumprir e fazer cumprir as disposições regulamentares no âmbito das atribuições da ANAC;

II – zelar pelo desenvolvimento e credibilidade interna e externa da ANAC e pela legitimidade de suas ações;

III – zelar pelo cumprimento dos planos e programas da ANAC;

IV – praticar e expedir os atos de gestão administrativa no âmbito das atribuições que lhes forem conferidas;

V – executar as decisões tomadas de forma colegiada pela Diretoria; e

VI – contribuir com subsídios para propostas de ajustes e modificações na legislação, necessários à modernização do ambiente institucional de atuação da ANAC.

Art. 37. Ao Procurador-Geral incumbe:

I – coordenar as atividades de assessoramento jurídico da ANAC;

II – participar, quando convocado, das sessões e reuniões da Diretoria, sem direito a voto;

III – receber as citações e notificações judiciais;

IV – desistir, transigir, firmar compromisso e confessar nas ações de interesse da ANAC, autorizado pela Diretoria;

V – aprovar os pareceres jurídicos dos procuradores; e

VI – representar ao Ministério Público para início de ação pública de interesse da ANAC.

Art. 38. Ao Ouvidor incumbe:

I – receber pedidos de informação, esclarecimentos, reclamações, denúncias e sugestões, respondendo diretamente aos interessados;

II – planejar, dirigir, coordenar e orientar a execução das atividades da Ouvidoria, encaminhando providências, relatórios e apreciações objeto de sua atuação; e

III – produzir, quando oportuno, apreciações sobre a atuação da ANAC, e, semestralmente, relatório circunstanciado de suas atividades, encaminhando-o à Diretoria, à Corregedoria, à Auditoria, ao Conselho Consultivo e ao Ministro de Estado da Defesa.

Art. 39. Ao Corregedor incumbe fiscalizar as atividades funcionais da ANAC.

Art. 40. Ao Auditor-Chefe incumbe fiscalizar a gestão administrativa, orçamentária, contábil, patrimonial e de pessoal da ANAC.

Art. 41. Ao Chefe de Gabinete, ao Assessor Técnico, aos Superintendentes, aos Chefes de Unidades Regionais e aos demais dirigentes incumbe planejar, dirigir, coordenar e orientar a execução das atividades das respectivas unidades e exercer outras atribuições que lhes forem cometidas em regimento interno.

CAPÍTULO VI – DAS DISPOSIÇÕES GERAIS

Seção I – Do Processo Decisório

Art. 42. O processo decisório da ANAC obedecerá aos princípios da legalidade, impessoalidade, eficiência, moralidade e publicidade, assegurado o direito ao contraditório e à ampla defesa.

Art. 43. Ressalvados os documentos e autos cuja divulgação possa violar a segurança do País, o segredo protegido ou a intimidade de alguém, todos os demais permanecerão abertos à consulta pública.

Parágrafo único. Observado o disposto no *caput* deste artigo, a ANAC dará tratamento sigiloso às informações técnicas, operacionais, econômico-financeiras e contábeis que solicitar às empresas prestadoras de serviços, desde que sua divulgação não seja diretamente necessária para:

I – impedir a discriminação de usuários ou prestadores de serviço; e

II – verificar o cumprimento das obrigações assumidas em decorrência de outorga de autorização, permissão ou concessão.

Art. 44. As sessões deliberativas da Diretoria que se destinem a resolver pendências entre agentes econômicos, ou entre estes e usuários de bens e serviços compreendidos na área de atuação da ANAC, serão públicas.

Art. 45. As iniciativas ou alterações de atos normativos de competência da ANAC, que afetem os direitos de agentes econômicos, inclusive de trabalhadores do setor, ou de usuários de serviços de aviação civil e de infraestrutura aeroportuária e aeronáutica serão precedidas de audiência pública, convocada e dirigida pela ANAC, com os seguintes objetivos:

I – recolher subsídios para o processo decisório da ANAC;

II – assegurar aos agentes e usuários dos respectivos serviços o encaminhamento de seus pleitos e sugestões;

III – identificar, da forma mais ampla possível, os aspectos relevantes da matéria objeto da audiência pública; e

IV – dar publicidade à ação regulatória da ANAC.

Parágrafo único. A ANAC deverá disponibilizar em seu sítio na rede mundial de computadores os atos normativos objetos de audiência ou consulta pública, sem prejuízo de outras formas de divulgação.

Seção II – Das Receitas e do Orçamento

Art. 46. A ANAC cobrará Taxa de Fiscalização da Aviação Civil – TFAC pelo exercício do poder de polícia decorrente das atividades de fiscalização, homologação e registros, nos termos do previsto na Lei nº 7.565, de 1986, destinando o produto da arrecadação ao seu custeio e funcionamento.

§ 1º. A cobrança prevista no *caput* deste artigo recairá sobre as empresas concessionárias, permissionárias e autorizatárias de prestação de serviços aéreos comerciais, os operadores de serviços aéreos privados, as exploradoras de infraestrutura aeroportuária, as agências de carga aérea, pessoas jurídicas que explorem atividades de fabricação, manutenção, reparo ou revisão de produtos aeronáuticos e demais pessoas físicas e jurídicas que realizem atividades fiscalizadas pela ANAC.

§ 2º. Os valores da TFAC são os fixados no Anexo III da Lei nº 11.182, de 2005.

Art. 47. Constituem receitas da ANAC:

I – dotações, créditos adicionais e repasses que lhe forem consignados no Orçamento Geral da União;

II – recursos provenientes de convênios, acordos ou contratos celebrados com órgãos ou entidades federais, estaduais e municipais, empresas públicas ou privadas, nacionais ou estrangeiras, e organismos internacionais;

III – recursos do Fundo Aeroviário;

IV – produto de arrecadação de taxas de fiscalização;

V – recursos provenientes da prestação de serviços de natureza contratual, inclusive pelo fornecimento de publicações, material técnico, dados e informações, inclusive para fins de licitação;

VI – valores apurados no aluguel ou alienação de bens móveis ou imóveis;

VII – produto das operações de crédito que contratar, no País e no exterior, e rendimentos de operações financeiras que realizar;

VIII – doações, legados e subvenções;

IX – rendas eventuais; e

X – outros recursos que lhe forem destinados.

Art. 48. A ANAC submeterá ao Ministério da Defesa sua proposta orçamentária anual, nos termos da legislação em vigor, acompanhada de quadro demonstrativo do planejamento plurianual das receitas e despesas, visando ao seu equilíbrio orçamentário e financeiro nos quatro exercícios subsequentes.

Art. 49. A prestação de contas anual da administração da ANAC, depois de aprovada pela Diretoria, será submetida ao Ministro de Estado da Defesa, para remessa ao Tribunal de Contas da União, observados os prazos previstos em legislação específica.

CAPÍTULO VII – DAS DISPOSIÇÕES FINAIS

Art. 50. A ANAC poderá organizar e implantar, em benefício de seus servidores e respectivos dependentes, serviços e programas de assistência social, médica, odontológica, hospitalar, alimentar e de transportes, na forma da lei.

Parágrafo único. Os serviços e programas de que trata este artigo poderão ser executados diretamente ou mediante convênios e contratos com entidades especializadas, públicas ou particulares.

Art. 51. A ANAC disponibilizará ao Ministério da Defesa as informações referentes ao setor e às suas atividades, visando a subsidiar a formulação da política de aviação civil.

Parágrafo único. Para os fins previstos neste artigo, a ANAC implantará sistema de informações setoriais e banco de dados unificado, disponibilizando o acesso ao Ministério da Defesa.

Anexo II – Quadros demonstrativos dos cargos efetivos e comissionados da Agência Nacional de Aviação Civil

a) Quadro demonstrativo dos cargos efetivos

b) Quadro demonstrativo dos cargos comissionados

Anexo III – Quadro-resumo dos custos de cargos comissionados da Agência Nacional de Aviação Civil

Anexo IV – Quadro das gratificações de exercício em cargo de confiança da Agência Nacional de Aviação Civil – Oficiais-generais e oficiais

Anexo V – Quadro das gratificações de representação pelo exercício de função da Agência Nacional de Aviação Civil – Graduados

• Vide *www6.senado.gov.br/sicon/PreparaFormPesquisa.action*

DECRETO Nº 5.910, DE 27 DE SETEMBRO DE 2006

• *Vide nesta edição Decretos nºs 20.704, de 24.11.1931; 56.463, de 15.6.1965; 60.967, de 7.7.1967 e 2.861, de 7.12.1998.*

Promulga a Convenção para a Unificação de Certas Regras Relativas ao Transporte Aéreo Internacional, celebrada em Montreal, em 28 de maio de 1999.

O Presidente da República, no uso da atribuição que lhe confere o art. 84, inciso IV, da Constituição, e

Considerando que a Convenção para a Unificação de Certas Regras Relativas ao Transporte Aéreo Internacional foi celebrada em Montreal, em 28 de maio de 1999;

Considerando que o Congresso Nacional aprovou essa Convenção por meio do Decreto Legislativo nº 59, de 18 de abril de 2006;

Considerando que o Acordo entrou em vigor internacional em 4 de novembro de 2003, e para o Brasil, em 18 de julho de 2006, nos termos de seu Artigo 53;

Decreta:

Art. 1º. A Convenção para a Unificação de Certas Regras Relativas ao Transporte Aéreo Internacional, celebrada em Montreal, em 28 de maio de 1999, apensa por cópia ao presente Decreto, será executada e cumprida tão inteiramente como nela se contém.

Art. 2º. São sujeitos à aprovação do Congresso Nacional quaisquer atos que possam resultar em revisão da referida Convenção, assim como quaisquer ajustes complementares que, nos termos do art. 49, inciso I, da Constituição, acarretem encargos ou compromissos gravosos ao patrimônio nacional.

Art. 3º. Este Decreto entra em vigor na data de sua publicação.

Brasília, 27 de setembro de 2006; 185º da Independência e 118º da República.

Luiz Inácio Lula da Silva – Celso Luiz Nunes Amorim

DOU de 28.9.2006

CONVENÇÃO PARA A UNIFICAÇÃO DE CERTAS REGRAS RELATIVAS AO TRANSPORTE AÉREO INTERNACIONAL

Promulgada pelo Decreto nº 5.910, de 27 De Setembro de 2006; celebrada em Montreal, em 28 de maio de 1999; aprovada pelo Congresso Nacional por meio do Decreto Legislativo nº 59, de 18 de abril de 2006; entrou em vigor internacional em 4 de novembro de 2003, e para o Brasil, em 18 de julho de 2006, nos termos de seu Artigo 53

OS ESTADOS PARTES NA PRESENTE CONVENÇÃO:

RECONHECENDO a importante contribuição da Convenção Para a Unificação de Certas Regras Relativas ao Transporte Aéreo Internacional, assinada em Varsóvia, em 12 de outubro de 1929, doravante denominada "Convenção de Varsóvia", e de outros instrumentos conexos, para a harmonização do direito aeronáutico internacional privado;

RECONHECENDO a necessidade de modernizar e refundir a Convenção de Varsóvia e os instrumentos conexos;

RECONHECENDO a importância de assegurar a proteção dos interesses dos usuários do transporte aéreo internacional e a necessidade de uma indenização equitativa, fundada no princípio da restituição;

REAFIRMANDO a conveniência de um desenvolvimento ordenado das operações de transporte aéreo internacional e da circulação fluída de passageiros, bagagem e carga, conforme os princípios e objetivos da Convenção de Aviação Civil Internacional, feita em Chicago, em 7 de dezembro de 1944;

CONVENCIDOS de que a ação coletiva dos Estados para uma maior harmonização e codificação de certas regras que regulam o transporte aéreo internacional, mediante uma nova Convenção, é o meio mais apropriado para lograr um equilíbrio de interesses equitativo;

CONVIERAM O SEGUINTE:

Capítulo I – Disposições Gerais

Artigo 1 – Âmbito de Aplicação

1. A presente Convenção se aplica a todo transporte internacional de pessoas, bagagem ou carga, efetuado em aeronaves, mediante remuneração. Aplica-se igualmente ao transporte gratuito efetuado em aeronaves, por uma empresa de transporte aéreo.

2. Para os fins da presente Convenção, a expressão transporte internacional significa todo transporte em que, conforme o estipulado pelas partes, o ponto de partida e o ponto de destino, haja ou não interrupção no transporte, ou transbordo, estão situados, seja no território de dois Estados Partes, seja no território de um só Estado Parte, havendo escala prevista no território de qualquer outro Estado, ainda que este não seja um Estado Parte. O transporte entre dois pontos dentro do território de um só Estado Parte, sem uma escala acordada no território de outro Estado, não se considerará transporte internacional, para os fins da presente Convenção.

3. O transporte que seja efetuado por vários transportadores sucessivamente constituirá, para os fins da presente Convenção, um só transporte, quando haja sido considerado pelas partes como uma única operação, tanto se haja sido objeto de um só contrato, como de uma série de contratos, e não perderá seu caráter internacional pelo fato de que um só contrato ou uma série de contratos devam ser executados integralmente no território do mesmo Estado.

4. A presente Convenção se aplica também ao transporte previsto no Capítulo V, sob as condições nele estabelecidas.

Artigo 2 – Transporte Realizado pelo Estado e Transporte de Mala Postal

1. A presente Convenção se aplica ao transporte efetuado pelo Estado ou pelas demais pessoas jurídicas de direito público, nas condições estabelecidas no Artigo 1.

2. No transporte de mala postal, o transportador será responsável unicamente perante a administração postal correspondente, de acordo com as normas aplicáveis às relações entre os transportadores e as administrações postais.

3. Salvo o previsto no número 2 deste Artigo, as disposições da presente Convenção não se aplicarão ao transporte de mala postal.

Capítulo II – Documentação e Obrigações das Partes, Relativas ao Transporte de Passageiros, Bagagem e Carga

Artigo 3 – Passageiros e Bagagem

1. No transporte de passageiros será expedido um documento de transporte, individual ou coletivo, que contenha:

a) a indicação dos pontos de partida e de destino;

b) se os pontos de partida e de destino estão situados no território de um só Estado Parte e, caso haja sido prevista uma ou mais escalas no território de outro Estado, a indicação de pelo menos uma dessas escalas.

2. Qualquer outro meio em que conste a informação mencionada no número 1 poderá substituir a expedição do documento mencionado naquele número. Se um desses meios for utilizado, o transportador oferecerá ao passageiro expedir uma declaração escrita da informação conservada por esses meios.

3. O transportador entregará ao passageiro um talão de identificação de bagagem por cada volume de bagagem registrado.

4. O passageiro receberá um aviso escrito, indicando que, quando seja aplicável a presente Convenção, esta regulará a responsabilidade do transportador por morte ou lesões, por destruição, perda ou avaria de bagagem, e por atraso.

5. O descumprimento das disposições dos parágrafos precedentes não afetará a existência nem a validade do contrato de transporte, o qual, não obstante, ficará sujeito às regras da presente Convenção, incluindo as relativas aos limites de responsabilidade.

Artigo 4 – Carga

1. No transporte de carga, será expedido um conhecimento aéreo.

2. Qualquer outro meio no qual constem as informações relativas ao transporte que deva ser executado poderá substituir a emissão do conhecimento aéreo. Se outros meios forem utilizados, o transportador entregará ao expedidor, se este último o solicitar, um recibo da carga, que permita a identificação da remessa e o acesso à informação registrada por esses outros meios.

Artigo 5 – Conteúdo do Conhecimento Aéreo ou do Recibo de Carga

O conhecimento aéreo ou o recibo de carga deverão incluir:

a) a indicação dos pontos de partida e destino;

b) se os pontos de partida e destino estão situados no território de um só Estado Parte, e havendo uma ou mais escalas previstas no território de outro Estado, a indicação de pelo menos uma dessas escalas; e

c) a indicação do peso da remessa.

Artigo 6 – Documento Relativo à Natureza da Carga

Poderá ser exigido do expedidor que entregue um documento indicando a natureza da carga, se isso for necessário para o cumprimento das formalidades de aduana, polícia e outras autoridades públicas similares. Esta disposição não cria para o transportador qualquer dever, obrigação ou responsabilidade resultantes do anteriormente estabelecido.

Artigo 7 – Descrição do Conhecimento Aéreo

1. O conhecimento aéreo será emitido pelo expedidor em três vias originais.

2. A primeira via conterá a indicação "para o transportador", e será assinada pelo expedidor. A segunda via conterá a indicação "para o destinatário", e será assinada pelo expedidor e pelo transportador. A terceira via será assinada pelo transportador e por este entregue ao expedidor, após a aceitação da carga.

3. A assinatura do transportador e a do expedidor poderão ser impressas ou substituídas por um carimbo.

4. Se, a pedido do expedidor, o transportador emite o conhecimento aéreo, considera-se, salvo prova em contrário, que o transportador agiu em nome do expedidor.

Artigo 8 – Documentos para Vários Volumes

Quando houver mais de um volume:

a) o transportador da carga terá direito de solicitar ao expedidor a emissão de conhecimentos aéreos separados;

b) o expedidor terá direito de solicitar ao transportador a entrega de recibos de carga separados, quando se utilizem os outros meios previstos no número 2 do Artigo 4.

Artigo 9 – Inobservância dos Requisitos para os Documentos

A inobservância das disposições dos Artigos 4 a 8 não afetará a existência nem a validade do contrato de transporte que, não obstante, estará sujeito às regras da presente Convenção, inclusive as relativas aos limites de responsabilidade.

Artigo 10 – Responsabilidade pelas Indicações Inscritas nos Documentos

1. O expedidor é responsável pela exatidão das indicações e declarações concernentes à carga feitas por ele ou em seu nome no conhecimento aéreo, ou feitas por ele ou em seu nome ao transportador, para inscrição no recibo de carga ou para inclusão nos registros conservados por outros meios, previstos no número 2 do Artigo 4. A presente disposição aplica-se também quando a pessoa que atua em nome do expedidor é também preposto do transportador.

2 O expedidor indenizará o transportador por todo dano que este haja sofrido, ou qualquer outra pessoa em relação à qual o transportador seja responsável, em consequência das indicações e declarações irregulares, inexatas ou incompletas feitas por ele ou em seu nome.

3. Sujeito às disposições dos números 1 e 2 deste Artigo, o transportador deverá indenizar o expedidor por todo dano que este haja sofrido, ou qualquer outra pessoa em relação à qual o expedidor seja responsável, em consequência das indicações e declarações irregulares, inexatas ou incompletas feitas pelo transportador ou em seu nome no recibo de carga ou nos registros conservados por outros meios, mencionados no número 2 do Artigo 4.

Artigo 11 – Valor Probatório dos Documentos

1. Tanto o conhecimento aéreo como o recibo de carga constituem presunção, salvo prova em contrário, da celebração do contrato, da aceitação da carga e das condições de transporte que contenham.

2. As declarações do conhecimento aéreo ou do recibo de carga relativas ao peso, dimensões e embalagem da carga, assim como ao número de volumes, constituem presunção, salvo prova em contrário, dos dados declarados; as indicações relativas à quantidade, volume e estado da carga não constituem prova contra o transportador, salvo quando este as haja comprovado na presença do expedidor e haja feito constar no conhecimento aéreo ou no recibo de carga, ou que se trate de indicações relativas ao estado aparente da carga.

Artigo 12 – Direito de Disposição da Carga

1. O expedidor tem direito, sob a condição de cumprir com todas as obrigações resultantes do contrato de transporte, de dispor da carga, retirando-a do aeroporto de saída ou destino, ou detendo-a no curso da viagem em caso de aterrissagem, ou fazendo-a entregar no lugar de destino ou no curso da viagem a uma pessoa distinta do destinatário originalmente designado, ou pedindo que seja devolvida ao aeroporto de partida. O expedidor não exercerá este direito de disposição de forma que prejudique o transportador nem outros expedidores e deverá re-embolsar todos os gastos ocasionados pelo exercício deste direito.

2. Caso seja impossível executar as instruções do expedidor, o transportador deverá avisar-lhe imediatamente.

3. Se o transportador cumprir as instruções do expedidor a respeito da disposição da carga, sem exigir a apresentação da via do conhecimento aéreo ou do recibo de carga entregue a este último, será responsável, sem prejuízo de seu direito de ressarcir-se do expedidor, do dano que possa ser causado por este fato a quem se encontre legalmente de posse desse exemplar do conhecimento aéreo ou do recibo de carga.

4. O direito do expedidor cessa no momento em que começa o do destinatário, conforme o Artigo 13. Não obstante, se o destinatário se recusa a aceitar a carga ou se não é encontrado, o expedidor recobrará seu direito de disposição.

Artigo 13 – Entrega da Carga

1. Salvo quando o expedidor haja exercido seu direito de acordo com o Artigo 12, o destinatário terá direito, desde a chegada da carga ao lugar de destino, a pedir ao

transportador que lhe entregue a carga, mediante o pagamento da importância devida, desde que cumpridas as condições de transporte.

2. Salvo estipulação em contrário, o transportador deve avisar ao destinatário da chegada da carga, tão logo esta chegue.

3. Se o transportador admite a perda da carga, ou caso a carga não tenha chegado após um prazo de sete dias a partir da data em que deveria haver chegado, o destinatário poderá fazer valer contra o transportador os direitos decorrentes do contrato de transporte.

Artigo 14 – Execução dos Direitos do Expedidor e do Destinatário

O expedidor e o destinatário poderão fazer valer, respectivamente, todos os direitos que lhes concedem os Artigos 12 e 13, cada um em seu próprio nome, seja em seu próprio interesse, seja no interesse de um terceiro, desde que cumpram as obrigações impostas pelo contrato de transporte.

Artigo 15 – Relações entre o Expedidor e o Destinatário e Relações entre Terceiros

1. Os artigos 12, 13 e 14 não afetam as relações do expedidor e do destinatário entre si, nem as relações entre terceiros cujos direitos provêem do expedidor ou do destinatário.

2. As disposições dos Artigos 12, 13 e 14 só poderão modificar-se mediante uma cláusula explícita consignada no conhecimento aéreo ou no recibo de carga.

Artigo 16 – Formalidades de Aduana, Polícia ou Outras Autoridades Públicas

1. O expedidor deve proporcionar a informação e os documentos que sejam necessários para cumprir as formalidades aduaneiras, policiais e de qualquer outra autoridade pública, antes da entrega da carga ao destinatário. O expedidor é responsável perante o transportador por todos os danos que possam resultar da falta, insuficiência ou irregularidade da referida informação ou dos documentos, salvo se os mesmos se devam à culpa do transportador ou de seus prepostos.

2. O transportador não está obrigado a examinar se tal informação ou os documentos são exatos ou suficientes.

Capítulo III – Responsabilidade do Transportador e Medida da Indenização do Dano

Artigo 17 – Morte e Lesões dos Passageiros – Dano à Bagagem

1. O transportador é responsável pelo dano causado em caso de morte ou de lesão corporal de um passageiro, desde que o acidente que causou a morte ou a lesão haja ocorrido a bordo da aeronave ou durante quaisquer operações de embarque ou desembarque.

2. O transportador é responsável pelo dano causado em caso de destruição, perda ou avaria da bagagem registrada, no caso em que a destruição, perda ou avaria haja ocorrido a bordo da aeronave ou durante qualquer período em que a bagagem registrada se encontre sob a custódia do transportador. Não obstante, o transportador não será responsável na medida em que o dano se deva à natureza, a um defeito ou a um vício próprio da bagagem. No caso da bagagem não registrada, incluindo os objetos pessoais, o transportador é responsável, se o dano se deve a sua culpa ou a de seus prepostos.

3. Se o transportador admite a perda da bagagem registrada, ou caso a bagagem registrada não tenha chegado após vinte e um dias seguintes à data em que deveria haver chegado, o passageiro poderá fazer valer contra o transportador os direitos decorrentes do contrato de transporte.

4. A menos que se indique de outro modo, na presente Convenção o termo "bagagem" significa tanto a bagagem registrada como a bagagem não registrada.

Artigo 18 – Dano à Carga

1. O transportador é responsável pelo dano decorrente da destruição, perda ou avaria da carga, sob a única condição de que o fato que causou o dano haja ocorrido durante o transporte aéreo.

2. Não obstante, o transportador não será responsável na medida em que prove que a destruição ou perda ou avaria da carga se deve a um ou mais dos seguintes fatos:

a) natureza da carga, ou um defeito ou um vício próprio da mesma;

b) embalagem defeituosa da carga, realizada por uma pessoa que não seja o transportador ou algum de seus prepostos;

c) ato de guerra ou conflito armado;

d) ato de autoridade pública executado em relação com a entrada, a saída ou o trânsito da carga.

3. O transporte aéreo, no sentido do número 1 deste Artigo, compreende o período durante o qual a carga se acha sob a custódia do transportador.

4. O período do transporte aéreo não abrange qualquer transporte terrestre, marítimo ou por águas interiores, efetuado fora de um aeroporto. Todavia, quando dito transporte se efetue durante a execução de um contrato de transporte aéreo, para o carregamento, a entrega ou o transbordo, todo dano se presumirá, salvo prova em contrário, como resultante de um fato ocorrido durante o transporte aéreo. Quando um transportador, sem o consentimento do expedidor, substitui total ou parcialmente o transporte previsto no acordo entre as duas partes como transporte aéreo por outra modalidade de transporte, o transporte efetuado por outro modo se considerará compreendido no período de transporte aéreo.

Artigo 19 – Atraso

O transportador é responsável pelo dano ocasionado por atrasos no transporte aéreo de passageiros, bagagem ou carga. Não obstante, o transportador não será responsável pelo dano ocasionado por atraso se prova que ele e seus prepostos adotaram todas as medidas que eram razoavelmente necessárias para evitar o dano ou que lhes foi impossível, a um e a outros, adotar tais medidas.

Artigo 20 – Exoneração

Se o transportador prova que a pessoa que pede indenização, ou a pessoa da qual se origina seu direito, causou o dano ou contribuiu para ele por negligência, erro ou omissão, ficará isento, total ou parcialmente, de sua responsabilidade com respeito ao reclamante, na medida em que tal negligência, ou outra ação ou omissão indevida haja causado o dano ou contribuído para ele. Quando uma pessoa que não seja o passageiro, pedir indenização em razão da morte ou lesão deste último, o transportador ficará igualmente exonerado de sua responsabilidade, total ou parcialmente, na medida em que prove que a negligência ou outra ação ou omissão indevida do passageiro causou o dano ou contribuiu para ele. Este Artigo se aplica a todas as disposições sobre responsabilidade da presente Convenção, inclusive ao número 1 do Artigo 21.

Artigo 21 – Indenização em Caso de Morte ou Lesões dos Passageiros

1. O transportador não poderá excluir nem limitar sua responsabilidade, com relação aos danos previstos no número 1 do Artigo 17, que não exceda de 100.000 Direitos Especiais de Saque por passageiro.

2. O transportador não será responsável pelos danos previstos no número 1 do Artigo17, na medida em que exceda de 100.000 Direitos Especiais de Saque por passageiro, se prova que:

a) o dano não se deveu a negligência ou a outra ação ou omissão do transportador ou de seus prepostos; ou

b) o dano se deveu unicamente a negligência ou a outra ação ou omissão indevida de um terceiro.

Artigo 22 – Limites de Responsabilidade Relativos ao Atraso da Bagagem e da Carga

1. Em caso de dano causado por atraso no transporte de pessoas, como se especifica no Artigo 19, a responsabilidade do transportador se limita a 4.150 Direitos Especiais de Saque por passageiro.

2. No transporte de bagagem, a responsabilidade do transportador em caso de destruição, perda, avaria ou atraso se limita a 1.000 Direitos Especiais de Saque por passageiro, a menos que o passageiro haja feito ao transportador, ao entregar-lhe a bagagem registrada, uma declaração especial de valor da entrega desta no lugar de destino, e tenha pago uma quantia suplementar, se for cabível. Neste caso, o transportador estará obrigado a pagar uma soma que não excederá o valor declarado, a menos que prove que este valor é superior ao valor real da entrega no lugar de destino.

3. No transporte de carga, a responsabilidade do transportador em caso de destruição, perda, avaria ou atraso se limita a uma quantia de 17 Direitos Especiais de Saque por quilograma, a menos que o expedidor haja feito ao transportador, ao entregar-lhe o volume, uma declaração especial de valor de sua entrega no lugar de destino, e tenha pago uma quantia suplementar, se for cabível. Neste caso, o transportador estará obrigado a pagar uma quantia que não excederá o valor declarado, a menos que prove que este valor é superior ao valor real da entrega no lugar de destino.

4. Em caso de destruição, perda, avaria ou atraso de uma parte da carga ou de qualquer objeto que ela contenha, para determinar a quantia que constitui o limite de responsabilidade do transportador, somente se levará em conta o peso total do volume ou volumes afetados. Não obstante, quando a destruição, perda, avaria ou atraso de uma parte da carga ou de um objeto que ela contenha afete o valor de outros volumes compreendidos no mesmo conhecimento aéreo, ou no mesmo recibo ou, se não houver sido expedido nenhum desses documentos, nos registros conservados por outros meios, mencionados no número 2 do Artigo 4, para determinar o limite de responsabilidade também se levará em conta o peso total de tais volumes.

5. As disposições dos números 1 e 2 deste Artigo não se aplicarão se for provado que o dano é resultado de uma ação ou omissão do transportador ou de seus prepostos, com intenção de causar dano, ou de forma temerária e sabendo que provavelmente causaria dano, sempre que, no caso de uma ação ou omissão de um preposto, se prove também que este atuava no exercício de suas funções.

6. Os limites prescritos no Artigo 21 e neste Artigo não constituem obstáculo para que o tribunal conceda, de acordo com sua lei nacional, uma quantia que corresponda a todo ou parte dos custos e outros gastos que o processo haja acarretado ao autor, inclusive juros. A disposição anterior não vigorará, quando o valor da indenização acordada, excluídos os custos e outros gastos do processo, não exceder a quantia que o transportador haja oferecido por escrito ao autor, dentro de um período de seis meses contados a partir do fato que causou o dano, ou antes de iniciar a ação, se a segunda data é posterior.

Artigo 23 – Conversão das Unidades Monetárias

1. As quantias indicadas em Direitos Especiais de Saque mencionadas na presente Convenção consideram-se referentes ao Direito Especial de Saque definido pelo Fundo Monetário Internacional. A conversão das somas nas moedas nacionais, no caso de ações judiciais, se fará conforme o valor de tais moedas em Direitos Especiais de Saque,

na data da sentença. O valor em Direitos Especiais de Saque da moeda nacional de um Estado Parte, que seja membro do Fundo Monetário Internacional, será calculado de acordo com o método de avaliação adotado pelo Fundo Monetário Internacional para suas operações e transações, vigente na data da sentença. O valor em Direitos Especiais de Saque da moeda nacional de um Estado Parte que não seja membro do Fundo Monetário Internacional será calculado na forma estabelecida por esse Estado.

2. Entretanto, os Estados que não sejam membros do Fundo Monetário Internacional e cuja legislação não permita aplicar as disposições do número 1 deste Artigo poderão declarar, no momento da ratificação ou da adesão ou ulteriormente, que o limite de responsabilidade do transportador, estabelecido no Artigo 21, é fixado na quantia de 1.500.000 unidades monetárias por passageiro, nos procedimentos judiciais seguidos em seus territórios; 62.500 unidades monetárias por passageiro, com respeito ao número 1 do Artigo 22; 15.000 unidades monetárias por passageiro, com respeito ao número 2 do Artigo 22; e 250 unidades monetárias por quilograma, com respeito ao número 3 do Artigo 22. Esta unidade monetária corresponde a sessenta e cinco miligramas e meio de ouro de lei de novecentos milésimos. Estas somas poderão converter-se na moeda nacional de que se trate, em cifras redondas. A conversão destas quantias em moeda nacional será efetuada de acordo com a lei do Estado interessado.

3. O cálculo mencionado na última sentença do número 1 deste Artigo e o método de conversão mencionado no número 2 deste Artigo se farão de forma tal que expressem na moeda nacional do Estado Parte, na medida do possível, o mesmo valor real para as quantias dos Artigos 21 e 22 que resultaria da aplicação das três primeiras orações do número 1 deste Artigo. Os Estados Partes, ao depositar seu instrumento de ratificação, aceitação, aprovação ou adesão à presente Convenção comunicarão ao Depositário o método para fazer o cálculo, conforme estabelecido no número 1 deste Artigo, ou os resultados da conversão estabelecida no número 2 deste Artigo, conforme o caso, e cada vez que haja uma mudança relativa a dito método ou a esses resultados.

Artigo 24 – Revisão dos Limites

1. Sem que isto afete as disposições do Artigo 25 da presente Convenção, e sujeito ao estabelecido no número 2 seguinte, os limites de responsabilidade prescritos no Artigos 21, 22, e 23 serão revisados pelo Depositário, a cada cinco anos, devendo efetuar-se a primeira revisão ao final do quinto ano seguinte à data de entrada em vigor da presente Convenção ou, se a Convenção não entrar em vigor dentro dos cinco anos seguintes à data em que foi aberta à assinatura, dentro do primeiro ano de sua entrada em vigor, com relação a um índice de inflação que corresponda à taxa de inflação acumulada desde a revisão anterior ou, na primeira vez, desde a data da entrada em vigor da Convenção. A medida da taxa de inflação que deverá ser utilizada para determinar o índice de inflação será a média ponderada das taxas anuais de aumento ou de diminuição do índice de preços ao consumidor dos Estados cujas moedas formam o Direito Especial de Saque mencionado no número 1 do Artigo 23.

2. Se da revisão mencionada no parágrafo anterior resulta um índice de inflação superior a dez por cento, o Depositário notificará aos Estados Partes a revisão dos limites de responsabilidade. Tais revisões serão efetivadas seis meses depois de sua notificação aos Estados Partes. Se dentro dos três meses seguintes a sua notificação aos Estados Partes a maioria desses Estados Partes registrar sua desaprovação, a revisão não se efetivará e o Depositário remeterá a questão a uma reunião dos Estados Partes. O Depositário notificará imediatamente a todos os Estados Partes a entrada em vigor de toda revisão.

3. Não obstante o número 1 deste Artigo, o procedimento mencionado no número 2 deste Artigo se aplicará a qualquer momento, sempre que um terço dos Estados Partes expressem o desejo de fazê-lo e com a condição de que o índice de inflação mencio-

nado no número 1 haja sido superior a trinta por cento, desde a revisão anterior ou desde a data da entrada em vigor da presente Convenção, caso não tenha havido uma revisão anterior. As revisões subsequentes realizadas de acordo com o procedimento descrito no número 1 deste Artigo serão realizadas a cada cinco anos, contados a partir do final do quinto ano seguinte à data da revisão efetuada em virtude deste parágrafo.

Artigo 25 – Estipulação Sobre os Limites

O transportador poderá estipular que o contrato de transporte estará sujeito a limites de responsabilidade mais elevados que os previstos na presente Convenção, ou que não estará sujeito a nenhum limite de responsabilidade.

Artigo 26 – Nulidade das Cláusulas Contratuais

Toda cláusula que tenda a exonerar o transportador de sua responsabilidade ou a fixar um limite inferior ao estabelecido na presente Convenção será nula e de nenhum efeito, porém a nulidade de tal cláusula não implica a nulidade do contrato, que continuará sujeito às disposições da presente Convenção.

Artigo 27 – Liberdade Contratual

Nenhuma das disposições da presente Convenção impedirá o transportador de negar-se a realizar um contrato de transporte, renunciar às defesas que possa invocar em virtude da presente Convenção, ou estabelecer condições que não estejam em contradição com as disposições da presente Convenção.

Artigo 28 – Pagamentos Adiantados

No caso de acidentes de aviação que resultem na morte ou lesões dos passageiros, o transportador fará, se assim exigir sua lei nacional, pagamentos adiantados sem demora, à pessoa ou pessoas físicas que tenham direito a reclamar indenização, a fim de satisfazer suas necessidades econômicas imediatas. Tais pagamentos adiantados não constituirão reconhecimento de responsabilidade e poderão ser deduzidos de toda quantia paga posteriormente pelo transportador, como indenização.

Artigo 29 – Fundamento das Reclamações

No transporte de passageiros, de bagagem e de carga, toda ação de indenização de danos, seja com fundamento na presente Convenção, em um contrato ou em um ato ilícito, seja em qualquer outra causa, somente poderá iniciar-se sujeita a condições e limites de responsabilidade como os previstos na presente Convenção, sem que isso afete a questão de que pessoas podem iniciar as ações e quais são seus respectivos direitos. Em nenhuma das referidas ações se outorgará uma indenização punitiva, exemplar ou de qualquer natureza que não seja compensatória.

Artigo 30 – Prepostos – Total das Reclamações

1. Se for iniciada uma ação contra um preposto do transportador, por danos a que se refere a presente Convenção, este preposto, se provar que atuava no exercício de suas funções, poderá amparar-se nas condições e nos limites de responsabilidade que podem ser invocados pelo transportador, em virtude da presente Convenção.

2. O montante total das indenizações ressarcíveis pelo transportador e por seus prepostos, neste caso, não excederá de tais limites.

3. As disposições dos números 1 e 2 deste Artigo não se aplicarão se for provado que o dano é resultado de uma ação ou omissão do preposto, cometida com a intenção de causar dano, ou temerariamente e com a consciência de que provavelmente causaria o dano.

Artigo 31 – Aviso Oportuno de Protesto

1. O recebimento da bagagem registrada ou da carga, sem protesto por parte do destinatário, constituirá presunção, salvo prova em contrário, de que os mesmos foram entregues em bom estado e de acordo com o documento de transporte ou com os

registros conservados por outros meios, mencionados no número 2 do Artigo 3 e no número 2 do Artigo 4.

2. Em caso de avaria, o destinatário deverá apresentar ao transportador um protesto, imediatamente após haver sido notada tal avaria e, o mais tardar, dentro do prazo de sete dias para a bagagem registrada e de quatorze dias para a carga, a partir da data de seu recebimento. Em caso de atraso, o protesto deverá ser feito o mais tardar dentro de vinte e um dias a contar do dia em que a bagagem ou a carga haja sido posta à sua disposição.

3. Todo protesto deverá ser feito por escrito e apresentado ou expedido dentro dos prazos mencionados.

4. Não havendo protesto dentro dos prazos estabelecidos, não serão admitidas ações contra o transportador, salvo no caso de fraude por parte deste.

Artigo 32 – Falecimento da Pessoa Responsável

Em caso de falecimento da pessoa responsável, a ação de indenização relativa aos danos será exercida contra os representantes legais de sua sucessão, dentro dos limites estabelecidos na presente Convenção.

Artigo 33 – Jurisdição

1. A ação de indenização de danos deverá ser iniciada, à escolha do autor, no território de um dos Estados Partes, seja ante o tribunal do domicílio do transportador, da sede da matriz da empresa, ou onde possua o estabelecimento por cujo intermédio se tenha realizado o contrato, seja perante o tribunal do lugar de destino.

2. Com relação ao dano resultante na morte ou lesões do passageiro, a ação poderá ser iniciada perante um dos tribunais mencionados no número 1 deste Artigo ou no território de um Estado Parte em que o passageiro tenha sua residência principal e permanente no momento do acidente e para e desde o qual o transportador explore serviços de transporte aéreo de passageiros em suas próprias aeronaves ou nas de outro transportador, sob um acordo comercial, e em que o transportador realiza suas atividades de transporte aéreo de passageiros, desde locais arrendados ou que são de sua propriedade ou de outro transportador com o qual tenha um acordo comercial.

3. Para os fins do número 2,

a) "acordo comercial" significa um acordo, que não um contrato de agência, feito entre transportadores e relativo à provisão de seus serviços conjuntos de transporte aéreo de passageiros;

b) "residência principal e permanente" significa o domicílio do passageiro, no momento do acidente. A nacionalidade do passageiro não será o fator determinante a esse respeito.

4. As normas processuais serão reguladas pela lei nacional do tribunal que conhecer da questão.

Artigo 34 – Arbitragem

1. Sujeito ao previsto neste Artigo, as partes no contrato de transporte de carga podem estipular que toda controvérsia relativa à responsabilidade do transportador, prevista na presente Convenção, será resolvida por arbitragem. Dito acordo será feito por escrito.

2. O procedimento de arbitragem será realizado, à escolha do autor, em uma das jurisdições mencionadas no Artigo 33.

3. O árbitro ou o tribunal arbitral aplicarão as disposições da presente Convenção.

4. As disposições dos números 2 e 3 deste Artigo serão consideradas parte de toda cláusula ou acordo de arbitragem, e toda condição de tal cláusula ou acordo, que seja incompatível com tais disposições, será nula e de nenhum efeito.

Artigo 35 – Prazo Para as Ações

1. O direito à indenização se extinguirá se a ação não for iniciada dentro do prazo de dois anos, contados a partir da data de chegada ao destino, ou do dia em que a aeronave deveria haver chegado, ou do da interrupção do transporte.

2. A forma de computar esse prazo será determinada pela lei nacional do tribunal que conhecer da questão.

Artigo 36 – Transporte Sucessivo

1. No caso do transporte que haja de ser executado sucessivamente por vários transportadores e que esteja compreendido na definição do número 3 do Artigo 1, cada transportador que aceite passageiros, bagagem ou carga se submeterá às regras estabelecidas na presente Convenção e será considerado como uma das partes do contrato de transporte, na medida em que o contrato se refira à parte do transporte efetuado sob sua supervisão.

2. No caso de um transporte dessa natureza, o passageiro ou qualquer pessoa que tenha direito a uma indenização por ele, só poderá proceder contra o transportador que haja efetuado o transporte durante o qual se produziu o acidente ou o atraso, salvo no caso em que, por estipulação expressa, o primeiro transportador haja assumido a responsabilidade por toda a viagem.

3. Em se tratando de bagagem ou carga, o passageiro ou expedidor terá direito de ação contra o primeiro transportador, e o passageiro ou o destinatário que tenha direito à entrega terá direito de ação contra o último transportador, e um e outro poderão, além disso, acionar o transportador que haja efetuado o transporte durante o qual se produziu a destruição, perda, avaria ou atraso. Esses transportadores serão solidariamente responsáveis para com o passageiro, o expedidor ou o destinatário.

Artigo 37 – Direito de Ação Contra Terceiros

Nenhuma das disposições da presente Convenção afeta a existência ou não do direito de regresso da pessoa responsável pelo dano, contra qualquer outra pessoa.

Capítulo IV – Transporte Combinado

Artigo 38 – Transporte Combinado

1. No caso de transporte combinado, efetuado em parte por via aérea e em parte por qualquer outro meio de transporte, as disposições da presente Convenção se aplicarão unicamente ao transporte aéreo, sujeito ao estabelecido no número 4 do Artigo 18, sempre que o transporte aéreo responda às condições do Artigo 1.

2. Nenhuma das disposições da presente Convenção impedirá as partes, no caso de transporte combinado, de incluir no documento de transporte aéreo condições relativas a outros meios de transporte, sempre que as disposições da presente Convenção sejam respeitadas, no que concerne ao transporte aéreo.

Capítulo V – Transporte Aéreo Realizado por Uma Pessoa Distinta do Transportador Contratual

Artigo 39 – Transportador Contratual – Transportador de Fato

As disposições deste Capítulo se aplicam quando uma pessoa – (doravante denominada “transportador contratual”), como parte, celebra um contrato de transporte regido pela presente Convenção, com um passageiro ou com um expedidor ou com uma pessoa que atue em nome de um ou de outro, e outra pessoa – (doravante denominada "transportador de fato"), realiza, em virtude de autorização dada pelo transportador contratual, todo ou parte do transporte, mas sem ser com relação a dita parte um transportador sucessivo, no sentido da presente Convenção. Tal autorização se presumirá, salvo prova em contrário.

Artigo 40 – Responsabilidades Respectivas do Transportador Contratual e do Transportador de Fato

Se um transportador de fato realiza todo ou parte de um transporte que, de acordo com o contrato a que se refere o Artigo 39, se rege pela presente Convenção, tanto o transportador contratual como o transportador de fato ficarão sujeitos, salvo disposição em contrário, prevista no presente Capítulo, às disposições da presente Convenção, o primeiro com respeito a todo o transporte previsto no contrato, e o segundo somente com respeito ao transporte que realize.

Artigo 41 – Responsabilidade Solidária

1. As ações e omissões do transportador de fato e de seus prepostos, quando estes atuem no exercício de suas funções, se considerarão também, com relação ao transporte realizado pelo transportador de fato, como ações e omissões do transportador contratual.

2. As ações e omissões do transportador contratual e de seus prepostos, quando estes atuem no exercício de suas funções, se considerarão também, com relação ao transporte realizado pelo transportador de fato, como do transportador de fato. Não obstante, tais ações e omissões não submeterão o transportador de fato a uma responsabilidade que exceda as quantias previstas nos Artigos 21, 22, 23, e 24. Nenhum acordo especial pelo qual o transportador contratual assuma obrigações não impostas pela presente Convenção, nenhuma renuncia de direitos ou defesas estabelecidos pela Convenção e nenhuma declaração especial de valor prevista no Artigo 21 afetarão o transportador de fato, a menos que esse o aceite.

Artigo 42 – Destinatário dos Protestos e Instruções

Os protestos e instruções que devam ser dirigidos ao transportador, em virtude da presente Convenção, terão o mesmo efeito, sejam dirigidos ao transportador contratual, sejam dirigidos ao transportador de fato. Não obstante, as instruções mencionadas no Artigo 12 só surtirão efeito se dirigidas ao transportador contratual.

Artigo 43 – Prepostos

No que diz respeito ao transporte realizado pelo transportador de fato, todo preposto deste ou do transportador contratual terá direito, se prova que atuava no exercício de suas funções, a invocar as condições e os limites de responsabilidade aplicáveis em virtude da presente Convenção, ao transportador do qual é preposto, a menos que se prove que havia atuado de forma a não poder invocar os limites de responsabilidade, de acordo com a presente Convenção.

Artigo 44 – Total da Indenização

No que diz respeito ao transporte realizado pelo transportador de fato, o total das quantias ressarcíveis desse transportador e do transportador contratual e dos prepostos de um e de outro, que hajam atuado no exercício de suas funções, não excederá a maior quantia que possa ser obtida de qualquer desses transportadores em virtude da presente Convenção, mas nenhuma das pessoas mencionadas será responsável por uma quantia mais elevada que os limites aplicáveis a essa pessoa.

Artigo 45 – Destinatário das Reclamações

No que diz respeito ao transporte realizado pelo transportador de fato, a ação de indenização de danos poderá ser iniciada, à escolha do autor, contra dito transportador ou contra o transportador contratual ou contra ambos, conjunta ou separadamente. Se a ação for promovida unicamente contra um desses transportadores, este terá direito de trazer a juízo o outro transportador, regendo-se o processo e seus efeitos pela lei nacional do tribunal que conhecer da questão.

Artigo 46 – Jurisdição Adicional

Toda ação de indenização de danos prevista no Artigo 45 deverá ser iniciada, à escolha do autor, no território de uns dos Estados Partes, perante um dos tribunais em que possa processar-se uma ação contra o transportador contratual, conforme o previsto no Artigo 33, ou perante o tribunal em cuja jurisdição o transportador de fato tem seu domicílio ou a matriz de sua empresa.

Artigo 47 – Nulidade das Cláusulas Contratuais

Toda cláusula que tenda a exonerar o transportador contratual ou o transportador de fato, da responsabilidade prevista nesse Capítulo, ou a fixar um limite inferior ao aplicável de conformidade com este Capítulo, será nula e de nenhum efeito, porém a nulidade de tal cláusula não implica na nulidade do contrato, que continuará sujeito às disposições deste Capítulo.

Artigo 48 – Relações Entre o Transportador Contratual e o Transportador de Fato

Exceto o previsto no Artigo 45, nenhuma das disposições deste Capítulo afetará os direitos e obrigações entre os transportadores, incluído todo direito de ação regressiva ou de indenização.

Capítulo VI – Outras Disposições

Artigo 49 – Aplicação Obrigatória

Toda cláusula do contrato de transporte e todos os acordos particulares concertados antes que ocorra o dano, pelos quais as partes tratem de fugir à aplicação das regras estabelecidas na presente Convenção, seja decidindo a lei que deverá ser aplicada, seja modificando as regras relativas à jurisdição, serão nulos e de nenhum efeito.

Artigo 50 – Seguro

Os Estados Partes exigirão de seus transportadores que mantenham um seguro adequado, que cubra sua responsabilidade em virtude da presente Convenção. O Estado Parte com destino ao qual o transportador explora serviços poderá exigir-lhe que apresente comprovação de que mantém um seguro adequado que cubra sua responsabilidade, de acordo com a presente Convenção.

Artigo 51 – Transporte Efetuado em Circunstâncias Extraordinárias

As disposições dos Artigos 3 a 5, 7 e 8, relativas à documentação de transporte, não se aplicarão em caso de transporte efetuado em circunstâncias extraordinárias, que excedam o alcance normal das atividades do transportador.

Artigo 52 – Definição de Dias

Quando na presente Convenção se emprega o termo "dias", trata-se de dias corridos e não dias úteis.

Capítulo VII – Disposições Finais

Artigo 53 – Assinatura, Ratificação e Entrada em Vigor

1. A presente Convenção estará aberta em Montreal, em 28 de maio de 1999, à assinatura dos Estados participantes na Conferência Internacional de Direito Aeronáutico, celebrada em Montreal, de 10 a 28 de maio de 1999. Após 28 de maio de 1999, a

Convenção estará aberta à assinatura de todos Estados na Sede da Organização de Aviação Civil Internacional, em Montreal, até sua entrada em vigor de acordo com o número 6 deste Artigo.

2. A presente Convenção estará igualmente aberta à assinatura de Organizações Regionais de Integração Econômica. Para os fins da presente Convenção, "Organização Regional de Integração Econômica" significa qualquer Organização constituída por Estados soberanos de uma região determinada, que tenha competência com relação a determinados assuntos regulados pela Convenção e haja sido devidamente autorizada a assinar e a ratificar, aceitar, aprovar ou aderir à presente Convenção. A referência a "Estado Parte" ou "Estados Partes" na presente Convenção, com exceção do número 2 do Artigo 1º e letra b) do número 1 do Artigo 3º, e letra b) do Artigo 5º, os Artigos 23, 33, 46 e a letra b) do Artigo 57, se aplicam igualmente a uma Organização Regional de Integração Econômica. Para os fins do Artigo 24, as referências a "uma maioria dos Estados Partes" e "um terço dos Estados Partes" não se aplicará a uma Organização Regional de Integração Econômica.

3. A presente Convenção estará sujeita a ratificação dos Estados e Organizações Regionais de Integração Econômica que a tenham assinado.

4. Todo Estado ou Organização Regional de Integração Econômica que não assine a presente Convenção poderá aceitá-la, aprová-la ou aderir a ela em qualquer momento.

5. Os instrumentos de ratificação, aceitação, aprovação ou adesão serão depositados junto à Organização de Aviação Civil Internacional, designada pela presente como Depositário.

6. A presente Convenção entrará em vigor no sexagésimo dia a contar da data do depósito do trigésimo instrumento de ratificação, aceitação, aprovação ou adesão junto ao Depositário, entre os Estados que hajam depositado esse instrumento. Um instrumento depositado por uma Organização Regional de Integração Econômica não será considerado para os fins deste parágrafo.

7. Para os demais Estados e outras Organizações Regionais de Integração Econômica, a presente Convenção vigorará sessenta dias depois da data do depósito de seus instrumentos de ratificação, aceitação, aprovação ou adesão.

8. O Depositário notificará imediatamente a todos os signatários e Estados Partes:

a) cada assinatura da presente Convenção e a data correspondente;

b) o depósito de todo instrumento de ratificação, aceitação, aprovação ou adesão e a data correspondente;

c) a data de entrada em vigor da presente Convenção;

d) a data de entrada em vigor de toda revisão dos limites de responsabilidade estabelecidos em virtude da presente Convenção;

e) toda denúncia efetuada em virtude do Artigo 54.

Artigo 54 – Denúncia

1. Todo Estado Parte poderá denunciar a presente Convenção, mediante notificação por escrito dirigida ao Depositário.

2. A denúncia surtirá efeito cento e oitenta dias após a data em que o Depositário receba a notificação.

Artigo 55 – Relação com outros Instrumentos da Convenção de Varsóvia

A presente Convenção prevalecerá sobre toda regra que se aplique ao transporte aéreo internacional:

1. entre os Estados Partes na presente Convenção devido a que esses Estados são comumente Partes:

a) da Convenção para a Unificação de Certa Regras Relativas ao Transporte Aéreo Internacional, assinada em Varsóvia, em 12 de outubro de 1929 – (doravante denominada Convenção de Varsóvia);

b) do Protocolo que modifica a Convenção para a Unificação de Certas Regras Relativas ao Transporte Aéreo Internacional assinada em Varsóvia, em 12 de outubro de 1929, feito na Haia, em 28 de setembro de 1955 – (doravante denominado Protocolo da Haia);

c) da Convenção complementar à Convenção de Varsóvia para a Unificação de Certa Regras Relativas ao Transporte Aéreo Internacional realizado por Quem não seja o Transportador Contratual, assinada em Guadalajara, em 18 de setembro de 1961 – (doravante denominada Convenção de Guadalajara);

d) do Protocolo que modifica a Convenção para a Unificação de Certas Regras Relativas ao Transporte Aéreo Internacional assinada em Varsóvia, em 12 de outubro de 1929 modificada pelo Protocolo feito na Haia, em 28 de setembro de 1955, assinado na cidade da Guatemala, em 8 de março de 1971 – (doravante denominado Protocolo da Cidade da Guatemala);

e) dos Protocolos Adicionais números 1 a 3 e o Protocolo de Montreal número 4, que modificam a Convenção de Varsóvia modificada pelo Protocolo da Haia ou a Convenção de Varsóvia modificada pelo Protocolo da Haia e o Protocolo da Cidade da Guatemala, assinados em Montreal, em 25 de setembro de 1975 – (doravante denominados Protocolos de Montreal); ou

2. dentro do território de qualquer Estado Parte na presente Convenção devido a que esse Estado é Parte em um ou mais dos instrumentos mencionados nas letras a) a e) anteriores.

Artigo 56 – Estados com Mais de um Sistema Jurídico

1. Se um Estado tem duas ou mais unidades territoriais nas quais são aplicáveis diferentes sistemas jurídicos com relação a questões tratadas na presente Convenção, tal Estado pode declarar, no momento da assinatura, ratificação, aceitação, aprovação ou adesão que a presente Convenção se estenderá a todas as suas unidades territoriais ou unicamente a uma ou mais delas e poderá modificar esta declaração, apresentando outra declaração, em qualquer outro momento.

2. Estas declarações serão notificadas ao Depositário e indicarão explicitamente as unidades territoriais às quais se aplica a Convenção.

3. Com respeito a um Estado Parte que haja feito essa declaração:

a) as referências à "moeda nacional" no Artigo 23 serão interpretadas como referindo-se à moeda da unidade territorial pertinente desse Estado; e

b) a referência no Artigo 28 à "lei nacional" será interpretada como referindo-se à lei da unidade territorial pertinente desse Estado.

Artigo 57 – Reservas

Não poderá ser formulada nenhuma reserva à presente Convenção, salvo que um Estado Parte poderá declarar em qualquer momento, mediante notificação dirigida ao depositário, que a presente Convenção não se aplicará;

a) ao transporte aéreo internacional realizado diretamente por esse Estado Parte, com fins não comerciais, relativo a suas funções e obrigações como Estado soberano; nem

b) ao transporte de pessoas, carga e bagagem realizado para suas autoridades militares, em aeronaves matriculadas nesse Estado Parte, ou arrendadas por este, e cuja capacidade total haja sido reservada por essas autoridades ou em nome das mesmas.

EM TESTEMUNHO DO QUE os plenipotenciários que subscrevem, devidamente autorizados, assinam a presente Convenção.

FEITO em Montreal, no dia 28 de maio de 1999, em espanhol, árabe, chinês, francês, inglês e russo, sendo todos os textos igualmente autênticos. A presente Convenção ficará depositada nos arquivos da Organização de Aviação Civil Internacional e o Depositário enviará cópias certificadas da mesma a todos os Estados Partes na presente Convenção, assim como também a todos os Estados Partes na Convenção de Varsóvia, no Protocolo da Haia, na Convenção de Guadalajara, no Protocolo da Cidade da Guatemala e nos Protocolos de Montreal.

PORTARIA DGAC Nº 155, DE 22 DE MARÇO DE 1999

Aprova a Instrução de Aviação Civil (IAC) que trata de Informações aos Usuários do Transporte Aéreo.

O Diretor-Geral do Departamento de Aviação Civil, com base no Decreto nº 65.144, de 12 setembro de 1969, e tendo em vista o disposto no art. 5º, do Capítulo II, do Regulamento do Departamento de Aviação Civil, aprovado pela Portaria nº 30/GMS, de 20 de janeiro de 1998,

Resolve:

Art. 1º. Seja efetivada a IAC abaixo discriminada:

Símbolo: IAC 2203-0399

Espécie: Normativa

Âmbito: Geral

Título: Informações aos Usuários do Transporte Aéreo.

Art. 2º. Esta Portaria entra em vigor na data de sua publicação no Diário Oficial da União.

Ten.-Brig.-do-Ar. Marcos Antônio de Oliveira – Diretor-Geral do DAC

DOU de 24.3.1999 – Fonte: www.anac.gov.br

IAC 2203-0399

INFORMAÇÕES AOS USUÁRIOS DO TRANSPORTE AÉREO

OBJETIVO

Baixar normas para os diversos elos do Sistema de Aviação Civil para que, em perfeita coordenação, possibilitem levar informações precisas, em tempo hábil e necessárias aos usuários do transporte aéreo, através de um sistema integrado de comunicações, de modo a proporcionar a estes um bom atendimento nos aeroportos.

FUNDAMENTO

Recomendação 6.12, do Anexo 9, à Convenção de Chicago, que orienta seus Estados Contratantes a proverem aos usuários todas as informações a respeito de chegadas, partidas e cancelamentos de voo, particularmente, as mudanças de última hora e leva em consideração, também, a Recomendação 6.12.1, do mesmo anexo, que solicita aos Estados Contratantes que assegurem-se de que todas as partes envolvidas em operações de aeronaves provenham aos usuários, em tempo hábil, todas as informações relevantes em relação aos voos, incluindo as alterações de última hora.

APROVAÇÃO

Portaria DAC nº 155/DGAC, de 22.3.1999, que entrará em vigor na data de sua publicação.

Brig. do Ar José Américo dos Santos – Chefe do SOP

Ten. Brig. do Ar Marcos Antônio de Oliveira – Diretor- Geral

1. GENERALIDADES

1.1. Para garantir o desenvolvimento e a operação harmônica da aviação civil brasileira, é necessário, entre outras medidas, proporcionar ao usuário do transporte aéreo informações precisas sobre os serviços que a ele são oferecidos.

1.2. A responsabilidade em proporcionar essas informações é dividida entre os diversos elos do Sistema de Aviação Civil, sendo que a empresa aérea, por ter o contato direto com o usuário, é o elo que possui maior responsabilidade na prestação dessas informações.

1.3. A administração aeroportuária detém os melhores meios de informações coletivas aos usuários, por ser a operadora dos sistemas de informações sonoros e visuais dos aeroportos, além de ter grande parcela de responsabilidade na manutenção da ordem e segurança das instalações dos aeroportos.

1.4. Os órgãos de proteção ao voo são importantes meios de informações, pois detêm conhecimentos sobre o fluxo do tráfego aéreo e das condições meteorológicas dos aeroportos.

1.5. As Seções de Aviação Civil (SAC) representam a autoridade aeronáutica nos aeroportos e são responsáveis pela fiscalização e atendimento dos usuários, no que tange à garantia dos seus direitos.

2. FASES RELATIVAS A ATRASOS

2.1. Para efeito desta NOSER, serão consideradas duas fases em função da confirmação do voo e do tempo de atraso previsto para o voo, cabendo ações de contingência em cada uma dessas fases:

AMARELA

— Quando o voo não puder ser confirmado com até 30 minutos de antecedência em relação ao seu horário previsto de partida ou chegada; ou

— Quando o atraso previsto não for maior do que uma hora.

Nesta fase, as empresas aéreas, as administrações aeroportuárias e as SAC deverão preparar-se para possíveis problemas que porventura poderão ocorrer com o agravamento da situação.

VERMELHA

— Quando o voo estiver com atraso superior a uma hora em relação ao seu horário previsto para partida ou chegada.

Nesta fase, as empresas aéreas, as administrações aeroportuárias e as SAC deverão adotar as providências cabíveis para evitar possíveis tumultos nos aeroportos em decorrência da falta de informações aos usuários.

3. RESPONSABILIDADES

3.1. Da Empresa Aérea

3.1.1. A Empresa Aérea e seus prepostos são os responsáveis em prestar todas as informações aos usuários relativas às Condições Gerais de Transporte, no ato da compra do bilhete.

3.1.2. No caso de mudanças posteriores dessas condições, a empresa aérea deverá fornecer ao usuário todas as informações necessárias relativas ao transporte.

3.1.3. Quando essas mudanças resultarem em atrasos nos horários de partida, é necessário que a administração aeroportuária seja informada e é recomendável que a empresa aérea envide todos os esforços no sentido de avisar aos usuários, em tempo hábil, de modo a evitar que eles desloquem-se para o aeroporto desnecessariamente.

3.1.4. A empresa aérea, através de seus órgãos de coordenação de tráfego, deverá manter os seus representantes nos aeroportos informados sobre o fluxo de suas aeronaves, horários estimados de decolagem e partida, atrasos, cancelamentos de voos, bem como qualquer alteração que resulte em modificação de sua malha e venha a interferir nos voos que chegam e partem desses aeroportos.

3.1.5. A empresa aérea, através de seus representantes nos aeroportos, deverá comunicar à Central de Informações do Aeroporto as confirmações de horários de chegada e partida dos seus voos, tão logo disponíveis e com antecedência mínima de 30 minutos em relação ao horário programado.

3.1.6. A empresa aérea, através de seus representantes nos aeroportos, deverá comunicar, imediatamente, à Central de Informações do Aeroporto qualquer alteração nos seus voos, de modo que os usuários possam receber, através do sistema de informações do aeroporto, avisos visuais e sonoros sobre as modificações.

3.1.7. A empresa aérea, através de seus representantes nos aeroportos, deverá, quando caracterizada a FASE AMARELA em qualquer escala de seus voos, seja por falta de informações ou por confirmação de atraso, adotar todas as providências a fim de prestar as informações necessárias aos usuários, orientando e destacando funcionários para o bom atendimento aos passageiros.

3.1.8. A empresa aérea, através de seus representantes nos aeroportos, deverá comunicar à administração aeroportuária e à SAC as alterações que possam gerar descontentamento dos usuários e pôr em risco a segurança ou a ordem no aeroporto.

3.1.9. Quando ficar caracterizada a FASE VERMELHA e as alterações dos voos resultarem em modificação nos horários em mais de uma hora, a empresa aérea, através de seu representante no aeroporto, deverá informar à SAC sobre as providências a serem tomadas para fazer frente à contingência e à Central de Informações do Aeroporto para as providências cabíveis.

3.1.10. Com a finalidade de poder atender rapidamente ao exposto no item anterior, a empresa aérea deverá possuir, em cada aeroporto onde opera, um Plano de Contingência que oriente seus funcionários a como proceder na FASE VERMELHA. Deverá constar neste plano, todas as providências a serem tomadas em relação à transferência de passageiros para congêneres, a alimentação e as reservas de hotel para acomodação dos usuários, bem como as providências de ressarcimento em relação à possível preterição de passageiros.

3.1.11. O prazo para a execução do Plano de Contingência será de, no máximo, duas horas após o horário previsto para o voo.

3.1.12. A empresa aérea, através de seus representantes nos aeroportos, deverá comunicar à SAC a solução da contingência, através do formulário constante do anexo III.

3.2. Da Administração Aeroportuária

3.2.1. As administrações aeroportuárias, por serem as responsáveis pela operação dos sistemas de informações aos usuários, deverão estabelecer rotinas de operação das Centrais de Informações dos Aeroportos, em coordenação com as empresas aéreas, os órgãos de proteção ao voo e as SAC, para que os usuários possam receber, nos aeroportos, todas as informações necessárias através de avisos sonoros e visuais sobre chegadas, partidas, atrasos, cancelamentos dos voos e alterações de última hora.

3.2.2. As administrações aeroportuárias deverão adotar providências para que as Centrais de Informações dos Aeroportos sirvam como difusoras de todas as informações recebidas pelas empresas aéreas, SAC e os órgãos de proteção ao voo.

3.2.3. As administrações aeroportuárias deverão adotar providências para que os voos que não forem confirmados pelas empresas aéreas, até 30 minutos antes da hora prevista para partida (FASE AMARELA), sejam considerados atrasados no sistema de informações aos usuários.

3.2.4. Quando caracterizada a FASE AMARELA, além da pertinente disseminação das informações, as administrações aeroportuárias deverão adotar providências para que os agentes responsáveis pela segurança aeroportuária sejam alertados sobre o ocorrido, para que possam adotar as providências cabíveis que o caso requer. Do mesmo modo, as administrações aeroportuárias deverão passar esta informação à SAC, para que esta possa, também, adotar as providências de sua responsabilidade.

3.2.5. Quando ficar caracterizada a FASE VERMELHA, as administrações aeroportuárias deverão, além da disseminação das informações pertinentes, adotar providências para que a ordem e a segurança aeroportuária sejam mantidas.

3.2.6. As administrações aeroportuárias deverão, em coordenação com as empresas aéreas e as SAC, acompanhar a evolução das alterações dos voos e suas fases, de modo a prestar as informações necessárias aos usuários, através do sistema de informações.

3.2.7. As administrações aeroportuárias deverão coordenar com os órgãos de proteção ao voo o acompanhamento do tráfego chegando e saindo do aeroporto, bem como as condições meteorológicas, de modo a poder prestar as informações aos usuários.

3.2.8. As administrações aeroportuárias deverão ter em seus balcões de informações os panfletos do Anexo I desta instrução, para serem distribuídos aos usuários.

3.2.9. As administrações aeroportuárias deverão divulgar, periodicamente, pelos sistemas de som do aeroporto, o aviso constante do Anexo II desta instrução.

3.2.10. As administrações aeroportuárias deverão ter seus procedimentos estabelecidos em instruções que contemplem os aspectos abordados nos itens anteriores e as comunicações e providências cabíveis em cada situação.

3.3. Dos Órgãos de Proteção ao Voo

3.3.1. Os órgãos de proteção ao voo deverão repassar à Central de Informações do Aeroporto todas as informações sobre os movimentos das aeronaves chegando ou partindo daquele aeroporto.

3.3.2. Deverão informar, também, à Central de Informações do Aeroporto qualquer alteração que influencie no fluxo normal das aeronaves, tais como problemas no tráfego aéreo e meteorológicos.

3.3.3. As informações contidas no item anterior deverão ser acompanhadas de previsão da volta à normalidade, sempre que possível.

3.4. Das Seções de Aviação Civil (SAC)

3.4.1. As SAC deverão estar preparadas para prestar todas as informações aos usuários no que diz respeito aos seus direitos e legislações pertinentes.

3.4.2. Com a finalidade de facilitar a compreensão dos usuários, as SAC deverão ter à disposição, e em quantidade suficiente, os panfletos constantes do Anexo I desta instrução, para distribuição aos usuários.

3.4.3. Sempre que for notificada pela administração aeroportuária ou pela empresa aérea de modificações nos voos, deverá coordenar com estes todas as providências cabíveis para que o usuário receba as informações necessárias sobre as alterações nos seus voos.

3.4.4. Deverá coordenar com o representante da empresa aérea as providências a serem tomadas nos casos de atraso inclusos na FASE VERMELHA, cobrando deste, com a antecedência necessária, a ativação do Plano de Contingência da empresa.

3.4.5. Deverá receber do representante da empresa aérea o formulário de solução da contingência, constante do anexo III, devidamente preenchido, e repassá-lo para o SERAC de sua jurisdição.

4. DISPOSIÇÕES GERAIS

4.1. Os casos tratados nesta NOSER, que porventura venham a resultar em possíveis tumultos que possam causar danos a pessoas ou instalações, deverão ser comunicados, imediatamente, à Divisão de Tráfego (OP-2) do SOP/DAC.

4.2. As normas estabelecidas nesta IAC deverão estar implementadas no prazo de 30 dias após a publicação da sua Portaria de efetivação no Diário Oficial da União.

4.3. Os casos não previstos neste documento deverão ser submetidos à apreciação do Diretor-Geral do Departamento de Aviação Civil.

ANEXO I

OVERBOOKING

(Preterição de passageiros)

Overbooking

O *Overbooking* é o ato de se reservar mais bilhetes por parte das companhias aéreas do que a capacidade da aeronave, visando evitar os evidentes prejuízos ocasionados pelo passageiro *no show* (passageiros confirmados que não comparecem para embarque). Esta prática pode provocar o excesso de passageiros.

Procedimentos em caso de *Overbooking*

a) Se o senhor (a) for preterido em algum voo, procure o supervisor da companhia pela qual está viajando e relate o problema. Fique atento! Pela lei vigente, a empresa aérea é obrigada a acomodar o(a) senhor (a) em outro voo, da própria empresa ou de outra, dentro de um prazo de quatro horas contadas a partir da hora do voo do qual foi preterido.

b) Se o (a) senhor (a) aceitar viajar em outro voo no mesmo dia (após as 04 horas) ou no dia seguinte, a empresa, a fim de minimizar seu desconforto, ainda tem que lhe proporcionar todas as facilidades, como refeições, telefonemas, transporte de e para o aeroporto e acomodação, se for o caso.

c) Caso o senhor(a) queira solicitar re-embolso de passagem é necessário verificar a forma de pagamento que foi adquirido o bilhete de passagem, pois o bilhete adquirido pelo sistema de crediário somente será devolvido após a quitação do mesmo. No caso de cartão de crédito, o valor a ser re-embolsado será debitado em sua fatura. Se o bilhete foi adquirido em dinheiro, a devolução é imediata, porém se foi por cheque, somente após a compensação do mesmo. O prazo máximo para pagamento do re-embolso ao usuário é de 30 (trinta) dias, contados da data da solicitação do re-embolso.

d) Caso a companhia aérea não ofereça ao(a) Sr.(a) as facilidades acima, o(a) Sr.(a) poderá fazer uma reclamação oficial ao DAC. Para isso, basta procurar a Seção de Aviação Civil, que fica no próprio Aeroporto, e preencher o Impresso de Sugestões e Reclamações (ISR). Se preferir, reclame por carta endereçada ao DAC (Av. Mal. Câmara, 233 – 11º andar – Rio de Janeiro – CEP 20020-080) ou ainda via e-mail (assecom@dac.gov.br). Será aberto um processo administrativo que poderá resultar em sanção à empresa por infração ao Código Brasileiro de Aeronáutica. O (a) Sr.(a) será comunicado sobre o resultado deste processo em sua residência.

e) Caso o (a) Sr. (a) resolva não aceitar as facilidades oferecidas pela empresa aérea, o(a) Sr.(a) poderá também fazer uma reclamação oficial ao Departamento de Aviação Civil (DAC) que analisará a reclamação e, se for o caso, adotará sanções previstas no Código Brasileiro de Aeronáutica (CBA).

Termo de Compromisso das Empresas dos Grupos VARIG, VASP, TRANSBRASIL e TAM

a) Estas empresas firmaram um Termo de Compromisso, aprovado pelo DAC, com objetivo principal de eliminar os efeitos e consequências decorrentes do "*overbooking*". O Plano já está em vigor a partir de 23.12.1998, e assim, se o (a) senhor (a) for preterido em voo de alguma dessas empresas, estas são obrigadas a acomodar o(a) senhor (a) em outro voo, da própria empresa ou de outra, dentro de um prazo de quatro horas contadas a partir da hora do voo do qual foi preterido, e ainda, o (a) senhor (a) terá direito também a um crédito compensatório de R$ 126,00 (para trechos até 1100 km) ou R$ 210,00 (para trechos superiores a 1100 km) que poderão ser substituídos por passagens ou outros benefícios de comum acordo com o passageiro.

b) Se o (a) senhor (a) aceitar viajar em outro voo no mesmo dia (após as 04 horas) ou no dia seguinte, a empresa, a fim de minimizar seu desconforto, ainda tem que lhe proporcionar todas as facilidades, como refeições, telefonemas, transporte de e para o aeroporto e acomodação, se for o caso, e crédito compensatório de R$ 252,00 (para trechos de até 1100 km) ou R$ 420,00 (para trechos superiores a 1100 km) que poderão ser substituídos por passagens ou outros benefícios de comum acordo com o passageiro.

c) O crédito compensatório terá validade de um ano, será corrigido pelo D.E.S. (Direito Especial de Saque), conforme índice divulgado pelo Banco do Brasil, e não poderá, em hipótese alguma, ser superior ao valor pago para o trecho.

Importante

Sua reclamação só será válida caso tenha confirmado a reserva de seu assento e tenha comparecido ao "*check-in*" da empresa aérea com mais de meia hora antes do voo marcado, para voos nacionais, e até uma hora para voos internacionais.

As informações acima estão consubstanciadas no Código Brasileiro de Aeronáutica, na Portaria nº 957/GM5, de 19.12.1989 e no Termo de Compromisso das Empresas, de 12.1.1999.

Departamento de Aviação Civil – Ministério da Aeronáutica – http://www.anac.gov.br

BAGAGEM

Extravio – Nacional

Caso ocorra extravio de sua bagagem, o Sr.(a) deve seguir os seguintes passos:

a) Procurar a Empresa Aérea, para reclamar sobre sua bagagem. Lá o Sr.(a) deverá preencher o (RIB) REGISTRO DE IRREGULARIDADE DE BAGAGEM. Se a empresa aérea deixar de cumprir com as suas obrigações ou, ainda, se o Sr.(a) precisar da ajuda da autoridade aeronáutica, procure o Fiscal de Aviação Civil do DAC, localizado na Seção de Aviação Civil (SAC), nos principais aeroportos brasileiros. Se quiser reclamar oficialmente ao DAC, basta preencher o formulário de Impresso Sugestão e/ou Reclamação (ISR). Vale lembrar que o Sr.(a) poderá fazer sua reclamação por documento encaminhado aos Serviços Regionais de Aviação Civil, ou para o próprio Departamento de Aviação Civil (Av. Mal. Câmara, 233 – 11º andar – Rio de Janeiro – CEP 20020-080) ou ainda via e-mail (assecom@dac.gov.br).

b) Configurado o extravio de bagagem, o Sr.(a) terá que ser indenizado pela empresa em até 150 (cento e cinquenta) Obrigações do Tesouro Nacional (OTN). Vale informar que todo passageiro tem a opção de declarar os valores atribuídos a sua bagagem, antes do embarque, e pagar uma taxa suplementar (uma espécie de seguro) estipulada pela empresa. Se este é o seu caso, o Sr.(a) terá que receber valor declarado e aceito pela empresa. Também é importante que o Sr. saiba que a empresa tem o direito de verificar o conteúdo da bagagem, sempre que houver valor declarado. Atenção! Ficam de fora desta declaração os objetos considerados de valor, como joias, papéis negociáveis ou dinheiro. Estes objetos devem ser carregados na bagagem de mão. Portanto, cuidado! A empresa está isenta de responsabilidade sobre a perda ou dano destes objetos.

c) No caso de dano à bagagem, o Sr.(a) deverá seguir o mesmo roteiro do item "a". O DAC informa ainda que somente serão considerados, para efeito de indenização, os objetos destruídos ou avariados.

Extravio – Internacional

a) No caso de voos internacionais, a Convenção de Varsóvia limita a responsabilidade da empresa em USD 20 (vinte dólares norte americanos), por quilo de bagagem extraviada. Também aqui o Sr.(a) poderá optar por efetuar o despacho de seus pertences, resguardando-se por uma declaração especial de interesse na entrega de sua bagagem. Este documento discrimina minuciosamente o conteúdo da mala. Somente com esta declaração, o Sr.(a) poderá ser indenizado, prevalecendo a responsabilidade do transportador sobre os bens ali contidos. Se o Sr.(a) não fizer a declaração especial de interesse na entrega e não pagar taxa suplementar, não terá direito ao ressarcimento à indenização integral e sim à indenização limitada (vinte dólares por quilo).

As informações acima estão consubstanciadas no Código Brasileiro de Aeronáutica e na Portaria nº 957/GM5, de 19.12.1989.

Departamento de Aviação Civil – Ministério da Aeronáutica – http://www.anac.gov.br

ATRASO DE VOO

Caso ocorra atraso de voo superior a 4 (quatro) horas, a empresa aérea tem por obrigação lhe proporcionar todas as facilidades, como refeições, telefonemas, transporte de e para o aeroporto e acomodação se for o caso. Se o(a) Sr.(a) não aceitar essas facilidades, preferindo viajar por outra companhia, fique atento, isto só será possível se o seu bilhete for endossável, ou seja, vai depender do tipo de tarifa na qual foi adquirida a sua passagem. A prática do endosso varia, tendo em vista as tarifas diferenciadas. Se o Sr.(a) desistir e preferir o re-embolso também é possível. Contudo, só haverá reembolso imediato se, ao comprar o bilhete, o Sr.(a) efetuar o pagamento em dinheiro. O Sr.(a) deve ficar atento, mais uma vez, pois existem tipos de tarifas que não permitem a prática do reembolso.

As informações acima estão consubstanciadas no Código Brasileiro de Aeronáutica e na Portaria nº 957/GM5, de 19.12.1989.

Departamento de Aviação Civil – Ministério da Aeronáutica – http://www.anac.gov.br

CANCELAMENTO DE VOO

Por parte da empresa aérea

Qualquer que seja o motivo do cancelamento do voo, o Sr.(a) terá direito ao reembolso do valor já pago do bilhete, desde que o tenha comprado mediante pagamento em dinheiro. No caso de bilhete adquirido pelo sistema de crediário, cartão de crédito ou por meio de cheque, o mesmo só poderá ser utilizado em transporte de outra empresa, mediante prévia concordância da empresa aérea emitente do bilhete. Se o(a) Sr.(a) adquiriu o seu bilhete por um desses sistemas, só terá direito ao re-embolso depois de quitado o débito com o transportador emitente.

Por parte do passageiro

Se o(a) Sr.(a) desistir de seu voo, ou quiser fazer qualquer outra alteração em sua viagem, deve antes consultar o seu agente de viagem ou a empresa aérea, tendo em vista as tarifas diferenciadas existentes e os vários procedimentos a serem observados para cada caso.

As informações acima estão consubstanciadas no Código Brasileiro de Aeronáutica e na Portaria nº 957/GM5, de 19.12.1989.

Departamento de Aviação Civil – Ministério da Aeronáutica – http://www.anac.gov.br

RE-EMBOLSO DE PASSAGEM

Caso o Sr.(a) queira solicitar re-embolso de passagem é necessário verificar a forma de pagamento que foi adquirido o bilhete de passagem, pois o bilhete adquirido pelo sistema de crediário somente será devolvido após a quitação do mesmo. No caso de cartão de crédito, o valor a ser re-embolsado será debitado em sua fatura. Se o bilhete foi adquirido em dinheiro, a devolução é imediata, porém se foi por cheque, somente após a compensação do mesmo. O prazo máximo para pagamento do re-embolso ao usuário é de 30 (trinta) dias, contados da data da solicitação do re-embolso.

As informações acima estão consubstanciadas no Código Brasileiro de Aeronáutica e na Portaria nº 957/GM5, de 19.12.1989.

Departamento de Aviação Civil – Ministério da Aeronáutica – http://www.anac.gov.br

NO CASO DE MAU ATENDIMENTO

O passageiro, se precisar, poderá buscar auxílio da autoridade aeronáutica, procurando o Fiscal de Aviação Civil do DAC, na Seção de Aviação Civil (SAC), localizado nos principais aeroportos brasileiros. Se o passageiro quiser reclamar oficialmente ao DAC, basta preencher o formulário de Impresso Sugestão e/ou Reclamação (ISR). Vale lembrar que o Sr.(a) poderá fazer sua reclamação também por documento encaminhado aos Serviços Regionais de Aviação Civil ou para o próprio Departamento de Aviação Civil (Av. Mal. Câmara, 233 – 11º andar – Rio de Janeiro – CEP 20020-080) ou ainda via e-mail (assecom@dac.gov.br).

A reclamação será encaminhada ao Presidente da Empresa envolvida, através de documento oficial.

As informações acima estão consubstanciadas no Código Brasileiro de Aeronáutica e na Portaria nº 957/GM5, de 19.12.1989.

Departamento de Aviação Civil – Ministério da Aeronáutica – http://www.anac.gov.br

ANEXO II

SENHORES PASSAGEIROS

Em caso de reclamação, sugestões ou dúvidas sobre os serviços aéreos, procure o setor de Fiscalização do Departamento de Aviação Civil neste Aeroporto. A Seção de Aviação Civil fica localizada no(a) (...).

ANEXO III

FORMULÁRIO DE SOLUÇÃO DE CONTINGÊNCIA

Procedimentos Adotados pela Empresa

DATA: ______/_______/________ HORÁRIO PREVISTO: ___________

MOTIVO DO ATRASO / CANCELAMENTO:______________________________

RELAÇÃO NOMINAL DOS PASSAGEIROS	EMBARCADO NO VOO (Nº /DATA/HORA)	FACILIDADES		
		HOTEL	ALIMENTAÇÃO	TEL

REPRESENTANTE DA EMPRESA: ______________________________

VISTO DO FISCAL DA SAC: ______________________________

PORTARIA GC-5 Nº 676, DE 13 DE NOVEMBRO DE 2000

Aprova as Condições Gerais de Transporte.

O Comandante da Aeronáutica, o uso das atribuições que lhe conferem os arts. 18 e 19 da Lei Complementar nº 97, de 9 de junho de 1999,

Resolve:

Art. 1º. Aprovar as Condições Gerais de Transporte.

Art. 2º. Esta Portaria entrará em vigor a partir de 1º de janeiro de 2001.

Art. 3º. Revoga-se a Portaria nº 957/GM-5, de 19 de dezembro de 1989, publicada no Diário Oficial da União nº 242, Seção 1, de 21 de dezembro de 1989.

Carlos de Almeida Baptista – Comandante da Aeronáutica

DOU de 14.11.2000

CONDIÇÕES GERAIS DE TRANSPORTE

Capítulo I – Do Contrato de Transporte Aéreo

Art. 1º. O transporte aéreo de pessoas, de coisas e de cargas será realizado mediante contrato entre o transportador e o usuário.

Parágrafo único. Constituem provas do contrato de transporte aéreo: o bilhete de passagem para o transporte de pessoas, a nota de bagagem para o transporte de coisas e o conhecimento aéreo para o transporte de cargas.

Capítulo II – Do Transporte de Pessoas

Seção I – Do Bilhete de Passagem

Art. 2º. O bilhete de passagem é pessoal e intransferível.

Art. 3º. O bilhete de passagem poderá ser emitido por transportador aéreo, seus prepostos e seus agentes gerais.

Parágrafo único. As empresas de transporte aéreo poderão autorizar agências de viagem a emitirem bilhetes de passagem para os seus voos.

Art. 4º. O bilhete de passagem deverá conter, no mínimo, as seguintes informações.

a) nome do passageiro;

b) nome e domicílio do transportador;

c) lugar e data da emissão

d) origem e destino da viagem;

e) classe de serviço, base tarifária ou outro dado que identifique o tipo de transporte;

f) valor da tarifa de passagem, da taxa de câmbio, quando aplicável, da tarifa de embarque, quando for o caso, e o valor total cobrado do usuário;

g) restrições quanto à utilização do bilhete, quando for o caso;

h) franquia de bagagem;

i) a sigla e o nome do transportador que efetivamente realizará o voo, nos casos de voo compartilhado (*code sharing*);

j) nome e sigla do transportador sucessivo, quando for o caso;

l) os direitos dos passageiros e os limites de reparação de danos em casos de acidentes;

m) a forma de pagamento; e

n) o prazo de validade da tarifa.

§ 1º. Em casos especiais, e com a aprovação do Departamento de Aviação Civil – DAC, poderá ser adotado o bilhete simplificado, contendo menos informações do que as especificadas no *caput* deste artigo.

§ 2º. Poderá ser adotado o bilhete eletrônico (compra via internet), desde que fique assegurada ao usuário a prestação das informações especificadas no *caput* deste artigo.

§ 3º. No transporte de pessoas com tarifa especial para grupos e nas viagens de fretamento, o bilhete individual poderá ser substituído por bilhete de passagem coletivo (*master ticket*), anexando-se a cada cupom de voo à lista dos passageiros.

§ 4º. No transporte de pessoas nos voos *charter* dos tipos IT (vinculados a pacote terrestre) e NIT (sem vinculação a pacote terrestre), deverá ser emitido bilhete de passagem individual correspondente à parte aérea, contendo, pelo menos, as informações especificadas nos itens "a", "c", "d", "f", "g", "h" e "l" do *caput* deste artigo.

Art. 5º. O prazo de validade do bilhete de passagem é de 1 (um) ano, a contar da data de sua emissão, observadas as condições de aplicação da tarifa empregada.

Parágrafo único. O valor do bilhete de passagem não será atingido pelos reajustes tarifários que ocorrerem dentro do seu prazo de validade.

Seção II – Do Endosso

Art. 6º. O bilhete de passagem poderá ser endossado por empresa de transporte aéreo para ser utilizado em congêneres, e por estas aceito, de acordo com os convênios que celebrarem.

Seção III – Do Re-embolso

Art. 7º. O passageiro que não utilizar o bilhete de passagem terá direito, dentro do respectivo prazo de validade, à restituição da quantia efetivamente paga e monetariamente atualizada, conforme os procedimentos a seguir:

I – bilhete doméstico – o saldo a ser re-embolsado deverá ser o equivalente ao valor residual do percurso não utilizado, calculado com base na tarifa, expressa na moeda corrente nacional, praticada pela empresa emissora, na data do pedido de reembolso; e

II – bilhete internacional – o saldo a ser reembolsado deverá ser o equivalente ao valor residual do percurso não utilizado, calculado com base na tarifa, expressa em moeda estrangeira, efetivamente paga pelo passageiro e convertida na moeda corrente nacional à taxa de câmbio vigente, na data do pedido de re-embolso.

§ 1º. Se o re-embolso for decorrente de uma conveniência do passageiro, sem que tenha havido qualquer modificação nas condições contratadas por parte do transportador, poderá ser descontada uma taxa de serviço correspondente a 10% (dez por cento) do saldo re-embolsável ou o equivalente, em moeda corrente nacional, a US$ 25.00 (vinte e cinco dólares americanos), convertidos à taxa de câmbio vigente na data do pedido do re-embolso, o que for menor.

§ 2º. O re-embolso de bilhete adquirido mediante tarifa promocional obedecerá às eventuais restrições constantes das condições de sua aplicação.

§ 3º. As condições de re-embolso de bilhete coletivo em viagens de fretamento será estabelecido no respectivo contrato de fretamento.

§ 4º. Para os voos *charter* do tipo IT, as condições de re-embolso serão estabelecidas no contrato de prestação de serviço firmado com o passageiro.

Art. 8º. Para o re-embolso de bilhete de passagem com prazo de validade expirado, será prerrogativa da empresa emissora adotar o critério de correção do valor a ser re-embolsado.

Art. 9º. O prazo máximo para o efetivo pagamento do valor a ser re-embolsado é de 30 (trinta) dias, contados a partir da data de solicitação do re-embolso.

Art. 10. Nenhum re-embolso será devido pelo transportador, se, por iniciativa do passageiro, a viagem for interrompida em aeroporto de escala.

Art. 11. Quando ocorrer troca de classe de serviço, de superior para inferior, por solicitação ou não do passageiro, este terá direito ao re-embolso correspondente.

Seção IV – Da Confirmação e Cancelamento da Reserva

Art. 12. A reserva só será considerada confirmada quando, no respectivo cupom de voo do bilhete de passagem, estiverem devidamente anotados, pelo transportador, seus prepostos, agentes gerais ou agências de viagens autorizadas, o número, a data e a hora do voo, bem como a classe de serviço e a situação da reserva.

Art. 13. O passageiro poderá cancelar a reserva já confirmada, desde que o faça com antecedência mínima de 4 (quatro) horas, em relação à hora estabelecida no bilhete de passagem.

Parágrafo único. Quando se tratar de grupo, ou parte dele, essa antecedência deverá ser de:

a) 72 (setenta e duas) horas para grupos de 5 (cinco) a 10 (dez) pessoas; e

b) 10 (dez) dias para grupos de mais de 10 (dez) pessoas.

Seção V – Do Extravio

Art. 14. Em caso de extravio do bilhete de passagem, o transportador emitente deverá proceder a sua substituição nas mesmas bases e condições contratadas, respeitando o prazo de validade original.

§ 1º. Ficará igualmente assegurado o direito de re-embolso, se o passageiro vier a desistir da viagem.

§ 2º. Caso o passageiro, cujo bilhete de passagem foi extraviado, tenha reserva confirmada, a reemissão do bilhete deverá ser a tempo deste realizar a viagem para a qual possui reserva.

Art. 15. É obrigação do transportador a identificação do passageiro que se apresenta para o embarque, não cabendo ao passageiro responsabilidade se outra pessoa usar indevidamente o bilhete extraviado.

Seção VI – Da Apresentação do Passageiro

Art. 16. O passageiro com reserva confirmada deverá comparecer para embarque no horário estabelecido pela empresa ou:

a) até 30 (trinta) minutos antes da hora estabelecida no bilhete de passagem, para as linhas domésticas; e

b) até 60 (sessenta) minutos antes da hora estabelecida no bilhete de passagem, para as linhas internacionais.

Seção VII – Da Lista de Espera

Art. 17. O passageiro que não comparecer ao embarque, ou não se apresentar no horário previsto no artigo anterior, terá sua vaga preenchida por passageiro inscrito em lista de espera.

§ 1º. Para fins do que dispõe este artigo, as empresas aéreas manterão, no balcão do aeroporto, uma lista de espera a ser preenchida pelo próprio passageiro, sempre que o total de reservas atingir o limite de assentos previstos para a aeronave.

§ 2º. As empresas aéreas não poderão organizar listas de espera fora dos aeroportos.

Seção VIII – Do Transporte de Idosos, Doentes, Deficientes Físicos e Mentais, Menores Acompanhados e Desacompanhados

Art. 18. As empresas aéreas deverão assegurar a prioridade nos atendimentos aos passageiros com idade igual ou superior a 65 (sessenta e cinco) anos, aos doentes, aos deficientes físicos e mentais, às senhoras grávidas e aos passageiros acompanhados de crianças menores de 12 (doze) anos.

Art. 19. É da responsabilidade do passageiro ou da pessoa que responde legal ou moralmente pelo bem-estar deste informar à empresa aérea qualquer incapacitação que resulte na necessidade de um atendimento especial.

Art. 20. O transporte de menor desacompanhado deverá ser feito mediante autorização expedida em conformidade com a legislação vigente.

Seção IX – Das Alterações no Contrato de Transporte

Art. 21. Quando o passageiro solicitar alteração no itinerário original da viagem, antes ou após o seu início, dentro do prazo de validade do bilhete de passagem, o transportador deverá substituir o bilhete, podendo realizar os ajustes de tarifas ou variações cambiais ocorridas no período de sua validade.

Art. 22. Quando o transportador cancelar o voo, ou este sofrer atraso, ou, ainda, houver preterição por excesso de passageiros, a empresa aérea deverá acomodar os passageiros com reserva confirmada em outro voo, próprio ou de congênere, no prazo máximo de 4 (quatro) horas do horário estabelecido no bilhete de passagem aérea.

§ 1º. Caso este prazo não possa ser cumprido, o usuário poderá optar entre: viajar em outro voo, pelo endosso ou re-embolso do bilhete de passagem.

§ 2º. Caso o usuário concorde em viajar em outro voo do mesmo dia ou do dia seguinte, a transportadora deverá proporcionar-lhe as facilidades de comunicação, hospedagem e alimentação em locais adequados, bem como o transporte de e para o aeroporto, se for o caso.

§ 3º. Aplica-se, também, o disposto neste artigo e seus parágrafos quando o voo for interrompido ou sofrer atraso superior a 4 (quatro) horas em aeroporto de escala.

Art. 23. Se o usuário deixar de viajar em virtude de atraso na conexão, as obrigações de que trata o artigo anterior serão de responsabilidade da empresa cuja aeronave deu causa à perda do embarque.

§ 1º. A empresa que efetuou o transporte até a escala de conexão deverá providenciar a revalidação do bilhete de passagem para o trecho seguinte, sem ônus para o usuário.

§ 2º. Caso as reservas entre dois voos de conexão tenham sido confirmadas com intervalo insuficiente à efetivação da referida conexão, as obrigações previstas neste artigo serão de responsabilidade da empresa que efetuou as respectivas reservas.

Art. 24. Quando houver excesso de passageiros com reserva confirmada, a empresa aérea deverá oferecer compensações para aqueles usuários que desejarem ser voluntários para a preterição.

Parágrafo único. As compensações de que trata o *caput* deste artigo deverão ser objeto de negociação entre os usuários e a empresa aérea, facultado àqueles a sua aceitação.

Art. 25. Quando, por motivo alheio ao passageiro, houver mudança de classe de serviço inferior para superior, tanto no ponto de início da utilização da passagem como nas escalas intermediárias, nenhuma diferença de preço será devida pelo passageiro.

Art. 26. Quando ocorrer modificação na classe do serviço, de inferior para superior, por solicitação do passageiro, o transportador poderá promover a substituição do respectivo bilhete de passagem, ajustando-o à tarifa vigente ou às variações cambiais ocorridas no período de sua validade.

Seção X – Dos Voos "Charter" *Domésticos de Passageiros*

Art. 27. Os voos *charter* poderão ser comercializados pelas empresas aéreas e agentes de viagem, vinculados a pacotes terrestres (IT) ou sem qualquer vinculação a pacote terrestre (NIT).

Art. 28. O preço individual da parte aérea em voo *charter* será livremente negociado entre a empresa aérea ou os agentes de viagem e os passageiros.

Art. 29. Os voos *charter* do tipo IT terão as condições gerais de transporte estabelecidas no contrato de prestação de serviço firmado com o usuário, em especial, as referentes a re-embolso.

Art. 30. Eventuais restrições relacionadas à utilização do bilhete de passagem em voos *charter* do tipo NIT deverão estar claramente explicitadas no referido bilhete.

§ 1º. Na ausência dessas informações, aplica-se, no que couber, o disposto nesta Portaria.

§ 2º. Nos casos de re-embolso, aplica-se, para os voos *charter* do tipo NIT, no que couber, o disposto na Seção 3, deste Capítulo.

Art. 31. Os voos *charter* submetem-se, no que couber, às demais instruções contidas nesta Portaria, atendidas, ainda, as disposições contidas em legislação específica.

Capítulo III – Do Transporte de Coisas

Seção I – Da Bagagem

Art. 32. No transporte de bagagem, o transportador é obrigado a entregar ao passageiro o comprovante do despacho com a indicação do lugar e a data de emissão, os pontos de partida e destino, o número do bilhete de passagem, a quantidade, o peso e o valor declarado dos volumes, se houver.

Parágrafo único. A execução do contrato inicia-se com a entrega deste comprovante e termina com o recebimento da bagagem pelo passageiro, sem o protesto oportuno.

Art. 33. O recebimento da bagagem, sem protesto, faz presumir o seu bom estado.

Parágrafo único. O protesto, nos casos de avaria ou atraso, far-se-á mediante ressalva lançada em documento específico ou por qualquer comunicação escrita encaminhada ao transportador.

Art. 34. Quando houver valor declarado pelo passageiro, a transportadora poderá verificar o conteúdo dos volumes e cobrar do passageiro um adicional sobre aquele valor.

Art. 35. A bagagem será considerada extraviada se não for entregue ao passageiro no ponto de destino.

§ 1º. A bagagem extraviada, quando encontrada, deverá ser entregue pelo transportador no local de origem ou de destino do passageiro, de acordo com o endereço fornecido pelo passageiro.

§ 2º. A bagagem só poderá permanecer na condição de extraviada por um período máximo de 30 (trinta) dias, quando então a empresa deverá proceder a devida indenização ao passageiro.

Art. 36. A bagagem despachada não poderá conter artigos classificados como perigosos para o transporte aéreo, descritos na Seção VI deste Capítulo, bem como deverão ser observadas as restrições e instruções especiais para o transporte de armas tratadas em legislação específica.

Seção II – Da Franquia de Bagagem

Art. 37. Nas linhas domésticas, a franquia mínima de bagagem por passageiro é de:

a) trinta quilos para a primeira classe, nas aeronaves acima de 31 assentos;

- *Alínea "a" com redação dada pela Portaria nº 689/GC5, de 22.6.2005.*

b) 23 quilos para as demais classes, nas aeronaves acima de 31 assentos;

- *Alínea "b" com redação dada pela Portaria nº 689/GC5, de 22.6.2005.*

c) dezoito quilos para as aeronaves de 21 até trinta assentos; e

- *Alínea "c" com redação dada pela Portaria nº 689/GC5, de 22.6.2005.*

d) dez quilos para as aeronaves de até vinte assentos.

- *Alínea "d" com redação dada pela Portaria nº 689/GC5, de 22.6.2005.*

§ 1º. A franquia de bagagem não pode ser usada para transporte de animais vivos.

- *§ 1º com redação dada pela Portaria nº 689/GC5, de 22.6.2005.*

§ 2º. A soma total do peso das bagagens de passageiros não pode ultrapassar os limites contidos no Manual de Voo da Aeronave.

- *§ 2º com redação dada pela Portaria nº 689/GC5, de 22.6.2005.*

§ 3º. Em voos com conexão, deverá prevalecer a franquia de bagagem referente à aeronave de menor capacidade.

- *§ 3º com redação dada pela Portaria nº 689/GC5, de 22.6.2005.*

Art. 38. Nas linhas internacionais, o franqueamento de bagagem será feito pelo sistema de peça ou peso, segundo o critério adotado em cada área e na conformidade com a regulamentação específica.

Art. 39. Nas linhas domésticas em conexão com linhas internacionais, quando conjugados os bilhetes de passagem, prevalecerá o sistema e o correspondente limite de franquia de bagagem, estabelecido para as viagens internacionais.

Seção III – Do Excesso de Bagagem

Art. 40. Nas linhas domésticas, a cobrança do excesso de bagagem sobre o limite de franquia não poderá ser superior a:

a) meio por cento sobre a tarifa básica aplicável à etapa, por quilo em excesso; e

• *Alínea "a" com redação dada pela Portaria nº 689/GC5, de 22.6.2005.*

b) um por cento sobre a tarifa básica aplicável à etapa, por quilo em excesso, para aeronaves de até vinte assentos.

• *Alínea "b" com redação dada pela Portaria nº 689/GC5, de 22.6.2005.*

Art. 41. Nas linhas internacionais, legislação específica regulará a cobrança pelo excesso de bagagem.

Seção IV – Da Bagagem de Mão

Art. 42. Nas linhas domésticas, é facultado ao passageiro conduzir, como bagagem de mão, objetos de uso exclusivamente pessoal, livre de pagamento de tarifa ou de frete, condicionados aos seguintes requisitos:

a) que o peso total não exceda a 05 (cinco) quilogramas e que a soma de suas dimensões (comprimento + largura + altura) não seja superior a 115 (cento e quinze) centímetros;

b) que esses objetos estejam devidamente acondicionados; e

c) que o volume possa ser acomodado na cabina de passageiros sem perturbar o conforto e a tranquilidade dos demais passageiros, nem colocar em risco a integridade física dos passageiros, dos tripulantes e da aeronave.

§ 1º. O transportador deverá adotar medidas para tornar eficazes as restrições ao transporte de bagagem de mão.

§ 2º. Nos voos operados com aeronaves de até 50 (cinquenta) assentos, as dimensões e o peso da bagagem de mão, que cada passageiro poderá conduzir, ficarão condicionados ao tamanho e à resistência dos respectivos compartimentos das aeronaves, devendo ser divulgados pelas empresas operadoras, no momento da aquisição do bilhete de passagem.

Art. 43. Nas linhas internacionais, legislação específica regulará a condução de bagagem de mão.

Art. 44. A bagagem de mão não poderá conter artigos classificados como perigosos para o transporte aéreo, descritos na Seção VI deste Capítulo, bem como deverão ser observadas as restrições e instruções especiais para o transporte de armas tratadas em legislação específica.

Seção V – Do Transporte de Animais Vivos

Art. 45. Os animais vivos poderão ser transportados em aeronaves não cargueiras, em compartimento destinado a carga e bagagem.

Art. 46. O transporte de animais domésticos (cães e gatos) na cabina de passageiros poderá ser admitido, desde que transportado com segurança, em embalagem apropriada e não acarretem desconforto aos demais passageiros.

Art. 47. Será permitido, na cabina de passageiro, em adição à franquia de bagagem e livre de pagamento, o transporte de cão treinado para conduzir deficiente visual ou auditivo, que dependa inteiramente dele.

Parágrafo único. Por ocasião do embarque, o passageiro deverá apresentar atestado de sanidade do animal, fornecido pela Secretaria de Agricultura Estadual, Posto do Departamento de Defesa Animal ou por médico veterinário.

Seção VI – Do Transporte de Artigos Perigosos

Art. 48. A bagagem despachada ou de mão não poderá conter:

a) dispositivos de alarme;

b) explosivos, inclusive cartuchos vazios, munições, material pirotécnico, armas de caça, armas portáteis e fogos de artifício;

c) gases (inflamáveis, não inflamáveis e venenosos), tais como butano, oxigênio, propano e cilindros de oxigênio;

d) líquidos inflamáveis usados como combustível para isqueiros, aquecimento ou outras aplicações;

e) sólidos inflamáveis, tais como fósforo e artigos de fácil ignição;

f) substância de combustão espontânea;

g) substância que, em contato com a água, emita gases inflamáveis;

h) materiais oxidantes, tais como pó de cal, descorantes químicos e peróxidos;

i) substâncias venenosas (tóxicas) e infecciosas, tais como arsênio, cianidas, inseticidas e desfolhantes;

j) materiais radioativos;

l) materiais corrosivos, tais como mercúrio, ácidos, alcalóides e baterias com líquido corrosivo;

m) materiais magnéticos; e

n) agentes biológicos, tais como bactérias e vírus.

§ 1º. A enumeração contida nas alíneas deste artigo não é exaustiva, podendo ser ampliada por legislação específica.

§ 2º. O proprietário da bagagem responde pelos danos que vier a causar ao transportador aéreo ou a qualquer outra pessoa pela inobservância das proibições estabelecidas neste artigo.

§ 3º. Deverão ser observadas as restrições e instruções especiais para o transporte de armas tratadas em legislação específica.

Capítulo IV – Do Transporte de Carga

Art. 49. A execução do contrato de transporte de carga inicia-se com o recebimento desta pelo transportador e persiste durante todo o período em que se encontre sob sua guarda, em aeródromo, a bordo da aeronave ou em depósito, e termina com a entrega respectiva ao destinatário, ou a seu representante legalmente constituído.

§ 1º. O período de execução do transporte aéreo não compreende o transporte terrestre, marítimo ou fluvial, efetuado fora de aeródromo, a menos que hajam sido contratados pelo transportador para proceder ao carregamento, entrega, transbordo ou baldeação de carga.

§ 2º. O transporte intermodal é regulamentado por legislação específica, expedida pelas autoridades compentes.

Art. 50. O conteúdo do conhecimento aéreo, as instruções sobre o transporte de artigos perigosos, o agenciamento e a consolidação da carga, bem como outras regras para o transporte de cargas são regulamentadas por legislação específica.

Capítulo V – Das Vendas

Seção I – Das Tarifas de Passagens Aéreas

Art. 51. As tarifas aéreas domésticas serão aplicadas de aeroporto a aeroporto e a sua construção será feita pela soma das distâncias dos percursos, sendo permitida a construção da tarifa do ponto de partida ao ponto extremo da viagem, quando esta tarifa for menor.

Parágrafo único. É facultada à empresa aérea a construção de tarifas de forma diferente das estabelecidas neste artigo, desde que a metodologia adotada seja previamente aprovada pelo DAC.

Art. 52. As empresas de transporte aéreo deverão registrar, no DAC, as tarifas aéreas domésticas, para aplicação exclusivamente no País, obedecendo ao disposto em regulamentação específica sobre a matéria, e as publicarão em moeda nacional.

Art. 53. As empresas de transporte aéreo submeterão à aprovação do DAC as tarifas aéreas domésticas, para aplicação exclusivamente no exterior, e as publicarão em moeda estrangeira.

Art. 54. As tarifas aéreas internacionais serão aplicadas entre pares de cidade e serão aprovadas e publicadas, em dólares americanos, pelo DAC, obedecendo ao disposto nos acordos sobre serviços aéreos firmados pelo governo brasileiro com outros países.

Art. 55. As tarifas domésticas, quando combinadas com tarifas internacionais, deverão ser aplicadas sempre em sua plenitude, ressalvadas as tarifas internacionais diretas e/ou proporcionais especificadas, adotadas em convênios aprovados pelo governo brasileiro.

Parágrafo único. Na divisão da receita proveniente da aplicação das tarifas acima ressalvadas, em conjunção com tarifas domésticas, não poderá ser empregada qualquer forma de rateio que resulte em redução de mais de 20% (vinte por cento), na tarifa doméstica aprovada.

Art. 56. Salvo na hipótese de convenção entre o transportador e o passageiro, é vedado adicionar às tarifas qualquer importância a título de seguro.

Art. 57. No transporte doméstico de crianças com menos de 2 (dois) anos de idade, não poderá ser aplicada tarifa maior do que o equivalente a 10% (dez por cento) da tarifa do adulto, desde que não ocupem assento e estejam ao colo de um passageiro com mais de 12 (doze) anos de idade.

Parágrafo único. Crianças com mais de 2 (dois) anos de idade deverão ocupar assento e pagarão tarifas de acordo com o registrado pelas empresas aéreas, junto ao DAC, as quais deverão ser devidamente divulgadas pelas empresas aéreas ao passageiro, no momento da aquisição do bilhete de passagem.

Art. 58. No transporte internacional de crianças, legislação específica regulará os níveis tarifários aplicáveis.

Art. 59. Quando a acomodação do passageiro a bordo exigir mais de um assento, poderá o transportador cobrar passagem pelo número de poltronas bloqueadas.

Seção II – Das Comissões Pagas pelo Transportador

Art. 60. A comissão paga aos agentes de viagem e de carga, na venda de passagens e/ou fretes aéreos, será livremente acordada entre as empresas aéreas e os agentes credenciados, não sendo permitida a majoração dos valores das tarifas e fretes aprovados pelo DAC, ou nele registrados, em decorrência desses acordos.

Capítulo VI – Dos Deveres dos Passageiros

Art. 61. São deveres dos passageiros:

a) apresentar-se, para embarque, munido de documento legal de identificação na hora estabelecida pelo transportador no bilhete de passagem;

b) estar convenientemente trajado e calçado;

c) obedecer os avisos escritos a bordo ou transmitidos pela tripulação;

d) abster-se de atitude que cause incômodo, desconforto ou prejuízo aos demais passageiros;

e) não fumar a bordo;

f) manter desligados aparelhos sonoros, eletrônicos e de telecomunicações, que possam interferir na operação da aeronave ou perturbar a tranquilidade dos demais passageiros;

g) não fazer uso de bebidas que não sejam aquelas propiciadas pelo serviço de comissaria da empresa transportadora;

h) não conduzir artigos perigosos na bagagem;

i) não acomodar a bagagem de mão em local de trânsito dos passageiros ou em locais que interfiram nas saídas de emergência;

j) manter sob sua guarda e vigilância, enquanto permanecer no terminal de passageiros, toda a sua bagagem devidamente identificada; e

l) não transportar bagagem que não seja de sua propriedade ou que desconheça o seu conteúdo.

Capítulo VII – Da Disciplina a Bordo

Art. 62. O comandante da aeronave exerce autoridade sobre as pessoas e as coisas que se encontram a bordo, podendo, para manter a disciplina a bordo, adotar as seguintes providências:

a) impedir o embarque de passageiro alcoolizado, sob ação de entorpecentes ou de substância que determine dependência psíquica;

b) impedir o embarque de passageiro que não se encontre convenientemente trajado e calçado; e

c) fazer desembarcar, na primeira escala, o passageiro que:

1) venha a encontrar-se nas situações referidas nos itens "a" e "b" acima;

2) torne-se inconveniente, importunando os demais passageiros;

3) recuse obediência às instruções dadas pela tripulação;

4) comprometa a boa ordem ou a disciplina; e

5) ponha em risco a segurança da aeronave ou das pessoas e bens a bordo.

Capítulo VIII – Das Proibições ao Transportador

Art. 63. É vedado aos transportadores, direta ou indiretamente, por si ou por meio de prepostos, agentes gerais e agentes de viagem:

a) praticar tarifas em desacordo com o registrado junto ao DAC ou por ele aprovadas;

b) recusar e/ou omitir-se em restituir a diferença de tarifa, no caso de mudança de classe superior para inferior;

c) vender lote de passagem em branco para preenchimento pelo usuário, pessoa física ou jurídica;

d) cobrar diferença resultante de aumento tarifário ocorrido posteriormente à emissão do bilhete e dentro de seu prazo de validade;

e) recusar-se a indenizar a bagagem do passageiro, após 30 (trinta) dias do seu extravio;

f) reter o valor a ser re-embolsado decorridos 30 (trinta) dias do pedido de re-embolso feito pelo usuário; e

g) efetuar re-embolso de bilhete de passagem não utilizado dentro de seu respectivo prazo de validade, em valor inferior ao resultante da aplicação das regras de cálculo estabelecidas nesta Portaria.

Capítulo IX – Das Providências Administrativas

Art. 64. Nas transgressões às Condições Gerais de Transporte, serão tomadas as providências administrativas previstas no Código Brasileiro de Aeronáutica.

Art. 65. Os bilhetes de passagem serão considerados isoladamente para efeito de aplicação de sanção, ainda que se trate de grupo de passageiros.

Capítulo X – Da Responsabilidade do Transportador

Art. 66. O transportador responde pelos danos ao passageiro, bagagem e carga, ocorridos durante a execução do contrato de transporte.

Parágrafo único. É nula toda cláusula tendente a exonerar o transportador ou que estabeleça limite de indenização inferior ao que determina o Código Brasileiro de Aeronáutica.

Art. 67. A execução do contrato de transporte compreende as operações de embarque e desembarque, além das efetuadas a bordo da aeronave.

§ 1º. Considera-se operação de embarque a que se realiza desde quando o passageiro, já despachado no aeroporto, transpõe o limite da área destinada ao público em geral e entra na respectiva aeronave, abrangendo o percurso feito a pé, por meios mecânicos ou com a utilização de viaturas.

§ 2º. A operação de desembarque inicia-se com a saída de bordo da aeronave e termina no ponto de interseção da área interna do aeroporto e da área aberta ao público em geral.

Art. 68. A reparação dos danos no transporte doméstico obedece aos limites estipulados no Código Brasileiro de Aeronáutica nos casos de:

a) morte ou lesão de cada passageiro ou tripulante;

b) perda, avaria ou atraso na entrega de bagagem; e

c) perda, avaria ou atraso na entrega de carga.

Art. 69. A reparação dos danos no transporte internacional obedece aos limites estipulados nas Convenções Internacionais de que o Brasil faça parte.

Parágrafo único. Os valores estabelecidos nesses atos internacionais serão convertidas em moeda nacional, na forma da regulamentação vigente.

Art. 70. Quando o transporte for efetuado por mais de um transportador, o interessado só terá ação contra aquele que efetuou o transporte no curso do qual ocorreu o fato que originou o direito à reparação, salvo se o primeiro transportador assumiu expressamente a responsabilidade por todo o percurso.

Parágrafo único. Se não puder ser identificado o transportador que efetuou o transporte, o interessado terá ação contra o que emitiu o bilhete de passagem, a nota de bagagem ou o conhecimento.

Art. 71. Quando o transporte for contratado com um transportador para ser efetuado por outro, podem ser responsabilizados tanto um quanto o outro pelo pagamento da indenização.

Capítulo XI – Do Procedimento Amigável para Pagamento de Reparações

Art. 72. O interessado na reparação tem o prazo de 30 (trinta) dias para habilitar-se diretamente junto ao transportador, a fim de receber a indenização a que tiver direito

§ 1º. Esse prazo é contado da data em que se verificou o fato que originou o direito à reparação, ou da data da chegada da aeronave, ou do dia em que deveria ter chegado ao destino ou, ainda, do dia da interrupção do transporte.

§ 2º. O transportador deverá efetuar o pagamento da indenização dentro dos 30 (trinta) dias seguintes ao da habilitação do interessado.

§ 3º. Para o interessado que se habilitou, mas está com a habilitação pendente de exigências legais, o prazo será contado do dia do cumprimento dessas exigências.

Art. 73. Se o interessado deixar de habilitar-se na forma referida no artigo anterior, não prevalecerão os prazos estabelecidos.

Capítulo XII – Das Disposições Gerais e Finais

Art. 74. As empresas aéreas deverão informar, pelo serviço de alto-falante do aeroporto e/ou por outros meios disponíveis, todos os horários de partida e chegada de seus voos no referido aeroporto, bem como todo e qualquer atraso de partida, chegada ou cancelamento de voo.

Art. 75. Quando da aquisição do bilhete de passagem ou frete, o usuário deverá ser instruído pelos transportadores, seus prepostos, agentes gerais, agentes de viagem e carga acerca dos direitos e deveres que lhe são atribuídos por esta Portaria.

Parágrafo único. As empresas de transporte aéreo deverão assegurar o conhecimento necessário desta regulamentação aos seus prepostos, agentes gerais, agentes de viagem e de carga, de modo a habilitá-los a esclarecer dúvidas questionadas pelos usuários.

Art. 76. Os casos não previstos nesta Portaria serão resolvidos pelo Diretor-Geral do DAC.

PORTARIA DGAC Nº 703, DE 22 DE JULHO DE 2005

(Excertos)

Aprova a Instrução de Aviação Civil (IAC) que trata do transporte de artigos perigosos em aeronaves civis.

Portaria DGAC nº 703/2005

O Diretor-Geral do Departamento de Aviação Civil, com base nos arts. 18 e 19 da Lei Complementar nº 97, de 9 de junho de 1999, e nos arts. 1º, 2º e 12 da Lei nº 7.565 (Código Brasileiro de Aeronáutica), de 19 de dezembro de 1986; no uso das atribuições que lhe conferem o Decreto nº 65.144, de 12 de setembro de 1969, que institui o Sistema de Aviação Civil, e o inciso II do art. 5º, do Capítulo II, do Regulamento do Departamento de Aviação Civil, aprovado pela Portaria nº 30/GM-3, de 20 de janeiro de 1998; e tendo em vista as Normas e Recomendações constantes dos Anexos à Convenção sobre Aviação Civil Internacional, promulgada pelo Decreto nº 21.713, de 27 de agosto de 1946, resolve:

Art. 1º. Efetivar a IAC abaixo discriminada:

IAC – 153-1001.

Título: Normas para o Transporte de Artigos Perigosos em Aeronaves Civis.

Art. 2º. Esta Portaria entra em vigor na data de sua publicação no Diário Oficial da União.

Art. 3º. Revogam-se a IAC 1603A, de 21 de dezembro de 2001 e respectiva Portaria nº 1577/DGAC, de 13 novembro de 2001.

Maj. Brig. Ar Jorge Godinho Barreto Nery – Diretor Geral do DAC

DOU de 26.7.2005

NORMAS PARA O TRANSPORTE DE ARTIGOS PERIGOSOS EM AERONAVES CIVIS – IAC 153-1001 – 2005

• *Vide íntegra da Portaria no site: www.anac.gov.br*

INTRODUÇÃO

As publicações do DAC têm por finalidade instruir e informar ao público em geral e aos integrantes do Sistema de Aviação Civil, sobre as normas e os assuntos relacionados às atividades da Aviação Civil.

Esta Instrução de Aviação Civil (IAC) trata das normas para o transporte aéreo sem risco de artigos perigosos.

Em cumprimento à Legislação Aeronáutica do País e normas estabelecidas pela Organização de Aviação Civil Internacional (OACI), em particular do Anexo 18 – Transporte sem Risco de Artigos Perigosos por Via Aérea, e seus documentos complementares, bem como o que preceitua o Regulamento de Artigos Perigosos da IATA, o DAC emite a presente Instrução de Aviação Civil (IAC), para orientar quanto aos procedimentos a serem adotados no transporte aéreo de artigos perigosos em território brasileiro, visando a sua padronização e agilização.

Na presente IAC a palavra "deve" é utilizada para indicar um requisito obrigatório. As palavras, "deveria" e "pode", são utilizadas para indicar um requisito não obrigatório.

No transporte doméstico de artigos perigosos este Departamento autoriza que toda a documentação que acompanha o embarque seja emitida em português, exceto o nome do produto que deve ser escrito em inglês.

Para os artigos perigosos que necessitam de autorização para transporte por via aérea, a solicitação deve ser encaminhada ao Diretor Geral do Departamento de Aviação Civil, no prazo mínimo de 72 (setenta e duas) horas antes do embarque previsto.

....

4. PROCEDIMENTOS PARA O TRANSPORTE AÉREO DE ARTIGOS PERIGOSOS

4.1. Compete ao operador de transporte aéreo autorizar o transporte de artigos perigosos, em aeronaves próprias ou que explore, observadas as proibições e limitações impostas por esta IAC e pelo Doc. 9284-AN/905 da OACI.

4.2. Os artigos perigosos, quando apresentados para o transporte em aeronaves civis, deverão ser declarados por suas nomenclaturas técnicas, de acordo com o Doc. 9284-AN/905 da OACI e Regulamentação de artigos perigosos da IATA, discriminando seus componentes químicos, quando for o caso, não sendo aceitos nomes comerciais.

4.3. O operador de transporte aéreo deverá exigir do expedidor providências quanto à entrega de duas vias da "Declaração do Expedidor para Artigos Perigosos", devidamente preenchidas (Anexo 01).

4.4. O operador de transporte aéreo deverá preencher o conhecimento aéreo ou exigir do expedidor, quando este for Agente de Carga Aérea, o seu preenchimento de acordo com os arts. 235, 236 e 241 do CBAER.

4.5. Por ocasião da aquisição do bilhete e no momento do procedimento de embarque, o passageiro deverá ser notificado, de forma verbal e através de folder demonstrativo, pelo operador de transporte aéreo sobre os artigos proibidos de serem levados na bagagem de mão, despachada ou desacompanhada (Anexo 02).

4.6. O operador de transporte aéreo, sempre que necessário, deverá exigir do passageiro uma declaração por escrito do conteúdo da bagagem, visando preservar a segurança da aeronave, tripulantes e passageiros.

4.7. Com a finalidade de melhor orientar os passageiros sobre os artigos perigosos que podem ou não ser transportados como bagagem, as Empresas Aérea deverão providenciar a inserção, em seus bilhetes de passagem, das instruções contidas no Anexo 02 desta IAC.

4.8. O operador de transporte aéreo deverá possuir controle próprio para os artigos perigosos expedidos, do qual constarão: número do voo; data de saída; aeroporto de destino; identificação do produto e quantidade de volumes.

4.9. Para embarque de qualquer tipo de Carga Perigosa é obrigatória a utilização da NOTOC (Notificação ao Comandante).

4.10. O Expedidor deverá certificar-se, com antecedência, de que os artigos perigosos podem ser transportados por via aérea, e quais os requisitos necessários para esse transporte, devendo cumprir, no que for aplicável, todas as exigências contidas no Doc. 9284-AN/905 da OACI e Regulamentação de artigos perigosos da IATA.

4.11. O Expedidor deverá apresentar ao operador de transporte aéreo a documentação necessária para o transporte de artigos perigosos, para que este possa preencher o conhecimento aéreo. No caso de Agente de Carga Aérea, este, além dos documentos citados, entregará ao operador de transporte aéreo o conhecimento aéreo, em 3 (três) vias, conforme previsto no art. 235 do CBAER.

4.12. O Expedidor deverá providenciar o transporte terrestre do artigo perigoso, conforme previsto nas Resoluções ANTT nº 420, de 12.2.2004 e ANTT nº 701, de 25.8.2004.

4.13. O DOV (Despachante Operacional de Voo) da Empresa Aérea terá que incluir no Manifesto de Voo o tipo de carga a ser transportada e qual a sua posição na aeronave.

5. RESPONSABILIDADES

5.1. Transgressões às normas estabelecidas nesta IAC, que se configurarem como atentado à segurança dos passageiros, do pessoal envolvido no processo de carregamento e descarregamento da aeronave, bem como da aeronave em si, submeterá os responsáveis às penas previstas no art. 261 do Código Penal, sendo o processo iniciado no Departamento de Aviação Civil (DAC) e remetido para a Procuradoria Geral da República para as demais providências julgadas cabíveis por aquele órgão.

5.2. O proprietário ou o comandante da aeronave que transportar artigos perigosos sem a documentação necessária ficará sujeito às penalidades previstas no CBAER, podendo ter a aeronave interditada.

5.3. O expedidor responde pela exatidão das indicações e declarações constantes do conhecimento aéreo e pelos danos que, em consequência de suas declarações irregulares, inexatas ou incompletas, vier a causar ao transportador ou a terceiros.

5.4. No caso de transporte aéreo internacional, o operador de transporte aéreo deverá cumprir a Regulamentação específica de cada país que irá sobrevoar e/ou pousar, devendo observar o previsto no Doc. 9284-AN/905 da OACI e Regulamentação de artigos perigosos da IATA.

5.5. A autorização para embarque não exime o operador de transporte aéreo da co-responsabilidade de verificar se o artigo perigoso pode ser transportado por via aérea. Presume-se que, ao aceitar a carga, o operador de transporte aéreo estará cumprindo fielmente estas instruções.

5.6. A Administração Aeroportuária Local e o operador de transporte aéreo deverão possuir, em sua biblioteca, um exemplar físico atualizado das Instruções Técnicas para o Transporte sem Risco de Artigos Perigosos por Via Aérea (Doc. 9284-AN/905) da OACI e/ou a Regulamentação de Artigos Perigosos da IATA.

5.7. A Administração Aeroportuária Local deverá exigir do operador de transporte aéreo a Declaração do Expedidor e o Conhecimento Aéreo para aceitação da carga perigosa, tanto na importação quanto na exportação.

5.8. RESPONSABILIDADES ESPECÍFICAS DO EXPEDIDOR

5.8.1. Certificar-se que os artigos ou substâncias não estão proibidos para o transporte aéreo.

5.8.2. Identificar o artigo perigoso através de um número de quatro dígitos fornecido pelas Nações Unidas ou do nome apropriado para transporte;

5.8.3. Classificar o artigo perigoso dentro de uma das 9 (nove) classes de perigo estipuladas pelo Comitê de Peritos das Nações Unidas;

5.8.4. Embalar o artigo perigoso utilizando as embalagens definidas pela Instrução de Embalagem associada ao mesmo;

5.8.5. Marcar as embalagens com todas as marcações previstas na Regulamentação de artigos perigosos;

5.8.6. Etiquetar as embalagens com as etiquetas de risco (equivalentes as nove classes de perigo) e com as etiquetas de manuseio conforme Regulamentação de artigos perigosos;

5.8.7. Documentar o embarque com a Declaração do Expedidor de artigos perigosos.

5.9. RESPONSABILIDADES ESPECÍFICAS DOS OPERADORES DE TRANSPORTE AÉREO

5.9.1. Aceitar a carga perigosa, dentro das especificações da Regulamentação de artigos perigosos, e preparar uma lista de verificação para servir-lhe de ajuda nessa aceitação.

5.9.2. Armazenar a carga perigosa em área pré-definida e delimitada, incluindo os dizeres "ARTIGOS PERIGOSOS". Esta área deve conter um quadro com as etiquetas de risco e manuseio e a Tabela de Segregação de Artigos Perigosos, que devem estar atualizados de acordo com o Doc. 9284-AN/905 da OACI e Regulamentação de artigos perigosos da IATA.

5.9.3. Carregar a aeronave obedecendo a Tabela de Segregação de Artigos Perigosos.

5.9.4. Inspecionar os carregamentos e descarregamentos nos terminais de carga aérea.

5.9.5. Prover as informações necessárias ao voo e ao pessoal de terra.

5.9.6. Responder às emergências necessárias no caso de incidentes/acidentes com artigos perigosos, tanto em voo, como dentro do terminal de carga aérea.

5.9.7. Reter os dados para atendimento à fiscalização do DAC.

5.9.8. Treinar todos os envolvidos no processo do transporte aéreo de artigos perigosos.

....

12. PASSAGEIRO OU TRIPULANTE TRANSPORTANDO ARTIGO PERIGOSO

12.1. Artigos perigosos estão proibidos, como bagagem despachada ou de mão dos passageiros ou dos tripulantes ou consigo mesmo, com exceção do que se apresenta na relação abaixo:

a) Bebidas alcoólicas que não excedam a 70% de álcool em recipientes de menos de 5 litros, quando transportados por passageiros e tripulantes como bagagem de mão ou despachada;

b) Artigos medicinais não radioativos ou os artigos de toucador (incluindo os aerosóis) transportados como bagagem de mão ou despachada. A quantidade total líquida de todos os artigos referenciados transportados por um único indivíduo não poderá ser superior a 2kg ou 2L, não podendo a quantidade líquida de qualquer artigo individual ultrapassar 500g ou 500mL. As válvulas de descompressão desses aerosóis devem estar protegidas por uma cápsula ou outro meio adequado, para se evitar a liberação involuntária de seu conteúdo. Tais artigos incluem produtos como atomizadores, perfumes, colônias e medicamentos que contenham álcool;

c) Pequenas garrafas de dióxido de carbono gasoso utilizados por passageiros para acionamento de membros mecânicos. Podem ser transportadas garrafas de reposição, de tamanho similar, para garantir o adequado suprimento durante o tempo que durar a viagem;

d) Gelo seco em quantidades que não ultrapassem 2 kg, por passageiro quando utilizados para embalar produtos perecíveis em bagagem de mão, ou quando aprovado pelo transportador, em bagagem despachada, sempre que o volume permita o escape de dióxido de carbono;

e) Fósforos de segurança ou um isqueiro para uso de uma pessoa. Os isqueiros que contenham combustível líquido (que não seja gás líquido) sem absorção, o combustível e as cargas para isqueiros não estão permitidos como bagagem despachada e nem de mão.

f) Os marcapassos cardíacos, implantados cirurgicamente, que contenham materiais radioativos ou baterias de lítio; os produtos radiofarmacêuticos implantados no corpo de uma pessoa, como resultado de um tratamento médico;

g) Modeladores de cabelo que contenham gás hidrocarburado, somente um por passageiro ou membro da tripulação, na condição de que a tampa de segurança esteja bem colocada sobre o elemento calefador (estes modeladores não poderão ser utilizados em nenhum momento durante o voo). Estão proibidas recargas de gás para os referidos modeladores, nem em bagagem de mão e nem em bagagem despachada;

h) Com a aprovação do operador de transporte aéreo ou dos operadores de transporte aéreo, garrafas pequenas de oxigênio gasoso ou ar para uso médico;

i) Com a aprovação do operador de transporte aéreo ou dos operadores de transporte aéreo, como bagagem despachada exclusivamente e embalada de forma segura, cartuchos para prática desportiva (ONU 0012 e ONU 0014 unicamente) – Divisão 1.4S em quantidades inferiores a 5kg por volume de passageiro, uso pessoal, excluindo munições com projéteis explosivos ou incendiários. Não se deve embalar em um mesmo volume as quantidades permitidas a mais de uma pessoa;

j) Com a aprovação do operador de transporte aéreo ou dos operadores de transporte aéreo e somente como bagagem despachada, as cadeiras de roda ou outra ajuda motriz, equipadas com baterias **antiderramáveis** (instrução de embalagem 806 e disposição especial A67), sempre que a bateria seja desconectada, seus bornes estejam isolados para evitar curtos-circuitos acidentais e a bateria esteja fixada de modo seguro à cadeira de rodas ou outra ajuda motriz;

k) Com a autorização do operador de transporte aéreo ou dos operadores de transporte aéreo e somente como bagagem despachada, as cadeiras de roda ou outra ajuda motriz, equipadas com baterias **derramáveis,** na condição de que a cadeira de rodas possa ser carregada, acomodada, fixada e descarregada na posição **vertical** e que a bateria esteja desconectada, seus bornes estejam isolados contra curto-circuitose e a bateria fixada com ao equipamento. Caso a cadeira de rodas ou ajuda motriz não possa ser carregada, acomodada, fixada e nem descarregada na posição vertical a bateria deve ser desmontada. As baterias desmontadas devem ser transportadas em embalagens resistentes e rígidas da seguinte forma:

— Embalagens estanques, inalteráveis ao eletrólito da bateria e protegidas para impedir que se tombem, acomodando-as a *pallets* ou aos compartimentos de carga com meios de aprisionamento adequados tais como correias, peças ou dispositivos de fixação. **Jamais devem ser acondicionadas presas aos demais volumes ou às bagagens**.

— As baterias deverão estar protegidas contra curtos-circuitos, acondicionadas na posição vertical no interior da embalagem e envolvidas em material absorvente compatível e em quantidade suficiente para absorver a totalidade de seu conteúdo líquido, em caso de derrame.

— As embalagens deverão ser marcadas com a indicação: *BATTERY, WET, WITH WHEELCHAIR* ou *BATTERY, WET, WITH MOBILITY AID*, e apresentar a etiqueta CORROSIVO e indicativa de posição (este lado para cima).

— O comandante da aeronave deverá ser informado do local em que se encontra a cadeira de rodas com bateria instalada ou embalada. É recomendável que os passageiros efetuem acordos prévios com cada transportador e que as **baterias derramáveis** levem, quando possível, tampões com orifícios de ventilação que impeçam o derrame.

l) Com a autorização do operador de transporte aéreo ou dos operadores de transporte aéreo e somente como bagagem de mão, um barômetro de mercúrio ou termômetro de mercúrio, transportado por um representante do serviço meteorológico governamental ou organismo oficial similar. O barômetro ou termômetro deverá estar acomodado em uma embalagem resistente com forro interior selado, ou em uma bolsa de material resistente, estanque e impermeável ao mercúrio, que impeça eventuais fugas, independente da posição de acomodação. O comandante deve ser informado.

m) Com a autorização do operador de transporte aéreo, não mais que dois pequenos cilindros de dióxido de carbono ou outro gás idêntico ao da Divisão 2.2 por pessoa, colocados em um colete salva-vidas auto inflável com, no máximo, 2 (dois) cartuchos para reposição.

n) Com a aprovação do operador de transporte aéreo, produtos que funcionam a pilha e que ativados acidentalmente possam produzir calor extremo ou incêndio, tais como lanternas submarinas e equipamentos de solda. Estes equipamentos só poderão ser transportados como bagagem de mão, e o elemento gerador de calor ou a fonte de energia tem que ser retirado do equipamento, para evitar o funcionamento acidental durante o transporte.

o) Um pequeno termômetro médico que contenha mercúrio, para uso pessoal e quando estiver acondicionado em uma embalagem de proteção.

p) Artigos eletrônicos de uso pessoal (relógios de pulso, calculadoras, câmaras, telefones celulares, computadores portáteis, vídeo-câmaras e outros) que contenham pilhas ou baterias de lítio ou de íons de lítio, para uso pessoal. As baterias sobressalentes devem ser individualmente protegidas para evitar curto-circuito e devem ser transportados na bagagem de mão. Além disso, nenhuma das baterias sobressalentes deve ultrapassar as seguintes quantidades:

— Para as baterias de lítio ou de liga de lítio, um conteúdo máximo de 2 gramas de lítio; ou

— Paras as baterias de íons de lítio, um conteúdo máximo equivalente de lítio, totalizando 8 gramas.

Nota: As baterias de íons de lítio com um conteúdo total equivalente de lítio entre 8 e 25 gramas podem ser transportados em bagagem de mão sempre que sigam protegidas individualmente para evitar curtos-circuitos e a quantidade se limite à duas baterias sobressalentes por pessoa.

12.2. Além do operador de transporte aéreo, toda organização ou empresa (como agentes de viagens) que participe do transporte aéreo de passageiros, deve proporcionar a estes, informações sobre os tipos de artigos perigosos que estão proibidos a bordo de aeronaves. Esta informação deve ser entregue, no mínimo, em forma de avisos (*folders*), em lugares onde haja movimento de passageiros.

12.3. Fica a cargo do operador de transporte aéreo ser mais restritiva do que qualquer limite descrito neste capítulo, devendo a restrição ser submetida ao órgão Regulador para adoção das medidas cabíveis.

....

ANEXO 2
ITENS PROIBIDOS COMO BAGAGEM DE MÃO, ACOMPANHADA E DESACOMPANHADA

A bagagem de mão e/ou despachada não poderá conter:

a) maletas e pastas de documentos equipadas com alarme;

b) explosivos, munições, material pirotécnico;

c) gases (inflamáveis, não inflamáveis e venenosos);

d) líquidos inflamáveis (tais como combustível para isqueiros);

e) sólidos inflamáveis (tais como fósforos e artigos de fácil ignição; substâncias capazes de combustão espontânea; substâncias que, em contato com a água, emitem gases inflamáveis);

f) materiais oxidantes (tais como pó de cal e peróxidos);

g) substâncias venenosas (tóxicas) e infecciosas;

h) materiais radioativos;

i) corrosivos (tais como mercúrio, ácidos, álcalis e baterias com líquido corrosivo); e

j) materiais magnetizados e artigos perigosos relacionados na Regulamentação de artigos perigosos da OACI, que estarão expostos nos balcões de *check-in* das Empresa Aéreas.

Nota: Os artigos medicinais ou de toalete não radioativos (inclusive aerosóis) podem ser levados por passageiros e tripulação. Também os aerosóis da Divisão 2.2 que não apresentam riscos secundários, para uso desportivo ou doméstico, somente como bagagem checada. A quantidade total líquida de todos esses artigos que leva cada pessoa não pode exceder 2 kg ou 2 L e a quantidade líquida de cada artigo não pode exceder 0,5 kg ou 0,5 L. O termo "medicinal ou artigos de toalete (incluindo aerosóis)" incluem artigos que contenham sprays para cabelos, perfumes, colônias e medicamentos contendo álcoois.

....

PORTARIA DGAC Nº 706, DE 22 DE JULHO DE 2005

Aprova a Instrução de Aviação Civil – IAC que trata de Assistência às Vítimas de Acidente Aeronáutico e Apoio a seus Familiares.

O Diretor-Geral do Departamento de Aviação Civil, com base no Decreto nº 65.144, de 12 setembro de 1969, que institui o Sistema de Aviação Civil do Ministério da Aeronáutica, e tendo em vista o disposto na Portaria nº 453/GM-5, de 2 de agosto de 1991, que reformula o Sistema de Segurança de Voo da Aviação Civil,

Resolve:

Art. 1º. Seja efetivada a IAC abaixo discriminada:

Símbolo: IAC 200-1001

Título: Plano de Assistência às Vítimas de Acidente Aeronáutico e Apoio a seus Familiares.

Art. 2º. Esta Portaria entra em vigor na data de sua publicação no Diário Oficial da União.

Art. 3º. Revogam-se as Portarias nº 18/DGAC, publicada no DOU nº 40, de 25 de fevereiro de 2000 e a Portaria nº 19/DGAC, publicada no DOU nº 52, de 16 de março de 2000.

Maj. Brig. Ar Jorge Godinho Barreto Nery – Diretor-Geral

DOU de 5.8.2005 – Fonte: www.anac.gov.br

IAC 200-1001
PLANO DE ASSISTÊNCIA ÀS VÍTIMAS DE ACIDENTE AERONÁUTICO E APOIO A SEUS FAMILIARES

INTRODUÇÃO

A ocorrência de um acidente aeronáutico pode provocar uma tragédia de grandes proporções, sendo reconhecida a necessidade de assistência às vítimas e Apoio a seus familiares. Este documento estabelece as ações básicas sob a responsabilidade das Empresas Aéreas nacionais e estrangeiras que exploram transporte público de passageiros no Brasil, para prover tal assistência e gerenciar os serviços que devem se tornar imediatamente disponíveis às vítimas e as medidas de apoio a seus familiares.

Diante dos transtornos causados pelo acidente aeronáutico, cabe à Empresa Aérea de transporte aéreo público a importante tarefa de informar sobre os passageiros e os tripulantes a bordo, responder aos questionamentos dos seus familiares, procurando atender às suas necessidades imediatas.

O Plano de ação, a ser elaborado pelas Empresas Aéreas, deverá ser norteado pelas ideias básicas contidas nesta IAC, a qual foi formulada com base nas orientações da Circular OACI nº 285-AN/166, visando padronizar os procedimentos a serem adotados no caso de acidente aeronáutico.

1. DISPOSIÇÕES PRELIMINARES

1.1. FINALIDADE

Estabelecer as diretrizes para a elaboração do Plano de Assistência às Vítimas de Acidente Aeronáutico e Apoio a seus Familiares.

1.2. FUNDAMENTO

Decreto nº 65.144, de 12.9.1969, que institui o Sistema de Aviação Civil do Ministério da Aeronáutica e a Portaria nº 453/GM-5, de 2.8.1991, que reformula o Sistema de Segurança de Voo.

1.3. APROVAÇÃO

Aprovada pela Portaria nº 706 /DGAC, de 22 de julho de 2005.

1.4. DISPONIBILIZAÇÃO

D – SR – IA – IF – SA – TD – INTERNET

1.5. CORRELAÇÕES

CIRCULAR OACI 285-AN/166.

1.6. CANCELAMENTO

A Portaria nº 706 /DGAC, de 22 de julho de 2005, que aprova esta IAC 200-1001, revoga as Portarias nº 18/DGAC, de 25 de fevereiro de 2000 e a Portaria nº 19/DGAC, de 16 de março de 2000.

2. GLOSSÁRIO

As definições dos termos técnicos utilizados nesta IAC estão disponíveis para consulta na *MMA 58-1 – Glossário de Termos Técnicos de Aviação Civil*, de 20.9.1989.

3. INFORMAÇÕES DOS PASSAGEIROS EMBARCADOS

3.1. EMPRESAS AÉREAS

As Empresas Aéreas nacionais e estrangeiras que exploram transporte aéreo público no Brasil deverão solicitar de cada passageiro embarcado, nos voos domésticos e nos internacionais, de e para o território brasileiro, o seu nome completo por extenso e em ordem direta e o nome de uma pessoa, que não esteja a bordo, com telefone para contato em caso de emergência, preferencialmente de um membro da família.

3.1.1. Essas informações poderão ser obtidas a partir do momento em que o passageiro faz sua reserva até o seu embarque, devendo ser preservadas até o término da última etapa do voo.

3.1.2. Fica a critério de cada Empresa Aérea a adoção do processo ou documento apropriado para a captura dessas informações, podendo o registro ser feito por meio eletrônico.

3.1.3. Caso o passageiro se recuse a prestar a informação do nome e do telefone da pessoa de contato em caso de emergência, a recusa deverá constar em documento escrito.

3.1.4. Essas informações serão confidenciais, devendo ser utilizadas pela Empresa Aérea não somente em caso de acidente aeronáutico, como também em benefício do passageiro no caso de uma emergência pessoal, sendo vedado o uso das mesmas para quaisquer outros propósitos.

3.1.5. Após a Empresa Aérea tomar conhecimento de um acidente aeronáutico, envolvendo uma de suas aeronaves, deverá confeccionar a lista reconciliada dos passageiros e tripulantes a bordo da aeronave acidentada, no prazo de três horas, para seu próprio uso e para a Autoridade Aeronáutica, caso esta a solicite.

3.2. ADMINISTRAÇÕES AEROPORTUÁRIAS

As Administrações Aeroportuárias devem se utilizar de todos os meios possíveis para apoiar as Empresas Aéreas na coleta das informações de contato de emergência dos passageiros, conforme o item 3.1 desta Instrução.

4. PLANO DE ASSISTÊNCIA ÀS VÍTIMAS DE ACIDENTE AERONÁUTICO E APOIO A SEUS FAMILIARES

4.1. As Empresas Aéreas nacionais e estrangeiras que exploram transporte aéreo público no Brasil deverão elaborar seus respectivos Planos Corporativos de Assistência às Vítimas de Acidente Aeronáutico e Apoio a seus Familiares onde serão estabelecidas as ações de sua responsabilidade para prover assistência, serviços e informações às vítimas e as medidas de apoio a seus familiares.

4.2. Cada base operada pela Empresa Aérea deverá ter seu Plano Local de Assistência às Vítimas de Acidente Aeronáutico e Apoio a seus Familiares, contendo informações e recursos específicos relativos à localidade em que estiver estabelecida. O conteúdo do Plano Local deverá estar baseado nas diretrizes estabelecidas no Plano Corporativo de Assistência Familiar da Empresa Aérea, devendo nele constar, no mínimo:

4.2.1. Nome e telefone de contato da equipe de resposta à emergência da base; e

4.2.2. Relação com nome, endereço e telefone:

a) autoridades administrativas aeroportuárias;

b) hospitais locais;

c) hotéis de referência na localidade;

d) representantes religiosos;

e) empresas de transporte;

f) Polícia Civil, Militar e Bombeiros;

g) Defesa Civil e órgãos de assistência;

h) Polícia Federal e autoridades aduaneiras (Receita Federal e Vigilância Sanitária);

i) médicos;

j) psicólogos;

k) consulados;

l) DAC, SERAC e Seção de Aviação Civil, se em território nacional; e

m) agências funerárias.

4.3. PROCEDIMENTOS A SEREM IMPLEMENTADOS PELAS EMPRESAS AÉREAS

a) preservação da lista dos passageiros embarcados, em caráter confidencial, até a divulgação para o público. A lista dos passageiros a bordo só poderá ser divulgada após a notificação aos familiares, ficando a critério da Empresa Aérea fazer a divulgação parcial, mediante o andamento das notificações;

b) acionamento de seu Centro de Gerenciamento de Crise;

c) acionamento de seu Centro de Assistência Especial;

d) acionamento de seu Centro de Atendimento Telefônico, disponibilizando no mínimo, um número de telefone exclusivo para chamadas gratuitas dos familiares com a finalidade de complementar o processo de notificação;

e) estabelecimento de seu Centro de Assistência Familiar na cidade do acidente, ou mais próxima desta;

f) notificação aos familiares das vítimas do acidente, por equipe treinada, se possível pessoalmente;

g) viabilizar o trabalho das equipes envolvidas com a assistência, providenciando comunicação, transporte, acomodação e alimentação;

h) operacionalização, nos aeroportos afetados, dos locais reservados para receber os sobreviventes e familiares, provendo necessidades básicas como: alimentação, comunicação, assentos e toaletes;

i) assistência às vítimas e apoio a seus familiares nos trâmites de imigração e alfândega;

j) ligação com agentes diplomáticos e consulares caso haja vítima estrangeira;

k) deslocamento de ida e volta dos familiares até a cidade, ou a mais próxima, do local do acidente;

l) provisão de transporte para os sobreviventes e familiares, conforme necessário, na localidade do acidente aeronáutico, ou na mais próxima deste;

m) provisão de acomodação, alimentação, segurança, assistência médica, psicológica e religiosa aos familiares das vítimas e sobreviventes enquanto no Centro de Assistência Familiar;

n) recebimento, identificação e devolução ao responsável dos pertences pessoais recuperados;

o) organização de visita ao local do acidente, caso solicitada pelos familiares e desde que possível, preservando a segurança dos interessados e mediante a coordenação com a autoridade local;

p) disponibilização de informações atualizadas sobre o acidente aeronáutico às vítimas e aos seus familiares, nos centros ativados;

q) provisão de informações a respeito das ações assistenciais às vítimas e aos familiares;

r) acompanhamento do processo de identificação e auxílio no desembaraço legal dos corpos junto aos órgãos competentes; e

s) traslado dos corpos para sepultamento em cidade de origem, ou conforme solicitado pelo familiar, se viável.

4.4. PROCEDIMENTOS A SEREM IMPLEMENTADOS PELAS ADMINISTRAÇÕES AEROPORTUÁRIAS

a) disponibilização do Centro de Recepção aos Familiares nos aeroportos afetados;

b) disponibilização do Centro de Recepção aos Sobreviventes no aeroporto do acidente aeronáutico ou incidente grave;

c) disponibilização do Centro de Imprensa nos aeroportos afetados;

d) encaminhamento e recepção dos sobreviventes e familiares aos respectivos centros, se solicitado pela Empresa Aérea, até que esta tenha condições de assumir a operação dos mesmos; e

e) provisão de segurança e controle de acesso nos centros ativados.

4.5. O Plano Local de Assistência às Vítimas de Acidente Aeronáutico e Apoio a seus Familiares deverá estar disponível nas respectivas bases e em local de fácil acesso, havendo a necessidade de confecção de, pelo menos, uma cópia impressa, que deverá ser do conhecimento de todos os seus funcionários.

4.6. Este Plano deverá ser atualizado sempre que houver qualquer alteração, indicando a data desta revisão.

5. DISPOSIÇÕES FINAIS

5.1. As Empresas Aéreas deverão prover treinamento do presente Plano para as equipes de suas bases, conforme o previsto nos seus manuais de procedimentos, inclusive com a realização de simulações.

5.2. As Empresas Aéreas devem coordenar, juntos aos órgãos e empresas de apoio, as suas participações nos Planos Locais de Assistência às Vítimas de Acidente Aeronáutico e Apoio a seus Familiares.

5.3. A aplicação das assistências previstas nesta IAC se encerrará após a efetivação de todos os trâmites de atendimento às vítimas, fatais ou não, do apoio aos seus familiares e a realização das cerimônias fúnebres;

5.4. O Plano de Assistência às Vítimas de Acidente Aeronáutico e Apoio a seus Familiares poderá fazer parte do Plano Corporativo de Resposta a Emergências das Empresas Aéreas.

5.5. Empresas Aéreas que operem voos com código compartilhado deverão conhecer seus planos mutuamente e coordenar ações conjuntas em caso de acidente aeronáutico.

5.6. As Empresas Aéreas deverão apresentar ao DAC seus Planos Corporativos de Assistência às Vítimas de Acidente Aeronáutico e Apoio a seus Familiares, nos moldes da presente IAC, até 180 (cento e oitenta) dias contados a partir da data de publicação da presente Instrução.

5.7. Os casos não previstos nesta IAC serão submetidos à apreciação do Chefe do SSA.

REFERÊNCIAS BIBLIOGRÁFICAS

1. BRASIL. Decreto nº 65.144, de 12 de setembro de 1969. Institui o Sistema de Aviação Civil do Ministério da Aeronáutica e dá outras providências. Diário Oficial [da República Federativa do Brasil], Brasília, 1969.

2. ______. Anexo 13 à Convenção de Aviação Civil Internacional da OACI.

3. ______. Circular OACI nº 285-AN/166 de 2001 – Orientação sobre Assistência às Vítimas de Acidente de Aviação e seus Familiares.

4. ______. Portaria nº 18/DGAC, de 12.1.2000 – Aprova os procedimentos para obtenção de informações de passageiros embarcados em aeronaves nacionais e estrangeiras, explorando transporte aéreo público.

5. ______. Portaria nº 19/DGAC de 12.1.2000 – Aprova os procedimentos para a elaboração do Plano de Assistência aos familiares das Vítimas de Desastre Aéreo.

6. ______ . NSMA 3-1 de 22.2.1999 – Conceituação de Vocábulos, expressões e siglas de uso no SIPAER.

7. ______ . NSMA 3-5 de 30.1.1996 – Comunicação de Acidentes e de Incidentes Aeronáuticos.

8. ______ . NSMA 3-7 de 30.1.1996 – Responsabilidades dos Operadores de Aeronaves em Caso de Acidente e de Acidente Aeronáutico.

9. CANADÁ. *IATA Report on Guidelines for Naming Conventions* – Orientação sobre nomenclatura de termos em resposta em emergência.

RESOLUÇÃO ANAC Nº 007, DE 28 DE FEVEREIRO DE 2007

Aprova o Regulamento sobre limitação de transporte de substâncias líquidas em voos internacionais.

A Diretoria da Agência Nacional de Aviação Civil, no uso da competência que lhe foi outorgada pelo inciso V do art. 11 da Lei nº 11.182, de 27 de setembro de 2005, e tendo em vista o disposto na Recomendação da OACI, conforme Doc. AS8/11-06/100 Confidencial, de 1º de dezembro de 2006,

Resolve:

Art. 1º. A partir de 1º de abril de 2007, todos os passageiros de voos internacionais, inclusive os passageiros alocados exclusivamente em suas etapas domésticas, ou que necessitem utilizar o salão de embarque destinado aos voos internacionais, estarão sujeitos às seguintes restrições no que tange ao transporte de substâncias, líquidas, incluindo gel, pasta, creme, aerosol e similares, por passageiros em suas respectivas bagagens de mão:

a) Todos os líquidos devem ser conduzidos em frascos com capacidade até 100mL, devendo ser colocados em uma embalagem plástica transparente vedada, com capacidade máxima de 1 litro não excedendo as dimensões de 20 X 20 cm.

b) Líquidos conduzidos em frascos acima de 100mL não podem ser transportados, mesmo se o frasco estiver parcialmente cheio.

c) Os frascos devem ser acondicionados adequadamente (com folga) dentro da embalagem plástica transparente completamente vedada.

d) A embalagem plástica deve ser apresentada para inspeção visual no ponto de inspeção de embarque de passageiros, sendo permitida somente uma embalagem plástica por passageiro.

Parágrafo único. Excetua-se dos limites referidos os artigos medicamentosos com a devida prescrição médica, a alimentação de bebês e líquidos de dietas especiais, na quantidade necessária a serem utilizados no período total de voo, incluindo eventuais escalas, devendo ser apresentados no momento da inspeção.

Art. 2º. Os líquidos adquiridos em *free shops* ou a bordo de aeronaves podem exceder o limite estipulado acima, desde que dispostos em embalagens plásticas seladas e com o recibo de compra à mostra, da data do início do voo, para passageiros que embarcam ou em conexão.

Parágrafo único. Esta medida não garante a aceitação da embalagem selada por outros Estados no caso de conexão em seus aeroportos, devendo a empresa aérea informar ao passageiro que se encontre nesta situação sobre a possibilidade ou não de retenção de seu produto, por autoridades estrangeiras.

Art. 3º. Visando a facilitar as inspeções de segurança, as embalagens plásticas contendo os frascos com líquidos devem ser apresentadas separadamente da bagagem de mão do passageiro, bem como dos paletós, jaquetas e "laptops", para a inspeção nos equipamentos de Raios-X.

Art. 4º. Nos aeroportos brasileiros, a implantação deste tipo de medida é de responsabilidade das administrações aeroportuárias, nos canais de inspeção de passageiros embarcando em voos internacionais.

Art. 5º. As empresas aéreas e agências de viagens são responsáveis pela divulgação aos passageiros das orientações constantes desta resolução no ato da aquisição do bilhete de passagem, bem como durante os procedimentos de despacho do mesmo.

Art. 6º. As presentes medidas são de aplicação compulsória para todos os passageiros embarcando em voos internacionais, em suas etapas domésticas ou que necessitem utilizar o salão de embarque destinado a voos internacionais.

Art. 7º. Esta Resolução entra em vigor na data de sua publicação.

Milton Zuanazzi – Diretor-Presidente

DOU de 1º.3.2007

RESOLUÇÃO ANAC Nº 009, DE 5 DE JUNHO DE 2007

Aprova a Norma Operacional de Aviação Civil – NOAC que dispõe sobre o acesso ao transporte aéreo de passageiros que necessitam de assistência especial.

A Diretoria da Agência Nacional de Aviação Civil – ANAC, com base nos incisos IV, X, XXX e XLVI do art. 8º, no inciso V do art. 11 e no inciso I do art. 47, todos da Lei nº 11.182, de 27 de setembro de 2005 e, ainda, com base no inciso VI do art. 25 e art. 94 da Lei nº 7.565, de 19 de dezembro de 1986; na alínea "a" do inciso V do art. 2º da Lei nº 7.853, de 24 de outubro de 1989; no art. 2º da Lei nº 8.069, de 13 de julho de 1990; no art. 1º e seguintes da Lei nº 10.048, de 8 de novembro de 2000; no art. 1º e seguintes da Lei nº 10.098, de 19 de dezembro de 2000; no art. 42 da Lei nº 10.741, de 1º de outubro de 2003; no art. 4º da Lei nº 11.126, de 27 de junho de 2005; no art. 1º do Decreto nº 5.904, de 21 de setembro de 2006; no Decreto nº 65.144, de 12 de setembro de 1969; Decreto nº 64.521, de 15 de maio de 1969; Decreto nº 75.474, de 13 de março de 1975; Decreto nº 5.296, de 2 de dezembro de 2004; no inciso IV do Art. 4° do Regulamento da ANAC aprovado pelo Decreto nº 5.731, de 20 de março de 2006; na Norma ABNT NBR 14273, de 1º de março de 1999; tendo em vista o que consta nos autos do processo nº 60800.016927/2006-71 e no deliberado e aprovado em Reunião da Diretoria Colegiada ocorrida no dia 5 de junho de 2007,

Resolve:

Art. 1º. Aprovar a Norma Operacional da Aviação Civil – NOAC que dispõe sobre o acesso ao transporte aéreo de passageiros com necessidade de assistência especial, na forma dos Anexos I a III a esta Resolução.

Art. 2º. Fica revogada a Portaria nº 019/DGAC, de 10 de janeiro de 1996, que criou a Instrução da Aviação Civil – IAC 2508-0796.

Art. 3º. Esta Resolução entra em vigor na data de sua publicação.

Milton Zuanazzi – Diretor-Presidente

DOU de 14.6.2007

ANEXO I
NORMA OPERACIONAL DA AVIAÇÃO CIVIL – NOAC
DISPÕE SOBRE OS PROCEDIMENTOS RELATIVOS AO ACESSO DE PASSAGEIROS COM NECESSIDADE DE ASSISTÊNCIA ESPECIAL

Capítulo I – Das Disposições Gerais

Art. 1º. Esta Norma Operacional de Aviação Civil – NOAC estabelece os procedimentos que assegurem aos passageiros com necessidade de assistência especial o acesso adequado ao transporte aéreo.

Art. 2º. Para efeito desta NOAC considera-se:

I – administração aeroportuária: estrutura organizacional do aeroporto, responsável pela sua administração, operação, manutenção e exploração;

II – criança: pessoa até doze (12) anos de idade incompletos, nos termos da Lei nº 8.069, de 13 de julho de 1990;

III – empresa aérea ou operador de aeronaves: empresa constituída que explora ou se propõe a explorar aeronaves para prestação dos serviços públicos de transporte aéreo regular ou não regular;

IV – passageiros com necessidade de assistência especial: pessoas portadoras de deficiência, idosos com idade igual ou superior a sessenta (60) anos, gestantes, lactantes e pessoas acompanhadas por crianças de colo, crianças desacompanhadas e pessoas com mobilidade reduzida;

V – pessoa portadora de deficiência: conforme definição estabelecida pelo Decreto nº 5.296, de 2 de dezembro de 2004, considera-se pessoa portadora de deficiência, além daquelas previstas na Lei nº 10.690, de 16 de junho de 2003, a que possui limitação ou incapacidade para o desempenho de atividade e se enquadra nas seguintes categorias:

a) deficiência física: alteração completa ou parcial de um ou mais segmentos do corpo humano, acarretando o comprometimento da função física, apresentando-se sob a forma de paraplegia, paraparesia, monoplegia, monoparesia, tetraplegia, tetraparesia, triplegia, triparesia, hemiplegia, hemiparesia, ostomia, amputação ou ausência de membro, paralisia cerebral, nanismo, membros com deformidade congênita ou adquirida, exceto as deformidades estéticas e as que não produzam dificuldades para o desempenho de funções;

b) deficiência auditiva: perda bilateral, parcial ou total, de quarenta e um decibéis (dB) ou mais, aferida por audiograma nas frequências de 500Hz, 1.000Hz, 2.000Hz e 3.000Hz;

c) deficiência visual: cegueira, na qual a acuidade visual é igual ou menor que 0,05 no melhor olho, com a melhor correção óptica; a baixa visão, que significa acuidade visual entre 0,3 e 0,05 no melhor olho, com a melhor correção óptica; os casos nos quais a somatória da medida do campo visual em ambos os olhos for igual ou menor que 60º, ou a ocorrência simultânea de quaisquer das condições anteriores;

d) deficiência mental: funcionamento intelectual significativamente inferior à média, com manifestação antes dos dezoito anos e limitações associadas a duas ou mais áreas de habilidades adaptativas, tais como:

1. comunicação;
2. cuidado pessoal;
3. habilidades sociais;
4. utilização dos recursos da comunidade;
5. saúde e segurança;
6. habilidades acadêmicas;
7. lazer; e
8. trabalho.

e) deficiência múltipla: associação de duas ou mais deficiências;

VI – pessoa com deficiência dependente: pessoa incapaz de acessar ou abandonar a aeronave por conta própria;

VII – pessoa com mobilidade reduzida: aquela que, não se enquadrando no conceito de pessoa portadora de deficiência, tenha, por qualquer motivo, dificuldade de movimentar-se, permanente ou temporariamente, gerando redução efetiva da mobilidade, flexibilidade, coordenação motora e percepção;

VIII – pessoa com necessidade de oxigênio suplementar: aquela que apresenta insuficiência crônica, de natureza respiratória ou cardíaca e que se encontre estável, em ambiente domiciliar, excetuando-se os casos de pessoas enfermas ou em condições instáveis de saúde que necessitam transporte aeromédico, o qual é tratado na IAC 3134 – Transporte Aéreo Público de Enfermos;

IX – cão-guia ou cão de acompanhamento: animal especialmente treinado para guiar e auxiliar no desenvolvimento das atividades da vida diária das pessoas portadoras de deficiência.

Art. 3º. Os procedimentos estabelecidos nesta NOAC deverão ser observados pelas empresas aéreas e pelas administrações aeroportuárias, sendo aplicáveis aos elos do Sistema de Aviação Civil, no que for compatível.

Art. 4º. Cabe aos Inspetores de Aviação Civil (INSPAC), às Gerências Regionais, às Seções de Aviação Civil (SAC), aos Postos de Fiscalização de Aviação Civil e às Administrações Aeroportuárias fiscalizarem o seu cumprimento.

Art. 5º. As regulamentações que tratam da segurança de voo, eficiência operacional e segurança da aviação civil contra atos de interferência ilícita não podem ser violadas pelas empresas aéreas em decorrência do disposto nesta NOAC.

Art. 6º. As empresas aéreas ou operadores de aeronaves, diretamente ou sob contrato, licença ou outros acordos não podem:

I – discriminar qualquer pessoa em razão de deficiência de que seja ela portadora na prestação dos serviços de transporte aéreo;

II – impor a pessoa portadora de deficiência serviços especiais não requeridos por ela, excetuando-se o previsto no art. 48;

III – excluir ou negar, a uma pessoa portadora de deficiência, os benefícios de qualquer transporte aéreo ou serviços correlatos disponíveis aos usuários em geral;

IV – adotar medidas contrárias aos interesses da pessoa portadora de deficiência em razão da mesma ter agido na defesa dos seus direitos.

Art. 7º. Os passageiros portadores de deficiência ou com mobilidade reduzida, têm o direito a um tratamento igual ao dispensado aos demais passageiros e a receber os mesmos serviços que são prestados costumeiramente aos usuários em geral, observadas as suas necessidades especiais de atendimento. Esse direito inclui o atendimento prioritário e o acesso às informações e instruções, às instalações, às aeronaves e aos demais veículos à disposição dos passageiros nos terminais.

Art. 8º. A fim de melhor prestar os serviços proporcionados às pessoas que necessitam de assistência especial, empresas aéreas ou operadores de aeronaves, seus prepostos, as administrações aeroportuárias e as empresas de serviços auxiliares de transporte aéreo deverão empregar uma definição comum para as distintas categorias de pessoas que necessitam dessa assistência.

§ 1º. As empresas concessionárias de serviço aéreo de transporte de passageiros adotarão o sistema de classificação e codificação conforme disposto no Anexo II.

§ 2º. As informações necessárias inerentes a boa prestação dos serviços de transporte aéreo deverão ser prestadas às pessoas que necessitam de assistência especial, de forma acessível, ao longo de todas as fases de suas viagens, desde o momento em que confirmam a reserva, especialmente a partir da chegada ao aeroporto até a saída da área pública do aeroporto de destino.

§ 3º. Serão assegurados a esses passageiros a assistência especial necessária durante todo o trajeto da viagem, independentemente do tipo de deficiência ou do motivo da redução de sua mobilidade.

Art. 9º. As administrações aeroportuárias e as empresas aéreas ou operadores de aeronaves deverão estabelecer programas de treinamento, visando assegurar disponibilidade de pessoal, de terra e de bordo, especialmente treinado para lidar com pessoas que necessitem de assistência especial.

Art. 10. As pessoas que necessitam de assistência especial deverão informar à empresa aérea ou operador de aeronaves sobre suas necessidades no momento em que fizerem sua reserva ou com antecedência mínima de quarenta e oito horas (48 hs.) antes do embarque.

§ 1º. O descumprimento do disposto no *caput* deste artigo não inviabilizará o embarque desde que haja assento disponível na aeronave da empresa transportadora.

§ 2º. O disposto neste artigo não se aplica às pessoas com necessidades de uso de oxigênio, maca, bem assim aos grupos de deficientes a serem transportados.

Art. 11. As administrações aeroportuárias, as empresas aéreas e operadores de aeronaves, seus prepostos e as empresas de serviços auxiliares adotarão as medidas necessárias para garantir a integridade física e moral das pessoas que necessitam de assistência especial informando-as acerca dos procedimentos a serem adotados nas seguintes situações:

I – compra de bilhetes de passagem;

II – consulta ao quadro de horário dos voos;

III – realização de reserva de voo;

IV – ingresso no terminal;

V – acesso aos pontos de controle das áreas restritas de segurança do terminal de passageiros;

VI – em trânsito nos aeroportos e conexões;

VII – restituição de bagagem;

VIII – durante o voo;

IX – no aeroporto de destino; e

X – em qualquer outra etapa da viagem não prevista nos itens acima em decorrência de situações emergenciais.

Art. 12. A administração aeroportuária deverá prover os aeroportos com balcões de informações e de atendimento especialmente instalados para o atendimento às pessoas portadoras de deficiência ou com mobilidade reduzida.

Parágrafo único. Os balcões de informações e de atendimento a que se refere o *caput* deverão ser adaptados com mobiliário e recepção compatível com a altura e a condição física de pessoas em cadeira de rodas, conforme os padrões das normas técnicas de acessibilidade da ABNT.

Art. 13. As empresas aéreas ou operadores de aeronaves e as administrações aeroportuárias devem proceder à adequação do sistema de informações destinado a todos os passageiros, para o atendimento às pessoas com deficiência, inclusive auditiva ou visual, garantindo-lhes as mesmas condições de atendimento disponíveis para os demais passageiros.

§ 1º. As informações a serem prestadas aos passageiros portadores de deficiência visual devem ser escritas em braile, traduzidas para pelo menos dois idiomas quando tratar-se de internacionais.

§ 2º. As informações a serem prestadas aos passageiros portadores de deficiência auditiva devem ser prestadas na Língua Brasileira de Sinais – Libras.

§ 3º. Os procedimentos dispostos nos §§ 1º e 2º serão implementados até dezembro de 2007.

Art. 14. As administrações aeroportuárias deverão disponibilizar, nas áreas comuns dos aeroportos, telefones adaptados a pessoas portadoras de deficiência auditiva.

Parágrafo único. O procedimento disposto no *caput* deverá ser implementado até dezembro de 2007.

Art. 15. As empresas aéreas ou operadores de aeronaves e seus prepostos deverão disponibilizar, nas suas centrais de atendimento, telefones adaptados a pessoas portadoras de deficiência auditiva.

Parágrafo único. O procedimento disposto no *caput* deverá ser implementado até dezembro de 2007.

Capítulo II – Das Responsabilidades da Administração Aeroportuária

Art. 16. As administrações aeroportuárias adotarão, no âmbito de sua competência, medidas necessárias para assegurar que as instalações e os serviços prestados nos aeroportos, onde opere aviação regular, estejam acessíveis para os passageiros que necessitam de assistência especial, conforme previsto no Decreto nº 5.296, de 2 de dezembro de 2004.

Art. 17. As administrações aeroportuárias eivarão esforços para delimitar áreas específicas, o mais próximo possível das entradas principais dos terminais de passageiros para o desembarque e embarque de passageiros portadores de deficiência ou mobilidade reduzida.

Parágrafo único. As áreas a que se refere o *caput* deverão estar sinalizadas com o símbolo internacional de acesso, conforme previsto na Lei nº 7.405, de 10 de julho de 2001, e livre de obstáculos para a circulação de passageiro portador de deficiência ou mobilidade reduzida de forma a preservar sua segurança e autonomia, observando-se, ainda, as legislações de trânsito.

Art. 18. As administrações aeroportuárias reservarão, nos seus estacionamentos destinados ao público, pelo menos dois por cento (2%) do total de vagas para veículos que transportem pessoa portadora de deficiência, conforme especificações técnicas de desenho e traçado, estabelecidas nas normas técnicas de acessibilidade da ABNT.

Parágrafo único. Será assegurada, no mínimo, uma vaga em local próximo à entrada principal ou ao elevador, de fácil acesso à circulação de pedestres.

Art. 19. As empresas aéreas deverão priorizar a transferência dos passageiros idosos ou portadores de deficiência ou que tenham sua mobilidade reduzida, de uma aeronave para outra, sempre que o tempo disponível para a conexão ou outra circunstância justifique tal priorização.

Parágrafo único. O disposto no *caput* não poderá violar normas de fiscalização e de segurança dos aeroportos.

Capítulo III – Das Responsabilidades da Empresa Aérea ou Operador de Aeronaves

Art. 20. As empresas aéreas ou operadores de aeronaves deverão assegurar o movimento de pessoas portadoras de deficiência ou com mobilidade reduzida entre as aeronaves e o terminal.

§ 1º. As empresas aéreas ou operadores de aeronaves deverão oferecer veículos equipados com elevadores ou outros dispositivos apropriados para efetuar, com segurança, o embarque e desembarque de pessoas portadoras de deficiência ou com mobilidade reduzida, nos aeroportos que não disponham de pontes de embarque, ou quando a aeronave estacionar em posição remota.

§ 2º. Para o cumprimento do disposto no § 1º, as empresas aéreas ou operadores de aeronaves ficam autorizadas a celebrarem contratos, acordos, ou outros instrumentos jurídicos.

Art. 21. O embarque dos passageiros que necessitam de assistência especial será realizado prioritariamente em relação aos demais passageiros, visando permitir o conforto, a segurança e o bom atendimento.

Parágrafo único. O atendimento prioritário a que se refere o *caput* prefere, inclusive, ao dos possuidores de cartão de passageiro frequente.

Art. 22. As empresas aéreas ou operadores de aeronaves efetuarão o desembarque dos passageiros que necessitam de assistência especial, logo após o desembarque dos demais, exceto nas situações previstas no art. 19.

Parágrafo único. O pessoal de bordo comandará o processo de desembarque, o qual deverá ser acompanhado por funcionários das empresas aéreas ou operadores de aeronaves, ou por elas contratados, devidamente treinados.

Art. 23. Independentemente do meio utilizado para realização de reserva de voo por pessoa portadora de deficiência ou com mobilidade reduzida, o atendimento deverá contemplar questionamento quanto à necessidade de assistência especial ao passageiro, a qual deverá ser registrada de acordo com os códigos explicitados no Anexo II, observado o estabelecido no art. 10.

§ 1º. O questionamento a que se refere o *caput* visa especificar as provisões especiais de que carecem estes passageiros, inclusive quanto à necessidade de acompanhante, de ajudas técnicas, como cadeiras de rodas e/ou o uso de equipamento que proporcione oxigênio suplementar.

§ 2º. Quando se tratar de necessidade de uso de equipamento referido no § 1º, o passageiro interessado deverá solicitá-lo à empresa aérea ou ao operador de aeronaves com no mínimo de setenta e duas horas (72 hs.) antes do voo, de acordo com a prescrição médica que deve ser registrada em formulário próprio de uso internacional (Medical Information Sheet – MEDIF), firmada pelo médico do enfermo.

§ 3º. O documento a que se refere o § 2º deverá ser avaliado pelo serviço médico da empresa, especializado em medicina de aviação, quanto a eventuais riscos para o solicitante e aos demais passageiros, ressalvadas, ainda, as limitações expressas no 121.574 do RBHA 121 – Oxigênio medicinal para uso dos passageiros.

Art. 24. As empresas aéreas ou operadores de aeronaves designarão, previamente, funcionários capacitados para atender, acompanhar e acomodar nos assentos os passageiros que necessitam de assistência especial, conforme especificado nos arts. 29 e 34.

Art. 25. O uso dos meios a que se refere o art. 23 não acarretará qualquer ônus ao usuário.

Parágrafo único. A gratuidade de que trata o *caput* não inclui o fornecimento de oxigênio e a disponibilidade de espaço extra na cabine de passageiros para abrigar macas.

Art. 26. Até dezembro de 2007, as empresas aéreas ou operadores de aeronaves disponibilizarão:

I – mecanismos de segurança adicionais ao cinto de segurança de duas pontas para uso dos passageiros paraplégicos, tetraplégicos, amputados e outros que necessitem desse auxílio para sua firmeza e segurança durante o voo e nas operações de decolagem e pouso; e

II – coletes salva-vidas infláveis para uso de pessoas portadoras de deficiência.

Art. 27. As empresas aéreas ou operadores de aeronaves disponibilizarão cartão de informações de emergência escrito em braille em até cento e vinte dias (120) após a publicação da Resolução que aprova esta NOAC.

Art. 28. As empresas aéreas ou operadores de aeronaves e seus prepostos orientarão, no ato da reserva, os passageiros com deficiência para que se apresentem para o despacho, no aeroporto de embarque, com antecedência de uma hora e trinta minutos para voos domésticos e de duas horas para voos internacionais, em relação à hora prevista de decolagem, ocasião em que os meios de atendimento serão postos à sua disposição.

Art. 29. As empresas aéreas ou operadores de aeronaves acomodarão os passageiros portadores de deficiência que utilizam cadeira de rodas em assentos especiais, junto aos corredores, dotados de braços removíveis ou escamoteáveis localizadas nas 1ª, 2ª e 3ª fileiras das aeronaves, ou nas 1ª, 2ª e 3ª fileiras imediatamente atrás de uma divisória desde que haja compatibilidade de classe escolhida e seja do interesse do passageiro.

§ 1º. A 1ª fileira de assentos das aeronaves deverão ser utilizadas, prioritariamente, por crianças em berços, crianças desacompanhadas e passageiros acompanhados de cão-guia, quando necessário.

§ 2º. Os demais passageiros, inclusive os com deficiência física que desejem utilizar assento na 1ª fileira, poderão ser autorizados, desde que não prejudique as prioridades estabelecidas no § 1º.

§ 3º. Os assentos de que trata este artigo devem ser identificados com o Símbolo Internacional de Acesso.

Art. 30. Os assentos mencionados no art. 29 não poderão ser liberados para reserva de outros passageiros que não necessitam de assistência especial, até vinte e quatro horas (24 hs.) antes do horário previsto para a partida do voo.

§ 1º. Na hipótese da empresa aérea ter vendido bilhete a passageiro que não apresente necessidade de atendimento especial, em virtude da inexistência da reserva a que se refere o art. 30, deverá ser providenciado o reposicionamento de ambos visando assegurar a aplicação do disposto no art. 29.

§ 2º. Sempre que ocorrer o previsto no § 1º, a empresa aérea deve informar aos passageiros que não detenham necessidades de atendimento especial alocados para os assentos mencionados no art. 29, que eles estão sujeitos ao reposicionamento a que se refere o § 1º.

Art. 31. A empresa transportadora deve prover as informações de que trata o § 2º do art. 30, por seu sistema eletrônico de reserva ou verbalmente pelo pessoal do setor de reserva, por anúncio nos balcões e portões de embarque, por cartões ou revistas colocadas nos assentos, literatura para usuários frequentes, ou por outros meios apropriados.

Art. 32. As empresas aéreas ou operadores de aeronaves farão os arranjos necessários nas aeronaves para garantir o transporte adequado de passageiro que necessite ser transportado em maca, quando a aeronave não for tecnicamente adequada para esse tipo de transporte, desde que a solicitação seja efetuada com antecedência mínima de 72 (setenta e duas) horas da partida da aeronave e que não afete a segurança de voo, a eficiência operacional e a segurança da aviação civil contra atos de interferência ilícita.

Capítulo IV – Dos Procedimentos e Orientações de Caráter Geral

Art. 33. As operações de embarque e desembarque de passageiros que necessitam de assistência especial serão executadas por funcionários das empresas aéreas ou por elas contratados.

Art. 34. Todo o pessoal, de terra e de bordo, diretamente envolvido no atendimento às pessoas que necessitam de assistência especial ou com o manuseio de seus equipamentos e auxílios, durante as diversas fases de uma viagem, deverá receber treinamento especializado.

Parágrafo único. O treinamento de que trata o *caput* deve incluir as técnicas de atendimento adequado às estas pessoas, sendo responsabilidade das empresas envolvidas, ou seus prepostos, providenciá-lo.

Art. 35. O pessoal responsável pelo atendimento às pessoas portadoras de deficiência física que utilizam para sua locomoção equipamentos movidos a bateria deverá ter conhecimento de como manusear, embalar e acomodar a(s) bateria(s) para o transporte, como bagagem prioritária despachada, conforme preconizado no Doc. 9284 AN/905 – Instruções Técnicas para o Transporte sem Risco de Mercadorias Perigosas por Via Aérea, da OACI, devendo, em caso de dúvida, consultar o usuário desses equipamentos sobre as melhores condições e formas de acondicioná-los, considerando o grande número de modelos existentes.

Art. 36. As aeronaves que irão entrar em serviço pela primeira vez ou que tenham que realizar uma remodelação de vulto deverão ser adequadas em conformidade com as normas de acessibilidade da ABNT, com relação aos equipamentos de bordo que incluem assentos com braços móveis (removíveis ou escamoteáveis), cadeiras de rodas de bordo, lavatório, iluminação e sinalização acessível, para que possam ser homologadas.

Parágrafo único. Para as adequações de que trata o *caput* deverão, ainda, ser observados os seguintes parâmetros:

a) aeronaves com 30 (trinta) ou mais assentos deverão ter 10% de seus assentos com braços móveis;

b) aeronaves com 100 (cem) ou mais assentos deverão dispor, também, de cadeira de rodas de bordo.

Art. 37. As cadeiras de rodas, após passarem pela inspeção especial de passageiro, nos pontos de controle de segurança dos aeroportos conforme previsto no Programa Nacional de Segurança da Aviação Civil – PNAVSEC serão transportadas gratuitamente no interior da cabine de passageiros, quando houver espaço disponível ou serão consideradas como bagagens prioritárias.

Art. 38. As demais ajudas técnicas utilizadas por pessoas portadoras de deficiência, tais como bengalas, muletas, andadores e outras, após passarem pela inspeção de passageiros, serão transportadas, obrigatoriamente, na cabine de passageiros.

§ 1º. As ajudas referidas no *caput* somente serão transportadas no compartimento de bagagem da aeronave quando suas dimensões ou as da aeronave, bem como os aspectos de segurança inviabilizarem seu transporte no interior da cabine de passageiros.

§ 2º. Na impossibilidade de realização do transporte das ajudas técnicas na cabine de passageiros, serão consideradas como bagagens prioritárias.

Art. 39. As administrações aeroportuárias, durante a inspeção de segurança das ajudas técnicas referidas no art. 38, disponibilizarão cadeiras de rodas ou cadeiras comuns para uso das pessoas portadores de necessidades especiais.

Art. 40. Passageiros que utilizam marca-passo ou implante coclear, não podem ser submetidos à inspeção por detector de metal seja em pórtico ou mediante utilização de bastões, devendo ser utilizado procedimento alternativo que não interfira com o funcionamento desses dispositivos médicos.

Parágrafo único. Compete à administração aeroportuária colocar avisos escritos alertando os passageiros sobre os procedimentos previstos no *caput*, em área antes dos detectores de metal.

Art. 41. Fica assegurado aos usuários de cadeira de rodas utilizarem suas próprias cadeiras para se locomoverem até a porta da aeronave, após passarem pela inspeção especial de passageiro, nos controles de segurança dos aeroportos, conforme estabelecido no Programa Nacional de Segurança da Aviação Civil – PNAVSEC.

Art. 42. A bagagem despachada por passageiros portadores de deficiência e por seu acompanhante deve ser marcada de forma a facilitar sua identificação na área de recolhimento de bagagem pelo pessoal da empresa aérea ou operador de aeronaves, pelo passageiro e pelo seu acompanhante na esteira de entrega de bagagem.

Art. 43. O cão-guia ou cão de acompanhamento de pessoa portadora de deficiência, atendidas as condições previstas na Lei nº 11.126/2005, no art. 6º, § 1º, VIII do Decreto nº 5.296/2004, e no Decreto nº 5.904/2006, será transportado gratuitamente, no chão da cabine da aeronave, em local adjacente a de seu dono e sob seu controle, na 1ª fileira, ou imediatamente atrás de uma divisória, desde que equipado com arreio, dispensado o uso de focinheira.

Art. 44. Para o transporte de cão-guia ou cão de acompanhamento de pessoa portadora de deficiência, em rota nacional, será obrigatória a apresentação de carteira de vacinação atualizada, com comprovação da vacina múltipla, anti-rábica e tratamento anti-helmítico expedido por médico veterinário devidamente credenciado.

Art. 45. Para o transporte de cão-guia ou cão de acompanhamento, em rota internacional, será obrigatória a apresentação do Certificado Zoossanitário Internacional expedido pelo Posto de Vigilância Agropecuária Internacional do Ministério da Agricultura, Pecuária e Abastecimento, de acordo com os requisitos exigidos pelo país de destino do animal.

Art. 46. O cão-guia ou cão de acompanhamento, em fase de treinamento, deverá ser admitido na cabine de passageiros, desde que conduzido por família hospedeira ou treinador especializado, ambos devidamente credenciados, atendidos os requisitos constantes no art. 45.

Art. 47. Caberá aos passageiros portadores de deficiência, a fim de resguardar-lhes o direito à autonomia e ao livre arbítrio, definir, junto à empresa aérea, se necessitam ou não de um acompanhante, observando o que consta no art. 10.

Art. 48. As empresas aéreas ou operadores de aeronaves só poderão exigir um acompanhante para o passageiro portador de deficiência, independentemente da manifestação de seu interesse, quando a critério da empresa aérea ou das operadoras de aeronaves, por razões técnicas e de segurança de voo, mediante justificativa expressa, por escrito, considere essencial a presença de um acompanhante.

§ 1º. Na hipótese da empresa aérea exigir a presença de um acompanhante para o passageiro portador de deficiência, deverá oferecer para o seu acompanhante, desconto de, no mínimo, 80% da tarifa cobrada do passageiro portador de deficiência.

§ 2º. O acompanhante deverá viajar na mesma classe e em assento adjacente ao da pessoa portadora de deficiência.

Art. 49. As empresas aéreas ou operadores de aeronaves não poderão limitar em suas aeronaves o número de passageiros portadores de deficiência que possam movimentar-se sem ajuda ou que estejam acompanhadas.

Parágrafo único. O disposto no *caput* não se aplica as situações que afetem a segurança de voo, ou o transporte de passageiros com deficiência motora, deficiência dependente e desacompanhados, ficando limitado a cinquenta por cento (50%) do número de tripulantes de cabine.

Art. 50. No caso de grupo, a empresa aérea ou operador de aeronaves deverá ser informado com antecedência mínima de setenta e duas horas (72 hs.) para que sejam adotadas as medidas necessárias para o atendimento e assistência de seus membros.

Capítulo V – Disposições Finais

Art. 51. As empresas aéreas ou operadores de aeronaves manterão registro dos atendimentos de transporte de passageiros que necessitam de assistência especial para acompanhamento e controle estatístico e dele darão ciência à Agência Nacional de Aviação Civil – ANAC, quando solicitadas.

Art. 52. As administrações aeroportuárias assegurarão que, desde a concepção até a implantação dos projetos arquitetônicos e urbanísticos, bem como as reformas das instalações aeroportuárias, serão atendidas as normas técnicas de acessibilidade da ABNT, do DOC 9184-AN/902 da OACI – Manual de Planificação de Aeroportos, Parte 1 e as regras contidas no Decreto nº 5.296/2004.

Art. 53. As instalações reservadas ou destinadas às pessoas que necessitam de assistência especial devem ser adequadamente sinalizadas, de acordo com a Lei nº 7.405, de 12 de novembro de 1985 e o DOC 9636 da OACI – Sinais Internacionais para Informações a Pessoas em Aeroportos e Terminais Marítimos.

ANEXO II
CLASSIFICAÇÃO E CODIFICAÇÃO DE PASSAGEIROS QUE NECESSITAM DE ASSISTÊNCIA ESPECIAL

MEDA – Caso médico. Poderá ser exigida autorização e/ou acompanhamento médico. Não é aplicável a passageiros que somente necessitem de assistência especial no aeroporto e durante as operações de embarque e desembarque. Aplica-se aos seguintes passageiros: acidentados, engessados, pessoas que necessitam de oxigênio durante o voo, recém-nascidos em incubadora, etc.

STCR – Passageiros transportados em maca.

WCHR – Cadeira de rodas – R para Rampa. O passageiro pode subir e descer escadas e caminhar de e para o seu assento, mas necessita de cadeira de rodas para se movimentar em distâncias maiores (através da rampa, da ponte de embarque, etc.).

WCHS – Cadeiras de rodas – S para degraus ("Steps"). O passageiro não pode subir ou descer escadas, mas pode caminhar de e para o seu assento, mas necessita de cadeira de rodas para se movimentar em distâncias maiores (através da rampa, ponte de embarque, etc.). Necessita de equipamento adequado para proceder ao embarque ou desembarque quando a aeronave estiver estacionada na rampa.

WCHC – Cadeira de rodas – C para assento de Cabine. O passageiro que não consegue locomover-se. Necessita de cadeira de rodas para se movimentar até a aeronave e, de e para seu assento, e de equipamento adequado para proceder ao embarque e desembarque quando a aeronave estiver estacionada na rampa.

MAAS – ("MEET and ASSIST") – Casos especiais – Passageiros que requerem atenção especial individual durante as operações de embarque e desembarque que normalmente não é dispensada a outros passageiros. São os seguintes: Senhoras grávidas, idosos, convalescentes, etc.

BLND – Passageiro com deficiência visual – Especificar se acompanhado de cão treinado para seu auxilio.

DEAF – Passageiro com deficiência auditiva – Especificar se acompanhado de cão treinado para seu auxilio.

INF – Criança de colo.

UMNR – Menores desacompanhados.

OXYG – Oxigênio para passageiros viajando, tanto sentado como em maca, que necessitam de oxigênio durante o voo.

WCBD – Cadeira de rodas movida à bateria seca.

WCBW – Cadeira de rodas movida à bateria molhada.

ANEXO III – SIGLAS E ABREVIATURAS

ABNT	Associação Brasileira de Normas Técnicas
ANAC	Agência Nacional de Aviação Civil
CORDE	Coordenadoria Nacional para Integração da Pessoa Portadora de Deficiência
CTA	Centro Técnico Aeroespacial
GER	Gerência Regional
IFI	Instituto de Fomento e Coordenação Industrial
INSPAC	Inspetor de Aviação Civil
NOAC	Norma Operacional de Aviação Civil
OACI	Organização de Aviação Civil Internacional
PFAC	Posto de Fiscalização de Aviação Civil
SAC	Seção de Aviação Civil
SEPC	Superintendência de Estudos, Pesquisas e Capacitação.
SIE	Superintendência de Infraestrutura Aeroportuária.

RESOLUÇÃO ANAC Nº 037, DE 7 DE AGOSTO DE 2008

Dispõe sobre a atualização dos limites de indenização de que trata o Título VIII do Código Brasileiro de Aeronáutica – CBAer.

A Diretoria da Agência Nacional de Aviação Civil – ANAC, no exercício das competências que lhe foram outorgadas pelo art. 8º, incisos X, XIII, XIV e XLIV, da Lei nº 11.182, de 27 de setembro de 2005,

Considerando os termos da Recomendação PR/SP nº 12/08, de 5 de março de 2008, no sentido da atualização dos limites das indenizações decorrentes da responsabilidade civil do explorador do transporte aéreo previstos no Código Brasileiro de Aeronáutica – CBAer;

Considerando que a atualização dos limites de indenização previstos no CBAer decorre da própria fixação de valores indexados à Obrigação do Tesouro Nacional – OTN, e ainda da expressão constante dos artigos que tratam da matéria, de que os valores de indenização deverão ser atualizados para a data do pagamento;

Considerando a competência desta Agência, prevista no art. 8º, inciso XLIV, da Lei nº 11.182, de 27 de setembro de 2005, para deliberar, na esfera administrativa, quanto à interpretação da legislação, sobre serviços aéreos e de infraestrutura aeronáutica e aeroportuária, inclusive casos omissos, quando não houver orientação normativa da Advocacia-Geral da União;

Considerando que o art. 281, no intuito de assegurar a máxima efetividade da garantia da responsabilidade, vincula os valores de contratação do seguro aos valores referentes aos eventos a serem segurados estabelecidos nos arts. 257, 260, 262, 269 e 277 do CBAer;

Considerando que, desde a extinção da OTN até a conversão da moeda para o Real – quando se deixou de explicitar um critério de atualização –, os valores das apólices de seguros foram atualizados por critérios regularmente definidos pelo Brasil Resseguros S.A. – IRB;

Considerando o último Comunicado DECAT-001/95, expedido pelo IRB em 23 de janeiro de 1995, dispondo sobre o quadro de responsabilidades e a tabela de prêmios atualizados, até 30 de novembro de 1994, para fins de contratação do seguro obrigatório de responsabilidade civil do explorador ou transportador aéreo; e

Considerando a decisão prolatada na Reunião de Diretoria de 5 de agosto de 2008,

Resolve

Art. 1º. Estabelecer, para efeitos de conversão dos limites de indenização fixados no Título VIII do Código Brasileiro de Aeronáutica – CBAer em valores expressos em moeda corrente, o valor unitário da OTN em R$ 11,70 (onze reais e setenta centavos), considerado na fixação do quadro de responsabilidades previsto no Comunicado DECAT-001/95, atualizado pela Tabela de Correção Monetária para Condenações em Geral – Item 2.1 do Capítulo IV do Manual de Orientação de Procedimentos para os Cálculos na Justiça Federal, aprovado pela Resolução nº 561, de 2 de julho de 2007, do Conselho da Justiça Federal –, que aplica o Índice Nacional de Preços ao Consumidor Amplo Especial – IPCA-E a partir de 01/2001.

Art. 2º. Adotar o Índice Nacional de Preços ao Consumidor Amplo – IPCA como critério de atualização monetária do valor unitário da OTN definido nesta Resolução.

Art. 3º. Determinar às empresas aéreas que, no prazo de até 180 (cento e oitenta) dias, procedam à adequação dos contratos de seguro de que trata o art. 281 do CBAer, aos termos da presente Resolução.

Parágrafo único. Aplica-se aos eventos ocorridos durante o prazo a que se refere o *caput* e que ensejem a responsabilização civil do explorador do transporte aéreo a atualização de que trata o art. 2º, independentemente da adequação dos contratos de seguro.

Art. 4º. Esta Resolução entra em vigor na data de sua publicação.

Solange Paiva Vieira – Diretora-Presidente

DOU de 8.8.2008

RESOLUÇÃO ANAC Nº 052, DE 4 DE SETEMBRO DE 2008

Aprova os procedimentos de identificação do passageiro, para o embarque nos aeroportos brasileiros.

A Diretoria da Agência Nacional de Aviação Civil – ANAC, no uso das competências que lhe foram outorgadas pelos arts. 8º, incisos IV, X, XXX e XLVI, e 11, inciso V, da Lei nº 11.182, de 27 de setembro de 2005, tendo em vista as Leis nºs 6.206, de 7 de maio de 1975, e 7.116, de 29 de agosto de 1983, os arts. 1º e 2º da Lei nº 7.565, de 19 de dezembro de 1986, e 4º, inciso IV, do Anexo I do Decreto nº 5.731, de 20 de março de 2006, os Decretos nº 5.978, de 4 de dezembro de 2006, e 65.144, de 12 de setembro de 1969, e as Normas e Recomendações constantes dos Anexos à Convenção sobre Aviação Civil Internacional, e considerando a deliberação da Reunião de Diretoria de 26 de agosto de 2008, Resolve:

Art. 1º. Estabelecer os procedimentos destinados à identificação de brasileiros e estrangeiros, bem como o tratamento especial a ser dispensado aos menores – crianças e adolescentes – e aos índios, por ocasião de seu embarque em voos domésticos e/ou internacionais, em aeroportos no território nacional.

Parágrafo único. Para os efeitos desta Resolução, considera-se:

I – criança: pessoa até doze anos de idade incompletos;

II – adolescente: pessoa entre doze anos e dezoito anos de idade incompletos;

III – índio: pessoa de origem pré-colombiana que se identifica e é identificada como pertencente a grupo étnico cujas características culturais o definem como uma coletividade distinta do conjunto da sociedade nacional, independentemente de idade.

Art. 2º. Ao proceder ao despacho de passageiro, incumbe à empresa aérea:

I – solicitar o respectivo documento de identificação, verificando a compatibilidade da fotografia nele constante com o portador;

II – registrar os correspondentes tipo, número e órgão expedidor; e

III – conciliar os dados de que trata o inciso II com os bilhetes de passagem e de bagagem.

§ 1º. No caso de despacho remoto de passageiro – aí compreendidas as modalidades de *check-in* não efetuadas diretamente no balcão de atendimento da empresa situado no aeroporto –, incumbe a essa última proceder à correspondente identificação previamente ao acesso do mesmo à sala de embarque.

§ 2º. Nas situações em que forem observados indícios da ocorrência de atos de interferência ilícita contra a aviação civil ou anormalidades facilitadoras desses atos, a ANAC, a seu critério, poderá determinar que a empresa aérea proceda à verificação da compatibilidade do cartão de embarque com a identificação do passageiro no momento de seu embarque na aeronave.

Art. 3º. Constituem documentos de identificação de passageiro de nacionalidade brasileira:

I – passaporte nacional;

II – carteira de identidade (RG) expedida pela Secretaria de Segurança Pública dos Estados ou Distrito Federal;

III – cartão de identidade expedido por ministério ou órgão subordinado à Presidência da República, incluindo o Ministério da Defesa e os Comandos da Aeronáutica, da Marinha e do Exército;

IV – cartão de identidade expedido pelos poderes judiciário e legislativo federais;

V – carteira nacional de habilitação (modelo com fotografia);

VI – carteira de trabalho;

VII – carteira de identidade emitida por conselho profissional ou federação nacional de categoria profissional, com fotografia;

VIII – certificado de habilitação técnica de piloto, comissário, mecânico de voo e despachante operacional de voo;

IX – outro documento de identificação com fotografia e fé pública em todo o território nacional.

§ 1º. Uma vez que assegurem a identificação do passageiro e em se tratando de viagem no território nacional, os documentos referidos no *caput* podem ser aceitos independentemente da respectiva validade ou de se tratarem de original ou cópia autenticada.

§ 2º. Nos casos de furto, roubo ou extravio do documento de identificação do passageiro e em se tratando de viagem no território nacional, poderá ser aceito o correspondente Boletim de Ocorrência – BO ou outro documento comprobatório expedido pelo órgão de segurança pública, desde que:

I – tenha sido o mesmo emitido há menos de quinze dias;

II – se trate da viagem de volta do passageiro à origem;

III – o passageiro preencha formulário específico na unidade da ANAC situada no aeroporto, na forma do Anexo I, com anuência do órgão de segurança pública do aeroporto; e

IV – o despacho do passageiro seja gerenciado e acompanhado por representante da empresa aérea, em coordenação com o posto de controle de acesso às salas de embarque.

§ 3º. Na ausência de unidade da ANAC e/ou de órgão de segurança pública no aeroporto, o passageiro deverá obter junto à empresa aérea o formulário referido no § 2º, inciso III, o qual deverá ser preenchido em coordenação e com a anuência do órgão de segurança pública da localidade.

§ 4º. No caso de viagem internacional:

I – o passageiro deve apresentar passaporte válido ou outro documento legal de viagem, resultado de acordo entre países, sob controle do Serviço de Imigração do Departamento de Polícia Federal – DPF;

II – o tratamento conferido aos casos de roubo, furto ou extravio do documento de identificação do passageiro segue os preceitos estabelecidos pelo Serviço de Imigração do DPF.

§ 5º. Em se tratando de criança ou adolescente:

I – no caso de viagem no território nacional, o documento de identificação a ser apresentado é a certidão de nascimento – original ou cópia autenticada – ou um dos documentos previstos no *caput*, observada a necessidade de igual apresentação do(s) documentos(s) exigidos(s) pelo Juizado da Infância e do Adolescente;

II – no caso de viagem internacional, o documento de identificação é o passaporte ou outro documento legal de viagem previsto pelo controle do Serviço de Imigração do DPF, observada a necessidade de igual apresentação do(s) documentos(s) exigidos(s) pelo Juizado da Infância e do Adolescente.

§ 6º. Em se tratando de índio:

I – no caso de viagem no território nacional, além daqueles previstos no *caput* e no § 5º, inciso I, conforme o caso, incluem-se entre os possíveis documentos de identificação a autorização de viagem expedida pela Fundação Nacional do Índio – FUNAI e, ainda, outro documento que o identifique, de emissão do mesmo Órgão;

II – no caso de viagem internacional, o documento a ser apresentado é o passaporte, observada a necessidade da observância de outros procedimentos instituídos pela FUNAI e/ou pelo DPF.

Art. 4º. Constituem documentos de identificação de passageiros de outras nacionalidades, considerada a respectiva validade:

I – passaporte estrangeiro;

II – Registro Nacional de Estrangeiro – RNE ou Cédula de Identidade de Estrangeiro – CIE, observado o disposto no § 2º;

III – identidade diplomática ou consular;

IV – outro documento legal de viagem, resultado de acordo entre países, sob o controle do Serviço de Imigração do DPF.

§ 1º. No caso de viagem no território nacional, o protocolo de pedido de CIE expedido pelo DPF pode ser aceito em substituição ao documento original pelo período máximo de sessenta dias contados da data de sua expedição.

§ 2º. Ficam dispensados da substituição da CIE, nos termos da Lei nº 9.505, de 15 de outubro de 1997, os estrangeiros portadores de visto permanente que tenham participado de recadastramento anterior e que:

I – tenham completado sessenta anos de idade até a data do vencimento do documento; ou

II – sejam deficientes físicos.

§ 3º. No caso de viagem internacional, o passageiro referido neste artigo deve apresentar passaporte válido ou outro documento legal de viagem, resultado de acordo entre países, sob controle do Serviço de Imigração do DPF.

Art. 5º. A empresa aérea e/ou a agência de viagem devem dar conhecimento das exigências constantes nesta Resolução aos passageiros no ato da venda do bilhete aéreo.

Art. 6º. As Gerências Regionais de Aviação Civil – GER da ANAC, nas áreas das respectivas jurisdições, devem instruir e supervisionar as unidades da Agência situadas nos aeroportos, bem como coordenar as interações dessas com as empresas aéreas, as administrações aeroportuárias e os órgãos de segurança pública.

Art. 7º. Esta Resolução entra em vigor na data de sua publicação.

Art. 8º. Fica revogada a IAC 107-1002, de 5 de dezembro de 2002.

Solange Paiva Vieira – Diretora-Presidente

DOU de 5.9.2008

ANEXO I
TERMO DE RESPONSABILIDADE PARA IDENTIFICAÇÃO DE PASSAGEIRO

1. Eu abaixo assinado, para fins de embarque no voo nº (...), com destino à (...) na data de hoje, sem documento hábil de identidade, informo:

Ser filho de (...) e de (...);

Possuir de documento de identificação nº (...)Tipo (...); expedido pelo(a) (...);

Residir à (...); Cidade (...) Estado (...);

Fone (...); Cel (...);

2. Assumo inteira responsabilidade pelas informações aqui prestadas, respondendo perante à Justiça por qualquer incorreção introduzida nos dados acima.

_______________, ____ de _________________ de______.

_________________________ (Assinatura do passageiro)

_________________________ (Responsável pelo registro)

_________________________ (Autenticação do órgão de segurança pública)

NORMAS PARA O TRANSPORTE DE PRODUTOS CONTROLADOS EM AERONAVES CIVIS

IAC 1604 – 0498

Ministério da Aeronáutica
Departamento de Aviação Civil
Subdepartamento de Planejamento

Símbolo: IAC 1604 – 0498
Data Expedição: 7.4.1998
Data Efetivação: 16.4.1998
Categoria: NOSER
Distribuição: AR-C-D-ET-SA-X
Título: Transportes de Produtos Controlados em Aeronaves Civis

Anexos

01 – Portaria Ministerial nº 478, de 19 de setembro de 1994.
02 – Relação de Produtos Controlados.
03 – Reporte de Incidente com Produtos Perigosos/Controlados.

Introdução

I – A presente NOSER tem por finalidade estabelecer normas e condições para transporte de Produtos Controlados.

II – É expedida com fundamento no Decreto nº 55.649, de 28.1.1965 e no Artigo 165 do Regulamento para fiscalização de Produtos Controlados pelo Ministério do Exército, bem como a Portaria Ministerial nº 478, de 19.9.1994.

III – Esta NOSER é composta de 23 páginas e Anexos 01, 02 e 03 e substitui a IAC-1602, efetivada em julho de 1988, que fica sem efeito a partir da presente data.

Brig.-do-Ar – Venancio Grossi – Chefe do Subdepartamento de Planejamento
Ten.-Brig.-do-Ar – Masao Kawanami – Diretor Geral

DISPOSIÇÕES GERAIS

1 – O transporte de artigos controlados em aeronaves civis brasileiras ou estrangeiras que escalem em território brasileiro, bem como embalagem, identificação, carregamento e armazenamento desses artigos, ficam condicionados aos cuidados e restrições previstas no Regulamento para a fiscalização de produtos controlados pelo Ministério do Exército (R-105), aprovado pelo Decreto nº 55.649, de 28.1.1965.

2 – De acordo com o Decreto nº 55.649, de 28.1.1965, são considerados artigos controlados pelo Ministério do Exército: armas, munições, petrechos e artigos pirotécnicos, pólvoras, explosivos e seus elementos acessórios (espoletas, estopins, cordéis detonantes, etc.) e produtos químicos básicos e agressivos.

3 – Os artigos controlados não podem ser transportados em aeronaves civis como carga ou bagagem, sem o prévio conhecimento do transportador e sem a necessária documentação exigida para o transporte.

4 – Ficam excetuadas das restrições contidas no item "3": combustível e óleo lubrificante transportados em reservatórios próprios de aeronaves; equipamentos e materiais

necessários à segurança da aeronave; materiais transportados em "hoppers" ou em reservatórios especiais da aeronave, destinados à semeadura; fertilizantes ou compostos a serem lançados para o combate de pragas, em líquido ou em pó.

5 – Para o embarque de armas não enquadradas como de porte e respectivas munições como bagagem acompanhada de passageiros, todos produtos controlados, as Empresas de Transporte Aéreo Regular e Não Regular deverão observar o seguinte:

a) se o passageiro tem autorização do Serviço de Fiscalização de Produtos Controlados do Ministério do Exército, no caso de saída para o exterior;

b) só aceitar para o transporte como bagagem checada as armas de fogo que estiverem descarregadas e adequadamente embaladas para o transporte;

c) a munição permitida deverá estar seguramente embalada, tão somente para uso pessoal, e não deverá ser transportada em quantidade que exceda 5kg por passageiro;

d) toda munição deverá ser acomodada no compartimento de carga somente como bagagem checada. Esta munição deverá ser de baixo calibre, para pequenas armas e destinada a propósitos esportivos.

6 – As munições com cargas explosivas ou incendiárias são totalmente PROIBIDAS para o transporte aéreo.

7 – Rifle de esporte, espingarda e rifle de caça, pistola e revólver para esporte, assim como qualquer tipo de arma branca (faca, estilete, punhal, canivete, etc.) podem ser transportados com a bagagem do passageiro, devendo, num caso e outro, estar devidamente embalados.

8 – O passageiro que desejar transportar alguma das armas referidas no item "7" deverá ser informado sobre os regulamentos pertinentes ao transporte para o País de destino bem como para Países de trânsito.

Capítulo I – Do Procedimento para o Transporte Aéreo de Produtos Controlados

1 – Para o transporte, em aeronaves civis, de produtos controlados, o interessado deverá solicitar a necessária liberação do Serviço Regional de Aviação Civil – SERAC em cuja jurisdição estiver o aeroporto de embarque.

2 – Posteriormente, o interessado apresentará à Seção de Aviação Civil – SAC do aeroporto de embarque 03 (três) vias da Guia de Tráfego, destinadas ao Ministério da Aeronáutica.

3 – A liberação, pela SAC, de produtos controlados para embarque em aeronaves civis, tanto para pontos do território nacional como para o exterior, está sujeita a:

a) verificação de que o produto controlado não está entre os proibidos de ser transportados por via aérea, como tal relacionados nesta NOSER;

b) constatação do cumprimento das instruções sobre identificação, quantidade, acondicionamento e embalagem; e

c) apresentação das Guias de Tráfego com a devida aprovação do Ministério do Exército e do SERAC, quando se tratar de transporte entre pontos do território nacional.

4 – A SAC dará a seguinte destinação às vias da Guia de Tráfego: a primeira via será encaminhada ao SERAC; a segunda ficará no seu arquivo e a terceira acompanhará a carga a ser transportada.

5 – Antes de receber o produto controlado, o transportador deverá verificar com o expedidor se:

a) o produto não está entre os proibidos de serem transportados por via aérea, como tal relacionados pelo DAC;

b) os formulários específicos estão devidamente preenchidos; e

c) foram cumpridas as instruções sobre identificação, quantidade, acondicionamento e embalagem.

6 – No caso de Agente de Carga Aérea, este preencherá o conhecimento aéreo, que será conferido pelo transportador.

7 – Na hipótese do produto controlado ser expedido por Agente de Carga Aérea, este responderá pelo expedidor, podendo preencher o conhecimento aéreo, que será conferido pelo transportador.

8 – O transportador deverá possuir controle próprio para os produtos controlados expedidos, do qual constarão: o número do voo, data de saída, aeroporto de destino, identificação do produto, peso e quantidade de volumes.

9 – Define-se agente credenciado o agente expedidor de carga ou outra entidade que mantenha relações comerciais com uma empresa aérea e proporcione controles de segurança aceitos ou que sejam exigidos pela autoridade competente com relação à carga, ao *courier*, às encomendas expressas ou ao correio.

10 – Define-se controle de segurança os meios para evitar que sejam introduzidas armas, explosivos ou artigos que possam ser utilizados para cometer atos de interferência ilícita.

Capítulo II – Das Responsabilidades

1 – Transgressões às normas estabelecidas nesta NOSER serão consideradas atentatórias à segurança da aeronave e das pessoas nela embarcadas, ficando sujeito às penas previstas no Art. 261 do Código Penal, cujo o processo será iniciado pela Seção de Aviação Civil dos Aeroportos administrado pela Empresa Brasileira de Infraestrutura Aeroportuária – INFRAERO ou por qualquer cidadão que identifique o conflito.

2 – O proprietário ou o comandante da aeronave que transportar produtos controlados e artigos perigosos sem a documentação necessária ficará sujeito às penalidades previstas no CBA, podendo ter a aeronave interditada.

3 – O expedidor responde pela exatidão das indicações e declarações constantes do conhecimento aéreo e pelos danos que, em consequência de suas declarações irregulares, inexatas ou incompletas, vier a causar ao transportador ou a terceiros.

4 – A autorização para embarque não exime o transportador da co-responsabilidade de verificar se o produto controlado/perigoso pode ser transportado por via aérea; presume-se que, ao aceitar a carga, o transportador estará cumprindo fielmente estas instruções.

Capítulo III – Do Manuseio, Movimentação, Armazenagem e Entrega dos Produtos Controlados

1 – As pessoas jurídicas operadoras de armazém localizado no Terminal de Carga Aérea do aeroporto e as que executam exclusivamente serviço de movimentação e manuseio de cargas deverão baixar instruções quanto ao recebimento, manuseio, movimentação, armazenagem da entrega de artigos perigosos, tomando como referência as instruções contidas no Regulamento para a fiscalização de produtos controlados pelo Ministério do Exército (R-105), aprovado pelo Decreto nº 55.649, de 28.1.1965.

2 – Os armazéns deverão possuir áreas especiais para estocagem de produtos controlados, de modo a facilitar o isolamento da área e a fácil remoção dos produtos, bem como o livre acesso de viaturas do Serviço Contra-incêndio, em caso de sinistro.

3 – Os armazéns deverão possuir, em local visível, quadro demonstrativo das etiquetas de artigos perigosos nas áreas de recebimento e de liberação de cargas.

4 – Os armazéns deverão possuir, nas áreas para armazenagem de produtos perigosos/controlados, extintores adequados à neutralização de eventual foco de incêndio.

5 – Os operadores de armazéns deverão manter, em local de fácil acesso, caixa de primeiros socorros, uma fonte de água ou algum tipo de neutralizante para uma rápida descontaminação de pessoas, em caso de acidente ou incidentes com artigos perigosos.

6 – Os operadores de armazéns que forem depositários de mercadorias sob controle aduaneiro deverão observar para que nos setores de recebimento e liberação de cargas existam funcionários treinados em identificação de artigos perigosos e de produtos controlados, de modo a evitar acidente ou incidente com pessoas, em caso de abertura de volumes pelo órgão fiscalizador.

Capítulo IV – Da Segurança

1 – As pessoas jurídicas envolvidas, deverão reportar ao DAC discrepância encontrada em produtos controlados que não estejam de acordo com as normas estabelecidas por esta NOSER.

2 – A discrepância será registrada no Formulário de Ocorrência (Anexo 03), que será preenchido em 3 (três) vias, com o seguinte destino:

a) a primeira via será encaminhada à SAC do aeroporto, que a enviará, através do SERAC, à Divisão de Carga Aérea do DAC (PL-6), para as devidas providências;

b) a segunda via será encaminhada à pessoa jurídica que entregou o produto controlado;

c) a terceira via ficará em poder da pessoa jurídica que registrou a ocorrência.

3 – O Serviço Contra-incêndio do aeroporto deverá estar familiarizado com os diferentes tipos de produtos controlados/perigosos armazenados ou que são movimentados nos armazéns situados no TECA, para prevenção, detecção, controle e combate a sinistros.

4 – O transportador, após a decolagem da aeronave transportando produtos controlados/perigosos, notificará seus representantes nos aeroportos de trânsito e destino quanto a quantidade, tipo e localização dos produtos existentes a bordo.

5 – Na hipótese de acidentes com aeronave transportando produtos controlados e/ou artigos perigosos, o transportador notificará de imediato a administração do aeroporto de saída ou do aeroporto onde ocorreu o acidente, quanto à quantidade, tipo e localização dos produtos existentes a bordo, objetivando orientar e facilitar os trabalhos do Serviço Contra-incêndio do aeroporto.

6 – Caso o acidente ocorra fora do aeroporto, o transportador notificará o Serviço de Busca e Salvamento do aeroporto mais próximo, fornecendo as informações necessárias.

Capítulo VIII – Disposições Finais

Os casos omissos serão resolvidos pelo Diretor-Geral do Departamento de Aviação Civil.

- Ver relação dos produtos controlados pelo Ministério do Exército, referida no art. 165 do R-105, atualizada no endereço: *www.dfpc.eb.mil.br/institucional/legislacao/R105_anexos/anexo1.doc*

Guia do Usuário ANAC 2009

Informações ao Passageiro do Transporte Aéreo

• *Fonte: http://www.anac.gov.br/arquivos/pdf/guiaanac2009.pdf*

A Agência Nacional de Aviação Civil – ANAC oferece aos usuários do serviço de transporte aéreo o Guia ANAC 2009, que tem por objetivo informar seus direitos, obrigações e apresentar orientações básicas para evitar contratempos que prejudiquem as viagens, mais frequentes nesta época do ano.

Trata-se de edição embasada na regulamentação atualmente em vigor, sujeita, portanto, às alterações decorrentes da revisão do marco regulatório do setor.

O Guia ANAC 2009 apresenta, inicialmente, os diversos órgãos e agentes que compõem o Sistema de Aviação Civil Brasileiro, com as respectivas atribuições, em especial no que se refere às competências da ANAC.

Contempla, ainda, orientações gerais aos usuários sobre como proceder em situações de atraso e cancelamento de voo, *overbooking*, extravio ou avaria de bagagem, entre outras, bem como apresenta informações úteis ao regular transcurso da viagem, por exemplo, quanto aos documentos necessários ao embarque, ao tratamento conferido a passageiros portadores de necessidades especiais e ao transporte de crianças e adolescentes.

O Guia ANAC 2009 foi elaborado com base nas normas que regem a Aviação Civil Brasileira, em especial a Lei nº 7.565, de 19 de dezembro de 1986 – *dispõe sobre o Código Brasileiro de Aeronáutica – CBAer, a Portaria nº 676/GC–5*, de 13 de novembro de 2000 – *regula as Condições Gerais de Transporte para os voos domésticos*, e a Convenção de Montreal, cujo texto prevê as regras para os voos internacionais, sempre respeitadas as diretrizes do Código Civil e do Código de Defesa do Consumidor.

1. O SISTEMA DE AVIAÇÃO CIVIL BRASILEIRO

O Sistema de Aviação Civil Brasileiro foi instituído com a finalidade de organizar as atividades necessárias ao funcionamento e ao desenvolvimento da aviação civil, por meio de ações coordenadas de regulação, controle, fiscalização, orientação e incentivo implementadas pelos diversos órgãos da Administração Pública Direta e Indireta e Instituições Privadas que operam no Sistema.

Constitui finalidade principal do Sistema o estabelecimento de padrões de excelência na prestação de serviço de utilidade pública aos usuários da aviação civil, ou seja, a todos aqueles que se utilizam do Sistema de Aviação Civil, de forma direta ou indireta, na qualidade de prestador ou consumidor do serviço.

Dentre os diversos órgãos da Administração Pública direta e indireta, e instituições privadas que operam no Sistema de Aviação Civil Brasileiro, atuam especificamente na prestação de serviço de transporte aéreo de passageiros as seguintes entidades:

CONAC – assessora o Presidente da República na formulação da política nacional de aviação civil;

Ministério da Defesa – exerce a direção superior das Forças Armadas – Exército, Marinha e Aeronáutica – e estabelece as políticas ligadas à defesa e à segurança do País, à infraestrutura aeroespacial, aeronáutica e aeroportuária e à aviação civil;

Secretaria de Aviação Civil – elabora estudos, projeções e informações relativas aos assuntos de aviação civil, de infraestrutura aeroportuária e de navegação aérea, além de assessorar o ministro da Defesa na formulação de todas as diretrizes da política nacional de aviação civil. Compete ainda à SAC a função de Secretaria Executiva do CONAC;

ANAC – regula, fiscaliza, incentiva e desenvolve a aviação civil e a infraestrutura aeronáutica e aeroportuária do País. Compete ainda à Agência apurar omissões ou atrasos no repasse das informações afetas à prestação de serviços. A ANAC é uma autarquia especial, integrante da Administração Pública Federal Indireta, vinculada ao Ministério da Defesa;

INFRAERO – implanta, administra, opera e explora industrial e comercialmente a infraestrutura aeroportuária e de apoio à navegação aérea, além de primar pela manutenção da ordem e segurança dos aeroportos. É responsável ainda pela operação dos sistemas de informações aos usuários, disponíveis nos aeroportos;

Comando da Aeronáutica – controla e defende o espaço aéreo, competindo-lhe, ainda, investigar e prevenir acidentes aeronáuticos e desenvolver pesquisas aeronáuticas e aeroespaciais;

CENIPA – órgão do Comando da Aeronáutica responsável pela investigação e prevenção de acidentes aeronáuticos;

DECEA – órgão do Comando da Aeronáutica responsável pelo controle do espaço aéreo brasileiro, bem como pela operação, atualização, revitalização e manutenção da infraestrutura de meios necessários à comunicação e navegação, imprescindíveis à aviação nacional e internacional.

- Cabe às empresas aéreas cumprir a prestação dos serviços de transporte aéreo de passageiros pactuados por meio de contratos de transporte.

2. A ANAC

A ANAC, conforme destacado no capítulo anterior, tem por finalidade regular, fiscalizar, incentivar e desenvolver a aviação civil, a infraestrutura aeronáutica e aeroportuária do País.

Até 2005, nos termos do Código Brasileiro de Aeronáutica – CBAer, o planejamento, o gerenciamento e o controle das atividades relacionadas com a aviação civil eram exercidos pelo Departamento de Aviação Civil – DAC. Com o advento da Lei nº 11.182, de 27 de setembro de 2005 que cria a ANAC, e dá outras providências, tais atribuições foram transferidas para a ANAC, autarquia especial integrante da Administração Pública Federal Indireta, vinculada ao Ministério da Defesa.

Algumas autarquias em regime especial são denominadas "agências reguladoras" e são criadas com a finalidade de regular e/ou fiscalizar a atividade de determinado setor da economia de um país, no caso específico da ANAC, a aviação civil.

Assim, como agência reguladora independente, os atos da ANAC visam:

- a continuidade da prestação de um serviço público de âmbito nacional;
- a preservação do equilíbrio econômico-financeiro dos agentes públicos e privados responsáveis pelos diversos segmentos do sistema de aviação civil;
- a preservação dos interesses dos usuários;
- o cumprimento da legislação pertinente ao sistema por ela regulado, considerados, em especial, o CBAer, a Lei Geral das Agências Reguladoras e a Lei de criação da ANAC.

Em linhas gerais, compete à ANAC:

- outorgar e regular a prestação de serviços aéreos e de infraestrutura aeronáutica e aeroportuária;
- representar o Brasil em convenções, acordos, tratados e atos de transporte aéreo internacional com outros países ou organizações internacionais de aviação civil;
- aprovar o plano diretor dos aeroportos;
- compor, administrativamente, conflitos de interesse entre prestadores de serviços aéreos e de infraestrutura aeronáutica e aeroportuária;
- estabelecer o regime tarifário de exploração da infraestrutura aeroportuária;
- contribuir para a preservação do patrimônio histórico e da memória da aviação civil e da infraestrutura aeronáutica e aeroportuária;
- reprimir e sancionar infrações quanto ao direito dos usuários;
- ampliar suas atividades na atuação em defesa do consumidor;
- regular as atividades de administração e exploração de aeródromos exercida pela INFRAERO.

3. O PASSAGEIRO E A EMPRESA AÉREA – UMA RELAÇÃO DE CONSUMO

Conforme estabelece o Código de Defesa do Consumidor, Lei nº 8.078, de 11 de setembro de 1990, **consumidor** é toda pessoa física ou jurídica que adquire ou utiliza produto ou serviço como destinatário final.

Por sua vez, **fornecedor** é toda pessoa física ou jurídica, pública ou privada, nacional ou estrangeira, bem como os entes despersonalizados que desenvolvem atividades de produção, montagem, criação, construção, transformação, importação, exportação, distribuição ou comercialização de produtos ou prestação de serviços.[1]

Os consumidores são os destinatários finais de **produtos**, ou seja, qualquer bem, móvel ou imóvel, material ou imaterial, e **serviços**, qualquer atividade fornecida no mercado de consumo, mediante remuneração.

Assim, o **contrato de transporte aéreo** de passageiro, no qual uma pessoa, desejando ir de um lugar a outro, contrata com outra pessoa para que a conduza ao ponto desejado, mediante certo preço e condições previamente ajustadas, é um contrato de consumo no qual o passageiro é considerado o consumidor e a empresa aérea a fornecedora do serviço.

---

1. Conforme "Orientações sobre o transporte aéreo de passageiros" da OAB/SP – Acesso em 4 de dezembro de 2007, às 15h00 http://www2.oabsp.org.br/asp/comissoes/consumidor/transporte_aereo.pdf

Portanto, o consumidor-passageiro, denominado ao longo do texto simplesmente passageiro, tem diretos resguardados pelo Código de Defesa do Consumidor CDC, que determina, entre outras questões, que as condições do contrato consideradas abusivas ou desproporcionais não vinculam o consumidor.[2]

4. OS DIREITOS E DEVERES DO PASSAGEIRO

No intuito de orientar os usuários do serviço de transporte aéreo, destacam-se a seguir os principais direitos e deveres que devem nortear a relação entre passageiro e empresa aérea. Considerando que em uma relação contratual, de modo geral, o direito conferido a uma parte constitui dever da outra, ao serem apresentados os direitos e deveres do usuário, destacam-se também os direitos e deveres das empresas aéreas.

4.1. Os Direitos

4.1.1. O Direito ao Serviço Adequado

Serviço adequado é aquele que satisfaz as condições de regularidade, continuidade, eficiência, segurança, atualidade, generalidade, cortesia na sua prestação e razoabilidade das tarifas.

Assim, destacam-se a seguir os direitos decorrentes das principais condições caracterizadoras da prestação adequada do serviço de transporte aéreo.

4.1.1.1. A Regularidade, Continuidade e Eficiência

O cumprimento efetivo e pontual do contrato de serviço de transporte aéreo decorre dos conceitos de regularidade, continuidade e eficiência.

Desse modo, atraso e o cancelamento de voos, quando decorrentes de condições operacionais da empresa ou de problemas de controle do tráfego aéreo, e *overbooking*,[3] além de ensejarem reparações por eventuais danos e prejuízos causados, geram para o passageiro, conforme o caso, o direito à reacomodação, ao re-embolso e à assistência material.

Reacomodação

Nos casos de atraso de voos:

De acordo com o CBAer, o atraso de voo por período superior a 4 (quatro) horas, contado do horário estabelecido no bilhete de passagem aérea, confere ao passageiro o direito de reacomodação em outro voo da mesma empresa aérea ou de empresa congênere,[4] mediante endosso do bilhete.

Importante:

- O prazo de 4 (quatro) horas constitui período limite admitido pelo atual marco regulatório para que a empresa aérea dê início ao procedimento de reacomodação do passageiro cujo voo esteja atrasado, não afastando, entretanto, a possibilidade de se

---

2. Art. 6º São direitos básicos do consumidor: (...)
3. Ato pelo qual as companhias aéreas reservam mais assentos do que a capacidade da aeronave.
4. Congênere: do mesmo gênero; que tem caracteres idênticos, que é semelhante.

reivindicar, perante o Poder Judiciário e os órgãos de proteção e defesa do consumidor, a adoção dessa medida em prazo inferior e/ou a reparação por eventuais danos morais e materiais, nos termos da legislação consumerista.[5]

Nos casos de cancelamento de voos e *overbooking*:

Para os casos de cancelamento de voo e de *overbooking*, as normas reguladoras do CBAer, em especial a Portaria nº 676/GC5, asseguram ao passageiro o direito de reacomodação em outro voo da mesma empresa aérea ou de empresa congênere, mediante endosso do bilhete, no prazo máximo de 4 (quatro) horas do horário estabelecido no bilhete de passagem aérea.

Importante:

- O prazo de 4 (quatro) horas constitui período máximo admitido pela Portaria nº 676/GC5 para que a empresa aérea reacomode o passageiro que tenha sido preterido ou cujo voo tenha sido cancelado, não se afastando, contudo, a possibilidade de se reivindicar, perante o Poder Judiciário e os órgãos de proteção e defesa do consumidor, a adoção dessa medida em prazo inferior e/ou a reparação por eventuais danos morais e materiais, nos termos da legislação consumerista vigente.
- A reclamação em caso de *overbooking* só será válida caso tenha havido a confirmação da reserva, mediante o comparecimento ao *check-in* no horário estabelecido pela empresa aérea ou, no mínimo, com 30 (trinta) minutos de antecedência do voo marcado, para voos nacionais, e com 1 (uma) hora, para voos internacionais.

Atenção: Em qualquer dos casos (atraso, cancelamento ou *overbooking*), na hipótese de comprovada urgência do embarque, é assegurado ao passageiro o imediato endosso do bilhete aéreo para o primeiro voo disponível em qualquer empresa aérea.[6]

Re-embolso

O re-embolso é o ato de restituição, ao passageiro, da quantia paga pela passagem aérea quando da não-prestação do serviço contratado, seja em razão de rescisão contratual solicitada pelo passageiro ou pela ocorrência de atraso, cancelamento de voo ou *overbooking*.

Segundo a legislação específica, Portaria nº 676/GC5 e IAC 22030399, o re-embolso pode ser requerido nos casos de atraso, cancelamento de voo e *overbooking* em que o passageiro não tenha sido reacomodado em outro voo da mesma empresa aérea ou congênere, no prazo máximo de 4 (quatro) horas contado do horário estabelecido no bilhete de passagem aérea.

Os procedimentos de re-embolso variam de acordo com as formas de pagamento adotadas pelo passageiro e pelo tipo de serviço contratado.

Assim, a forma do re-embolso pode variar:

De acordo com o meio utilizado para pagamento:

- se à vista – restituição integral e imediata, seja em dinheiro ou por transação bancária, da quantia paga à empresa aérea;

---

5. Impende informar que as disposições do marco regulatório em vigor, relativas ao direito à informação e à assistência material, entre outros aspectos, são objetos da Ação Civil Pública nº 2006.61.00.0282240, em trâmite na 6ª Vara Federal de São Paulo, e do Agravo de Instrumento nº 2007.03.00.0854182, interposto perante o Tribunal Regional Federal da 3ª Região, pela Fundação de Proteção e Defesa do Consumidor – PROCON/SP e pelo Instituto de Brasileiro de Defesa do Consumidor IDEC.
6. Conforme determinação extraída da decisão proferida no Agravo de Instrumento nº 2007.03.00.0854182 interposto perante o Tribunal Regional Federal da 3ª Região (Ação Civil Pública nº 2006.61.00.0282240 – 6ª Vara Federal de São Paulo).

- se por cartão de crédito em pagamento efetuado em parcela única – re-embolso efetuado por meio de crédito único realizado na fatura do titular do cartão;
- se por cartão de crédito, em pagamento parcelado – re-embolso efetuado por meio de crédito único realizado na fatura do titular do cartão das parcelas já faturadas e pagas, e cancelamento das parcelas a vencer;
- se por sistema de crediário administrado pela própria empresa aérea – restituição integral e imediata, em dinheiro ou por transação bancária, das parcelas pagas e cancelamento das parcelas a vencer;
- se por sistema de crediário administrado por terceiros – restituição integral e imediata, em dinheiro ou por transação bancária, pela empresa de crédito, das parcelas pagas e cancelamento das parcelas a vencer.

De acordo com o tipo de serviço contratado:

Para voos regulares:

- bilhete doméstico – o saldo a ser re-embolsado deve ser o equivalente ao valor residual do percurso não utilizado, calculado com base na tarifa praticada pela empresa aérea, expressa em moeda corrente nacional, conforme valor vigente na data do pedido de re-embolso;
- bilhete internacional – o saldo a ser re-embolsado deve ser o equivalente ao valor do percurso não utilizado, calculado com base na tarifa efetivamente paga pelo passageiro, expresso em moeda estrangeira e convertido em moeda corrente nacional à taxa de câmbio vigente na data do pedido de re-embolso.

Para voos Charters ou fretados: nos serviços charters dos tipos NIT (No Inclusive Tour)[7] os critérios para o re-embolso devem constar claramente no contrato de transporte entregue pela companhia aérea ao passageiro.

Nos serviços charters do tipo IT (Inclusive Tour), as condições de re-embolso serão estabelecidas no contrato de prestação de serviços firmado com o passageiro.

Além dos casos de atraso, cancelamento de voo e *overbooking*, o re-embolso é devido também ao passageiro que desiste voluntariamente de realizar a viagem nos termos contratados.

Nessa circunstância, se não tiver havido qualquer modificação nas condições inicialmente contratadas, a empresa aérea poderá cobrar uma taxa de 10% do saldo re-embolsável, ou o equivalente a 25 dólares, em moeda nacional, convertidos à taxa vigente na data do re-embolso (o que for menor), apurado no momento da solicitação de re-embolso.[8]

Caso não queira solicitar o re-embolso, o passageiro poderá ainda utilizar o bilhete de passagem aérea, no prazo máximo de 1 (um) ano contado da data de emissão do bilhete, obedecidas as condições do contrato e da legislação aplicável à matéria.

Atenção:

Em quaisquer das circunstâncias expostas, o prazo máximo para re-embolso é de 30 (trinta) dias. Apenas quando a forma de pagamento for por meio de cartão de crédito, o prazo poderá ser maior, em razão dos procedimentos internos das administradoras de cartões, haja vista o lançamento do valor na fatura do cliente.

---

7. Serviços Charters do tipo NIT (Non Inclusive Tour) envolvem apenas o transporte aéreo, sem qualquer vinculação com pacotes terrestres.
8. § 1º do art. 7º da Portaria nº 676/GC5.

Importante:

- Antes de fazer a reserva, o passageiro deve ler com atenção o contrato de transporte. É necessário observar as diferenças existentes entre os diversos tipos de tarifa, pois as condições para o re-embolso podem variar, especialmente em caso de tarifas promocionais que, em geral, sofrem maiores restrições. Independente do tipo de tarifa, suas condições devem sempre estar de acordo com a legislação em vigor;
- Em caso de voo com escala,[9] nenhum re-embolso será devido pelo transportador se, por iniciativa do passageiro, a viagem for interrompida em aeroporto intermediário;
- As normas ora especificadas constituem condições mínimas asseguradas pelo atual marco regulatório, não estando afastada a possibilidade de se reivindicar outros direitos eventualmente resguardados pela legislação de proteção e defesa do consumidor perante os órgãos competentes.

Assistência

No que se refere à assistência, o CBAer assegura que todas as despesas decorrentes da interrupção ou atraso da viagem, por período superior a 4 (quatro) horas, correrão por conta da empresa aérea, sem prejuízo da reparação de eventuais danos morais e materiais sofridos pelo passageiros.

Assim, a não reacomodação dos passageiros vítimas de atraso, cancelamento de voos e *overbooking* ou o não re-embolso do bilhete aéreo no prazo de até 4 (quatro) horas obriga a empresa aérea a proporcionar-lhes, gratuitamente e sem prejuízo de responsabilidade civil, a assistência prevista na legislação em vigor, que inclui:

- refeição;
- comunicação (telefone, email);
- hospedagem, e
- transporte de ida e volta para o aeroporto, se for o caso.

Importante:

- O prazo de 4 (quatro) horas constitui o período limite admitido pelo atual marco regulatório para que as empresas aéreas iniciem a prestação da assistência, não estando afastada a possibilidade de se reivindicar, perante o Poder Judiciário e os órgãos de proteção e defesa do consumidor, a adoção dessa medida em prazo inferior e/ou a reparação por eventuais danos morais e materiais, conforme faculta a legislação consumerista.
- Caso a companhia aérea não ofereça a assistência devida ou o passageiro resolva não aceitá-la, por julgar inadequada, ele poderá registrar reclamação nos Postos de Serviço da ANAC, disponíveis nos principais aeroportos do País, onde será aberto procedimento administrativo para apurar eventuais infrações cometidas pelas empresas aéreas. Tal procedimento, no entanto, tem caráter eminentemente administrativo, visando à fiscalização da prestação do serviço aéreo concedido pelo Estado, e não se presta a sanar eventuais danos materiais ou morais ao direito do usuário, situação que deve ser discutida no âmbito do Poder Judiciário.

4.1.1.2. O Direito à Cortesia na Prestação do Serviço

Urbanidade, bom relacionamento e comunicação eficiente definem a cordialidade, a habilidade e a presteza do servidor público e/ou funcionário de empresa aérea no atendimento às pessoas que demandam seus serviços.

---

9. Considera-se voo com escala aquele que não é direto, mas que os passageiros não desembarcam da aeronave durante os pousos intermediários.

Aquele que presta um serviço, principalmente se de natureza essencialmente pública, deve fazê-lo com solicitude, cortesia, tolerância, atenção e disponibilidade, respeitando a capacidade e limitações individuais dos usuários, sem qualquer espécie de distinção.

Desse modo, é direito do usuário do serviço de transporte aéreo ser atendido com dignidade e respeito pelas empresas aéreas e pelos agentes de fiscalização das instituições públicas.

Todavia, caso o passageiro seja tratado de modo inadequado por funcionário de empresa aérea, empregado da INFRAERO ou servidor da ANAC poderá comunicar o fato, respectivamente, ao gerente da empresa no aeroporto, sem prejuízo de reclamação formal junto aos Postos de Serviço da ANAC e às Ouvidorias da INFRAERO e da ANAC.

Importante:

- A formulação de reclamação junto aos Postos de Serviço e às Ouvidorias da INFRAERO e da ANAC não impede a reivindicação de outros direitos, eventualmente resguardados pela legislação consumerista, perante os órgãos que atuam na proteção e defesa do consumidor.

4.1.2. O Direito à Informação[10]

O direito à informação constitui direito à prestação positiva, oponível a todo aquele que fornece produtos e serviços no mercado de consumo.

Em contrapartida ao direito à informação, existe o dever de informar por parte das empresas de transporte aéreo, sobre todos os dados essenciais do serviço contratado, de forma correta, clara, precisa, ostensiva e em língua portuguesa. Esse dever de prestar informação compreende todas as fases contratuais, isto é, a formação e a execução do contrato, bem como a fase pós-contratual.

O direito fundamental à informação estará assegurado ao consumidor se o correspondente dever de informar do fornecedor for cumprido. No caso do serviço de transporte aéreo de passageiros, trata-se de ônus imposto principalmente à empresa aérea.[11]

O dever de informação se impõe, primordialmente, em dois momentos: no ato de celebração do contrato e no ato de realização do *check-in*.

4.1.2.1. A Informação no Ato de Celebração do Contrato de Transporte

No momento de adquirir a passagem aérea, o passageiro deve receber o documento formal do contrato de transporte aéreo, ou seja, o bilhete de passagem no qual devem estar especificados os seguintes dados:

- nome do passageiro;
- nome e domicílio do transportador;

---

10. Conforme determinação extraída da decisão proferida no Agravo de Instrumento nº 2007.03.00.0854182 interposto perante o Tribunal Regional Federal da 3ª Região (Ação Civil Pública nº 2006.61.00.0282240 – 6ª Vara Federal de São Paulo).
11. Conforme dispõe a IAC 2203, a responsabilidade em proporcionar essas informações é dividida entre os diversos elos do Sistema de Aviação Civil, sendo que a empresa aérea, por ter o contato direto com o usuário, é o elo que possui maior responsabilidade na prestação dessas informações.

- lugar e data da emissão;
- origem e destino da viagem;
- classe de serviço, base tarifária ou outro dado que identifique o tipo de transporte;
- valor da tarifa de passagem, da taxa de câmbio, quando aplicável, da tarifa de embarque, quando for o caso, e o valor total cobrado do usuário;
- restrições quanto à utilização do bilhete, quando for o caso;
- franquia de bagagem;
- a sigla e o nome do transportador que efetivamente realizará o voo, nos casos de voo compartilhado (*code sharing*);
- nome e sigla do transportador sucessivo, quando for o caso;
- os direitos dos passageiros e os limites de reparação de danos em casos de acidentes;
- a forma de pagamento, e
- o prazo de validade da tarifa.

Atenção:

Apenas em casos especiais e mediante a aprovação da ANAC poderá ser adotado o bilhete simplificado, contendo menos informações que as especificadas.

4.1.2.2. A Informação no Ato de Realização do *check-in*

Além das informações disponibilizadas no instrumento contratual (passagem aérea), emitido no ato da compra do bilhete, o usuário do serviço de transporte aéreo também deverá ser informado pela empresa aérea sobre eventual modificação nas condições originalmente contratadas no ato de realização do *check-in* ou, se possível, com antecedência, para se evitar o deslocamento desnecessário do passageiro até o aeroporto.

Assim, no balcão de atendimento, antes da efetiva realização do *check-in*, a empresa aérea deve informar ao passageiro:

- a previsão de atraso, qualquer que seja a estimativa de tempo;
- a hora provável do embarque e respectivo portão, e
- o motivo dos eventuais atrasos (problemas operacionais, condições meteorológicas ou tráfego aéreo, por exemplo).

A partir das informações anteriores, o passageiro poderá avaliar a conveniência da realização do seu *check-in* quando constatar mudanças substanciais das condições originalmente contratadas.

Além desse dever de informação que cabe à empresa aérea, compete ainda à INFRAERO disponibilizar, por meio dos sistemas de som e imagem dos aeroportos, informações atualizadas sobre a situação dos voos, com a previsão do tempo de atraso.

4.1.3. O Direito ao Transporte de Bagagem

4.1.3.1. As Bagagens

No transporte de bagagem, a empresa aérea é obrigada a entregar ao passageiro o comprovante do despacho com:

- a indicação do lugar e a data de emissão;
- os pontos de partida e destino;
- o número do bilhete de passagem;
- a quantidade, o peso e o valor declarado dos volumes, se houver.

4.1.3.2. A Franquia de Bagagens Despachadas

A franquia de bagagem, ou seja, o peso máximo em quilos permitido para bagagem de cada passageiro, sem ônus adicional, despachada em serviços domésticos, pode variar de acordo com a capacidade da aeronave. Assim:

- nas aeronaves acima de 31 assentos: o passageiro que viajar na primeira classe poderá levar até 23 kg;
- nas aeronaves com 21 a 30 assentos: o passageiro poderá levar até 18 kg;
- nas aeronaves com até 20 assentos: o passageiro poderá levar até 10 kg.

Nos voos internacionais aplicam-se dois sistemas de franquia de bagagem: Peça[12] e Peso. Nos destinos onde é aplicável o sistema de bagagem por Peça, o passageiro tem direito a transportar duas peças, desde que a soma total de suas dimensões (altura, largura e comprimento) não ultrapasse 158 cm e o peso de cada uma não exceda 32 kg.

O sistema de Peça é garantido aos passageiros, independentemente da classe paga no bilhete, e é aplicado igualmente para adultos e crianças.

O sistema de Bagagem por Peça é aplicável nos serviços originados no Brasil com destino para:

- Canadá/EUA e seus territórios;
- pontos no Pacífico Sul;
- pontos na Ásia, via Oceano Pacífico;
- África do Sul;
- Hong Kong ou Bangkok via África do Sul, ou em serviços diretos;
- o primeiro ponto de parada na Europa ou Oriente Médio e volta ao primeiro ponto de parada no Brasil.

Já no sistema de Peso, a quantidade de bagagem varia de acordo com a classe. O sistema de Peso é aplicável nos serviços internacionais originados no Brasil para todos os demais destinos no exterior. Nas viagens internacionais para os destinos em que o sistema é aplicado, o passageiro da classe econômica tem direito a transportar até 20 kg.

Importante:

- A regulamentação brasileira aplica-se, exclusivamente, aos serviços originados no Brasil. Para os serviços originados no exterior, aplicam-se as normas do local de origem da viagem, que podem apresentar diferenças em relação à legislação brasileira. Desse modo, convém verificar junto à empresa aérea, no momento da compra do bilhete de passagem, as restrições relativas à quantidade e ao volume de bagagem, desde a origem até o destino final, incluindo conexões.

---

12. Unidade a ser despachada. Exemplo: mala, caixa, etc.

4.1.3.3. A Indenização por Extravio ou Dano de Bagagens

O transportador aéreo responde pelo extravio ou dano da bagagem transportada no bagageiro. A reparação dos danos no transporte doméstico obedece aos limites estipulados no CBAer e, nos voos internacionais, às disposições da Convenção de Varsóvia, que restringe a responsabilidade da empresa aérea em US$ 20 (vinte dólares norteamericanos) por quilo de bagagem extraviada.

Ressalte-se que o passageiro pode optar por efetuar o despacho de seus pertences resguardando-se por uma Declaração Especial de Interesse, realizada no momento da entrega de sua bagagem ao funcionário da empresa aérea, no qual deve especificar minuciosamente o conteúdo da mala. Essa declaração está sujeita a cobrança de taxa.

Importante:

- Cumpre informar que os procedimentos aqui especificados não afastam a possibilidade de se reivindicar outros direitos eventualmente resguardados pela legislação de proteção e defesa do consumidor, perante os órgãos competentes. A propósito, cumpre registrar a existência de jurisprudência firme no Superior Tribunal de Justiça, no sentido de que o transportador aéreo, seja em viagem nacional ou internacional, responde integralmente pelo extravio de bagagens e de cargas, mediante a aplicação do Código de Defesa do Consumidor, afastando-se a incidência da Convenção de Varsóvia e, por via de consequência, os limites à indenização tarifária.[13]

4.2. Os Deveres

Constituem deveres dos passageiros de transporte aéreo:

- ler com atenção os termos estabelecidos no contrato de transporte, expressos no bilhete de passagem;
- comparecer ao embarque no horário estabelecido pela empresa aérea ou, até 30 minutos antes da hora estabelecida no bilhete de passagem, para voos domésticos, e 60 minutos, para voos internacionais. É preciso lembrar que após o limite estabelecido para a realização do *check-in*, o passageiro poderá ser impedido de realizá-lo, caso sua reserva tenha sido repassada a outro passageiro cujo nome conste da lista de espera;
- atentar para o fuso horário do destino, bem como para os horários atípicos, como por exemplo, o horário de verão vigente em alguns estados brasileiros;
- apresentar, no balcão de *check-in* e na entrada da sala de embarque, um documento legal de identidade, original e dentro do prazo de validade, ou outro documento juridicamente equivalente;
- observar os limites da franquia de peso e dimensões da bagagem para voos domésticos e internacionais, pagando pelo excesso permitido, se for o caso;
- não acondicionar, na bagagem despachada, objetos de valor sem prévia comunicação à empresa aérea. Se de seu interesse, o passageiro deve fazer a declaração de valor dos objetos transportados, no momento do despacho, por meio da Declaração Especial de Interesse. Conforme dispõe o art. 34 da Portaria nº 676/GC5, quando houver valor declarado pelo passageiro, a transportadora po-

---

13. STJ-Resp 552553/RJ, Quarta Turma, Rel. MIN. Fernando Gonçalves. DJ de 1º.2.2006, p. 561.

derá verificar o conteúdo dos volumes e cobrar do passageiro um adicional sobre aquele valor;

- observar as normas de segurança informadas pela empresa aérea;
- verificar as condições de sua bagagem no ato do recebimento, no desembarque, conferindo o nome e o número registrados na etiqueta.

Em caso de extravio ou avaria da bagagem, o passageiro deve seguir as orientações elencadas no item 5.4.3, desta cartilha;

- zelar pela conservação dos bens e equipamentos por meio dos quais lhes são prestados os serviços;
- levar ao conhecimento dos órgãos de fiscalização as irregularidades de que tenha conhecimento.

5. AS ORIENTAÇÕES AOS PASSAGEIROS

5.1. Os Documentos Necessários para o Embarque

5.1.1. As Viagens Nacionais

No momento do *check-in* e do embarque, o passageiro deverá apresentar um dos seguintes documentos:

Passageiros de Nacionalidade Brasileira

I – passaporte nacional;

II – carteira de identidade (RG) expedida pela Secretaria de Segurança Pública dos Estados ou Distrito Federal;

III – cartão de identidade expedido por ministério ou órgão subordinado à Presidência da República, incluindo o Ministério da Defesa e os Comandos da Aeronáutica, da Marinha e do Exército;

IV – cartão de identidade expedido pelos poderes judiciário e legislativo federais;

V – Carteira Nacional de Habilitação (modelo com fotografia);

VI – Carteira de Trabalho;

VII – carteira de identidade emitida por conselho profissional ou federação nacional de categoria profissional, com fotografia;

VIII – certificado de habilitação técnica de piloto, comissário, mecânico de voo e despachante operacional de voo;

IX – outro documento de identificação com fotografia e fé pública em todo o território nacional.

Passageiros de outras nacionalidades

I – passaporte estrangeiro;

II – Registro Nacional de Estrangeiro – RNE ou Cédula de Identidade de Estrangeiro – CIE, observado o disposto no § 2º;

III – identidade diplomática ou consular;

IV – outro documento legal de viagem, resultado de acordo entre países, sob o controle do Serviço de Imigração do DPF.

Crianças com até 12 anos incompletos

A viagem com crianças obedece algumas formalidades.

Crianças viajando acompanhadas de:

- pessoa com a qual mantenham algum vínculo de parentesco tais como, pai, mãe, irmãos maiores de 18 anos, tios ou avós, devem portar, além de documento pessoal de identificação, documento formal que comprove essa vinculação; e
- pessoa com a qual não mantenham vínculo de parentesco, além de documento pessoal de identificação, devem portar documento firmado em cartório pelo pai, mãe ou responsável legal, que confira autorização para viajar com a criança.

Admite-se ainda o transporte de criança desacompanhada, em condições acordadas com a empresa aérea, desde que devidamente autorizada pelo Juízo da Vara da Infância e da Juventude.

Cópias dos documentos somente serão aceitas autenticadas e em bom estado de conservação. É importante lembrar que os documentos de identificação devem ter fotografia.

5.1.2. As Viagens Internacionais – Passageiros Brasileiros

Viagens para a Argentina, Chile, Paraguai e Uruguai

Por ocasião do *check-in* e do embarque, o passageiro deve apresentar passaporte válido ou registro de identidade original emitido por órgão oficial de um dos entes estatais (União, Estado, Distrito Federal e Municípios).

É importante destacar que o registro de identidade deve estar em bom estado de conservação e com foto que identifique, com clareza, o portador.

Atenção:

As carteiras funcionais (OAB, CREA, CRM, militares, de motorista, dentre outras) não são válidas para viagens ao exterior e travessia de fronteiras.

Viagens para os demais países

É necessário o passaporte válido e eventual visto consular, de acordo com o país visitado. Também é indispensável contatar o consulado do país a ser visitado para saber se é exigido visto de entrada para brasileiros. Como exemplos de países que exigem visto consular de brasileiros, citam-se os Estados Unidos, México, Canadá, Cuba e Rússia.

Os países da União Européia (França, Grã Bretanha, Itália, Portugal, Espanha, Alemanha, Holanda, Bélgica entre outros) não exigem visto.

Crianças e Adolescentes

Crianças e adolescentes em viagem para a Argentina, Chile, Paraguai e Uruguai devem portar passaporte válido ou registro de identidade original. Mesmo crianças de colo devem portar registro de identidade original ou passaporte válido. No caso de viagens para os demais países, crianças e adolescentes devem portar passaporte válido.

Crianças e adolescentes devem viajar acompanhados do pai e da mãe, cujos nomes devem constar no registro de identidade do menor. Na hipótese de viajarem sem a companhia de um dos pais, é necessária a autorização do pai ou da mãe ausente, com firma reconhecida em cartório.

Crianças e adolescentes, em viagem sem os pais, necessitam de autorização judicial, fornecida pelo Juizado da Vara da Infância e da Juventude. Nos aeroportos de Guarulhos (São Paulo – SP), Viracopos (Campinas – SP) e Brasília são aceitas autorizações com firma reconhecida dos pais para embarque de menores desacompanhados.

Importante:

Crianças e adolescentes viajando com o novo passaporte (modelo azul), acompanhados ou não dos pais, também devem apresentar no *check-in* o registro de identidade ou certidão de nascimento. Isso é necessário para comprovar a paternidade, pois o novo passaporte azul não registra a filiação do viajante.

5.1.3. As Viagens Internacionais – Passageiros Estrangeiros

É necessária a apresentação de passaporte válido ou o Registro Nacional de Estrangeiros (RNE), para estrangeiros residentes no Brasil, e eventuais vistos consulares, de acordo com a nacionalidade.

Nestes casos, é indispensável que o passageiro faça contato com o consulado do país a ser visitado, para saber se é necessário visto consular.

5.2. Os Passageiros com Necessidades Especiais

Nos termos da Resolução ANAC nº 009, de 5 de junho de 2007, é assegurada aos passageiros portadores de deficiência ou com mobilidade reduzida a assistência especial necessária durante todo o trajeto da viagem, independentemente do tipo de deficiência ou do motivo da redução de sua mobilidade.

Conforme a referida Resolução, são passageiros com necessidade de assistência especial: as pessoas portadoras de deficiência, idosos com idade igual ou superior a 60 anos, gestantes, lactantes e pessoas acompanhadas por crianças de colo, crianças desacompanhadas e pessoas com mobilidade reduzida.

As pessoas que necessitam de assistência especial devem informar à empresa aérea essas necessidades no momento em que fizerem sua reserva ou, no mínimo, 48 horas antes do embarque. Entretanto, o descumprimento dessa exigência não inviabiliza o embarque, desde que haja assento disponível na aeronave da empresa transportadora.

No caso de grupo, a empresa aérea deve ser informada com antecedência mínima de 72 horas do embarque para que sejam adotadas as medidas necessárias ao adequado atendimento e à assistência aos passageiros.

As empresas aéreas devem ter veículos equipados com elevadores ou outros dispositivos apropriados para efetuar, com segurança, o embarque e o desembarque de pessoas portadoras de deficiência ou com mobilidade reduzida nos aeroportos que não disponham de pontes de embarque ou quando a aeronave estacionar em posição remota.

O embarque dos passageiros que necessitam de assistência especial será realizado com prioridade em relação aos demais, visando permitir o conforto, a segurança e o bom atendimento. Já o desembarque deve ser realizado ao final, salvo quando o tempo disponível para a conexão for muito curto ou em outra circunstância que justifique a medida.

Independentemente do meio utilizado para realização de reserva de voo por pessoa portadora de deficiência ou com mobilidade reduzida, a empresa aérea deverá questionar sobre a necessidade de assistência com o objetivo de especificar as provisões especiais de que carecem esses passageiros, inclusive quanto à necessidade de acompanhante ou de ajuda técnica, como cadeiras de rodas e/ou uso de equipamento que proporcione oxigênio suplementar.

As empresas aéreas devem designar funcionários capacitados para atender, acompanhar e acomodar os passageiros que necessitam de assistência especial, o que não acarretará qualquer ônus ao usuário.

No entanto, a gratuidade não inclui o fornecimento de oxigênio e a disponibilidade de espaço extra na cabine de passageiros para abrigar macas, por exemplo.

Os passageiros com necessidades especiais devem apresentar-se, no aeroporto de embarque, com antecedência de uma hora e trinta minutos, para voos domésticos, e de duas horas, para voos internacionais, em relação à hora prevista de decolagem, ocasião em que os meios de atendimento serão postos a sua disposição.

A primeira fileira de assentos das aeronaves deverá ser utilizada, prioritariamente, por crianças de colo ou em berços, crianças desacompanhadas, e passageiros acompanhados de cães-guia, quando necessário.

Os demais passageiros, inclusive com deficiência física ou outra necessidade especial que desejem utilizar assento na primeira fileira, poderão ser autorizados, desde que isso não prejudique os passageiros citados no item anterior.

As operações de embarque e desembarque de passageiros que necessitam de assistência especial serão executadas por funcionários das empresas aéreas ou por elas contratados.

As aeronaves com 100 ou mais assentos deverão dispor de cadeira de rodas de bordo. É assegurado, entretanto, aos usuários de cadeira de rodas utilizarem suas próprias cadeiras para se locomoverem até a porta da aeronave, após passar pela inspeção especial de passageiro nos controles de segurança dos aeroportos.

Importante:

Recomenda-se que gestantes entre a 28ª e 35ª semana de Gestação (7º a 8º mês) preencham a Declaração de Responsabilidade – geralmente entregue pelo funcionário de *check-in* da empresa aérea – e apresentem Atestado Médico autorizando a viagem em avião.

Entre a 36ª e 39ª semana de gestação (9º mês), a gestante deverá estar acompanhada de médico responsável;

Durante os 7 dias que antecedem o parto, o embarque não é permitido.

No pós-parto, o embarque da mãe e do filho é permitido após o 8º dia do parto, com a apresentação de Atestado Médico, declarando estarem aptos a realizar a viagem aérea.

5.3. A Saúde a Bordo

A preocupação com a saúde e o bem-estar dos passageiros advém do fato de que boa parte dos voos é de longa distância, dadas as grandes dimensões territoriais do nosso país o que, naturalmente, expõe os passageiros a fatores adversos, dentre os quais: redução da pressão do ar no interior do avião (ambiente hipobárico), expansão de gases no organismo, baixa umidade, desidratação e até Trombose Venosa Profunda (TVP). Nesse sentido, são apresentadas as seguintes orientações:

5.3.1. Antes de Viajar

Dependendo do destino do passageiro, devem ser adotadas, com antecedência, algumas medidas como, por exemplo, vacinação contra febre amarela. Essa vacina é obrigatória para o ingresso em alguns países e deve ser tomada, pelo menos, dez dias antes da viagem.

A vacinação deve ser registrada no Certificado Internacional de Vacinação, emitido pelos postos da Agência Nacional de Vigilância Sanitária ANVISA, presentes nos aeroportos brasileiros.

Caso o passageiro tenha algum problema de saúde que contra-indique a vacinação, deve consultar um médico e solicitar atestado, apresentando-o em um dos postos para emissão do Certificado Internacional de Isenção de Vacinação.

Como medida de prevenção, recomenda-se o uso de vacinas adicionais, principalmente nos casos de passageiros que se deslocam para outro país, como a tríplice viral (sarampo, caxumba e rubéola), a dT (difteria e tétano) e a hepatite B. No deslocamento para áreas endêmicas, recomenda-se, ainda, as de poliomielite, de influenza e de meningite meningocócica.

A ANVISA orienta o passageiro a estar em dia com o calendário vacinal do Programa Nacional de Imunização do Ministério da Saúde.

5.3.2. Durante a Viagem

Ao viajar, as pessoas estão expostas a mudanças climáticas, geográficas e culturais, que refletem mudanças dos padrões sanitários. Exemplo disso, a conhecida "diarréia do viajante" chega a ser registrada em até 80% dos passageiros, em decorrência, principalmente, da ingestão de alimentos, bebidas e água contaminados.

A contaminação, em 85% dos casos, deve-se à presença de bactérias que causam doenças como a cólera e a febre tifóide, e, em 5 % dos casos, por vírus, podendo também ser provocada por parasitas e fungos em menor intensidade (Organização Mundial de Saúde, 2005).

Os principais cuidados do viajante devem ser:

- evitar alimentos de procedência duvidosa;
- preferir água tratada industrialmente, filtrada ou fervida;
- manter-se hidratado, bebendo água tratada ou consumindo frutas;
- verificar a procedência e o prazo de validade dos alimentos.

Cuidados com Doenças Respiratórias

As doenças respiratórias também são consideradas de alto risco para os viajantes. Durante o voo, mesmo os de curta duração, um passageiro contaminado pelo vírus do sarampo, por exemplo, pode transmitir a doença para todas as pessoas que estiveram na mesma aeronave.

Pensando nesta forma de transmissão, o mesmo raciocínio pode ser aplicado para a tuberculose, influenza, varicela e meningite meningocócica. Por isso recomenda-se:

- manter seu calendário de vacinação sempre atualizado;
- evitar viajar caso esteja doente ou com suspeita de alguma dessas doenças, durante o período de transmissão.

Caso apresente sintoma de alguma dessas doenças a bordo da aeronave, em trânsito internacional, o passageiro deve reportar-se aos comissários de bordo, para que os serviços de apoio e autoridades sanitárias do aeroporto sejam acionados.

Especificamente, no tocante à TVP, estudos demonstram que esta síndrome é proveniente de múltiplos fatores, como a situação de imobilidade prolongada em indivíduos que apresentam fatores de risco pré-existentes e se expõem a aeronaves que oferecem reduzido espaço aos seus usuários.

A ANAC inclui em sua lista de prioridades, a segurança, a saúde e o bem-estar dos usuários da aviação civil e, portanto, recomenda ao passageiro:

- andar ou exercitar a musculatura das mãos, pernas e pescoço durante os voos de longa distância;

- usar roupas folgadas;
- beber muita água e evitar bebidas alcoólicas;
- dormir durante a viagem, evitando, assim, os efeitos do Jet lag (fadiga, insônia, dor de cabeça, dificuldade de concentração, dentre outros).

5.3.3. Depois da Viagem

No retorno de qualquer viagem, caso o passageiro venha a apresentar algum sintoma como febre, dor de cabeça, mal-estar geral ou qualquer outra alteração na saúde, recomenda-se procurar um médico ou o serviço de saúde, informando os locais onde esteve, inclusive escalas e conexões.

Os profissionais dos serviços de saúde são responsáveis por notificar a autoridade sanitária competente no caso de doenças e agravos de interesse à saúde pública nacional ou internacional.

5.4. Os cuidados com a Bagagem

5.4.1. A Bagagem de Mão

A bagagem de mão é adequada para transportar objetos de uso pessoal (laptops, documentos, aparelhos celulares, dinheiro, etc.), cabendo ao passageiro a responsabilidade pelo seu transporte.

A bagagem de mão não poderá ultrapassar 115 cm, na soma de suas dimensões (comprimento, largura e altura) nem ter peso superior a 5 Kg, conforme determina a Portaria nº 676/GC5. Por razões de segurança, os itens abaixo não podem ser transportados nas bagagens de mão:

- arma, ou réplica de qualquer tipo;
- objetos pontiagudos, cortantes ou de ponta arredondada, que possam ser usados para causar ferimentos;
- substâncias explosivas ou inflamáveis, químicas ou tóxicas que possam colocar em risco a integridade física dos passageiros e tripulantes ou a segurança da aeronave.

Os itens abaixo, por outro lado, podem ser transportados nos voos domésticos, desde que não seja utilizado salão de embarque destinado a voos internacionais:

- bebidas alcoólicas, com limite máximo de 5 volumes de até um litro cada, por passageiro, devidamente lacrados e de teor alcoólico inferior a 70%;
- equipamentos eletrônicos em geral, tais como laptops, máquinas digitais, aparelhos celulares, etc.;
- sprays, desde que de uso médico ou de higiene pessoal, em frascos de até 500 ml ou 500 g (no máximo 4 unidades por passageiro);
- aparelhos de barbear, tesouras arredondadas com comprimento inferior a 6 cm, lixa de unha metálica com comprimento inferior a 6 cm, sem ponta perfurante ou aresta cortante;
- lapiseiras e canetas tinteiro de comprimento inferior a 15 cm;
- isqueiro com gás ou fluido, na quantidade máxima de uma unidade por pessoa.

Em voos internacionais, alguns desses itens não são permitidos, visto que dependem das normas vigentes no país de destino. Portanto, é necessário consultar a empresa aérea antes do embarque.

Há, ainda, restrições adicionais para transporte de líquidos na bagagem de mão em voos internacionais ou voos domésticos que utilizem o salão de embarque para voos internacionais, conforme Resolução ANAC nº 007, de 28 de fevereiro de 2007, quais sejam:

- todos os líquidos devem ser conduzidos em frascos com capacidade de até 100 ml, devendo ser colocados em embalagem plástica transparente vedada, com capacidade máxima de 1 litro, não excedendo as dimensões de 20 *x* 20 cm;
- líquidos conduzidos em frascos acima de 100 ml não podem ser transportados, mesmo se o frasco estiver parcialmente cheio;
- os frascos devem ser acondicionados adequadamente (com folga), dentro da embalagem plástica transparente, completamente vedada;
- a embalagem plástica deve ser apresentada para inspeção visual no ponto de inspeção de embarque de passageiros, sendo permitida somente uma embalagem plástica por passageiro;
- medicamentos com a devida prescrição médica, alimentação de bebês e líquidos de dietas especiais, podem ser transportados desde que na quantidade necessária a ser utilizada no período total de voo, incluindo eventuais escalas, e sejam apresentados no momento da inspeção;
- os líquidos adquiridos em *free shops* ou a bordo de aeronaves podem exceder o limite estipulado acima, desde que dispostos em embalagens plásticas seladas e com o recibo de compra à mostra, com data do início do voo, para passageiros que embarcam ou em conexão.

Importante:

- Não há garantia de aceitação da embalagem selada por estados estrangeiros, no caso de conexão em seus aeroportos. A empresa aérea deve, portanto, no momento do *check-in*, informar ao passageiro que se encontre nesta situação, sobre a possibilidade ou não de retenção de seu produto por autoridades estrangeiras;
- para facilitar as inspeções de segurança, as embalagens plásticas, contendo os frascos com líquidos, devem ser apresentadas separadamente da bagagem de mão do passageiro, bem como dos paletós, jaquetas e laptops, para a inspeção nos equipamentos de Raios X;
- nos aeroportos brasileiros, a implantação deste tipo de medida é de responsabilidade das administrações aeroportuárias, nos canais de inspeção de passageiros embarcando em voos internacionais;
- as empresas aéreas e agências de viagens são responsáveis pela divulgação destas orientações aos passageiros no ato da aquisição do bilhete de passagem, bem como durante os procedimentos de despacho;
- estas medidas são de aplicação compulsória para todos os passageiros que embarquem em voos internacionais, em suas etapas domésticas ou que necessitem utilizar o salão de embarque destinado a voos internacionais;
- somente é permitida uma embalagem por passageiro e embalagens adicionais devem ser colocadas na bagagem despachada.

5.4.2. A Bagagem Despachada

É importante ressaltar que os itens proibidos para transporte na bagagem de mão podem, em sua maioria, ser acondicionados na bagagem despachada.

Entretanto, alguns materiais não podem ser transportados, mesmo na bagagem despachada, pois requerem procedimentos especializados para o seu transporte e são qualificados como carga. Entre eles, destacam-se os produtos químicos, explosivos, materiais inflamáveis, infecciosos ou radioativos, dentre outros (art. 48 da Portaria nº 676/GC5).

Alguns itens, por outro lado, por motivo de segurança, não podem ser levados como bagagem de mão e devem ser acondicionados na bagagem a ser despachada:

- armas de fogo devem ser declaradas ao agente no *check-in*, com duas horas de antecedência em relação ao horário do voo, acompanhadas da respectiva documentação e autorização, preferencialmente da Polícia Federal. A arma de fogo deve estar desmuniciada;
- objetos pontiagudos ou cortantes;
- instrumentos de ponta arredondada, barra metálica ou similar (martelos, alicates, tacos de bilhar, panela de pressão, cassetetes, etc.).

Alguns itens somente são transportados em aeronaves como carga aérea devidamente embalada.

São eles:

- substâncias explosivas ou inflamáveis;
- substâncias químicas e tóxicas;
- material cujo campo magnético seja suficiente para interferir nos equipamentos das aeronaves.

Algumas empresas aéreas têm restrições para transportar, na bagagem despachada, alguns tipos de materiais esportivos (bicicletas, pranchas de surf, vara de pesca, etc.). Nesses casos, o passageiro deverá observar o contrato de transporte ou consultar a empresa aérea com antecedência.

Em caso de dúvida sobre algum item a ser transportado, o passageiro deverá consultar a empresa aérea.

5.4.3. O Extravio de Bagagem

Caso ocorra extravio ou avaria em sua bagagem, o passageiro deve adotar os seguintes procedimentos:

- procurar a empresa aérea ainda na sala de desembarque e preencher o Registro de Irregularidade de Bagagem RIB; é necessária a apresentação do comprovante de despacho da bagagem, visto ser a prova do contrato de transporte da sua bagagem;
- no caso de avaria, o passageiro deve procurar a empresa aérea para relatar o fato, preferencialmente, no ato de seu desembarque, ou até sete dias após, nos termos do § 2º, do art. 244, do CBAer;
- se a empresa aérea se recusar a preencher o RIB, o passageiro deve dirigir-se aos Postos de Serviços da ANAC, preferencialmente o do aeroporto onde o fato ocorreu, e registrar sua reclamação, que poderá resultar em autuação da empresa aérea.

A bagagem poderá permanecer na condição de extraviada por um período máximo de 30 dias. Após esse período, a empresa deverá indenizar o passageiro. Caso seja localizada pela companhia aérea, a bagagem deverá ser restituída ao passageiro em seu local de origem ou de destino, de acordo com o endereço fornecido.

Atenção:

Presume-se que a bagagem foi recebida em bom estado se, após sete dias do seu recebimento, o passageiro não registrar reclamação.

Importante:

- Os procedimentos ora especificados não afastam a possibilidade de serem reivindicados outros direitos, eventualmente resguardados pela legislação de proteção e defesa do consumidor, perante os órgãos competentes.

5.5. O Transporte de Animais

Para o transporte de animais, o passageiro deve consultar previamente a empresa aérea. Em geral, animais vivos podem ser transportados em aeronaves não cargueiras, em compartimento destinado a carga e bagagem. Admite-se o transporte de animais domésticos (cães e gatos) na cabine de passageiros, desde que efetuado com segurança, em embalagem apropriada e sem acarretar desconforto aos demais passageiros.

Também é permitido, na cabine de passageiros, o transporte de cão treinado para conduzir deficiente visual ou auditivo. O passageiro deve apresentar atestado de saúde do animal, fornecido pela Secretaria de Agricultura Estadual, pelo Posto do Departamento de Defesa Animal ou por médico veterinário.

6. OS MEIOS DE REIVINDICAR SEUS DIREITOS

Os passageiros e demais usuários do Sistema de Aviação Civil, em casos de lesão a direito ou para obter informações, podem registrar sua manifestação acessando o endereço eletrônico: **www.anac.gov.br/falecomaanac**, ou dirigindo-se aos Postos de Serviço da ANAC, presentes nos principais aeroportos do país. Após análise de sua manifestação, a ANAC abrirá processo administrativo para apuração da irregularidade, se for o caso, e aplicará à empresa aérea a sanção regulamentar cabível.

Importante:

A abertura de processo administrativo junto à ANAC, no entanto, não o impede de buscar eventuais indenizações por danos morais e/ou materiais decorrentes do descumprimento do contrato de transporte aéreo.

Assim, o passageiro pode, concomitantemente, formular reclamação junto aos órgãos de defesa do consumidor, como o PROCON, e reivindicar seus direitos na esfera judicial, posto que, no âmbito da ANAC há tão-somente, por força da legislação, a previsão de aplicação de penalidade aos entes regulados e fiscalizados, como, por exemplo, membros da indústria aeronáutica, empresas aéreas, escolas de pilotagem, aeroclubes, aeronautas, aeroviários, permissionários e concessionários do serviço público.

6.1. As Gerências Regionais – GER

Distribuídas por todo Brasil, as Gerências Regionais atuam como elo entre a ANAC e a comunidade aeronáutica, exercendo as funções de fiscalização e orientação nas diversas áreas de atuação do Sistema de Aviação Civil.

PRIMEIRA GERÊNCIA REGIONAL (PA, MA, AP)

Av. Senador Lemos, 4.700 – Sacramenta – CEP 66120000 – Belém – PA – (91) 32107400

SEGUNDA GERÊNCIA REGIONAL (PI, CE, RN, PE, PB)

Av. Marechal Mascarenhas de Moraes, 6333 – Imbiribeira – CEP 51210-001 – Recife – PE – (81) 2101-6000

TERCEIRA GERÊNCIA REGIONAL (RJ, ES, MG)

Aeroporto de Jacarepaguá – Av. Ayrton Senna, 2541 – Rua D Barra da Tijuca – CEP 22775-001 – Rio de Janeiro – RJ – (21) 2104-8900

QUARTA GERÊNCIA REGIONAL (SP)

Avenida Washington Luís, s/nº Aeroporto de Congonhas – CEP 04626-010 – São Paulo – SP – (11) 5033-5306

QUINTA GERÊNCIA REGIONAL (RS, SC, PR)

Av. Severo Dullius, 1244 – Bairro Anchieta – CEP 90200-310 – Porto Alegre – RS – (51) 3373-5555

SEXTA GERÊNCIA REGIONAL (DF, GO, TO, MT, MS)

Aeroporto Internacional de Brasília Setor de Hangares Lote 04 – CEP 71608-900 – Brasília – DF – (61) 3212-1800

SÉTIMA GERÊNCIA REGIONAL (AM, AC, RO, RR)

Av. Rodrigo Otávio, 500, Crespo, Manaus (AM) – CEP 69073-177 – Manaus – AM – (92) 3629-1020

6.2. Os Postos de Serviços

Subordinados às Gerências Regionais, existem os Postos de Serviços da ANAC, localizados nos principais aeroportos do país, que têm como atribuição o atendimento aos usuários da aviação civil.

GER I – BELÉM (PA / MA / AP)

- **Postos de Serviços – PARÁ**

Aeroporto Internacional de Belém Val de Cans: Av. Júlio César s/nº – Val de Cans – CEP 66115-970 – Belém – PA – Fone/ Fax: (91) 3257-0614 – (91) 3210-6074

Aeroporto Júlio César: Av. Senador Lemos, S/nº – CEP 66120 970 – Belém – PA – Fone: (91) 3210-7429 – Fax: (91) 3210-7433

Aeroporto de Marabá: Rodovia Transamazônica, Km 01 – CEP 68502-209 – Marabá – PA Fone/Fax: (91) 3324-1243

Aeroporto de Itaituba: Rodovia Transamazônica, Km 04 – CEP 68180-000 – Itaituba – PA Fone/Fax: (93) 3518-3475

Aeroporto de Santarém: Rodovia Fernando Guilhon, s/nº – CEP 68035-000 – Santarém – PA – Fone/Fax: (93) 3522-1283

- **Postos de Serviços – MARANHÃO**

Aeroporto de Imperatriz – Prefeito Renato Moreira: Aeroporto de Imperatriz, s/nº – CEP 65915-000 – Imperatriz – MA – Fone/Fax: (99) 3524-0740

Aeroporto Internacional de São Luís – Marechal Cunha Machado: Av. dos Libaneses s/nº – Bairro São Cristóvão – CEP 65055-710 – São Luís – MA – Fone/ Fax: (98) 3217-6236 – (98) 3245-5566

- **Posto de Serviço – AMAPÁ**

Aeroporto Internacional de Macapá: Rua Hildemar Maia s/nº, Santa Rita – CEP 68906-490 – Macapá – AP – Fone/Fax: (96) 3222-2881 – (96) 3222-1548

GER II – RECIFE (PI / CE / RN / PB / PE / BA / AL / SE)

- **Posto de Serviço – PIAUÍ**

Aeroporto Senador Petrônio Portela: Av . Centenário, s/nº – CEP 64006-970 – Teresina – PI – Fone/Fax: (86) 3225-2031

- **Posto de Serviço – CEARÁ**

Aeroporto Internacional Pinto Martins: Av Senador Carlos Jereissati, 3.000 – Bairro Serrinha – CEP 60741-900 – Fortaleza – CE – Fones: (85) 3392-1657 – (85) 3477-5009 – (85) 3392-1699

- **Posto de Serviço – RIO GRANDE DO NORTE**

Aeroporto Internacional Augusto Severo: Aeroporto Internacional Augusto Severo s/nº, Emaús – CEP 59148-900 – Parnamirin – RN – Fones: (84) 3644-1206 – Fax: (84) 3643-2402

- **Posto de Serviço – PARAÍBA**

Aeroporto Internacional Presidente Castro Pinto: Av. Liberdade, s/nº – Bayeux – CEP 58308-900 – João Pessoa – PB – Fone: (83) 3232-3353

- **Posto de Serviços – PERNAMBUCO**

Aeroporto Internacional dos Guararapes – Gilberto Freyre: Praça Ministro Salgado Filho, s/nº – Imbiribeira – CEP 51210-010 – Recife – PE – Fones: (81) 3322-4294 – (81) 2101-6031

- **Postos de Serviços – BAHIA**

Aeroporto Internacional de Porto Seguro: Cidade Alta, s/nº – CEP 45810-000 – Porto Seguro – BA – Fone: (73) 3288-0960

Aeroporto Internacional de Salvador – Dep. Luís Eduardo Magalhães: Praça Gago Coutinho, s/nº – São Cristóvão – CEP 41520-970 – Salvador – BA – Fone/FAX: (71) 3377-2496

- **Posto de Serviço – ALAGOAS**

Aeroporto Internacional de Maceió – Zumbi dos Palmares: BR 104, Km 91, s/nº – Tabuleiro – CEP 57110-000 – Rio Largo – AL – Fones: (82) 3214-4022 – (82) 3332-6017

- **Posto de Serviço – SERGIPE**

Aeroporto de Aracaju: Av. Senador Júlio Leite s/nº – Atalaia – CEP 49034 -580 – Aracajú – SE – Fones: (79) 3212-8585 – Fax: (79) 3243-1471

GER III – RIO DE JANEIRO (RJ / ES / MG)

- **Postos de Serviços – RIO DE JANEIRO**

Aeroporto de Macaé: Estrada Hildebrando Alves Barbosa s/nº – CEP 27955-410 – Macaé – RJ – Fone: (22) 2762-0105

Aeroporto Internacional Antônio Carlos Jobim/Galeão; Av. 20 de Janeiro s/nº – Ilha do Governador – CEP 21942-900 – Rio de Janeiro – RJ – Fones: (21) 3398-3050 – Fax: (21) 3398-3048

Aeroporto Bartolomeu Lisandro: Aeroporto Bartolomeu Lisandro s/nº – Bonsucesso – CEP 28070-490 – Campos – RJ – Fone: (22) 2733-0672

- **Posto de Serviço – ESPÍRITO SANTO**

Aeroporto de Goiabeiras: Av. Fernando Ferrari s/nº – Goiabeiras – CEP 29075-052 – Vitória – ES – Fones: (27) 3327-1209

Postos de Serviços – MINAS GERAIS

Aeroporto de Uberaba: Av. Nenê Sabino s/nº – CEP 38055-500 – Uberaba – MG – Fones: (34) 3319-9439 – (34) 3336-2446

Aeroporto Internacional Tancredo Neves (CONFINS): Aeroporto Internacional Tancredo Neves – CEP 33500-900 – Lagoa Santa – MG – Fone: (31) 3689-2510

Aeroporto Carlos Drummond de Andrade/Pampulha: Praça Pampulha, 204 – Pampulha – CEP 31270-700 – Belo Horizonte – MG – Fones: (31) 3490-2040 – (31) 3441-2762

Aeroporto de Uberlândia – Ten. Cel. Av. César Bombonato: Praça José Alves dos Santos s/nº – CEP 39406-387 – Uberlândia – MG – Fone: (34) 3233-5420

Aeroporto de Juiz de Fora: Av. Guadalajara s/nº – CEP 36033-560 – Juiz de Fora – MG – Fone: (32) 3233-1495

Aeroporto Municipal de Poços de Caldas: Praça Ten. Theófilo de Oliveira s/nº – Rodovia Poços de Caldas/ Andradas Km 07 – CEP 37701-970 – Poços de Caldas – MG – Fone: (35) 3712-1400

Aeroporto de Montes Claros – Mário Ribeiro: Av. Magalhães Pinto s/nº – CEP 39404-166 – Montes Claros – MG – Fones: (38) 3215-2281 – (38) 32151-695

GER IV – SÃO PAULO (SP)

- **Postos de Serviços – SÃO PAULO**

Aeroporto Internacional de Viracopos: Rodovia Santos Dumont, Km 66 – CEP 13051-970 – Campinas – SP – Fone: (19) 3225-6170 – (19) 3225-6089

Aeroporto Estadual de S. José do Rio Preto / Prof. Eriberto Manoel Reino: Av. dos Estudantes, nº 3505 – CEP 15035-010 – São José do Rio Preto – SP – PABX: (17) 3222-5248 – FAX: (17) 3222-5248

Aeroporto Internacional de São Paulo (Guarulhos): Rod. Hélio Smidt, s/nº – Cumbica – CEP 07141-970 – Guarulhos – SP – PABX: (11) 2445-2421 – FAX: (11) 2445-2585

Aeroporto de Congonhas (São Paulo): Av. Washington Luiz s/nº – CEP 04626-011 – São Paulo – SP – PABX: (11) 5033-5339 – FAX: (11) 5044-0666

Aeroporto Leite Lopes (Ribeirão Preto): Av. Thomaz Alberto Whately, s/nº – CEP 14075-380 – Ribeirão Preto – SP – PABX: (16) 3626-0505 – FAX: (16) 3626-0505

Aeroporto Campo de Marte (São Paulo): Av. Santos Dumont, nº 1979 – Santana – CEP 02012-010 – São Paulo – SP – PABX: (11) 2089-0652 – FAX: (11) 62089-0652

GER V PORTO ALEGRE (RS / SC / PR)

- **Postos de Serviços – RIO GRANDE DO SUL**

Aeroporto Internacional Salgado Filho: Av. Severo Dulius, 90010 – Bairro Navegantes – CEP 90200-310 – Porto Alegre – RS – Fones: (51) 3358-2224 – (51) 3371-4461 – Fax: (51) 3371-1461

Posto de Serviço – SANTA CATARINA

Aeroporto Internacional Hercílio Luz: Av. Diomício Freitas s/nº – Bairro Carianos – CEP 88047-900 – Florianópolis – SC – Fones: (48) 3331-4079 – (48) 3331-4077 – Fax: (48) 3235-4510

- **Postos de Serviços – PARANÁ**

Aeroporto de Londrina: Rua Ten. João Maurício de Medeiros 300 – CEP 86039-100 – Londrina – PR – Fones: (43) 3325-8159

Aeroporto Internacional São José dos Pinhais – Afonso Pena: Rua Rocha Pombo s/nº – São José dos Pinhais – CEP 83.010-900 – Curitiba – PR – Fones: (41) 3381-1186 – (41) 3381-1264

Aeroporto Internacional de Foz do Iguaçu/Cataratas: BR 469, Km 16,5 – CEP 85863-900 – Foz do Iguaçu – PR – Fone: (45) 3529-8119

GER VI BRASÍLIA (DF / GO / TO / MT / MS)

- **Posto de Serviço – DISTRITO FEDERAL**

Aeroporto Internacional de Brasília Juscelino Kubitschek: Aeroporto Internacional de Brasília – Lago Sul s/nº – CEP 71608-900 – Brasília – DF – Fone/Fax: (61) 3364-9156 – (61) 3364-9934

- **Posto de Serviço – GOIÁS**

Aeroporto de Goiânia – Santa Genoveva: Praça Capitão Frazão s/nº – Setor Santa Genoveva – CEP 74672-900 – Goiânia – GO – Fone: (62) 3207-3420 – Fax: (62) 3207-3603

- **Posto de Serviço – TOCANTINS**

Aeroporto de Palmas – Brig. Lysias Rodrigues: Av. Joaquim Teotônio Segurado s/nº – Plano Diretor Expansão Sul – CEP 77061-900 – Palmas – TO – Fones: (63) 3572-1377 – Fax: (63) 3219-3759

- **Postos de Serviços – MATO GROSSO**

Aeroporto de Alta Floresta – Deputado Benedito Santiago: Av. Governador Jaime Campos. s/nº – CEP 78580-000 – Fone/Fax: (66) 3521-5078

Aeroporto Internacional de Cuiabá Marechal: Rondon/ Várzea Grande Rua Governador Ponce de Arruda s/nº – Jardim Aeroporto – CEP 78110-971 – Várzea Grande – MT – Fone/Fax: (65) 3682-8937 – (65) 3614-2533

- **Postos de Serviços – MATO GROSSO DO SUL**

Aeroporto Internacional de Campo Grande: Av. Duque de Caxias nº 4.355 – CEP 79101-901 – Campo Grande – MS – Fone: (67) 3368-6043 – (67) 3363-2636

Aeroporto Internacional de Corumbá: Rua Santos Dumont s/nº – Bairro Aeroporto – CEP 79332-150 – Corumbá – MS – Fone/Fax: (67) 3231-1456

Aeroporto Internacional de Ponta Porã: Rua Batista de Azevedo 770 – Bairro da Granja – CEP 79900-000 – Ponta Porã – MS – Fone/Fax: (67) 3433-1277

GER VII – MANAUS (AM / AC / RO / RR)

- **Posto de Serviço – AMAZONAS**

Aeroporto Internacional Eduardo Gomes – Manaus: Av. Santos Dumont, 1350, Tarumã – CEP 69049-600 – Manaus – AM – Fone/Fax: (92) 3652-1500

Aeroporto Internacional de Tabatinga: Praça Mal. do Ar Eduardo Gomes, s/nº – CEP 69640-000 – Tabatinga – AM – Fone: (97) 3412-2933

- **Posto de Serviço – ACRE**

Aeroporto Internacional de Rio Branco: Estrada BR 364, Km 18, Sena Madureira – CEP 69014-220 – Rio Branco – AC – Fone/Fax: (68) 3211-1039

- **Posto de Serviço – RONDÔNIA**

Aeroporto Internacional de Porto Velho/Governador Jorge: Teixeira de Oliveira Av. Jorge Teixeira s/nº – CEP 78900-000 – Porto Velho – RO – Fone/Fax: (69) 3225-1682

- **Posto de Serviço – RORAIMA**

Aeroporto Internacional de Boa Vista: Av. Cap. Ene Garcez Praça Santos Dumont, nº 100 – Bairro Aeroporto – CEP 69310-000 – Boa Vista – RR – Fone/Fax: (95) 3623-9403

6.3. A Ouvidoria

Sugestões, reclamações e denúncias sobre os serviços prestados pela ANAC.

http://www.anac.gov.br/ecoar/faleouvidoria/validarUsuario.asp – (61) 3441-8354

Informações, reclamações e sugestões sobre os serviços regulados e fiscalizados pela ANAC.

http://www.anac.gov.br/arus/focus/faleconosco/validarUsuario.asp

Sítio Eletrônico da ANAC: www.anac.gov.br

6.4. Os Telefones Úteis

PROCON: 151

ANVISA – Agência Nacional de Vigilância Sanitária Disque Saúde: 0800-611-997

INFRAERO – Ouvidoria: 0800-727-1234

Receita Federal: 0300-780-300

Polícia Federal: 194

7. LEGISLAÇÃO DE REFERÊNCIA

Constituição Federal, de 5 de outubro de 1988.

Código Brasileiro de Aeronáutica (Lei nº 7.565, de 19 de dezembro de 1986).

Código Civil (Lei nº 10.406, de 10 de janeiro de 2002).

Código de Defesa do Consumidor (Lei nº 8.078, de 11 de setembro de 1990).

Condições Gerais de Transporte (Portaria nº 676/GC5, de 13 de novembro de 2000).

Informações aos Usuários do Transporte Aéreo (Instrução de Aviação Civil – IAC nº 22030399, de 16 de março de 1999).

Identificação do Passageiro do Transporte Aéreo Civil (Resolução nº 52, de 4 de setembro de 2008).

Normas para Transporte de Artigos Perigosos (Instrução de Aviação Civil – IAC nº 1531001, de 22 de julho de 2005).

Transporte de Artigos Controlados (Instrução de Aviação Civil – IAC nº 1604, de 16 de abril de 1998).

Restrições para bagagem de mão em voos internacionais ou de cabotagem (Resolução ANAC nº 7, de 28 de fevereiro de 2007).

Transporte aéreo de passageiros que necessitam de assistência especial (Resolução ANAC nº 9, de 5 de junho de 2007)

http://www.anac.gov.br/biblioteca/legislacao.asp

8. O DICIONÁRIO DO PASSAGEIRO

Aeronauta – profissional habilitado pela ANAC, que exerce atividade a bordo de aeronave civil nacional, mediante contrato de trabalho. Considera-se aeronauta, também, quem exerce atividade a bordo de aeronave estrangeira, em virtude de contrato de trabalho regido pelas leis brasileiras.

Aeroviário – trabalhador que, não sendo Aeronauta, exerce função remunerada nos serviços terrestres de empresa de transporte aéreo. É também considerado aeroviário o titular de licença e respectivo certificado válido de habilitação técnica expedidas pela ANAC para prestação de serviços em terra, que exerça função efetivamente remunerada em aeroclubes, escolas de aviação civil, bem como o titular ou não de licença e certificado que preste serviço de natureza permanente na conservação, manutenção e despacho de aeronaves.

Aeródromo – toda área destinada a pouso, decolagem e movimentação de aeronaves. Pode ser Civil (destinado, em princípio, ao uso de aeronaves civis), Comunitário (público, destinado a servir pequenas cidades e para ser utilizado por aeronaves leves, vedada a operação da aviação regular), Privado (civil, só poderá ser utilizado com permissão de seu proprietário, sendo vedada a sua exploração comercial), Público (civil, destinado ao tráfego de aeronaves em geral), Restrito (público, construído em áreas de propriedade pública, de uso reservado do órgão que o construiu e que tem sob sua administração, cuja exploração comercial é vedada, só podendo ser utilizado com autorização da respectiva entidade pública) e Transitório (civil, para uso provisório e destinado a atender aos projetos de desenvolvimento, construção de estradas, usinas, barragens, proteção à lavoura, pesquisa mineral ou exploração de jazida e situações de emergência ou calamidade pública).

Aeroporto – todo aeródromo público dotado de instalações e facilidades para apoio às operações de aeronaves e de embarque e desembarque de pessoas e cargas.

Aeroclube – sociedade civil com patrimônio e administração próprios, com serviços locais e regionais, cujos objetivos principais são o ensino e a prática da aviação civil, de turismo e desportiva em todas as suas modalidades, podendo cumprir missões de emergência ou de notório interesse da coletividade.

ABRAPAVAA – Associação Brasileira de Parentes de Amigos das Vítimas de Acidentes Aéreos.

AVA – A Associação das Vítimas de Atrasos Aéreos é uma entidade que atende problemas envolvendo passageiros e empresas aéreas, como atrasos de voos, desvio ou perda de bagagem, etc. Tem departamento jurídico.

Área Remota – área destinada ao estacionamento de aeronaves, não interligada a pontes de embarque e desembarque de passageiros. Geralmente, o trajeto dos passageiros entre a área remota e a área restrita de embarque e desembarque é feito de ônibus.

Arremetida – procedimento de uma aeronave que perdeu uma aproximação para pouso ou tocou o solo e prosseguiu para uma nova decolagem.

Bilhete Conjugado – bilhete complementar utilizado para cobrir trecho do roteiro.

Black Off – bloqueio que indica reserva antecipada.

Capacidade Aeronáutica – número máximo de operações aéreas, em período de 60 minutos, estabelecido com base na análise da infraestrutura aeroportuária.

Capacidade Aeroportuária – número máximo de operações de aeronaves, estabelecido para um determinado aeródromo, para períodos especificados, suportado pela infraestrutura aeroportuária.

Capacidade ATC – habilidade do sistema de Controle de Tráfego Aéreo (ATC), ou de qualquer um de seus subsistemas, de proporcionar serviço às aeronaves, sendo expressa como número máximo de aeronaves que podem entrar em um setor do espaço aéreo em um período especificado. O número máximo de aeronaves que podem permanecer simultaneamente em um setor é um dos fatores determinantes para a Capacidade ATC.

Capacidade de Pista – número máximo de movimentos que se pode alcançar com a combinação de aeronaves decolando e pousando em um determinado aeródromo, em condições definidas, para períodos de tempo especificados.

CENIPA – o Centro de Investigação e Prevenção de Acidentes Aeronáuticos é um órgão diretamente subordinado ao Comando da Aeronáutica, sendo responsável pelas atividades de investigação e prevenção de acidentes aeronáuticos.

CGNA – o Centro de Gerenciamento da Navegação Aérea, subordinado ao Departamento de Controle do Espaço Aéreo (DECEA), tem por missão a harmonização do gerenciamento do fluxo de tráfego aéreo, do espaço aéreo e das demais atividades relacionadas com a navegação aérea.

CINDACTA – o Centro Integrado de Defesa Aérea e Controle de Tráfego Aéreo, subordinado ao Departamento de Controle do Espaço Aéreo (DECEA), é a unidade que executa as atividades de controle do tráfego aéreo comercial e militar, vigilância do espaço aéreo e comando das ações de defesa aérea no Brasil.

COMAER – Comando da Aeronáutica, subordinado ao Ministério de Estado da Defesa.

COMAR – Comando Aéreo Regional, subordinado ao Comando da Aeronáutica.

CONAC – o Conselho de Aviação Civil é um colegiado que assessora o Presidente da República na formulação da política de ordenação da aviação civil. É presidido pelo Ministro de Estado da Defesa.

Charter – voo fretado, mais barato que o regular, mas com diversas limitações. Não possibilita, por exemplo, a remarcação de datas da viagem ou o endosso do bilhete por outra companhia.

Check-in – procedimento de embarque, realizado no aeroporto junto à companhia aérea.

Catering – serviço de fornecimento de alimentação para um voo. Pode ser efetuado pela própria empresa aérea ou terceirizado.

Code Sharing – é o compartilhamento de voos. Ocorre quando uma empresa vende passagens para voos de outra e vice-versa.

Conexão – utilização de uma ou mais aeronaves entre a origem e o destino de uma viagem, no mesmo trecho constante do bilhete de passagem, coberto por dois ou mais voos, de mesma natureza.

***Endorsement* (ND) ou endosso** – característica de bilhete aéreo que permite ao passageiro voar o mesmo trecho em outra companhia aérea.

Etapa de voo – é a operação de uma aeronave compreendida entre uma decolagem e um pouso.

Escala – ponto intermediário de um determinado voo que compreende no mínimo três pontos distintos de pouso e decolagem na operação, utilizando a mesma aeronave e número de voo.

EMAER – Estado-Maior da Aeronáutica do Brasil, subordinado ao Comando da Aeronáutica.

FAA (Federal Aviation Administration) ou Administração Federal de Aviação – é a entidade governamental dos Estados Unidos responsável pelos regulamentos e todos os aspectos da aviação civil naquele país.

Go Show – embarque através da lista de espera.

Hora-pico – intervalo de 60 minutos em um determinado período de tempo (dia, mês, ano) no qual o número de ocorrências de determinado evento (embarque, desembarque de passageiros, movimento de aeronaves) atinge o limite superior, acima do qual os padrões de eficiência, conforto e segurança não são mais mantidos.

Hotran (Horário de Transporte) – registro de voo comercial regular (doméstico e internacional), de transporte de passageiros e/ou carga, onde as empresas de transporte aéreo regular estão autorizadas a executar com horários, itinerários, frequências e equipamentos pré-estabelecidos.

Hotreg (Horário de Transporte Regional) – é o registro de voo comercial regular regional de transporte de passageiros e/ou carga, pelo qual as empresas de transporte regional são autorizadas a executar com horários, itinerários, frequências e equipamentos pré-estabelecidos.

HUB (Aeroporto Ponto de Distribuição) – aeroporto que se destaca no contexto de um país ou região, com foco de grande número de voos. É caracterizado por ser um ponto de convergência de voos que liga dois pontos distintos.

Handling – Serviço para o atendimento de rampa da empresa aérea. Pode ser da própria empresa ou terceirizado.

International Air Transport Association (IATA) ou Associação de Transporte Aéreo Internacional – entidade que reúne empresas aéreas no mundo todo.

Índice de Pontualidade – é medido em função do cumprimento dos horários de voo, estabelecidos em Hotran/Hotreg. Seu valor será igual ao quociente da divisão do número de voos realizados pontualmente e o número total de voos previstos em Hotran/Hotreg.

Índice de Regularidade – quociente da divisão entre o número de voos considerados realizados e o número de voos previstos em cada Hotran/Hotreg, no período determinado.

International Civil Aviation Organization (ICAO) ou Organização de Aviação Civil Internacional (OACI) – é uma agência especializada das Nações Unidas, criada em 1944 e que atualmente conta com 189 países-membros. Sua sede permanente fica na cidade de Montreal, Canadá.

Jet Lag – estresse físico e psicológico a que um passageiro é submetido devido a mudanças de fusos horários e/ou viagens longas.

Linha – sucessão de duas ou mais escalas compreendidas entre os pontos de origem e destino, em que se exercerá o direito de explorar serviços aéreos na forma estabelecida pela autoridade competente.

Lado ar – área de movimento de um aeroporto e dos terrenos e edifícios adjacentes, ou partes dos mesmos, cujo acesso é controlado.

Malha aérea – conjunto de voos e rotas feito pelas aeronaves de uma determinada empresa.

Micellaneous Credit Other (MCO) ou Outro tipo de Crédito – crédito concedido ao passageiro pela companhia aérea em função do cancelamento de uma viagem.

No Show – termo que indica o não comparecimento do passageiro para o *check-in* de voo que havia reservado.

***On Request* (RQ)** – indica trecho de voo reservado, mas não confirmado.

Overbooking – sobrevenda ou reservas efetuadas em número superior à capacidade. Ocorre quando é vendido um número de passagens maior que o número de assentos disponíveis no avião. A prática ocorre porque, às vezes, passageiros confirmados em voo não comparecem (no show).

PAX – abreviatura de passageiro.

Ponto a Ponto – tarifa promocional em que o pax tem restrições, com datas previamente marcadas (paga multa quando altera) e tempo estipulado para permanência no destino.

Passageiro em trânsito – passageiro que decola de um aeroporto no mesmo voo em que chegou, prosseguindo a viagem.

SAC – Secretaria de Aviação Civil, composta por três departamentos (de Política de Aviação Civil, de Infraestrutura Aeroportuária Civil e de Infraestrutura de Navegação Aérea). Seu titular exerce a secretaria-executiva do CONAC e sua função é assessorar o Ministro de Estado da Defesa, Presidente do CONAC, na formulação de diretrizes da política nacional de aviação civil, na coordenação e supervisão dos órgãos do setor, bem como elaborar estudos e projeções.

Sequenciamento do Tráfego Aéreo – As aeronaves voando pelas Rotas Preferenciais IPR ou Rotas Alternativas IFR serão conduzidas pelo órgão ATC, de modo a passarem o fixo de início, ou intermediário, da STAR, separadas longitudinalmente e com velocidades compatíveis para manutenção da separação, com objetivo de mantê-las sequenciadas e em progresso contínuo até o ponto de início do procedimento de aproximação por instrumentos ou aproximação visual.

Sequenciamento de Voos – quando o controle de tráfego aéreo impõe um intervalo mínimo entre as decolagens, maior que o normal.

Slot – sistema de alocação de horário de chegadas e partidas de aeronaves nos aeroportos.

Tarifa de Embarque – Valor devido pela utilização das instalações e serviços de despacho e embarque de estação de passageiros. Incide sobre o passageiro do transporte aéreo regular (regional, doméstico e internacional).

Tarifa Cheia – Representa o valor máximo da tarifa cobrada pela empresa aérea, por período, voo, localidade e horário.

Tarifa Promocional – tarifa com preços diferenciados, aplicáveis para diferentes classes e que se limita ao total de assentos da aeronave.

Upgrade – Transferência de uma classe para outra superior sem pagamento de taxa adicional.

Usuários do Sistema de Aviação Civil – O Sistema de Aviação Civil foi instituído pelo Decreto nº 65.144, de setembro de 1969, com a finalidade de organizar as atividades necessárias ao funcionamento e ao desenvolvimento da aviação civil. De acordo com o Decreto, as atividades de aviação civil, realizadas em proveito da aviação civil e das operações dos aeroportos civis, ambas públicas ou privadas, envolvem as seguintes tarefas:

- controle, fiscalização e homologação de aeronaves civis, seus componentes, equipamentos e serviços de manutenção;
- registro de aeronaves civis;
- controle e fiscalização do funcionamento das empresas concessionárias e permissionárias de navegação aérea;
- orientação, incentivo e apoio para a formação e especialização de pessoal aeroviário e aeronauta e controle, inicial e periódico, de suas qualificações;
- orientação, coordenação e controle referente à instalação, à manutenção e à operação de aeródromos civis, inclusive no que diz respeito aos serviços de apoio necessário à navegação aérea;
- coordenação, controle e fiscalização do movimento de aeronaves civis, públicas e privadas, inclusive quanto a passageiros e cargas; e
- incentivo, apoio, orientação e controle da aviação desportiva e especializada.

Portanto, os usuários da Aviação Civil são todos aqueles que se utilizam do Sistema de Aviação Civil, seja de forma direta ou indireta, na qualidade de prestador ou de consumidor do serviço.

Usuários de Transporte Aéreo – consumidor do serviço de transporte aéreo público, regular ou não regular, doméstico ou internacional, por meio de contrato de prestação de serviço, sendo: passageiro; carga; e mala postal.

Viagem de fretamento – transporte de pessoas, grupos ou carga em uma aeronave arrendada para este fim, contra o pagamento de uma quantia estipulada, em contrato celebrado entre a empresa e o arrendatário.

Void – termo usado para invalidar espaços não utilizados em bilhete aéreo.

Voo doméstico – é o voo realizado por aeronave de matrícula brasileira, cujos pontos de partida, intermediário e de destino estão situados no território brasileiro, mesmo que por motivo de força maior a aeronave faça escala em território estrangeiro.

Voo regular – é a ligação aérea entre duas ou mais localidades, caracterizada por um número através do qual é executado serviço regular de transporte aéreo, de acordo com o horario, linha, equipamento e frequencia previstos no Hotran.

IMPRESSÃO E ACABAMENTO:
YANGRAF Fone/Fax: 2095-7722
e-mail:santana@yangraf.com.br